新时代新理念职业教育教材·铁道运输类
高等职业教育校企合作开发教材
“互联网+”新形态立体化教学资源特色教材

列车调度指挥

（修订版）

主　编　李海荣
副主编　代明莉　谢迎春　任　亮　董岩辉

北京交通大学出版社
·北京·

内 容 简 介

本书为高等职业教育铁道交通运营管理专业系列教材之一，突出了以培养学生实践动手能力为主导，以技能训练为主线的特点。融入了现行的《铁路运输调度规则》《铁路技术管理规程》《铁路货车统计规则》等铁路规章的有关内容，加入了大量贴合实际的案例及分析，全面系统地阐述了铁路运输调度工作应知应会的内容。

本书共 9 个项目，主要内容有：货物列车编组计划、列车运行图、铁路运输调度指挥机构、铁路运输生产技术计划、普速铁路调度指挥、高速铁路调度指挥、行车指挥自动化、铁路运输调度工作分析、铁路运输调度安全管理等。

本书适合作为高等职业院校铁道交通运营管理专业及相关专业的教材，也可供中等职业院校相关专业学生及从事铁路运输相关工作的职工参考、学习。

图书在版编目（CIP）数据

列车调度指挥 / 李海荣主编. —北京：北京交通大学出版社，2021.12（2023.8 重印）
ISBN 978-7-5121-4637-2

Ⅰ. ① 列… Ⅱ. ① 李… Ⅲ. ① 铁路行车-列车调度-高等职业教育-教材 Ⅳ. ① U284.59

中国版本图书馆 CIP 数据核字（2021）第 251961 号

列车调度指挥
LIECHE DIAODU ZHIHUI

策划编辑：张 亮　　责任编辑：陈可亮
出版发行：北京交通大学出版社　　电话：010–51686414　　http://www.bjtup.com.cn
地　　址：北京市海淀区高梁桥斜街 44 号　　邮编：100044
印 刷 者：北京鑫海金澳胶印有限公司
经　　销：全国新华书店
开　　本：185 mm×260 mm　　印张：20.5　　字数：511 千字
版 印 次：2021 年 12 月第 1 版　　2023 年 8 月第 1 次修订　　2023 年 8 月第 2 次印刷
印　　数：2 001～4 000 册　　定价：49.00 元

本书如有质量问题，请向北京交通大学出版社质监组反映。对您的意见和批评，我们表示欢迎和感谢。
投诉电话：010-51686043，51686008；传真：010-62225406；E-mail：press@bjtu.edu.cn。

前　言

铁路是国民经济大动脉、关键基础设施和重大民生工程，是综合交通运输体系的骨干和主要运输方式之一，在我国经济社会发展中的地位和作用至关重要。加强现代化铁路建设，对扩大铁路运输有效供给，构建现代综合交通运输体系，建设交通强国，实现“两个一百年”奋斗目标和中华民族伟大复兴的中国梦，具有十分重要的意义。截至2020年底，全国铁路运营里程达14.6万km，其中高速铁路近3.8万km，铁路建设取得历史性成就，对经济社会发展发挥了重要的支撑作用。

为了适应铁路发展新形势，根据教育部关于高职教育要深化工学结合、校企合作的人才培养模式改革的要求，基于“岗课赛证融通”理念编写了本书。本书从基本知识、基本原理及基本技能角度对铁路运输调度工作相关知识进行了介绍，力求符合教学需要及高职学生的学习和认知规律，使本书内容具有全面性、系统性和实用性。同时，将近年来我国铁路建设所取得的卓越成果及信息化发展相关前沿知识融入本书，力求给广大读者了解我国铁路运输调度工作提供一个良好的窗口。

高等职业教育作为职业技术教育的重要组成部分，其功能是为我国社会经济建设和发展培养高素质技能型专门人才。辽宁铁道职业技术学院是一所铁路高等职业技术学院，作为全国铁路高等职业院校中的一员，承担着为东北及内蒙古地区轨道交通行业及辽宁区域经济发展培养轨道交通方面的高素质技能型专门人才的任务。

本书对应铁道交通运营管理专业培养目标中的列车调度员系列岗位，以实现培养目标的工作过程为出发点，全面系统地阐述了铁路运输调度工作应知应会的内容。与以往铁道运输专业学科型教材不同，突出了以培养学生实践动手能力为主导，以技能训练为主线的特点。在每一个项目的后面都不同程度加入了思考题及技能训练题，加强对学生实践动手能力的培养。

本书注意吸收铁路现场的新知识、新技术，注意与铁路现场新的行车组织方法、新的行车规章保持一致，融入了现行的《铁路运输调度规则》《铁路技术管理规程》《铁路货车统计规则》等铁路规章的有关内容，加入了大量贴合实际的案例及分析，使内容不过时、培养目标不落伍，始终能跟上铁路运输的发展步伐，更好地为铁路运输生产服务。

本书由辽宁铁道职业技术学院李海荣任主编，辽宁铁道职业技术学院代明莉、谢迎春、任亮和中国铁路沈阳局集团有限公司丹东站董岩辉工程师任副主编，辽宁铁道职业技术学院赵宇航和中国铁路沈阳局集团有限公司锦州站黄雪辉参与编写。其中项目 1 由赵宇航编写，项目 2、项目 5 的任务 5.1、任务 5.2、任务 5.4、任务 5.5、任务 5.6 和项目 6 由李海荣编写，项目 3 的任务 3.1、任务 3.2 由任亮编写，项目 3 的任务 3.3 由董岩辉编写，项目 4 和项目 7 由谢迎春编写，项目 5 的任务 5.3 由黄雪辉编写，项目 8 和项目 9 由代明莉编写，全书由中国铁路沈阳局集团有限公司调度指挥中心工程师张伟主审。

由于本书涵盖内容较多，参考资料和编者水平有限，难免存在不足之处，诚恳欢迎同行专家、师生及相关读者提出批评及改进意见。

编　者

2021 年 8 月

目　录

项目 1　货物列车编组计划

学习目标

1. 知识目标

（1）掌握列车编组计划的主要内容。

（2）掌握组织装车地直达列车的基本条件。

（3）掌握装车地直达列车编组计划的编制方法。

（4）掌握开行技术直达列车的基本条件。

（5）掌握列车编组计划的最终确定的方法。

（6）熟悉违反列车编组计划的有关规定。

2. 能力目标

（1）能计算技术站间车流量。

（2）能计算货车无改编通过技术站的节省时间。

（3）能根据计算的节省车小时选择技术站最优列车编组计划。

（4）能判断货物列车是否违编。

任务 1.1　货物列车编组计划概述

任务引入

已知：某铁路线路示意图如图 1–1 所示。（◎表示编组站，○表示区段站。）

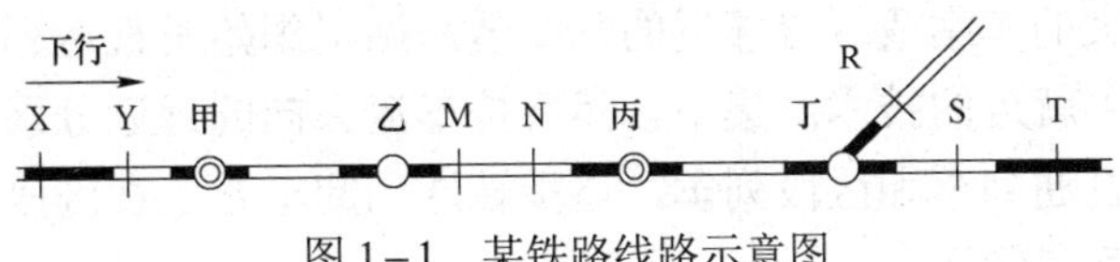

图 1–1　某铁路线路示意图

思考：

（1）如何将甲至丁的重车车流快速合理地输送到目的地？

（2）如何将 X 至丙的重车车流快速合理地输送到目的地？

（3）如何将 X 至 S 的重车车流快速合理地输送到目的地？

知识准备

铁路货物运输是以列车为单位进行的。在铁路网上，装车站把装出的重车向卸车地点输送就构成了重车流；卸车站把卸后的空车送往装车地点又形成了空车流。流向有同有异、流量有大有小、流程有长有短，且各站设备条件和作业能力又不尽相同，所以要进行合理的车流组织。车流组织是铁路行车组织的一项重要工作，它包括车流径路的选择、列车编组计划的编制以及日常车流推算与控制等主要内容。如何把这些空重车流合理地组织成列车流，以保证各站将所产生的车流都能迅速而又经济地送到目的地，这就是车流组织所要解决的核心问题。

因此，简单地说，车流组织要解决的核心问题，就是如何把车流变为列车流。

1. 列车编组计划

货物列车编组计划简称列车编组计划，它既是全路的车流组织计划，又是站场设备运用计划；既是全路车站分工的战略部署，又是调节铁路方向和站场工作负担、缓和运输紧张情况的有效工具；既是行车组织工作的基础技术文件，又是铁路与地方企业单位联劳协作的具体体现。因此，正确编制和执行列车编组计划是充分发挥铁路运输能力，提高铁路运输效率，保证完成和超额完成铁路运输任务的重要手段。

1）列车编组计划的任务

列车编组计划的基本任务是：根据货流、车流特点和主要站场、线路设备情况以及货物运输市场需求，充分发挥既有设备潜力，科学合理组织货流、车流，积极组织直达运输，加速货物运送和机车车辆周转，创造良好的运输秩序，节约运输成本，提高运输效率和经济效益。

货车组成列车有两种最简单的方法。一种是不管车流数量大小、去向远近，一律编入摘挂列车或区段列车。这样势必造成远距离车流逐站或逐段进行改编作业，既延误货物送达，延缓车辆周转，又增加有关技术站的改编作业负担，引起不必要的增加设备的投资和用于调车作业的人力物力消耗。另一种是不管各个去向的车流大小，一律在装车站分别集结，编开到达卸车站的直达列车。这样，由于车流在途中技术站不必进行改编作业，固然可以节省一些时间，但车辆要在装车站等待凑够成列，导致在站停留时间大大延长，同样不能达到快速运送货物、加速车辆周转的目的。显然，上述两种极端的车流组织方法既不合理，又不经济，都是不可取的。

正确的解决方法应该是根据车流的大小和性质，结合各站设备条件，采取不同的车流组织形式：在装车量较大的车站或联合邻近的几个装车站组织始发直达列车；将未纳入始发直达列车的其余车流送到就近的技术站集中，然后按车流去向的远近分别编入适当的列车，主要是技术直达列车、直通列车和区段列车，逐步转送到卸车站。在区段内中间站到发的零星车流，一般应由摘挂列车输送。

列车编组计划具体规定了路网上所有空重车流在哪些车站编成列车，编组哪些种类的列车和到达哪些车站（装卸站或解体站）的列车，以及各种列车应编入的车流范围和编挂办法等。

列车编组计划的正确编制应以对车流结构、站场布局、设备能力、作业条件的调查研究为基础，以车流径路方案为前提，以技术经济分析和计算为依据，进行多方案优选，以期达到以下目的：

（1）最大限度地从装车地组织成组、直达运输，合理分配各编组站、区段站的中转工作，以减少技术站的改编工作量，加速货物输送和车辆周转。

（2）最大限度地减少列车改编次数，并尽量将调车工作集中到技术设备先进、编解能力大、作业效率高的主要编组站上进行，以减少人力物力消耗，节约开支，降低运输成本。

（3）合理确定各技术站编组列车的办法和列车编解任务，以确保各站工作的协调配合，维持良好的作业秩序。

（4）合理组织区段管内和枢纽地区的车流，以减少重复改编，加速车流输送。

2）列车编组计划的作用

列车编组计划是铁路行车组织工作的较长期的基础性质的技术文件，起着理顺车流的作用，是车流组织的具体体现。它把路网上交错分布的各种车流，按到站的远近和运输性质的不同分别组织到不同种类的列车之中，保证货物能以最快的速度送达目的地，机车车辆得到最好的运用。因此，列车编组计划在铁路运输工作组织中占有十分重要的地位。

列车编组计划在路网各站间合理分配列车编解任务，集中掌握并使用各站的运输设备和能力，既能保证各站所负担的编解任务与其设备能力相适应，又能考虑到各站之间的协调配合，起着统一分配路网各编组站改编能力的作用，是整个路网车站分工的战略部署。列车编组计划具体规定了各货运站、技术站编组列车的种类、到站和车辆编挂方法，确定了各站的办理车数、改编作业车数、运用调车机车台数、使用编组线数，以及技术作业过程和技术设备的运用办法等，对车站的行车工作起着指导性的作用。

列车编组计划是运输计划和列车运行图之间的重要联系环节。它根据运输计划确定计划车流，并进一步将车流组织为列车流。它所规定的列车数量、列车分类、发站和到站，以及定期运行的列车等，是编制列车运行图的基础。

在日常运输工作中，通过变更列车编组计划，可以调整枢纽和方向的作业负担，疏导车流运行，从而确保运输畅通。在制定铁路枢纽发展规划、进行站场扩建和新建设计时，有必要根据远期的最优列车编组计划所规定的改编任务来确定枢纽的规模，以及站场设备的数量和布局。

此外，铁路运输企业也通过组织装车地直达运输，与厂矿等各类企业在物资输送的组织方法与设备使用等方面紧密协作配合。因此，列车编组计划体现了产、供、销各部门的共同利益，是铁路与国民经济其他部门紧密联系的重要环节。

3）列车编组计划中货物列车的分类

（1）快运货物班列——固定发站和到站，固定车次和运行线，明确开行周期、发到时刻和编组内容的货物快运列车。

（2）直达列车——在装（卸）车站或技术站编组，通过一个及其以上编组站不进行改编作业的列车。整列在同一车站装车，到达同一车站卸车，运行距离较短，途中不通过编组站的列车为整列短途列车。

① 始发直达列车——在一个车站或在同一区段（或相邻区段）的几个车站装车后组成的直达列车。按组织形式分为基地始发直达和阶梯始发直达，按大宗货物品类分为煤炭直达、矿石直达和石油直达。

- 煤炭直达列车——整列煤炭或以煤炭为基本组的始发直达列车。

- 矿石直达列车——整列矿石或以矿石为基本组的始发直达列车。
- 石油直达列车——整列石油或以石油为基本组的始发直达列车。

② 空车直达列车——在一个或数个卸车站，或者在技术站由空车编组而成的直达列车。途中不通过编组站的列车为整列短途空车列车。

③ 技术直达列车——在技术站以中转车及货物作业车等编成的直达列车。

（3）直通列车——在技术站编组，通过一个及其以上区段站不进行改编作业的列车。

（4）区段列车——在技术站编组，到达相邻技术站，在区段内不进行摘挂作业的列车。

（5）摘挂列车——在技术站编组，在相邻区段内的中间站进行摘挂作业的列车。只在指定的几个中间站进行摘挂作业的列车为重点摘挂列车。

（6）小运转列车——在技术站和邻接区段规定范围内的几个车站间开行的列车为区段小运转列车。在枢纽内各站间开行的列车为枢纽小运转列车。二者统称为小运转列车。

（7）超限列车——挂有装载超限货物的车辆并冠以超限列车车次的列车。

（8）重载列车——在装车站或技术站组织，由单机或多机牵引满足重载条件的列车，按组织形式分为整列式重载列车、组合式重载列车和单元式重载列车。

① 整列式重载列车——在装车站组织的整列重载列车。

② 组合式重载列车——在技术站由两列及以上同一到站列车连接组合的重载列车。

③ 单元式重载列车——固定车辆，固定发站和到站，固定运行线，运输单一品种货物，在装、卸站间往返循环运行，中途不拆散，不进行改编作业的重载列车。

（9）自备车列车——车辆产权属于企业的始发直达、整列短途列车。

2. 编制列车编组计划的原则和方法

编制列车编组计划是一项十分复杂而又细致的工作。在整个铁路网上，编组列车地点的数量很多，车流支数更多，各支车流之间相互联系、互相渗透，只有将全路的车流组织作为一个整体来考虑才可能找到最优的方案。但是这样一来，车流组织的方案数十分巨大，且每一方案需要考虑的因素又很多，要想通过计算选出最优方案非常困难。为了解决好全路列车编组计划的编制问题，我国铁路采用分块编制的做法。一方面对装车地直达运输和技术站列车编组计划分别编制；另一方面又将全国铁路划分为若干个铁路方向，按各铁路方向分别编制列车编组计划。为实现列车编组计划的编制、管理现代化，提高铁路运输组织水平，适应铁路运输发展要求和加强营销工作的需要，全路要逐步改进列车编组计划编制管理手段，利用统一的编制管理系统编制、调整和管理列车编组计划，提高列车编组计划的信息化管理水平。

数十年来，国内外学者对确定列车编组计划最优方案进行了很多研究，近年来又围绕着应用数学方法和计算机技术来解决这一问题做了大量工作，取得了一定的进展。然而，目前所有的列车编组计划计算方法都还不能全面地反映各种有关因素的影响和要求，所提供的所谓最佳方案也还只能作为人们决策的参考。因此，如何全面地解决好这个问题，还需要广大科技工作者作出长期的努力。

编制列车编组计划的基本原则是：坚持全局观点，局部服从整体，管内服从跨局；根据货流调查、车流规律和车流径路，合理采用多种车流组织方式，以直达运输为主，发展快速运输，适应运输市场需求；统筹安排各编组（区段）站任务，减少车辆中转，提高车站作业效率。

从我国铁路设备条件和车流结构的现实情况出发，编制列车编组计划应该遵循以下基本方法。

1）编制始发直达列车编组计划

编制始发直达列车编组计划方案时，应从产、运、销整体效益出发，结合装卸条件，综合考虑经济效益，本着“能高勿低、先远后近”的原则，首先组织同一卸车地点、同一到站的直达列车，而后组织到最远技术站解体的直达列车。到达技术站解体的始发直达列车，原则上应组织到站成组，并符合到达技术站列车编组计划车流去向范围。大宗稳定的车流，有条件时应全部组织始发直达列车。对到达同一卸车站或同一解体站的装车，每月可组织15列及其以上整列直达时，应固定车次，定期开行。始发直达列车编组计划应规定始发直达的发到站、编组内容、运行径路、牵引质量、换长等。

（1）为适应市场经济发展的需要，应尽可能在铁路运量较大的车站、枢纽或地区间开行定点、定线、定车次、定时、定价的快运货物班列。

（2）对大宗稳定的车流，有条件时应在装车地循环集结，全部组织直达列车。

（3）从产、运、销整体效益出发，结合装卸车条件，本着“能高勿低、先远后近”的原则尽可能多地组织各种直达列车。

（4）对有一定技术设备和中转车流接续的装车站，采取自装车流和中转车流配合组织始发（技术）直达列车的方法，越过能力紧张的编组站。

（5）以组织多站合开或者选定直达基地的办法，将零散车流汇集起来组织直达列车。

（6）凡流向稳定、能保证经常开行的始发直达列车，应固定车次、定期开行。

2）编制快运货物班列开行方案

编制快运货物班列开行方案时，应优先按点（发站）到点（到站）形式组织，也可以按阶梯式或集散式等形式组织：阶梯式班列由同一径路上几个相邻装车站共同组织编成，集散式班列由发送枢纽附近装车站共同组织编成。除有特殊规定外，班列到站范围为到达站枢纽内车站及下一区段内车站。快运货物班列开行方案应规定班列的装卸站、发到站、编组内容、运行径路、牵引质量、换长、开行周期等。

3）编制技术直达列车、直通列车编组计划

技术直达列车、直通列车具有可以减少沿途改编次数、压缩集结时间、加速车辆周转等优势，应优先编制。编组站应根据每股车流强度、调车设备和改编能力情况、不同区段列车牵引质量和换长等多方面因素，采用先进方法进行计算、分析、比较，确定优化且切实可行的列车编组计划方案。技术直达列车、直通列车原则上采用单组列车、循环列车的方式开行。

直达列车运行区段牵引定数不一致时，原则上在技术站进行补减轴；甩挂作业确有困难时，可由列车编组计划指定列车牵引质量、换长。

4）编制空车列车编组计划

空车车流应合理调配。组织空车列车应本着以空保重、快速送达的原则，尽量从卸车地组织整列空车列车。凡大量卸车的专用线、车站、区段或地区，均应就地组织整列空车。车流量大而又稳定的整列空车应固定运行线，定期开行。对不能组织的零星空车，也要尽可能在编组站集中，组织成列或成组挂运。对于通过能力紧张的区段，可采用空重结合的方式，尽量满足列车满吨满长，提高区段通过能力。

（1）空车应合理调配，按最短径路排送，并尽可能直接从卸车地组织空车直达列车。

（2）本着以空保重、空重结合的原则，尽量多组织定期空车直达列车。

（3）对于有大量卸车的专用线、车站、区段或地区均应就地组织空车专列。

（4）对需大量排往外局装车的空敞车，采取由卸车站和集中空车站将其全部组织成专列的办法，按交空分界站选定若干固定运行线均衡地排送。

5）编制技术站单组列车编组计划

技术站编组的列车包括技术直达列车、直通列车、区段列车、摘挂列车、小运转列车等，有单组列车、分组列车、大运转列车、小运转列车。在编制单组列车编组计划时应考虑以下几点：

（1）坚持全局观点，局部服从整体，小运转保证大运转，装车地缓和编组站，确保运输畅通。

（2）充分发挥技术站设备效能，组织好协调配合，保证车站正常工作。

（3）根据车流的集散规律，尽量组织中转车流集中在路网主要编组站上进行改编，并对某些能力不足的主要编组站指定相邻技术站进行辅助作业。

（4）对枢纽内的若干车站，通过技术经济比较选择好分散集结和分别到达列车的方案。

（5）对去往有驼峰设备的技术站解体的列车应减少分组。

（6）为适应当前各技术站调车线数不足，较难全部按规定组号固定线路的情况，除因特殊需要或必须组织空车专列者外，其他空车应与重车混编。

6）编制技术站分组列车编组计划

编制分组列车编组计划时应考虑以下几点：

（1）换挂车组站的车流要稳定，防止列车欠轴或被拆散。

（2）换挂车组站的技术设备条件要有保障，避免在不便进行成组换挂作业的车站换挂车组。

（3）挂到中间站的车组，只能是到达该站或到达有小运转机车取送的邻近站卸的车组。

目前我国开行区段列车原则上日均车流量不应少于 2 列，区段列车采用单组或分组列车方式开行。摘挂列车应根据车流量安排，每个区段原则上开行 2 对，摘挂车流较大时可安排开行重点摘挂列车。摘挂列车原则上应按站顺编组，甩挂作业方便区段可按到站成组编组，必要时应规定区间留轴。

列车编组计划规定的车流组号（车流去向范围），应根据中国国家铁路集团有限公司（简称国铁集团）颁布的车流径路文件，按车流走行径路最短、各组号车流相对均衡、有利于提高车站作业效率的原则确定，具体还要由相关铁路局集团公司（简称铁路局）协商明确，意见不一致时由国铁集团协调解决，并在铁路局编组计划文本中公布，作为编组列车的依据。

各种货物列车应根据计划车流量推算的开行列数，按发到站排定相应的列车车次。临时调整列车编组计划引起的车次不对应时，由调度日（班）计划安排，远程直达列车在前方技术站按相应到站的接续车次运行。

3. 编制列车编组计划的三个阶段

货物列车编组计划的编制和调整根据货物运输市场、铁路设备能力变化情况和运输组织需要进行。在全路货物运输市场、铁路设备能力发生较大变化时应编制全路列车编组计划，并与列车运行图同步实施。在铁路设备能力、货流、车流发生局部变化时，应根据需要调整跨局编组计划。铁路局管内列车编组计划的调整由铁路局根据需要确定。

货物列车编组计划的编制工作通常分三个阶段进行，即准备资料阶段、计划编制阶段和实行前的准备阶段。

货物列车编组计划的编制质量在很大程度上取决于编制资料的准备工作，只有充分掌握可靠的编制资料，才能编出既能适应市场经济需要，又能体现铁路整体效益的列车编组计划。

1）列车编组计划编制前需要准备的有关资料

为了正确编制列车编组计划，在编制前，各铁路局有关业务主管部门要根据职责分工，在列车编组计划负责部门的协调下，做好准备工作，提供下列资料：

（1）根据年度、月度运输计划主要物资货源货流资料，并参照规划运量提出列车编组计划实行期间的运输计划和说明。

（2）根据上述运输计划和说明，结合实际车流规律，编制分品类、分到局、分主要发到站和技术站间的计划车流；根据计划车流编制始发直达、煤炭直达、石油直达列车计划。

（3）根据货流、车流及市场营销需求，提出快运货物班列资料及开行计划。

（4）各线路、区段的区间通过能力、牵引质量、列车换长。

（5）车站设备、能力、技术标准资料：

① 主要装卸站的装卸能力，包括主要专用线装卸线长度、容车量，以及平均每日装卸分批次数、车数、时间等。

② 主要技术站技术设备资料，包括车站平面示意图、车场分工、股道（股道数、有效长、容车数、现在用途）、调车机车台数、改编能力及其利用程度。

③ 主要技术站有关作业时间标准和完成实际，按到站和方向别的列车平均编组辆数、集结系数、无改编节省时间确定。

（6）列车编组计划执行情况分析报告及改进意见。

2）列车编组计划的编制和调整

列车编组计划的编制和调整实行逐级负责制，全路跨局列车（区段、摘挂、小运转列车除外）编组计划的编制，由国铁集团负责组织各铁路局运输、货运、营销、计划等部门的领导及有关人员，在国铁集团集中领导和统一安排下进行。跨局区段、摘挂、小运转列车编组计划的编制，由有关铁路局协商确定后报部，意见不一致时由国铁集团进行协调。

各铁路局管内列车编组计划，由铁路局根据全路跨局列车编组计划并结合自局管内车流和设备情况进行编制。

全路编组站、区段站调车场线路的分工使用，要按照先跨局后管内的原则，优先安排跨局列车编组计划规定需要的线路。

全路跨局列车编组计划由国铁集团批准，铁路局管内列车编组计划由铁路局批准并报部备案。

3）编制列车编组计划需要确定的有关事项

（1）全路跨局列车编组计划的编制由国铁集团运输局组织召开全路列车编组计划编制工作会议，研究确定有关主要事项。

① 全路快运货物班列开行方案。

② 跨局始发直达列车开行方案。

③ 跨局技术直达、直通列车开行方案，确定各编组站的合理分工。

④ 相关铁路局商定跨局区段、摘挂、小运转列车开行方案，意见不一致时，由国铁集团协调确定。

⑤ 相关铁路局商定车流组号的车流去向范围。

⑥ 铁路局间分界站分发到站、种类的货物列车开行对数方案。

（2）跨局列车编组计划的调整由铁路局根据设备能力、车流变化情况向国铁集团运输局提出调整申请报告，由国铁集团运输局组织相关铁路局协调确定。

（3）铁路局管内列车编组计划的编制由铁路局运输处组织计划、货运等部门和主要车站召开铁路局列车编组计划编制工作会议，研究确定列车编组计划有关事项。铁路局管内列车编组计划的调整由铁路局运输处根据管内车流和设备情况的变化组织进行。

4. 编制列车编组计划的程序

（1）确定列车编组计划实行期间的计划运量，并在此基础上制定日均计划空重车流。

（2）检查各铁路方向的运量负担，选择车流径路或制定分流办法。

（3）审定各线的列车重量标准和换算长度，研究可能发生的增减轴作业问题，制定某些方向统一重量标准的办法。

（4）审定各主要站的装卸、改编能力及各项技术标准，研究提高能力、增加任务的可能性。

（5）编制快运货物列车编组计划，包括快运货物班列编组计划，编制集装箱快运直达列车编组计划以及我国铁路传统开行的供应港九地区的快运货物班列编组计划等。

（6）编制始发直达列车编组计划，包括一站始发、阶梯直达及基地直达等直达列车的编组计划。

（7）编制空车直达列车编组计划。

（8）编制技术站间列车编组计划。

（9）检查始发直达列车与技术直达列车编组计划是否配合，修改不配合的始发直达列车的到达站，对不能统一重量标准的区段规定补轴、减轴办法，规定摘挂列车、小运转列车的开行办法。

（10）整理列车编组计划文本，总结编制工作，拟定保证措施等。

同时，还要为编制列车运行图提供列车分类、对数、车流接续和固定时刻、固定车次要求等资料。

5. 车流径路

车流径路是编制列车编组计划最主要的依据之一。同时，车流推算与车流调整、各路局完成运输产品的清算和统计分析，以及对发货人核收货物运费也都要以车流径路为依据。因此，车流径路方案的选择和车流径路管理一直是铁路运营管理工作备受关注的问题之一。

1）车流径路的概念

车辆从始发站被输送至终到站所经过的路线称为车流运行径路，简称车流径路。现行车流径路通常分为车流最短径路、车流特定径路和车流迂回径路三种。车流最短径路是指路网上两个车站之间拥有最短里程，或最少运输成本，或最短运输时间的径路。大多数情况下，以里程最短为衡量标准。

如果路网上的车流都按最短径路输送，会因车流分布的不均匀而导致某些铁路线路或区段所承担的运量超过其运能的容许范围，因此在实际工作中常常需要将繁忙线路或区段的部分通过车流调整给指定的另一些径路输送。此外，对因某种需要（例如冷藏车的加冰、加油，阔大货物的运输等），也需指定径路输送。这类车流输送的指定径路相对于其最短径路而言称为特定径路。

有时为了利用临管线或地方铁路输送部分车流，或者为充分利用某些平行线路上的单机以节省运用机车台数，也可规定某些车流的特定径路。

车流迂回径路是指在日常运输工作中，由于某些铁路线运营条件发生临时性变化而临时指定的一些车流径路。例如，由于水害、塌方、施工封锁、发生行车事故等导致中断行车或通过能力下降，而且在较短时间内不能恢复正常行车时，对于按最短径路或特定径路输送的在途车流或紧急待运物资，可下达调度命令采用绕道运输的方法转送到目的地。

最短径路作为最基本部分，特定径路作为补充部分构成车流输送的正常径路。迂回径路是在日常调度指挥工作中进行车流调整时临时指定的经由线路，属非正常径路。按规定的正常径路输送车流有助于路网上运用车的合理分布及铁路线上车流的动态均衡，是建立稳定的运输秩序的必要条件。当必须采用迂回径路时，要根据迂回径路的运输能力规定一日迂回输送的车数、重车方向、空车车种及有关技术站列车编组计划的调整办法，尽量减少对运输秩序的干扰。

2）影响车流径路选择的主要因素

影响车流径路选择的主要因素有：

（1）货车经由铁路线路的运输距离。

（2）货车经由铁路线路运输所需的时间。

（3）各区段的通过能力、各技术站的改编作业能力以及能力的利用程度。

（4）货车经由铁路线路所需的总费用。

3）车流径路管理的基本内容

车流径路管理主要包括两个方面，一是确定全路的车流径路方案（文件），即确定输送各支车流的正常径路；二是在日常运输工作中认真地执行车流径路文件，保证路网上车流的平稳有序流动。

对于某个铁路方向或铁路区段，如果由于通过能力或改编能力不足，全部通过车流不可能都经由最短径路输送时，就需要考虑利用平行径路进行分流。如果能力的利用程序本来就比较高，则运量增长后，由于行车量的增加，可能引起列车在区段内交会、越行的停站次数增多，停站时间延长，并由于改编作业车数的增加，可能引起车辆在技术站停留时间延长；而且当能力利用程度接近饱和时，还会使方向上的运输组织工作丧失机动性，以致遭受不应有的损失。在这种情况下，改变一部分通过车流的运行径路，将它们调整到比较空闲的方向或区段，不仅可以发挥铁路技术设备的潜力，而且还能提高整个路网货车送达速度，无疑更为有利。

由此出发，在车流数量与结构不变的前提下，以整个路网车流输送的总的车小时和总费用最小为目标来确定各支车流的输送径路，优化车流径路管理似乎更合适一些。

一旦车流径路方案确定，并以部颁文件形式下达后，各有关技术部门在制定与车流径路有关的技术文件时，非经授权部门批准不得违反车流径路文件的各项规定；各级调度部门在进行车流调整时，不得擅自变更车流的输送径路。

我国铁路现行的车流径路管理体系是20世纪50年代初期全面实行计划运输时起逐步建立并完善起来的。径路文件的制定和执行，由原铁道部运输局调度处和铁路局运输处主管技术计划和车流调整的工作人员承担。以往通常由人工制定全路的车流径路方案，每隔4年或当有新线修建形成新的环状铁路线时，在原有方案的基础上经修订、补充形成新的径路方案。

近年来，我国铁路在车流径路管理现代化方面做了很多工作。其中，主要包括：运用计算机确定全路车流径路方案的算法研究；全路车流径路管理信息系统的开发；车流径路计算软件在车流推算、运输计划编制及精密统计等运营管理工作中的应用；车流迂回径路的合理确定等。

6. 列车编组计划的主要内容

列车编组计划的主要内容见表1–1。从表中可知，列车编组计划主要有以下内容：

（1）发站：指列车编组始发的车站。

（2）到站：指列车的终到站（解体站）。

（3）编组内容：规定该列车用哪些车流编组及车辆的编挂方法。

（4）列车种类：表示该种列车的种类。

（5）定期车次：若该列车为装（卸）车地组织的直达列车，则表示该列车开行期间的固定车次。

（6）附注：对编组内容栏加以补充说明，常见的说明如按站顺、组顺、规定基本组重、开行列数等。

表1–1 列车编组计划

发站	到站	编组内容	列车种类	定期车次	附注
甲	丁	丁及其以远	技术直达		
甲	丙	① 丙及其以远（不包括丁及其以远） ② 空棚车	直通		按组顺编挂
甲	乙	乙及其以远（不包括丙及其以远）	区段		
甲	乙	甲—乙间中间站车流	摘挂		按站顺编组

编组内容栏规定的列车中车辆的编挂方法，通常有以下几种：

（1）单组混编：即该列车到达站及其以远的车辆，不分到站、不分先后混合编挂。

（2）分组选编：即一个列车中分为两个及其以上的车组，属于同一组的车辆必须编挂在一起。对车组的排列，无特殊要求者，可以不按组顺编挂。

（3）按到站成组：即在列车中同一到站的车辆必须编挂在一起。

（4）按站顺编组：即在列车中除同一到站的车辆必须编挂在一起外，还要求按车辆到站的先后顺序进行编挂。

以上各种列车编组方法，是根据各有关车站的能力所需列车的性质分别确定的，达到加速车辆周转和货物送达的目的。

任务1.2　装车地直达列车编组计划的编制

任务引入

例如，甲—丁方向线路示意图见图1–2，甲—丁方向煤炭装车计划见表1–2，并已知主要装、卸站装卸能力充足，空车来源有保证。

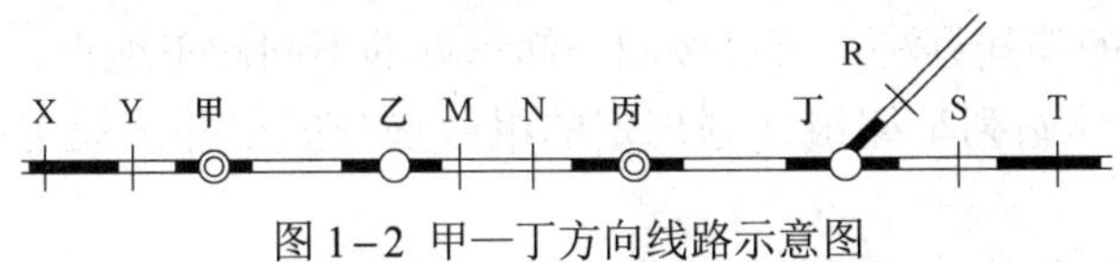

图1–2　甲—丁方向线路示意图

表1–2　甲—丁方向煤炭装车计划

卸车站 装车站	甲	乙	丙	丁	R	S	T	合计
X	3			2	180	24		209
Y		5		5			36	46
M			4	25				29
N					12	13	10	35
合计	3	5	4	32	192	37	46	319

思考：

X、Y、M、N四个车站是否可以组织成装车地直达列车进行运输？

知识准备

1. 装车地直达列车的种类

在装车地区，由一个或几个装车站以自装货车直接组成直达列车的车流组织方式，称为装车地直达运输。在装车地组织的直达列车，根据组织条件、到站、车辆编挂办法及运行条件的不同，可有多种形式。始发直达列车是指在一个车站或在同一区段（或相邻区段）的几个车站装车后组成的直达列车。

1）按组织条件分类

始发直达列车按组织形式分为基地始发直达和阶梯始发直达。

（1）由同一区段内（包括衔接支线）或同一枢纽内的几个车站所装车辆组成的直达列车，称为阶梯直达列车。

（2）在基地站（一般为装车地区的技术站或干支线联轨站）所组成的直达列车，称为基地直达列车。

2）按货物品类分类

始发直达列车按货物品类分为煤炭直达、矿石直达和石油直达等。

（1）煤炭直达列车——整列煤炭或以煤炭为基本组的始发直达列车。

（2）矿石直达列车——整列矿石或以矿石为基本组的始发直达列车。

（3）石油直达列车——整列石油或以石油为基本组的始发直达列车。

3）按到站分类

（1）到达同一卸车站的一个或几个卸车地点卸车，或到达国际过轨站过轨的直达列车。

（2）到达同一区段内 2～3 个邻近车站卸车的直达列车，通常称为反阶梯直达列车。

（3）到达同一枢纽内几个车站卸车的直达列车。

（4）到达卸车基地站的直达列车。

（5）到达技术站解体的直达列车。

直达列车内车辆的编挂办法，可以按同一卸车站的不同卸车地点、同一卸车区段或枢纽内的不同卸车站或解体站列车编组计划规定的组号选分成组并按规定顺序编挂，也可以不分组混编。

按直达列车的运行条件，可以是固定车底的循环直达，或不固定车底的非循环直达；也可以是变更重量的直达列车或固定重量的直达列车；还可以是每日定期开行的直达列车或不定期开行的直达列车等。

装车地直达运输中还有一种日行 600～800 km 的快运货物班列，是指固定发站和到站、固定车次和运行线、明确开行周期、发到时刻和编组内容的货物列车，其组织形式主要有：

（1）专门运送鲜活易腐货物的快运货物列车，其中以编挂冷藏车为主的列车又称为冷藏列车。

（2）专门运送集装箱的快运货物列车，一般要求指定挂运车次，优先安排运行线间的接续，称为集装箱快运直达列车。

（3）运送快运货物班列，一般要求运行线全程贯通，车次全程不变，发到时间固定，实行以车或箱为单位报价，如东北货物快运班列。

此外，由同一站装车、不通过编组站、到达同一站卸车、固定车底循环运用或不固定车底的整列短途列车，也是装车地直达运输的一种形式，需要单独统计。

2. 组织装车地直达运输的优点

货物运输直达化是衡量铁路运输组织水平的重要标志之一。组织装车地直达运输可以促进物资产、供、运、销各部门间的密切协作，使货流组织与车流组织更好地结合起来，最大限度地减少中间作业环节，实现运输组织工作现代化与科学化。

由于直达列车在沿途有关技术站可以不必进行改编作业，这就减轻了技术站的作业负担，缓和了运输能力紧张的程度，加速了物资运送和机车车辆周转，从而可获得扩大运输能力、降低运输成本、减少国家流动资金、推迟铁路基建投资期限等多方面的技术经济效果。

装车地直达运输是大宗货物运输的一种最合理、最基本的形式。组织好大宗货物的装车地直达运输，特别是重载运输，对于促进国民经济的发展具有重要的作用。货物运输直达化也是铁路拓展市场、加强货运营销工作的重要保证。其中，快运货物直达列车、集装箱运输直达列车在这方面尤为突出。例如，我国铁路长期开行对港九地区的三趟鲜活运输直达列车，保证了港九地区的鲜活供应，社会效益显著，同时也为铁路带来了良好的经济效益。在集装箱运输方面，我国铁路建设了集装箱基地与港口站，增开了专门的集装箱运输直达列车，积极参与了国内与国际集装箱运输市场的竞争，集装箱运输直达列车的开行将成为我国铁路货物直达运输的重要发展方向。

在日常运输工作中，把直达运输组织与运输方案编制结合起来，加强旬间直达列车日历装车计划的编制与执行，广泛实行按阶段、分去向、集中出车等先进作业组织方法，即使在不增加设备的条件下，也可进一步增加直达运输比重，延长直达列车运行距离和缩减货车在货物作业站的停留时间。因此，大力组织装车地直达运输也是铁路当前挖潜提效的重要途径之一。

3. 组织装车地直达列车的基本条件

装车地直达列车的优点是显著的，应当大力组织。但是，并非所有装车站都可以组织直达列车，如装车能力不足、货位少或空车来源没有保证的车站就不宜组织装车地直达列车。

组织装车地直达列车一般应具备以下条件：

（1）发货单位或发站的直达货流充足而稳定，流向集中。

（2）发收货单位或装卸车站有足够的货位、仓库和装卸能力，能保证整列或成批地进行装车和卸车。如果不能进行整列装卸，而进行分批装卸，将产生大量的车辆等待停留时间。

例如，某站专用线组织始发直达列车，该地点每批只能装15辆，列车编成45辆，则需要经过三批装车后才能组织一列始发直达列车，如果空车是整列送到，那么等于45辆车都要消耗三批的装车时间。这样组织直达列车损失太大，一般是不经济的。

（3）有足够的符合车种要求的空车供应，以满足装车需要。

（4）直达列车运行途中如果需要增加重量时，有合适的补轴车流。

（5）如果组织到达技术站解体的直达列车，应符合前方技术站列车编组计划的有关规定。

例如，甲—乙方向列车编组计划规定：甲站编组到达己站的技术直达列车，编组内容为己站及其以远；到达丁站的直通列车，编组内容为：① 丁站及其以远；② 庚站及其以远。如图1–3所示。

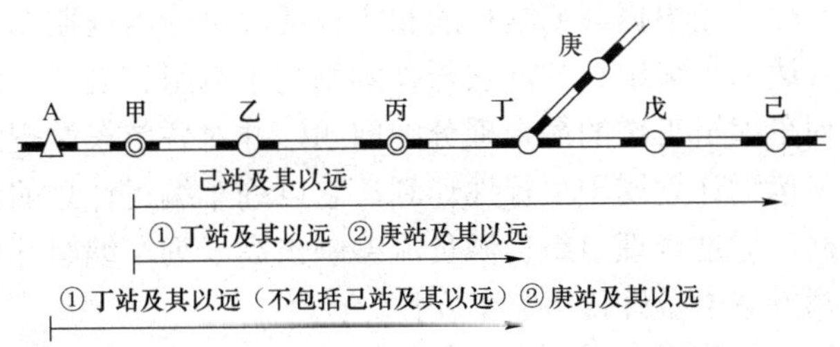

图1–3　始发直达列车与前方技术站列车编组计划配合示意图

如A站组织开到丁站解体的始发直达列车，所吸收的车流及分组选编的办法应符合甲站列车编组计划的规定，即不得编入己站及其以远的车流，也不得把庚站及其以远和丁站及其以远的车流混编在一起。否则，将延缓到达己站车流的运送，增加丁站和戊站的改编作业量，会使有关技术站的作业因车流条件变化而受到影响。所以，这种列车到达甲站后就可能被提前在甲站解体，将车流分别编入开往己站和丁站的列车。

4. 组织直达运输的可能性与合理性

组织直达运输的可能性与合理性，不仅取决于是否具备上述各种条件，而且也取决于所欲达到的某种效果。

组织直达运输的可能性与合理性通过以下几点判断：

1）是否保证重要物资的优先、快速、及时疏运

它着眼于最大限度地加快疏运速度而放弃对其他指标的要求，主要适用于紧急军运、抢险救灾物资运输，以及疏港工作等短期性的特殊需要。

2）是否最大限度地减轻有关技术站的改编作业负担

它着眼于解决某些技术站改编作业能力不足的实际困难，而不计算对于因组织直达运输而增加的费用。为此，采用这一标准时要求尽量多编装车地直达列车，并尽可能无改编通过沿途更多的技术站，以缓和编组站作业能力紧张的局势。这种“以装缓编”的办法对解决某些铁路线运输能力不足的困难是现实而有效的。

3）车小时节省

它着眼于加速铁路车辆的周转，当直达运输有多种组织方案可供选择时，优先选用节省车小时最多的方案。这种办法在日常计划中得到普遍的采用。

4）能否保证铁路企业的经济效益，特别是长远的经济效益

为了增加铁路运输在整个运输市场中的占有份额而开行某些直达列车，虽然在短期内可能不会给铁路企业带来经济效益，但只要有利于铁路运输营销策略的实施，从长远上来看将给企业带来经济效益，那么也应该积极组织开行这类直达列车。

直达运输的经济效益，是通过与非直达运输相比较而显示出来的。因此，在计算其效益时，只须比较这两种车流组织方法下节省与损失的不同部分。如果节省大于损失，则认为组织装车地直达列车有利。

在不同的车流组织方式下，装车站、运行途中及卸车站的车小时和调车工作小时消耗有所不同，因此直达运输经济效益的确定还应和装车地直达列车组织方案的选择结合起来研究。

5. 编制装车地直达列车编组计划的方法

装车地直达列车运输计划根据其编制目的和实行期限可分为远期、近期及月度计划几种。近期计划即为装车地直达列车编组计划，它与技术站列车编组计划一起编制，着重解决铁路现有技术设备条件下列车编组工作的最合理分配问题，并对各装车站规定组织直达列车的基本要求。月度直达列车运输计划属于执行性计划，它以列车编组计划的有关规定和批准的运输生产计划车流为依据，通过合理组织货源货流编制出高于列车编组计划基本要求的直达列车计划，并在旬间运输方案中做好日历装车安排。

装车地直达列车编组计划通常采用上下结合的做法进行编制。首先由国铁集团根据以往的实绩和运输市场的发展，研究和规定各局应完成的直达运输任务，结合装车计划一并下达。各铁路局根据部定任务，编制计划车流，从品类别、发到站别车流资料中查定直达车流，填写装车地直达列车计划车流表，并结合装卸站的设备条件、装卸能力，参考以往实绩与有关厂矿企业单位共同研究协商，拟定装车地直达列车计划草案报国铁集团。编制装车地直达列车编组计划时，要在保证达到主要目标的前提下，优先采用经济效果高、在实际工作中易于实现的组织方式，并根据货流构成及装卸站作业条件等因素，本着“能高勿低、先远后近”的原则，采取如下做法：

（1）先组织直接面向市场和有特定条件要求的直达列车，如东北货物快运、集装箱直达列车、重载单元列车、循环直达列车等，再组织一般的装车地直达列车。

（2）先组织一个发站一个发货单位装的直达列车，再组织同一发站几个发货单位装的直达列车，最后组织几个车站联合配开的直达列车。

（3）先组织到达同一车站或同一专用线的直达列车，再组织到达同一区段或枢纽内几个

站卸的直达列车，最后组织到达技术站解体的直达列车。

（4）在一定条件下采用建立直达基地或联合出车区的方法，把零散车流汇集起来组织多个点配开的直达列车。

在任务引入所提到的任务案例中，已知装卸站装、卸能力充足，且空车来源有保障，在不违反前方技术站列车编组计划的前提下，可以组织装车地直达列车进行运输。具体方式如表1-3所示。

表1-3 甲—丁方向煤炭装车计划表

装车站＼卸车站	甲	乙	丙	丁	R	S	T	合计
X	3			2	□180	◇24		209
Y		5		5			◇36	46
M			4	△25				29
N					△12	△13	△10	35
合计	3	5	4	32	192	37	46	319

注：△——M、N两站装至丁站解体车数；
□——（X站）装至（R站）卸车数；
◇——（X、Y站）装至（S、T站）卸车数。

编制装车地直达列车编组计划时，先组织一站（X站）装至一站（R站）卸者180车，再组织两站（X、Y站）装至两站（S、T站）卸者60车，最后组织M、N两站装至丁站解体者共60车，如图1-4所示。这些始发及阶梯直达列车，即可纳入列车编组计划。

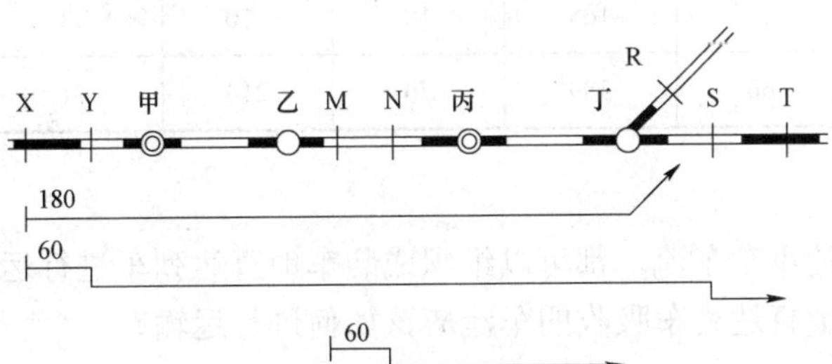

图1-4 甲—丁方向装车地直达列车编组计划示意图
注：编成辆数为60辆。

在召开列车编组计划会议期间，各局应将所拟直达列车编组计划草案根据调整的计划车流、到站接卸能力的变化等情况进行必要的调整。如需变更重量时，还要研究直达列车的补轴、减轴及其编组办法。对于流向稳定并能保证每日（至少是隔日）开行的直达列车应规定固定车次，以便更好地组织车流与运行线的结合，使列车在技术站有良好的接续。对于到达技术站解体的直达列车，必须保证其编组内容和分组办法与沿途技术站的列车编组计划相配合。为此，在确定技术站列车编组计划的同时，应修正装车地直达列车编组计划使之与技术站列车编组计划保持一致。

任务 1.3　技术站列车编组计划的编制

任务引入

已知：某铁路线路示意图如图 1–5 所示，甲—丁方向重车车流表如表 1–4 所示。

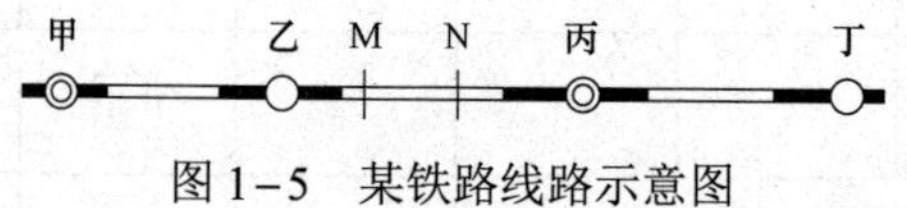

图 1–5　某铁路线路示意图

表 1–4　甲—丁方向重车车流表（日均车数）

由 \ 往	甲	甲—乙	乙	乙—丙	丙	丙—丁	丁	合计
甲		28	170	40	100	55	470	863
甲—乙	25	1	10	5	5	3	10	59
乙	230	5		5	35	2	185	462
乙—丙	20	3	1	3 1	2	3	60	93
丙	30	2	40	2		5	35	114
丙—丁	5	2	3	4	2		5	21
丁	250	25	165	10	70	3		523
合计	560	66	389	70	214	71	765	2 135

思考：

（1）甲—丁方向的重车车流，都可以组织成装车地直达列车进行运输吗？

（2）没有被装车地直达列车吸收的车流应该如何进行运输？

知识准备

没有被装车地直达列车吸收的车流，都要到相应的技术站上汇集，集结编成各种列车，直接或逐步送到目的地。因而就产生了各个技术站编组哪些列车的问题——这就是技术站列车编组计划的基本任务。

1. 技术站间的计划车流

计划车流是编制列车编组计划最重要的依据。为提高列车编组计划的稳定性，首先要正确选定能够反映整个列车编组计划实行期间车流特点的计划运量。为此，国铁集团根据所掌握的主要物资的生产计划和主要流向，国家对市场经济进行宏观调控的方针政策，运输市场预测及铁路运输占有份额分析，参考各铁路局品类别装车实绩和运输能力紧张地段增加运输能力的可能性，拟定出运输计划轮廓并下达给各铁路局。在此基础上，各铁路局经过货源调查、核实运量等步骤，提出分品类分到局的运输计划和有具体发到站的品类别装车去向计划。而后，由国铁集团主持，各铁路局参加，按照中央与地方、计划与实际、装车局与卸车局相互结合共同平衡、反复落实的办法，对各铁路局提报的数字进行调整，最终审定计划运量，并计算出列车编组计划实行期间的日均计划重车流。

其次，确定计划重车流的径路方案，并在此基础上编制重车车流表，进而按各分界站交接差和各铁路局的装卸差调整局间的排空车数，制定分装卸站、区段和技术站的空车车流计划，最后汇总为各方向主要技术站间的计划车流表。

每一技术站发出的车流包括：

（1）该站自装车流。

（2）该站与其后方相邻技术站间各站及衔接支线所装车流。

（3）该站衔接支线所装车流。

（4）到达该站解体的装车地直达列车中需继续运送的车流。

到达每一技术站的车流包括：

（1）到达该站所卸车流。

（2）到达该站与其前方相邻技术站间各站及衔接支线所卸车流。

（3）到达该站衔接支线所卸车流。

注意：技术站间车流不包括被装车地直达列车吸收的车流及同一和相邻区段到发的摘挂车流。

按照上述技术站车流包括的内容，对发到站别的计划车流进行归并和整理后，便可编制技术站间计划车流表。例如，根据图1–5甲—丁方向铁路线路示意图及表1–4甲—丁方向重车车流表归并整理后编制出甲—丁方向技术站间计划重车车流表（见表1–5），已被装车地直达列车吸收的车流应从有关数字中减去。

表1–5　甲—丁方向技术站间计划重车车流表

由＼往	甲	乙	丙	丁	合计
甲		170+40=210	100+55=155	470−240=230	595
乙	230+20=250		35+5+2+3=45	185+10=195	490
丙	30+5=35	40+3+2+2=47		35+60−60=35	117
丁	250	165+25=190	70+10=80		520
合计	535	447	280	460	1 722

注：带双下划线的车数为已被装车地直达列车吸收的车流。

在技术站间车流表的基础上，还应按上下行方向分别绘制车流梯形图，如图1–6所示。

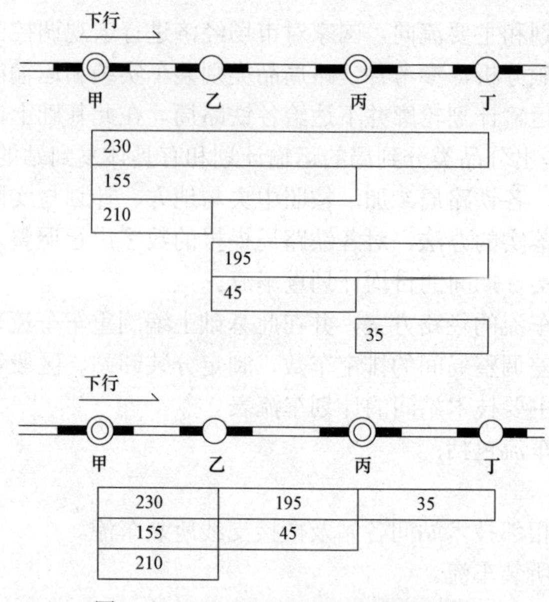

图 1-6　甲—丁下行方向车流梯形图

2. 货车集结时间

由于车列在重量和长度上有一定的要求，技术站为编组某一个到达站的出发车列时，陆续进入调车场的货车存在先到等待后到凑集成车列、达到规定的重量或长度的过程，这个过程即为货车的集结过程。货车在此过程中消耗的时间，称为货车集结车小时。

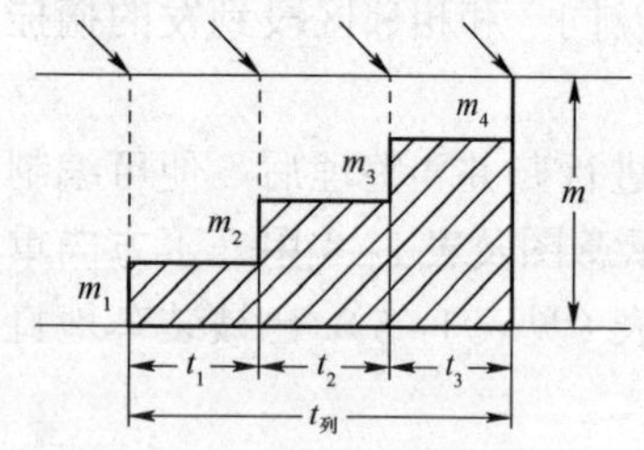

图 1-7　车组大小相等并均衡到达的车列集结过程图

1）货车集结过程

为了便于分析和研究货车的集结过程，假设组成车列的各个车组大小相等、各车组的到达间隔相同，车列的集结过程如图 1-7 所示。

从图中可以看出，一个车组的集结车小时可用车数与延续时间所形成的面积表示，将所有面积相加即可求出一个车列的集结车小时 $T_{集}^{列}$。其计算公式为：

$$
\begin{aligned}
T_{集}^{列} &= m_1(t_1+t_2+t_3)+m_2(t_2+t_3)+m_3t_3+m_4\times 0 \\
&= \frac{1}{4}m\times\frac{3}{3}t_{列}+\frac{1}{4}m\times\frac{2}{3}t_{列}+\frac{1}{4}m\times\frac{1}{3}t_{列}+\frac{1}{4}m\times 0 \\
&= \frac{1}{4}mt_{列}\left(\frac{3}{3}+\frac{2}{3}+\frac{1}{3}\right) \\
&= \frac{1}{2}mt_{列}\ （车 \cdot h）
\end{aligned}
$$

式中：$t_{列}$——车列的集结期间；

m——车列的编成辆数。

2）一个到达站一昼夜的货车集结时间（$T_{集}$）

假定组成一个车列的各车组的大小相等且到达间隔时间相同，一昼夜内各车列之间不发生集结中断时（如图 1−8 所示），则一个车列到达站一昼夜消耗的集结车小时为：

$$T_{集}=\frac{1}{2}(t_{列1}+t_{列2}+t_{列3}+\cdots+t_{列n})m=\frac{1}{2}\times 24m=12m\ （车·h）$$

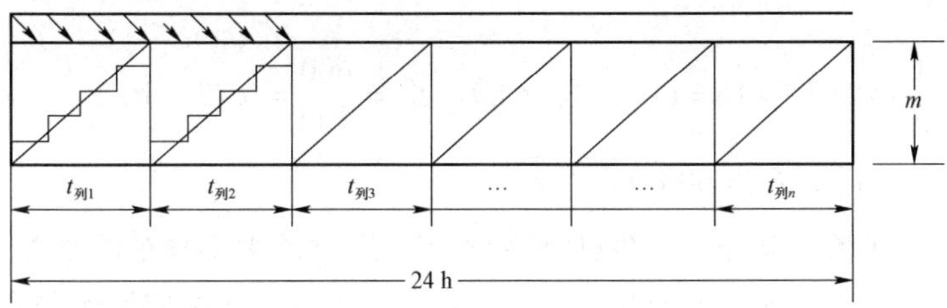

图 1−8　某到达站一昼夜均衡集结图

在实际工作中，上述假定的条件几乎是不存在的。车组大小一般不相等，车组到达间隔时间也不会都相等，车列间也常产生集结中断的情况。

（1）当大车组先到，小车组后到，车列集结初期车组到达间隔小，后期车组到达间隔大时，则有：

$$T_{集}^{列}>\frac{1}{2}mt_{列}$$

（2）当小车组先到，大车组后到，车列集结初期车组到达间隔大，后期车组到达间隔小时，则有：

$$T_{集}^{列}<\frac{1}{2}mt_{列}$$

（3）因车列间有集结中断，则有：

$$t_{列1}+t_{列2}+t_{列3}+\cdots+t_{列n}<24$$

所以在一般情况下 $T_{集}$ 不等于 12m，而是经常小于 12m。通常用下式来表示：

$$T_{集}=cm\ （车·h）$$

式中：c——集结系数。

设某一列车的到达站一昼夜的车流量为 N，则每辆货车的平均集结时间按下式计算：

$$t_{集}=\frac{T_{集}}{N}=\frac{cm}{N}\ （h）$$

可知，任一列车到达站一昼夜消耗的集结车小时（$T_{集}$）只与集结系数和列车平均编成辆数有关，而与参加集结的车流量无关；每车平均集结时间（$t_{集}$）与车流量 N 成反比。

例：设甲站编组到丁站的列车一昼夜的车流量 $N'=400$（车），列车平均编成辆数 $m=50$（辆），则每日集结列车 $n=\frac{N'}{m}=\frac{400}{50}=8$（列），每列平均集结时间 $t_{列}=\frac{24}{n}=\frac{24}{8}=3$（h）。

此时：$T'_{集}=\frac{1}{2}mt_{列}n=\frac{1}{2}\times 50\times 3\times 8=600$（车·h）

$$t'_{集}=\frac{T'_{集}}{N'}=\frac{600}{400}=1.5\ （h）$$

甲站编组到丁站的列车一昼夜的车流量 $N''=800$（车）时，则 $n=\frac{800}{50}=16$（列），$t_{列}=\frac{24}{16}=1.5$（h）。

此时：$T''_{集}=\frac{1}{2}\times50\times1.5\times16=600$（车·h），$t''_{集}=\frac{600}{800}=0.75$（h）。

以上计算结果，$T'_{集}=T''_{集}=600$（车·h）。

$T''_{集}$ 并没有因其车流量增加而发生任何变化，说明 $T_{集}$的大小与车流量 N 无关。而 $t''_{集}$ 则因车流量 N 增大一倍而比 $t'_{集}$ 缩小为原来的 1/2，说明 $t_{集}$ 与车流量 N 成反比关系。

另外，对于技术站而言，其总的集结车小时消耗与其编组列车的到达站数有关，即多开一个到达站的列车，就多消耗一个 $T_{集}$。例如，甲站一昼夜到丁站的车流量 $N_{甲-丁}=400$（车），到丙站的车流量 $N_{甲-丙}=200$（车），列车平均编成辆数相同，均为 50 车。若丁和丙两种车流各自单独开行专门化列车时，其货车集结车小时消耗为：

$$T_{集}^{甲-丁}=\frac{1}{2}\times50\times3\times8=600\text{（车·h）}$$

$$T_{集}^{甲-丙}=\frac{1}{2}\times50\times4\times6=600\text{（车·h）}$$

则：$\sum T_{集}=T_{集}^{甲-丁}+T_{集}^{甲-丙}=600+600=1\,200$（车·h）。

若丁和丙两种车流合为一个到达站，即列车开到丙站，其车流总数为 400+200=600（车），甲站的货车集结车小时消耗为：

$$\sum T_{集}=T_{集}^{甲-丙}=\frac{1}{2}\times50\times2\times12=600\text{（车·h）}$$

以上计算说明，技术站多编开一个到达站的列车，就多消耗一个 $T_{集}$；少编开一个到达站的列车，就少消耗一个 $T_{集}$。

3）集结系数 c 的查定

货车集结时间 $T_{集}$是编制列车编组计划的主要资料之一。为便于计算 $T_{集}$，各技术站均应查定集结系数。

集结系数 c 与车流配合到达情况即货车集结过程有关，但影响很小。因此，可通过现有的货车集结过程查定集结系数，以便在编制列车编组计划时使用。

集结系数 c 应按车站编组的列车到达站分别查定，然后再计算全站平均集结系数。摘挂列车和小运转列车，由于不要求其必须满轴开车，因而可以不必查定其集结系数。

根据公式 $T_{集}=cm$，有 $c=\frac{T_{集}}{m}$，所以，查定集结系数 c 必须先查定每一列车到达站一昼夜的集结车小时 $T_{集}$和列车编成辆数 m。为查定 $T_{集}$，可以在调车场记录每组车辆的调入时间，从而计算出货车集结过程中消耗的车小时，也可以按各个车组随列车到达车站的时间来推算货车集结过程中消耗的车小时，本站货物作业车应按装卸完了的时刻计算参加集结过程。不管用哪一种方法，均应选择车流比较稳定、工作比较正常且连续不少于 5 d 的情况进行查定，以提高其准确度。

用车组随列车到达车站的时间推算 $T_{集}$ 时，可使用表 1–6 所示的推算方法，每一到达站使用一张。表中到达车次栏，应按到达时间的先后填写。本站货物作业车则按其装卸完了时间插入适当车次之间。根据集结车数的累计情况，按列车编成辆数可以确定各个车列集结完了的时间。将各行的集结车数乘其相应的集结间隔时间，计算出其集结车分。将各行的集结车分加总，即为该到达站的集结时间。例如表 1–6 所示，就是甲站编组乙到达站的车辆集结时间推算表。

表中集结车数栏画圈处为一个车列的集结终了的时刻，圈外数字为满足列车编组辆数后的剩余车数。根据集结时间推算表，即可计算一个到达站的集结系数，其公式为：

$$c_i = \frac{\sum (Nt)_i}{60Dm}$$

式中：$\sum (Nt)_i$ ——到达站 i 车辆集结车分总数；

D——查定集结时间的天数。

表 1–6　甲站编组乙到达站的车辆集结时间推算表

到达车次	时刻	车数	集结车数	集结间隔时间	集结车分
18:00	结存	40	40	20	800
30011	18:20	14	(54) 2	16	32
30013	18:36	10	12	14	168
44001	18:50	6	18	25	450
20033	19:15	13	31	50	1 550
30015	20:05	14	45	10	450
30017	20:15	6	51	30	1 530
44003	20:45	6	(57) 5	10	—
自装					
5 d 计		1 352			148 156

例如，根据表 1–6 所列数据，即可求得甲站编组乙到达站的车辆集结系数：

$$c_{乙} = \frac{148156}{60 \times 5 \times 52} = 9.5$$

全站编组的各种列车到达站集结时间推算后，可将表 1–6 的有关数字汇总于车站集结系数计算表，计算全站的平均集结系数。

例如，甲站共编组乙、丙、丁三个列车到达站，汇总计算见表 1–7。

表 1–7　甲站集结系数计算表

到达站	车数	列数	平均编成辆数	集结车分	每车集结分钟	集结系数
乙	1 311	25	52	148 156	113	$c_{乙}=9.5$
丙	761	15	51	151 439	199	$c_{丙}=9.9$
丁	1 318	25	53	159 478	121	$c_{丁}=10.0$
合计	3 390	65	52	459 073	135	$c=9.8$

注：本表是查定 5 d 的数字。

全站平均集结系数的计算公式为：

$$c=\frac{\sum_{i=1}^{k}(Nt)_i}{60Dm_{均}K}$$

式中：$m_{均}$——全站各到达站列车平均编成辆数；

K——该站编组的列车到达站数。

例如，甲站的全站平均集结系数为：

$$c=\frac{459\ 073}{60\times5\times52\times3}=9.8$$

集结系数的查定，还可利用日计划图推算调车场内各到达站一昼夜的集结时间，然后再计算 c 值，这种办法称为图解法。

3. 货车无改编通过技术站的节省时间

货车作为有调中转车在途经技术站需要办理到达、解体、集结、编组、出发等项作业，而如果将货车编入直达或直通列车，无改编通过沿途技术站时，只需办理无改编中转列车技术作业。显然，货车以后一种方式通过技术站较前一种方式所用的中转停留时间要更少。

货车因编入直达或直通列车在所经技术站上进行无调中转作业比有调中转作业平均每车减少的停留时间，称为货车无改编通过技术站的节省时间，可用 $t_{节}$ 来表示。

现以具有甲、乙、丙三个技术站的甲—丙方向为例加以说明。

该方向下行共有三支车流，有两种编组方案，如图 1–9 所示。

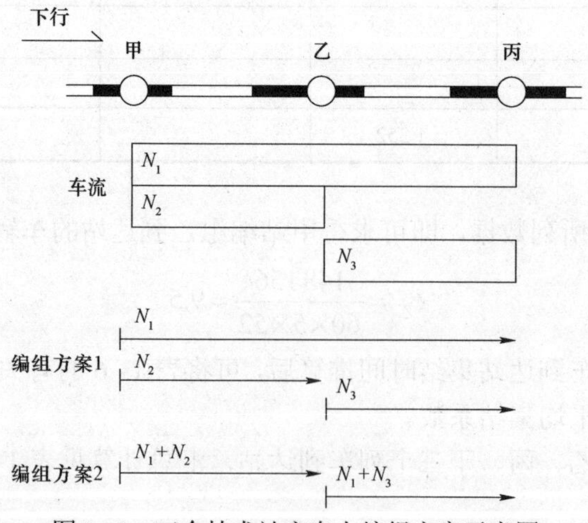

图 1–9　三个技术站方向上编组方案示意图

设乙站无调中转车停留时间为$t_{无调}$，有调中转车停留时间为$t_{有调}$。采用第一种编组方案时，甲站将甲—丙车流N_1编入直达（直通）列车无改编通过乙站时，这支车流将得到车小时节省$T_{节}$，其值为$N_1(t_{有调}-t_{无调})$。但是，N_1车流单独划出开行直达（直通）列车后，将引起乙站的集结车流量减少，与第二方案比较，可导致乙站每辆货车的平均集结时间因车流量减少而增大。

N_1不开直达（直通）列车时，乙站每车平均集结时间$t_{集}$为：

$$t_{集}=\frac{cm}{N_1+N_3}\quad(\mathrm{h})$$

N_1编开直达（直通）列车时，N_1车流不再参加乙站的货车集结，乙站开往丙站的车流则只剩下N_3。此时，乙站每车平均集结时间$t'_{集}$为：

$$t'_{集}=\frac{cm}{N_3}\quad(\mathrm{h})$$

这就意味着，由于N_1单独编开直达（直通）列车后，使乙站每车平均集结时间增加了，增加值$T_{增}$为：

$$T_{增}=t'_{集}-t_{集}=\frac{cm}{N_3}-\frac{cm}{N_1+N_3}=\frac{N_1}{N_3}t_{集}\quad(\mathrm{h})$$

因此，造成的集结车小时损失为：

$$N_3\frac{N_1}{N_3}t_{集}=N_1t_{集}\quad(车\cdot\mathrm{h})$$

这样，N_1编开直达（直通）列车时，既在乙站得到车小时节省，同时也给乙站造成了车小时损失，其车小时纯节省为：

$$T_{节}^{纯}=T_{节}-T_{增}=N_1(t_{有调}-t_{无调})-N_1t_{集}=N_1(t_{有调}-t_{无调}-t_{集})\quad(车\cdot\mathrm{h})$$

因此，N_1这支车流无改编通过技术站乙站时，每车平均节省的时间$t_{节}$为：

$$t_{节}=\frac{T_{节}^{纯}}{N_1}=t_{有调}-t_{无调}-t_{集}\quad(\mathrm{h})$$

由于车辆无改编通过技术站不仅在停留时间方面有节省，而且因减少了改编作业量而引起了调车费用的节省。通过相应换算后，车辆无改编通过技术站的换算节省时间$t'_{节}$为：

$$t'_{节}=t_{有调}-t_{无调}-t_{集}+\gamma_{车}\quad(\mathrm{h})$$

式中：$\gamma_{车}$——改编作业当量，即由每车改编作业的额外支出换算的停留车小时。

货车无改编通过技术站节省时间$t_{节}$应就每一个技术站分别确定，其中$t_{有调}$与$t_{无调}$的数值可以根据车站技术作业过程和列车运行图来查定，$t_{集}$的数值可以用统计分析的方法查定。

应该指出，车辆无改编通过技术站节省时间的组成因素是相当复杂的，而每一因素又经常会发生变化，因此利用上述公式计算的只是一个近似值，必要时尚须进行调整。关于$t_{节}$的精确计算方法还有待进一步研究。

4. 开行直达（直通）列车的基本条件

在技术站编组某一到达站的列车时，其所需车流主要是随到解车列或车组从各衔接方向陆续到达的。为了编组某一到达站的列车，必须将该到达站的车流划分出来单独集结，等凑足整列后才能编组。因而每编组一个到达站的列车，就要产生一个到达站列车的货车集结车小时消耗，这是技术站编开直达（直通）列车不利的一面。但是，由于所编直达（直通）列车经过沿途各技术站时无需进行改编作业，从而可得到无改编通过沿途各技术站的车小时节省（包括调车工作小时的节省）。因此，将车流划为单独编组到达站是否合适应通过比较有关利弊来判定。如果车流无改编通过沿途技术站所得车小时（或换算车小时，下同）节省，大于（至少是等于）其在列车编成站所产生的集结车小时损失，就可认为该支车流具备了划为单独编组到达站的基本条件，一般可用下式表示：

$$N_{直}\sum t_{节} \geqslant T_{集}$$

式中：$N_{直}$——某直达列车到达站日均车流量；

$\sum t_{节}$——车流无改编通过沿途技术站节省的时间之和；

$N_{直}\sum t_{节}$——划出单独开行直达（直通）列车的那支车流（包括合并后的车流）在沿途各技术站节省的车小时总和。

只要开行一个直达（直通）列车，节省与消耗就同时产生，当节省大于消耗时，开行这种列车是有利的；当二者相等时，由于直达（直通）列车在沿途技术站不需进行调车作业，因而还有调车机车小时、调车设备投资等项的节省，所以，也可以开行。

如图 1-10 所示，甲—丁方向的两支车流 N_1 和 N_2，这两支车流可否单独开行直达（直通）列车？

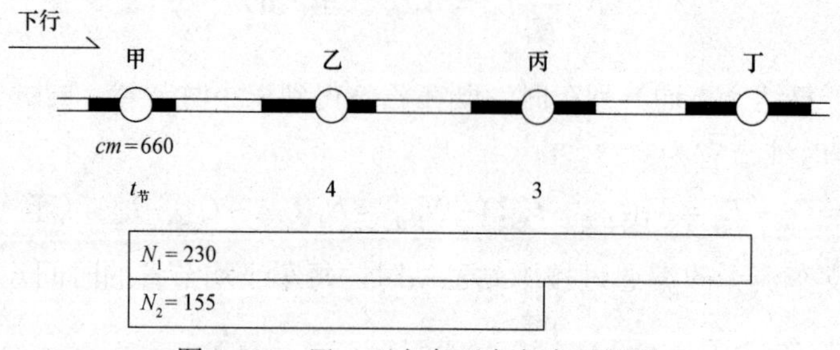

图 1-10 甲—丁方向两支车流示例图

（1）$N_1\sum t_{节}=230\times(4+3)=1\,610$（车·h）。

由于 1 610＞660，即节省大于消耗，所以 N_1 可以单独编开直达（直通）列车。

（2）$N_2\sum t_{节}=155\times4=620$（车·h）。

由于 620＜660，即节省小于消耗，所以 N_2 不应单独编开直达（直通）列车。

当然，将 N_1 和 N_2 合并后开行甲—丙的直达（直通）列车，节省比消耗更大，所以也可以合并开行。

必须指出，某支车流满足了上述条件，只表明这支车流具备了开行直达（直通）列车的基本条件，即不会造成损失，但并不表明这样编开列车就是最好的办法。最优方案需要通过对整个方向上所有车流的各种组合方案进行统筹比较后才能确定。

5. 选择技术站列车开行最优方案的基本方法

1）列车编组方案

一个线路方向上有数个技术站，每个技术站又有数支车流，这些车流按照它们的共同运行径路可以有各种组合方法，各技术站间的各种到达站的列车之间，又互相衔接密不可分。这种动态的相互联系的编开列车的方法，称为列车编组方案。

例如，甲—丁方向上的车流情况如图 1–11 所示，图中（a）、（b）就是两种编组方案。方案（a）是将 N_{14} 和 N_{13} 合并开行甲—丙方向的列车，N_{12}、N_{24}、N_{23} 各自单独开行，丙—丁的列车除编挂 N_{34} 的车流外，因 N_{14} 随甲—丙的列车送到丙站，尚未送到目的地，所以还要和 N_{34} 合并挂于丙—丁的列车内送至丁站。以上甲、乙、丙三站编开的这 5 个到达站的列车，互相配合和衔接，就构成一种列车编组方案，并用车站的代号和车流组合方式以数字表示出来，称为编组方案特征。图 1–11（a）方案的方案特征如下：

2，3+4　→表示甲站开两种列车，一种到第 2 站，另一种为第 3 站和第 4 站的车流合并开到第 3 站。

3，4　　→表示乙站开两种列车，一种到第 3 站，另一种到第 4 站。

4　　　→表示丙站开一种列车，到达第 4 站。

在编组方案中，任何一个技术站的列车编开方法发生变化，都可能影响其他站，其他列车也可能随之发生变化。例如甲站改变以上列车的编开方法，将 N_{14}、N_{13}、N_{12} 三种车流合并只开一个到达站的列车，如图 1–11（b）所示。因 N_{14} 和 N_{13} 均未送到目的地，所以就增加了乙站的改编工作量，需将 N_{14} 和 N_{24} 合并后开到丁站，将 N_{13} 和 N_{23} 合并后开到丙站；由于 N_{14} 和 N_{24} 编入了直达（直通）列车，在丙站不再进行改编作业，所以丙站编组到丁站的列车也只有 N_{34} 一支车流了。这样，图 1–11（b）中 4 种到达站的列车编开方法，又构成了另一种列车编组方案。

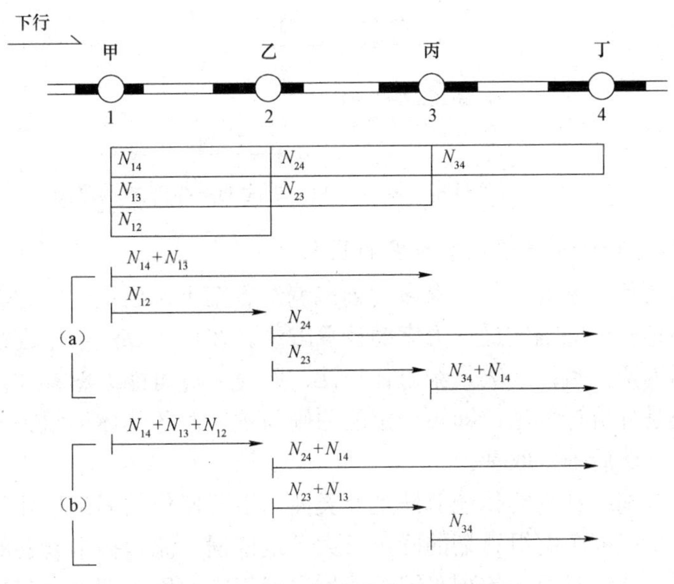

图 1–11　甲—丁方向上的车流情况

在一个方向上，编组方案的数量与技术站数有关。在有四个技术站的下行方向上有 10 种方案。因为，在有四个技术站的下行方向上，甲站有 3 支车流，有五种可能的车流组合方案；乙站有 2 支车流，有两种可能的车流组合方案；丙站有 1 支车流，只有一种编开方案。该方向可能的编组方案数，为各技术站车流组合方案数的乘积，即 5×2×1=10 种，如图 1–12

所示。

如果该方向上有五个技术站，第一站就有 4 支车流，就有 15 种可能的车流组合方案，则整个方向上就有 150 种列车编组方案，即 15×5×2×1=150 种。可见，技术站数越多，列车编组方案数也越多，而且，编组方案数增加的幅度要比技术站数增加的幅度大得多。

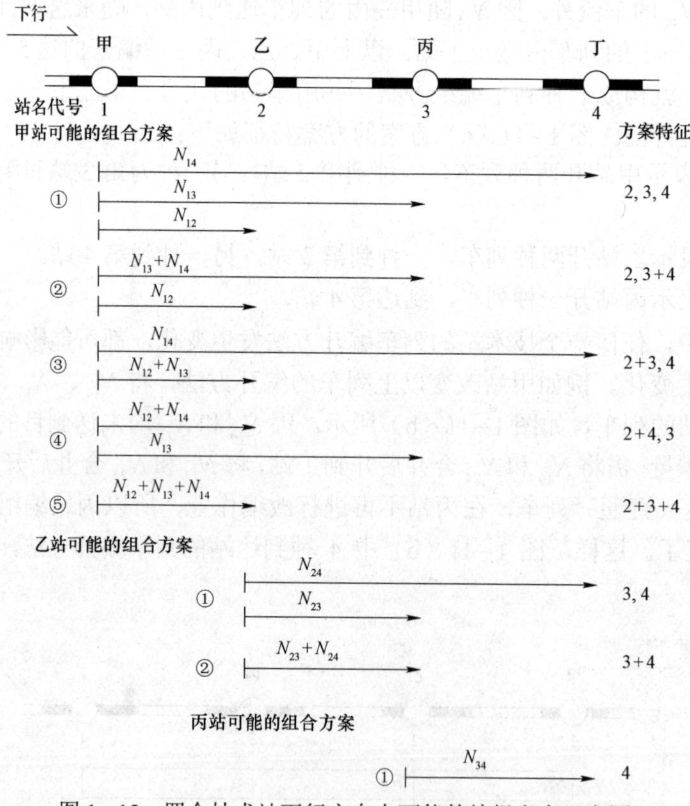

图 1-12　四个技术站下行方向上可能的编组方案示意图

2）选择技术站开行列车最优编组方案的基本方法

数十年来，国内外专家对如何从众多的列车编组方案中选出最优的方案，进行了大量的研究，并提出了各种各样的确定最优方案的计算方法。在传统算法中主要是以手工方式完成的，基本上可概括为两大类：一类是绝对计算法，即对所有可能方案都加以计算，之后从中择优选用；另一类是分析计算法，即按一定的原则与程序对各具体编组去向及车流有利组合方式进行分析比较，然后确定取舍。

技术站单组列车编组计划的传统算法是一类面向手工操作的局部优化算法。由于目前在实际工作中技术站单组列车编组计划的确定，大多是依据车流和技术设备的变化情况以及车流径路的改动情况，通过对原有的列车编组计划进行相应的局部调整来完成的，因此传统算法仍具有十分重要的使用价值。

（1）绝对计算法。

传统算法中的绝对计算法，主要通过对每一可能方案的车小时消耗进行计算，最终找出节省车小时最多或消耗车小时最少，又与车站能力相适应的方案作为最优方案。寻求节省车小时最多的编组方案的计算公式为：

$$Nt_{节}=\sum\left(N_{直}\sum t_{节}\right)-\sum T_{集}$$

式中：$\sum\left(N_{直}\sum t_{节}\right)$——该编组方案所有编入直达（直通）列车到达站的车流在沿途技术站无改编通过的车小时总节省；

$\sum T_{集}$——该编组方案所有直达（直通）列车到达站的集结车小时总消耗。

$Nt_{节}$有最大值的列车编组方案，纯节省车小时最多，为最经济的方案。现以甲—丁方向上有 4 个技术站、10 种列车编组方案为例，计算比较如表 1–8 所示。

表 1–8　4 个技术站列车编组方案计算比较

方案号	编组方案特征	甲　乙　丙　丁 1　2　3　4 cm 660　600 $t_{节}$　4.0　3.0 230　195　35 155　45 210	直达列车集结时间总和/（车·h）$\sum T_{集}$	沿途各技术站节省车小时之和/（车·h）$\sum\left(N_{直}\sum t_{节}\right)$	$\sum\left(N_{直}\sum t_{节}\right)-\sum T_{集}$	直达车流在沿途改编车数	
						在乙站	在丙站
1	2，3，4 3，4 4	230 155 210 195 45 35	660×2+600=1 920	230×7+155×4+195×3=2 815	895	—	—
2	2，3+4 3，4 4	155+230 210 195 45 35+230	660+600=1 260	385×4+195×3=2 125	865	—	230
3	2+3，4 3，4 4	210+155 230 195 45+155 35	660+600=1 260	230×7+195×3=2 195	935	155	—
4	2+4，3 3，4 4	155 210+230 195+230 45 35	660+600=1 260	155×4+425×3=1 895	635	230	—
5	2+3+4 3，4 4	210+155+230 195+230 45+155 35	600	425×3=1 275	675	155+230=385	—
6	2，3，4 3+4 4	230 155 210 45+195 35+195	660×2=1 320	230×7+155×4=2 230	910	—	195

续表

方案号	编组方案特征	甲 乙 丙 丁 1 2 3 4 cm 660 600 $t_节$ 4.0 3.0 230 195 35 155 45 210	直达列车集结时间总和/（车·h）$\sum T_集$	沿途各技术站节省车小时之和/（车·h）$\sum\left(N_直\sum t_节\right)$	$\sum\left(N_直\sum t_节\right)-\sum T_集$	直达车流在沿途改编车数	
		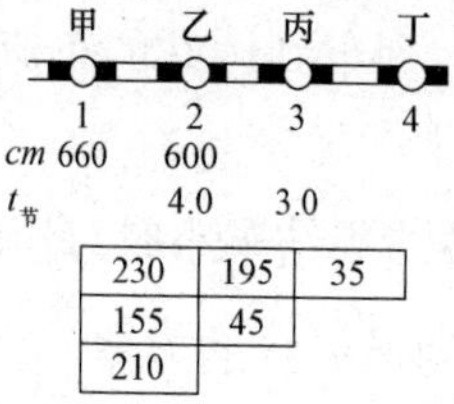				在乙站	在丙站
7	2，3+4 3+4 4	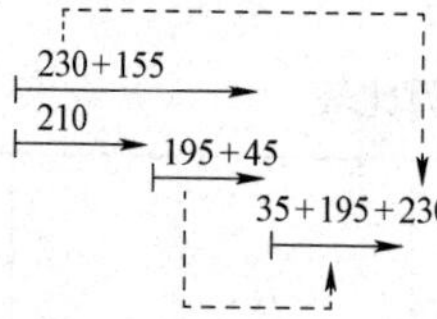 230+155 210 195+45 35+195+230	660	385×4=1 540	880	—	230+195=425
8	2+3，4 3+4 4	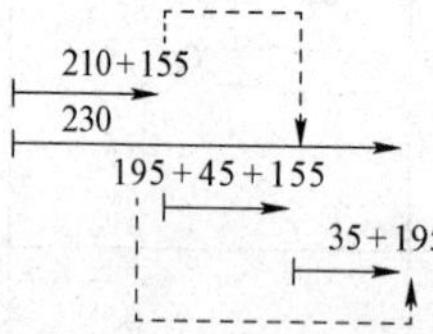 210+155 230 195+45+155 35+195	660	230×7=1 610	950	155	195
9	2+4，3 3+4 4	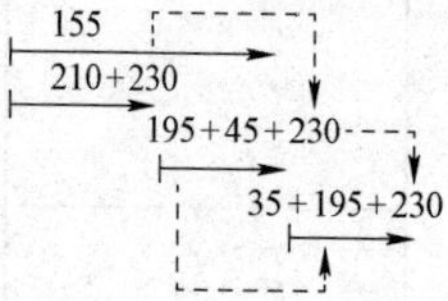 155 210+230 195+45+230 35+195+230	660	155×4=620	—	230	230+195=425
10	2+3+4 3+4 4	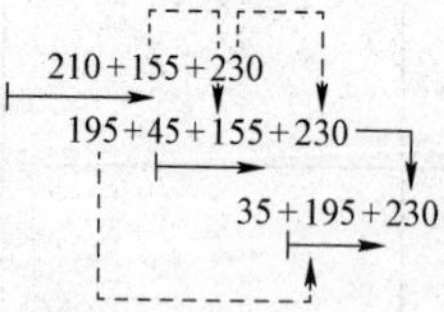 210+155+230 195+45+155+230 35+195+230	—	—	—	230+155=385	230+195=425

由计算结果可知，第 8 方案的 $Nt_节$ 为最多，为 950 车·h。

在实际工作中，车小时消耗最少的方案，并不一定是可以实现的方案，考虑到方案的可行性，往往要选择车小时消耗与之接近而能在各站间合理分配编解调车工作任务的方案作为最佳方案。

上例中，假如方案 1 中总节省车小时也为 950 车·h，为寻求最优方案，应在最经济的方案中和各站改编能力相适应的前提下选择改编车数最少的编组方案，即为最优方案。方案 1 总节省车小时也为 950 车·h，且在乙、丙两站均不产生改编车数，那么方案 1 就优于方案 8。因此最优方案的选择还要考虑改编车数。

如果 $Nt_节$ 最多的编组方案，在沿途技术站改编车数较多，有关车站改编能力不能适应时，应选择节省车小时次之、改编能力适应的其他方案。总之，最优方案应是既经济有利，又切实可行的编组方案。

（2）分析计算法。

随着技术站数量的增加，编组方案数量也将大大增加，绝对计算法的计算工作将会非常繁杂，这时可以采用分析计算法对列车编组方案进行选优。分析计算法又可分为表格分析法、直接计算法等。

分析计算法就是按一定的步骤和方法首先建立一个初始方案，然后在此基础上，以某支车流能否满足必要条件、充分条件和绝对条件为依据，对初步建立的各具体编组到达站进行检查和分析，确定该支车流是否应划为单独的直达编组到达站。

分析计算法确定列车编组计划的具体方法本书略。

6. 区段列车和摘挂列车编组方案

在计算和选定技术直达和直通列车之后，就可以确定区段列车的编组方案了，一般情况下，区段列车都应该单独开行。但如果区段车流量比较小，不足以单开区段列车时，可考虑将区段车流与摘挂车流合并开行摘挂列车。到底单开区段列车有利，还是区段列车与摘挂列车合并开行有利，应进行必要的计算比较。

如果区段车流单独编开区段列车，就要在技术站多消耗一个$T_{集}=cm$，如果区段车流与区段管内车流合并编开摘挂列车时，虽在技术站少消耗一个$T_{集}=cm$，但同时区段车流会因摘挂列车在中间站停车作业而增加在区段内的旅行时间，同样会损失一定数量的车小时。

当不增加摘挂列车对数时，从车小时消耗来说单独开行区段列车应满足下式要求：

$$cm < N_{区}(t_{摘}-t_{区}+t_{摘集})$$

式中：cm——编开区段列车时一昼夜集结时间；

$N_{区}$——区段列车车流量；

$t_{摘}$——摘挂列车在区段内的旅行时间；

$t_{区}$——单开区段列车时其在区段内的旅行时间；

$t_{摘集}$——单开区段列车时摘挂车流的平均集结时间。

当增加摘挂列车对数时，单开区段列车情况下的集结车小时为$cm+N_{摘}t_{摘集}$，运行车小时为$N_{摘}t_{摘}+N_{区}t_{区}$；不单开区段列车情况下的集结车小时为$(N_{摘}+N_{区})\,t'_{摘集}$；运行车小时为$(N_{摘}+N_{区})\,t_{摘}$。其中，$N_{摘}$为摘挂列车的车流量，$t'_{摘集}$为区段车流和摘挂车流合并开行摘挂列车时的平均集结时间。

于是，单独开行区段列车应满足下面的条件：

$$cm+N_{摘}t_{摘集} < (N_{摘}+N_{区})\,t'_{摘集}+N_{区}(t_{摘}-t_{区})$$

上述仅为是否单开行区段列车应进行的简单比较，在选定是否单开区段列车时，还应考虑区段运送物资的品类及相应运输时间要求、区段通过能力的利用率以及各站的设备和作业条件等因素。

我国铁路在实际工作中经常采用以区段车流为区段管内列车补轴的做法，以达到不增加区段管内列车行车量却能减少区段列车数量，从而减少区段内总行车量的目的。

摘挂列车应根据车流量安排，每个区段原则上开行 2 对，摘挂车流较大时可安排开行重点摘挂列车。摘挂列车原则按到站成组编车，甩挂作业困难区段应按站顺编车，必要时应规定区间留轴。

7. 列车编组计划的最终确定

在技术站列车编组计划编制完成后，应检查其与装车地直达列车编组计划互相配合情况，应符合技术站列车编组计划中有关列车到达站的车流组织办法、列车编组方法等规定，否则将被提前解体而达不到预期目的。另外，应检查各技术站的改编能力是否适应改编车数的要求，特别是装车地直达列车和技术站编组的列车的共同解体站，更应注意审核。对改编能力不适应的技术站，应制定解决办法，如对到达解体列车规定分组选编办法等。若不便解决时，应调整部分列车编组计划。

要大力提倡和组织高质量直达列车。凡超过列车编组计划规定，并符合下列条件之一的列车为高质量直达列车：

（1）车船衔接，路、矿、厂、港直出直入，整列装卸的直达列车。

（2）同一卸车地点或按到站货区货位编组的直达列车。

（3）在始发站组织或技术站编组，超过列车编组计划规定并符合前方编组站列车编组计划的远程直达列车。

超编组计划高质量直达列车的组织形式，要不断创新、不断发展。各铁路局应在现行列车编组计划基础上，拟定组织超编组计划高质量直达列车的方案和具体编组方法，组织有关站段，通过运输方案加以实施，以丰富列车编组计划的内容。

为实现列车编组计划的编制、管理现代化，提高铁路运输组织水平，适应铁路运输发展要求，加强营销工作，全路要逐步改进列车编组计划编制管理手段，利用统一的现代化编制管理系统编制、调整和管理列车编组计划，提高列车编组计划的信息化管理水平。

通过上述计算和比较，在甲—丁方向上，根据车流资料等数据，假定各区段可单独编开区段列车和摘挂列车，纳入技术站列车编组计划，列入表 1–9 中，形成最终的甲—丁下行方向列车编组计划。

表 1–9　甲—丁下行方向列车编组计划

顺号	发站	到站	编组内容	列车种类	定期车次	附注
1	X	R	R 站卸	始发直达	85011～85015	每日 3 列
2	X、Y	T	（1）S 站卸 （2）T 站卸	阶梯直达	85021	每日 1 列
3	M、N	丁	丁站及其以远	阶梯直达	85051	每日 1 列
4	甲	丁	丁站及其以远	技术直达		
5	甲	乙	乙站及其以远	区　段		
6	乙	丙	丙站及其以远	区　段		
7	丙	丁	（1）丁站卸 （2）丁站以远	区　段		
8	甲	乙	甲—乙间站顺	摘　挂		按站顺编组
9	乙	丙	乙—丙间站顺	摘　挂		按站顺编组
10	丙	丁	丙—丁间站顺	摘　挂		按站顺编组

列车编组计划最终确定后，可绘制列车编组计划方案图（如图 1–13 所示），印制列车编组计划手册，发至有关人员学习和执行。

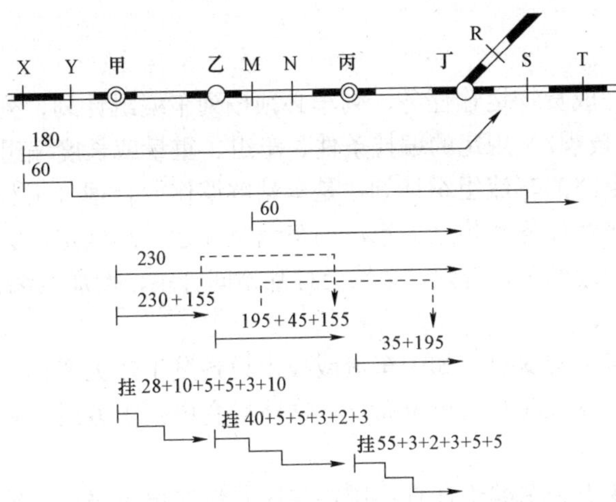

图 1-13 甲—丁下行方向最优列车编组计划方案图

任务 1.4 列车编组计划的执行

任务引入

甲—丁下行方向的列车编组计划如图 1-14 所示。

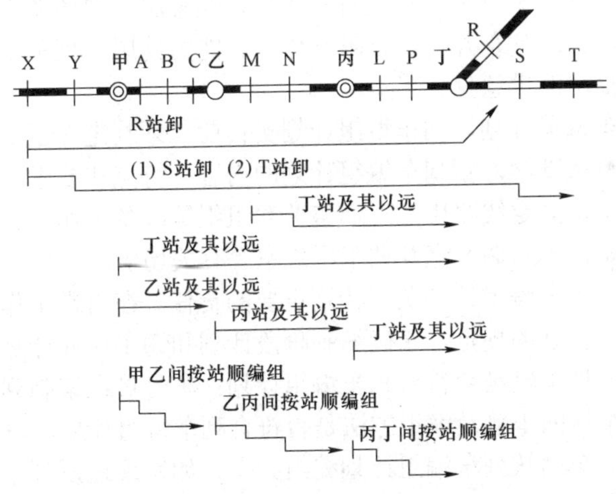

图 1-14 甲—丁下行方向的列车编组计划

甲站某日某一区段列车实际编成情况如图 1-15 所示。

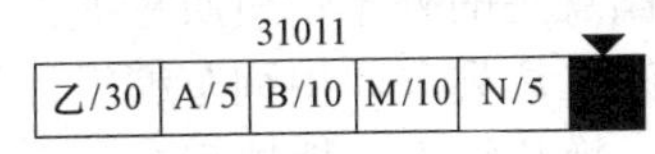

图 1-15 31011 次列车编组示意图

思考：

（1）31011 次列车编成情况是否符合甲站列车编组计划？

（2）如何不符合，哪些车流是不应该编入 31011 次列车中的？

知识准备

为安全、迅速地完成货物运输任务，列车必须按列车编组计划、列车运行图和《铁路技术管理规程》（简称《技规》）规定的编挂条件、车组、重量或长度编组。

列车编组计划是全路的车流组织计划，是车站解编作业合理分工和科学地组织车流的办法。它确定了各站的作业任务和相互关系，列车编组计划一经确定，必须严格执行，任何车站不得违反列车编组计划编车，否则，必然会打乱站间分工，增加改编作业，带来作业困难，甚至造成枢纽堵塞。

列车编组计划不得经常变更。如因车流或技术设备发生较大变化，必须调整时，要有计划、有准备地进行，并及时向有关单位布置。铁路局变更列车编组计划时，变更内容要报国铁集团备案。

下列人员才有权变更列车编组计划：国铁集团有权变更跨局列车编组计划；铁路局有权变更本局管内列车编组计划，在征得有关铁路局同意后有权变更跨局区段、摘挂、小运转列车编组计划，变更后应报国铁集团运输局。

各铁路局应经常对职工进行运输纪律的教育，建立和健全监督检查和分析考核制度。各级列车调度人员，应组织站、段严格按列车编组计划规定编车，认真掌握直达列车和定期列车按时开行和正常运行，发现违反列车编组计划时，应及时督促车站纠正。车站调度员、车站值班员、调车区长等有关人员，应严格执行列车编组计划，不得违反。如发现违规编组，应查明原因，立即纠正。

各铁路局应组织主管列车编组计划及有关人员，经常深入现场调查研究，总结分析车流动态、货源货流变化、直达列车开行、技术站作业、能力使用及列车编组计划执行等情况，不断总结经验，及时提出改进意见。

为了正确执行列车编组计划，列车编组计划实行前，须制定保证实现列车编组计划的措施，组织各级有关人员认真学习新列车编组计划的内容、特点和要求。各技术站根据需要和可能，安排好车场分工、固定线路用途、调整劳动组织等准备工作，并将本站的列车编组计划摘录及注意事项张贴在车站调度室及调车区长室等有关场所。

技术站对正确执行列车编组计划负有特别重要的责任。在日常工作中，车站调度员和调车区长应按照列车编组计划的规定，正确编制阶段计划和调车作业计划；调车人员在编组列车的过程中，应考虑所挂车辆是否符合列车编组计划；车号员在编制列车编组顺序表和核对现车时，要检查其中编挂的车辆及编组方法是否符合列车编组计划，发现问题及时汇报。

列车调度员应监督车站按列车编组计划编组列车，如发现违反列车编组计划，应及时督促车站改正，不得滥发承认违反列车编组计划的命令。

1. 执行货物列车编组计划的有关规定

（1）编组列车应按列车运行图规定的列车牵引质量或换长满轴编组，尾数波动执行有关规定。运行区段牵引定数不一致的直达列车，由列车编组计划指定列车牵引质量、换长时，按列车编组计划指定的牵引质量、换长编组。摘挂列车、小运转列车允许欠轴开行。

（2）分组列车不受车组号顺位的限制（单独指定编挂位置者除外）。临时排送的空车，应单独选编成组（摘挂、小运转列车除外）。按回送单据向指定到站回送的空车（特殊规定者除外），按该到站的重车办理。

（3）摘挂列车主要是为中间站服务的，其编组方法应按摘挂列车在中间站甩挂作业方便的要求编组：

① 摘挂列车的始发站，应将到达途中各站的车组挂于列车前部（特殊规定者除外），为区间留轴后尚有余轴时，可加挂指定车流。

② 限速的机车、车辆，虽属直达、直通或区段车流，也可利用摘挂列车挂运。

（4）列车的补轴（包括超轴）除另有规定外，应利用与该列车相同到站的车流补轴，相同车组应连挂在一起。如没有相同到站的车流补轴时，可用符合列车编组计划规定、不超过该列车到达站的最远到站车组补轴。

（5）车辆应按规定的径路运行。对需要加冰、加油的冷藏车，可视作前方加冰、加油站的重车办理（特殊指定者除外）。

（6）为加速到达中间站（包括中间站挂出）需要快运的鲜活易腐货物的运送，可优先用直达、直通、区段列车挂运。如特殊需要，各局可在列车编组计划中指定车次，利用直达、直通、区段列车甩挂中间站车辆。

2. 违反货物列车编组计划的有关规定

凡有下列情况之一者（另有规定除外）均为违反列车编组计划：

（1）直达列车的车流，编入直通、区段、摘挂和小运转列车；直通列车的车流编入区段、摘挂和小运转列车；区段列车的车流编入摘挂和小运转列车。

因为这种把远程车流编入近途列车的做法，势必会造成远程车流在沿途技术站重复改编，延缓货物运送和车辆周转，打乱站间分工。但对于装载超限货物的限速货车，虽属直达、直通、区段车流，也可利用摘挂列车挂运，而不算违反列车编组计划。

（2）直通、区段、摘挂和小运转列车的车流，编入直达列车；区段、摘挂和小运转列车的车流编入直通列车；摘挂和小运转列车的车流编入区段列车。

这种把近程车流编入远途列车的做法，其后果必然使远途列车在有关技术站提前改编，同样延缓货物的运送和车辆的周转，破坏站间分工。但为加速到达中间站（包括中间站挂出）需要快运的鲜活易腐货物的运送，可优先用直达、直通、区段列车挂运，而不算违反列车编组计划。如特殊需要，各局可在列车编组计划中指定车次，利用直达、直通、区段列车甩挂中间站车辆。

（3）未按规定选分车组或未执行指定的编挂顺序（由于执行隔离限制确实难以兼顾时除外）。

主要有以下几种情况：

① 分组列车和按规定选分车组的单组列车，未选分成组；

② 应按站顺编挂的摘挂列车，未按站顺编挂；

③ 指定连挂位置的车组，未按指定的位置连挂。

发生上述情况，将打乱站间分工，造成有关站作业困难，延长停留时间，降低运输效率。

（4）未按补轴、超轴规定编组列车。

列车在变更重量和长度的车站补轴时，应尽量用与该列车编组内容相同的车流补轴，或者按规定补轴。

如图 1–16 所示，A 站编组 A—丁的直达列车，编组内容为丁站卸。在甲站补轴时，应用丁站卸的车流补轴，如果无丁站卸的车流，列车编组计划又规定可用丁站以远的车流补轴时，则可用该车流补轴。如果未用丁站卸或丁站以远车流补轴而用其他车流补轴时，则违反了列车编组计划。如果甲站不编开到达丁站的列车，则应用最远到达站但不远于补轴列车解体站的车流补轴，即用丙到达站车流补轴，若用乙或戊到达站车流补轴，也是违反列车编组计划。

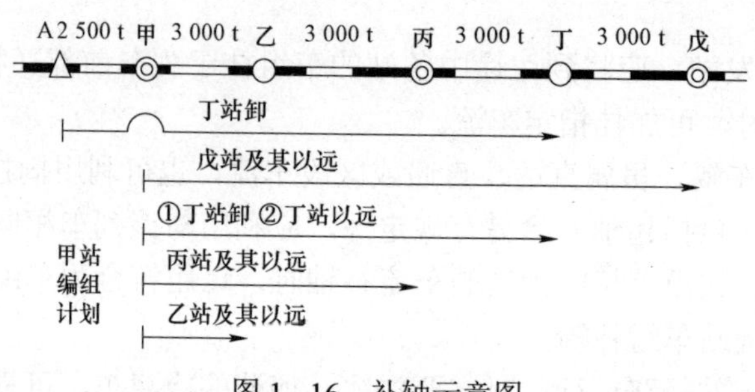

图 1-16　补轴示意图

（5）违反车流径路，将车辆编入异方向列车。

因为在列车编组计划中，根据各方向区间通过能力、运输距离、列车牵引质量标准和运行速度等因素，规定了各支车流经济合理的径路。如果车站不按规定的径路编组，将加剧通过能力紧张的状况，增加有关技术站的作业负担，降低运输效率。例如，对有平行径路的车流，未按规定的径路编组或错误地将上行车流编入下行列车等，都算违反列车编组计划。

（6）未达到列车运行图或列车编组计划规定的列车（基本组）牵引质量、长度（摘挂列车、小运转列车除外）。

例如，甲—乙区段的列车重量标准为 3 400 t，乙—丙区段为 3 000 t，丙—丁区段为 2 500 t，由于重量标准不统一，在列车编组计划中规定甲—丁的直达列车基本组重量为 2 500 t，甲站用乙站及其以远 400 t、丙站及其以远 500 t 分组补轴，如图 1-17 所示。

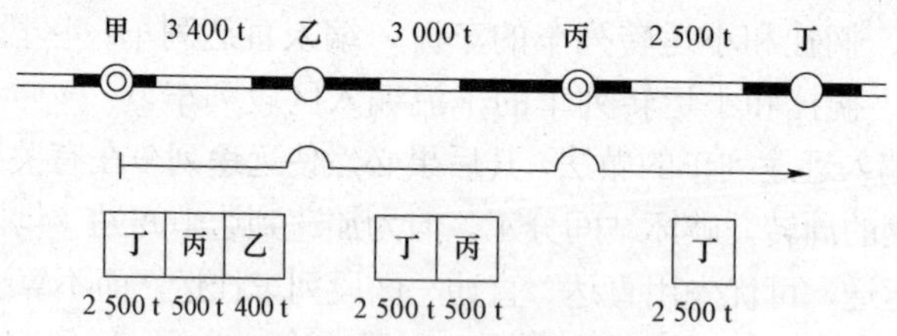

图 1-17　按基本组重量编组列车示意图

如果甲站编组甲—丁的直达列车，基本组只编了 2 000 t，未达到规定的基本组重量，势必会造成在乙站补轴或改编。若乙站无车流可补轴时，还有可能拆散这一直达列车，因此算作违反列车编组计划。

（7）其他未按列车编组计划规定编组的列车。

以上 7 种情况属于违反列车编组计划的编车，在日常工作中，各有关人员均应严格执行列车编组计划，加大考核力度，对违反列车编组计划的编车，及时做出处理。

在特殊情况下，必须承认违反列车编组计划时，跨局列车由国铁集团、局管内列车由铁路局调度下达调度命令。对违反列车编组计划的列车，应记录车次、原因、责任者，以便核查。

车站对所有始发、到达或交接的列车完成列车编组计划的情况，应逐日、逐列在专门的登记簿上进行统计，逐旬上报铁路局。对其中违反列车编组计划的列车，只要未纠正，不论是否有承认违编的调度命令，不论是否开车，均视为违编列车，均应注明违编性质、原因、承认违编的调度命令号码和调度员姓名、采取的纠正措施等。铁路局则根据车站上报的资料编制主要站完成列车编组计划的报告，并按月、按旬进行分析，查明违反列车编组计划的情况和原因。对于组织的高质量直达列车要及时加以总结，促进各编组站认真执行列车编组计划。各铁路局每季度应将执行列车编组计划情况分析报告国铁集团运输局。

【案例 1】

（1）案例情况。

S 局对执行列车编组计划规则做出了一些补充规定，摘取其中一条如下：

除特需列车、货运班列、货物快运列车、远程技术直达、挂有零散及批量货物的列车外，开行的其他货物列车原则上应满轴满长。确需开行跨公司违编、欠轴列车时，应提前报经国铁集团同意，并通知邻局。

20××年×月×日，S 局应向邻局交出 14 列车，当日已完成 13 列，最后一列还差两辆即可达到编组要求，由于集结时间过长，为了能完成当日的任务，S 局决定将最后一列欠轴运行交予邻局。在上报国铁集团，经同意并与邻局协商后，下达调度命令如下：

（根据总公司××号）准许××次列车挂有××辆，违反列车编组计划开车（××分界站交车）

事后×局将违编性质、原因、承认违编的调度命令号码和调度员姓名进行了登记注明，记录在册。

（2）点评。

本案例中，S 局欠轴开车，理论上是违反列车编组计划的。但是 S 局对列车编组计划规则有补充规定，规定中明确说明了确需开行跨局违编、欠轴列车时，应提前报经国铁集团同意，并通知邻局。为了完成当日交车计划，S 局按照补充规定所要求的流程，上报国铁集团并通知邻局，在程序上是不违规的。

【案例 2】

（1）案例情况。

20××年×月×日 15:10，S 局×站调度车间助调王××在编制 10 号票 81203 次 5 道挂 60 辆解体计划时，预先将机后第 6 至 13 位到 Y 方向的 8 辆重车按照 8 道给 2 辆、10 道（到 Y 方向的车流）给 6 辆在系统中存盘，但未向驼峰发送计划。15:15，站调李××编制并下达了 31012 次编组计划，10 道挂 63 辆。13:18，王××考虑将到 Y 方向的 8 辆重车都解体到 10 道，峰尾挂走后 63 辆后，剩余 2 辆 Y 方向车流单占，于是将预先存盘的 8 道给 2 辆、10 道给 6 辆修改为 10 道给 8 辆，随即向驼峰下达发送，但未通知站调李××。驼峰接到计划后，将 81203 次机后第 6 至 13 位到 Y 方向的 8 辆重车解体到 10 道，此时 10 道为 65 辆车。

15:30，上行车间一班 3 调执行 10 号票编组 31013 次，10 道挂 63 辆、12 道给 63 辆。15:35，制动员孙××10 道驼峰侧尾部最后一辆报告防护到位，与调车长核对拿车号，核对后发现与调车作业计划一致，但未发现多 2 辆车（计划 63 辆，实际 65 辆）。15:58，牵至 12 道。

15:51，辅助值班员通知车号员 12 道 31012 核对现车，车号员核对现车时发现与实际不符，多 2 辆车，立即通知车号长，并通知货检值班员进行现场核对确认。此时货检员也发现手持机现车信息与实际不符，尾部多 2 辆车，正在向货检值班员报告。经车号员与货检值班员核对，确认 12 道尾部多 2 辆车。

（2）点评。

从这起超出编组计划规定的车辆数，形成违编的案例看，主要存在以下问题：

① 调车作业计划编制质量不高。助调王××编制第 10 号票 81203 次解体作业计划考虑

不周，10 道中已有到 Y 车流 57 辆，成一挂只需要 6 辆，最合理的方式应为 10 道给 6 辆，8 道给 2 辆，可以提前完成 10 道一挂，又可以减少峰尾带车。而修改完计划 10 道给 8 辆后，会产生峰尾带车的作业环节，既不利于安全，又影响效率，是发生此次事件的重要原因。

② 未按规定变更调车作业计划。助调王××编制解体调车作业计划后，未及时向驼峰下达，而是在系统中存盘。虽未下达实际计划，但存盘已经使 SAM 系统中毛玻璃计划场现车发生变化。站调编制编组计划时，按照王××存盘后毛玻璃计划场中 10 道 63 辆现车进行编制，修改计划后 10 道产生现车变化，计划场为 65 辆，多了 2 辆车，也未通知站调 10 道修改计划后现车发生变化的情况，为后续作业问题埋下了安全隐患，是此次事件发生的主要原因。

③ 检查车辆不认真。上行车制动员孙××检查车辆不认真，违反《车站行车工作细则》(简称《站细》)第××条峰尾调车作业的补充规定第一项第二款“反面作业人员负责检查车辆……核对辆数、每钩拿车号”的规定，仅对拿车号进行了核对，导致未能及时发现多车问题。

思 考 题

1. 列车编组计划主要内容是什么?
2. 列车中车辆编挂的方法有哪几种?
3. 什么是车流径路? 影响车流径路选择的因素有哪些? 车流径路管理包括哪些主要内容?
4. 组织装车地直达列车的基本条件是什么?
5. 如何确定技术站间的计划车流? 如何绘制合并式车流梯形图?
6. 车流开行直达（直通）列车的基本条件是什么?
7. 如何计算 $t_{节}$? 为何要考虑 $t_{集}$ 的影响?
8. 何为列车编组方案? 如何选择一个方向上的列车最优编组方案?
9. 哪些情况属于违反列车编组计划? 对违编列车应如何处理?

技能训练题

1. 甲—丁下行方向车流示意图如下，试确定单独编开直达、直通列车的车流号。

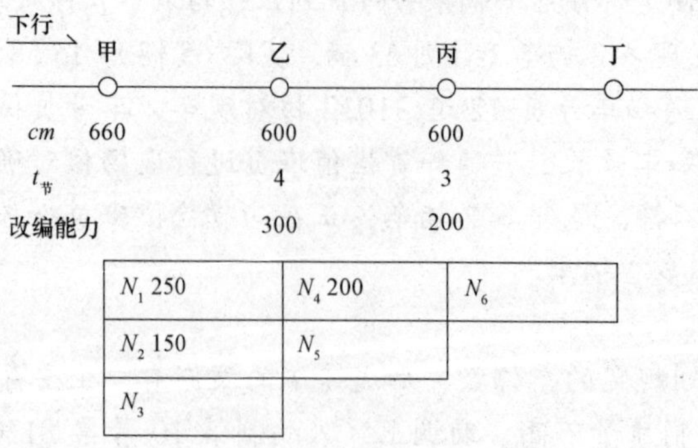

2. 设乙站、丙站改编能力没有限制，试计算比较下列条件下哪种方案最优。

<table>
<tr><th rowspan="2">方案号</th><th rowspan="2">编组方案特征</th><th rowspan="2">甲 乙 丙 丁
1 2 3 4
cm 600 660
$t_{节}$ 3 4
220 200 160
180 230
150</th><th rowspan="2">直达列车集结时间总和/（车·h）
$\sum T_{集}$</th><th rowspan="2">沿途各技术站节省车小时之和/（车·h）
$\sum(N_{直}\sum t_{节})$</th><th rowspan="2">$\sum(N_{直}\sum t_{节})-\sum T_{集}$</th><th colspan="2">直达车流在沿途改编车数</th></tr>
<tr><th>在乙站</th><th>在丙站</th></tr>
<tr><td>1</td><td>2，3，4
3，4
4</td><td></td><td></td><td></td><td></td><td></td><td></td></tr>
<tr><td>2</td><td>2，3+4
3，4
4</td><td></td><td></td><td></td><td></td><td></td><td></td></tr>
<tr><td>3</td><td>2+3，4
3，4
4</td><td></td><td></td><td></td><td></td><td></td><td></td></tr>
<tr><td>4</td><td>2+4，3
3，4
4</td><td></td><td></td><td></td><td></td><td></td><td></td></tr>
</table>

项目2　列车运行图

学习目标

1. 知识目标

（1）掌握列车运行图的格式。

（2）掌握列车运行图的分类。

（3）掌握列车运行图站名线的画法。

（4）熟悉列车车次的编订。

（5）掌握列车运行图的组成要素。

（6）掌握区间通过能力的计算方法。

（7）掌握列车运行图的编制原则及方法。

2. 能力目标

（1）能根据示意图确定列车运行图的种类。

（2）能使用按区间运行时分比率方法确定站名线。

（3）能解读十分格运行图的格式。

（4）能区分$\tau_{不}$、$\tau_{会}$、$\tau_{连}$。

（5）能计算平行运行图和非平行运行图区间通过能力。

（6）能绘制简单的单线区段列车运行图。

（7）能识别列车运行实际图中各种实际运行线的表示。

（8）能识别列车运行实际图中各种列车运行整理符号的表示。

（9）能计算列车运行图各指标。

列车运行图是列车运行的图解，是用以表示列车在铁路区间运行及在车站到发或通过时刻的技术文件，是全路组织列车运行的基础。它规定各次列车占用区间的顺序，列车在区间的运行时分，列车在各个车站的到达、出发（通过）时刻，列车的会让、越行，列车的重量和长度标准、机车交路等。

本项目主要介绍列车运行图的格式和分类；列车运行图各项组成因素的概念及确定方法；区间通过能力的计算；列车运行图编制及其主要指标的计算；加强铁路通过能力的措施等。

任务2.1　概　　述

任务引入

2021年1月20日零时起，全国铁路开始实施新的列车运行图，增开旅客列车325列，主要货运通道增开货物列车 114 列。调图后，全国铁路客、货列车开行总量分别达到 10 203 列、20 513 列，铁路客货运输能力进一步提升。

此次调图中，铁路部门根据客流变化，在既有高铁、普速线路基础上，精准制定客车开行方案，增开动车组列车日常线 88 列、周末线 2 列，变更运行区段 44 列，调整运行径路 29 列。

根据煤炭、粮食等重点物资运输需要，在京哈、津山、沈山、渝怀、焦柳、襄渝等主要货运通道增开货物列车 114 列。

围绕中欧班列、西部陆海新通道需求变化，优化货运班列开行方案，调图后中欧班列 73 列、中亚班列 30 列、陆海新通道班列 6 列、沿江班列 11 列，精准服务“一带一路”建设和我国对外贸易发展。

铁路部门的每次列车调图，都旨在进一步提升运输能力、进一步提高服务质效，更好促进铁路服务国家发展战略、服务国计民生作用发挥，保障国民经济平稳运行和人民群众生产生活需要，可谓紧跟国情之需、顺应民意之为。铁路调图让人民幸福感成色更足，让人民满意的事情会更多。列车调图折射出的是人民铁路为人民的初心不改，随着人们生活水平日益提高的时代，只有不断优化出行方案，才能让人们体会到铁路运输带来的方便与快捷。

思考：

（1）列车运行图有什么作用？

（2）列车运行图有哪些种类？

知识准备

1. 列车相关概念

1）列车

列车是指编成的车列并挂有机车及规定的列车标志。动车组列车为自走行固定编组列车。单机、大型养路机械及重型轨道车，虽未完全具备列车条件，亦应按列车办理。

2）列车分类

按照列车的运输性质不同，列车可分为以下几种：

（1）旅客列车：以客车（包括代用客车）编组的，专门运送旅客、行李、包裹、邮件的列车，包括动车组列车，特快、快速、普通旅客列车等。

（2）特快货物班列：是指使用行李车或邮政车等客车车辆，根据需要编组，整列装载行李、包裹和邮件等的列车。

（3）军用列车：专门运送军队人员或物资的列车。

（4）货物列车：以货车编组的，专门运送各种货物以及排送空货车开行的列车，包括快速货物班列、快运、重载、直达、直通、冷藏、自备车、区段、摘挂、超限及小运转列车等。

（5）路用列车：不以营业为目的，专为完成铁路本身任务而开行的列车。如试验列车，运送铁路器材、路料的列车，因施工、检修需要开行的轨道车、接触网作业车、大型养路机械车组等。

此外，还有为特殊目的而开行的特殊用途列车，如专运、救援列车等。

3）列车车次编订

列车运行，原则上以开往北京方向为上行，反之为下行。全国各线的列车运行方向，以国铁集团的规定为准，但枢纽地区的列车运行方向，由铁路局规定。列车须按规定编定车次，上行列车编为双数，下行列车编为单数。在个别区间，使用直通车次时，可与规定方向不符。列车必须按有关规定编定车次，现行列车车次如表 2–1 所示。

表 2-1 列车车次表

顺号	列车分类	车次范围
一	旅客列车	
1	高速动车组旅客列车	G1～G9998
	其中 直通	G1～G4998
	其中 管内	G5001～G9998
2	城际动车组旅客列车	C1～C9998
3	动车组旅客列车	D1～D9998
	其中 直通	D1～D4998
	其中 管内	D5001～D9998
4	直达特快旅客列车（160 km/h）	Z1～Z9998
	其中 直通	Z1～Z4998
	其中 管内	Z5001～Z9998
5	特快旅客列车（140 km/h）	T1～T9998
	其中 直通	T1～T3998
	其中 管内	T4001～T9998
6	快速旅客列车（120 km/h）	K1～K9998
	其中 直通	K1～K4998
	其中 管内	K5001～K9998
7	普通旅客列车	1001～7598
	（1）普通旅客快车（120 km/h）	1001～5998
	其中 直通	1001～3998
	其中 管内	4001～5998
	（2）普通旅客慢车	6001～7598
	其中 直通	6001～6198
	其中 管内	6201～7598
8	通勤列车	7601～8998
9	临时旅客列车（100 km/h）	L1～L9998
	其中 直通	L1～L6998
	其中 管内	L7001～L9998
10	旅游列车（120 km/h）	Y1～Y998
	其中 直通	Y1～Y498
	其中 管内	Y501～Y998
二	特快货物班列（160 km/h）	X1～X198
三	货物列车	
1	快运货物列车	
	（1）快速货物班列（120 km/h）	X201～X398
	（2）货物快运列车（120 km/h）	X2401～X2998 X401～X998
	其中 直通	X2401～X2998
	其中 管内	X401～X998
	（3）中欧、中亚集装箱班列，铁水联运班列	X8001～X9998
	其中 中欧、中亚集装箱班列	X8001～X8998
	其中 中亚集装箱	X9001～X9500
	其中 铁水联运班列	X9501～X9998
	（4）普通货物班列	80001～81998
2	煤炭直达列车	82001～84998
3	石油直达列车	85001～85998
4	始发直达列车	86001～86998
5	空车直达列车	87001～87998
6	技术直达列车	10001～19998
7	直通货物列车	20001～29998
8	区段货物列车	30001～39998
9	摘挂列车	40001～44998
10	小运转列车	45001～49998
11	重载货物列车	71001～77998
12	自备车列车	60001～69998
13	超限货物列车	70001～70998
14	保温列车	78001～78998
四	军用列车	90001～91998
五	单机和路用列车	
1	单机	
	其中 客车单机	50001～50998
	其中 货车单机	51001～51998
	其中 小运转单机	52001～52998
2	补机	53001～54998
3	动车组检测、确认列车	
	（1）动车组检测列车	DJ1～DJ8998
	其中 300 km/h 检测列车	DJ1～DJ998
	其中 直通	DJ1～DJ400
	其中 管内	DJ401～DJ998
	其中 250 km/h 检测列车	DJ1001～DJ1998
	其中 直通	DJ1001～DJ1400
	其中 管内	DJ1401～DJ1998
	（2）动车组确认列车	DJ5001～DJ8998
	其中 直通	DJ5001～DJ6998
	其中 管内	DJ7001～DJ8998
4	试运转列车	55001～55998
	其中 普通客、货列车	55001～55300
	其中 300 km/h 以上动车组	55301～55500
	其中 250 km/h 动车组	55501～55998
5	轻油动车、轨道车	56001～56998
6	路用列车	57001～57998
7	救援列车	58101～58998
8	回送客车底列车	
	其中 有火回送动车组车底	001～00100
	其中 无火回送动车组车底	00101～00298
	其中 无火回送普速客车底	00301～00498
	其中 回送图定客车底	图定车次前冠以数字“0”
9	因故折返旅客列车	原车次前冠以“F”

表中字母 G、C、Z、D、T、K、L、Y、X、DJ、F 分别读作“高”、“城”、“直”、“动”、“特”、“快”、“临”、“游”、“行”、“动检”、“返”

各局管内划分的车次范围不足时，需向国铁集团申请车次，不得自行确定。

为确保列车车次全路统一性及有关行车设备和信息系统正常运行，列车车次编排仅限于使用大写汉语拼音字母和阿拉伯数字。列车编用车次，旅客列车在全路范围、货物列车在铁路局管内不得重复，旅客列车车次由国铁集团确定。各铁路局不得超出上述车次规定范围擅自编造、自造使用车次。

季节性、特定时间段开行的动车组、临时旅客列车，可使用相应等级图定车次。

2. 列车运行图的作用

由于列车运行图规定了列车占用铁路区间的顺序和时间，实际上就规定了与列车运行有关各部门的工作。例如，车站根据列车运行图所规定的列车到达和出发时刻，安排车站的行车工作、调车工作和全站的运输工作计划；机务部门根据运行图的需要，确定每天需要派出的机车台数、派出的时刻，以及安排机车的整备和乘务员的作息计划；供电等部门应按列车运行图的要求组织施工及维修工作等。另外，列车运行图又是铁路运输企业向社会提供运输服务的一种有效形式，供社会使用的铁路旅客列车时刻表及快运货物班列运行计划，实际上就是铁路运输服务能力目录。因此，列车运行图既是行车组织工作的基础，又是联系各部门工作的纽带，也是铁路运营管理工作的综合性计划。

3. 列车运行图的格式

列车运行图是运用坐标原理表示列车运行时间、空间关系的一种图解形式。以垂直线等分横轴表示时间，按每一等份表示的时间不同，运行图分为二分格运行图、十分格运行图和小时格运行图；将纵轴按一定比例用横线加以划分，每一横线表示一个车站的中心线，大站或有技术站作业的中间站用粗线表示，小站用细线表示；列车运行线，由于列车速度的不断变化本来是一条不规则的曲线，为简化起见而将其画为斜直线。

以上这种用横、竖、斜三种线分别代表车站、时间和列车运行的图表，就构成了列车运行图的基本框架。在一张既有旅客列车又有货物列车，既有快车又有慢车的运行图上，为了区分不同种类的列车，规定各种列车用不同符号和不同颜色表示。

为了适应使用上的不同需要，运行图在使用上分为三种格式：

（1）二分格运行图（见图 2-1）。主要在编制新运行图时做草图使用。在这种运行图上，小时格和十分格都用粗线，二分格用细线表示。其时分标记，不需填写时分数字，而是以规定的符号表示。

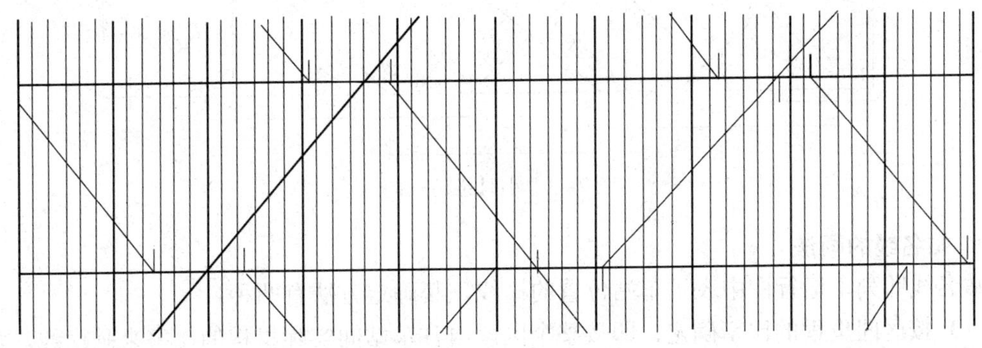

图 2-1　二分格运行图

（2）十分格运行图（见图 2-2）。是列车运行图中常用的一种格式，主要用于调度员绘制实际运行图。在这种运行图上，它的横轴以 10 min 为单位用细竖线加以划分，半小时格用虚线、小时格用粗线表示。列车到发时刻只填写 10 min 以下的数字。

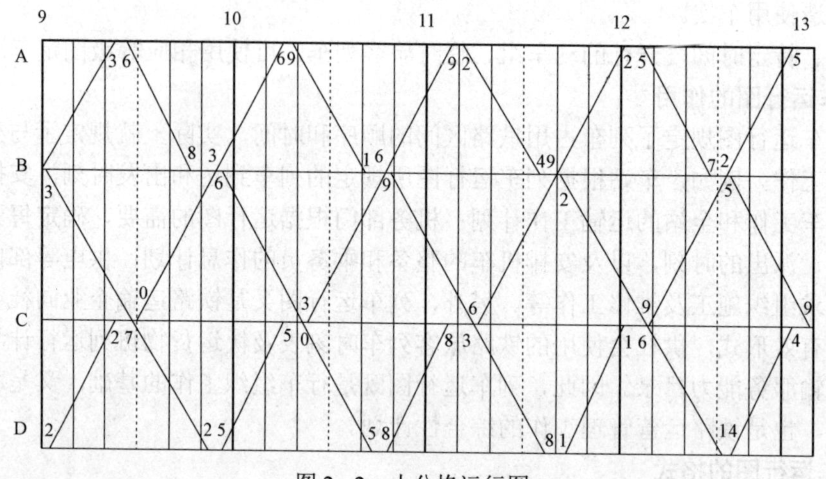

图 2-2　十分格运行图

（3）小时格运行图（见图 2-3）。主要在编制旅客列车方案图和机车周转图时使用。在小时格运行图上，列车到发时刻需将 60 min 以下数字写出来。

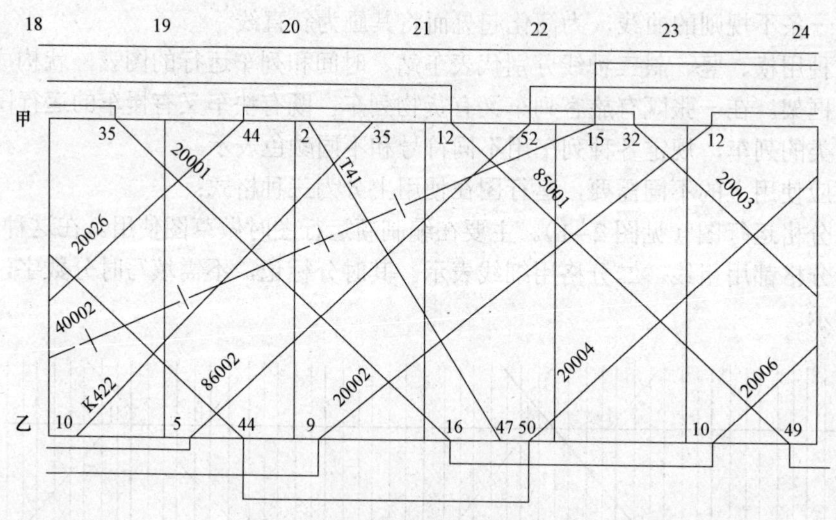

图 2-3　小时格运行图

4. 站名线的画法

站名线即列车运行图中表示车站位置的横线，其确定方法有两种：

（1）按区间里程的比率确定，即按整个区段内各车站间实际里程的比率来画横线，每一横线即表示一个车站的中心线。采用这种方法时，运行图上站名线间的距离能明显反映出站间距离的大小。但由于各区间线路的平面和纵断面情况不一，列车运行速度有所不同，列车在整个区段上的运行线往往是条斜直线，既不整齐，也不容易发现铺画中的错误。所以，一般不采用这种方法。

（2）按区间运行时分比率确定，即按整个区段内下行（或上行）列车在各区间运行时分（当上下行运行时分差别较大时，可加以调整）的比率来画横线。采用这种方法时，可以使列车在整个区段的运行线基本上是一条斜直线，既整齐美观，又便于发现运行时分上的问题，所以多采用此法。

如图 2-4 所示，若已知甲—乙区段下行方向货物列车运行时分共计 100 min，甲—A、A—B、B—C、C—D 和 D—乙各区间运行时分分别为 20 min、15 min、25 min、18 min 和 22 min。作图时首先确定技术站甲、乙的位置，然后在代表乙站的横线上向右截取相等于 100 min 的线段，得 F 点。同时按甲—A、A—B、B—C、C—D 和 D—乙区间的列车运行时分，将乙—F 线段划分为五个时间段，连接甲、F 两点，得一斜直线。过五个时间段端点作垂直线，在甲—F 斜直线上可得交点，过各交点作水平线，即为代表 A、B、C、D 车站的站名线。

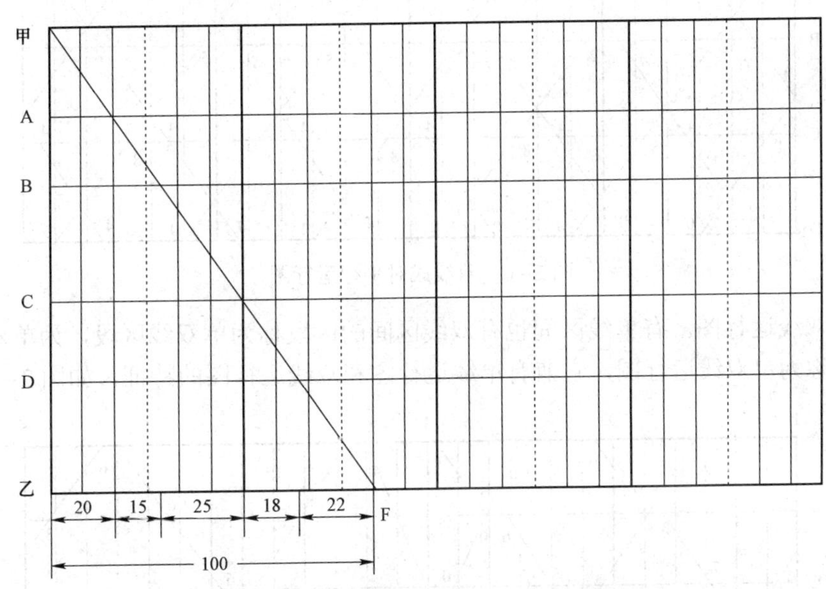

图 2-4 按区间运行时分比率确定车站位置示意图

5. 列车运行图分类

列车运行图根据铁路线路的技术设备（如单线、双线）、列车运行速度、上下行方向的列车数目、列车运行方式等条件，可以分为多种不同的类型。

1）按照区间正线数目分类

列车运行图可分为单线运行图、双线运行图和单双线运行图。

（1）单线运行图。在单线区段采用的运行图，列车的交会越行只能在车站进行，如图 2-5 所示。

（2）双线运行图。在双线区段采用的运行图，列车的交会可以在区间或车站上进行，但列车的越行必须在车站上进行，如图 2-6 所示。

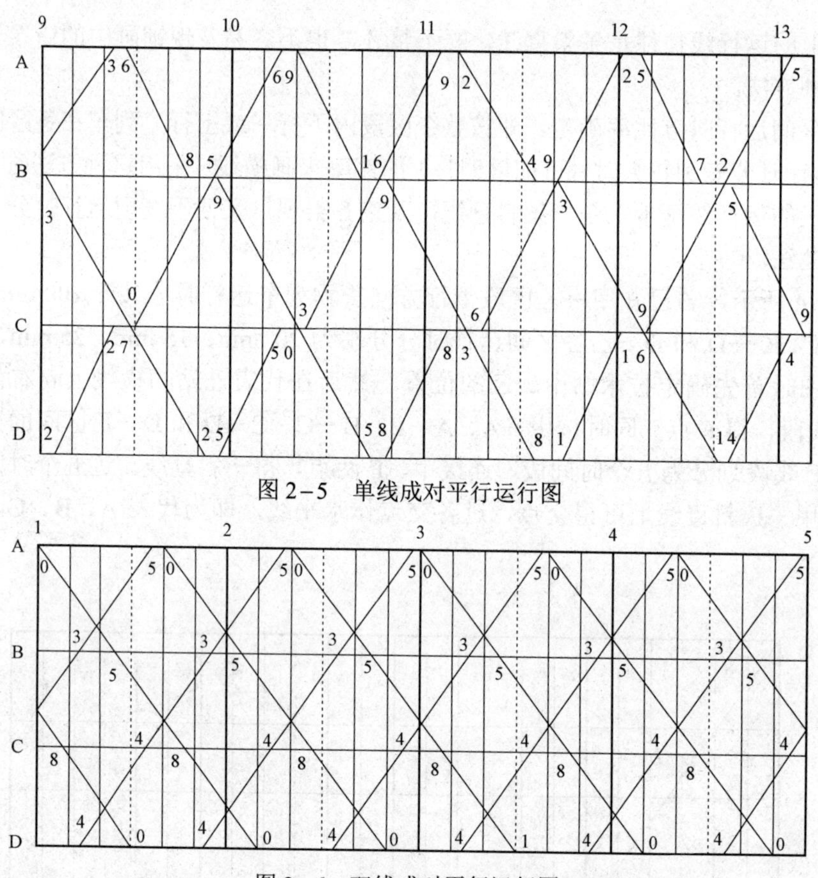

图 2-5　单线成对平行运行图

图 2-6　双线成对平行运行图

（3）单双线运行图。有单线区间也有双线区间的区段称为单双线区段，为单双线区段编制的运行图称为单双线运行图，它兼有单线运行图和双线运行图的特征，如图 2-7 所示。

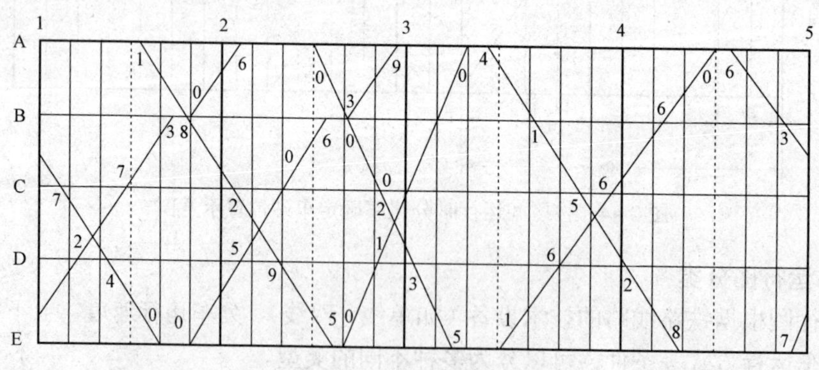

图 2-7　单双线运行图

2）按照列车运行速度分类

列车运行图可分为平行运行图和非平行运行图。

（1）平行运行图。在运行图上同一区间内，同方向列车的运行速度相同，因而列车运行线相互平行，且区段内无列车越行，如图 2-6 所示。

（2）非平行运行图。在运行图上有各种不同速度和不同种类的列车，因而部分列车运行线互不平行，在区段内可能产生列车越行，如图 2-8 所示。

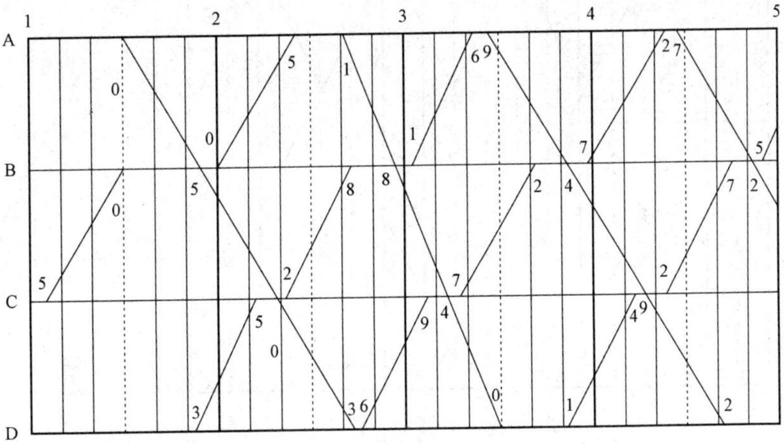

图 2-8　单线非平行运行图

3）按照上、下行方向列车的数目分类

列车运行图可分为成对运行图和不成对运行图。

（1）成对运行图。同一区段内，上、下行方向列车数目是相等的。

（2）不成对运行图。同一区段内，上、下行方向的列车数目是不相等的。

我国铁路大多数区段的上、下行列车数是相等的，所以一般多采用成对运行图。只有在上、下行方向运量不等的个别区段，行车量较大方向的能力不足时，才采用不成对运行图。

4）按照同方向列车运行方式分类

列车运行图可分为追踪运行图和非追踪运行图。

（1）追踪运行图。在自动闭塞区段上，同方向的列车是以闭塞分区为间隔来运行，在这种运行图上，一个站间区间内允许同时有几趟列车按追踪方式运行。双线追踪非平行运行图如图 2-9 所示。

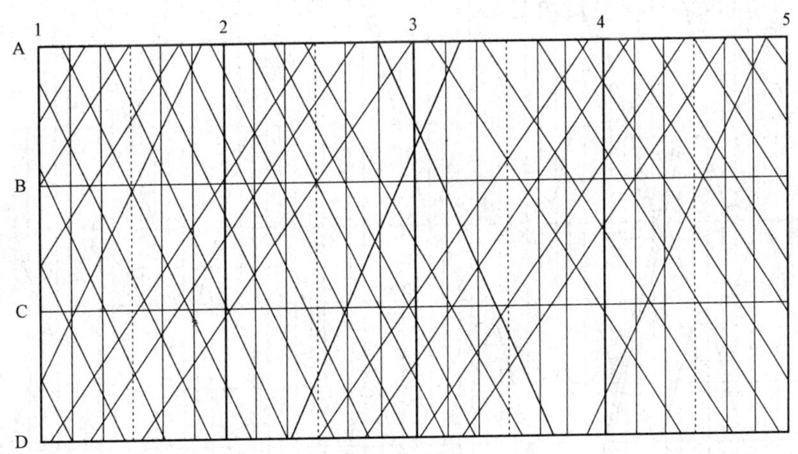

图 2-9　双线追踪非平行运行图

（2）非追踪运行图。这种运行图的特点是同方向列车是以站间区间或所间区间为间隔，即在非自动闭塞区段采用的运行图。图 2-10 即为双线非追踪平行运行图。

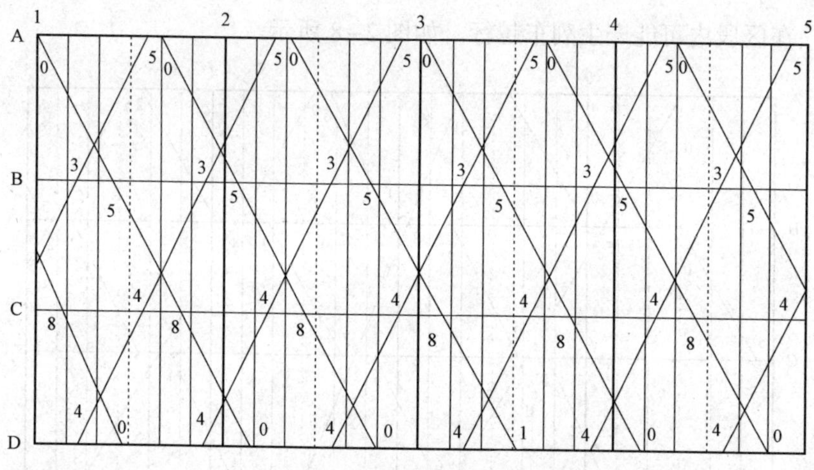

图 2-10　双线非追踪平行运行图

以上所列举的分类方法，都是根据运行图的某一特点加以区别的。而每一区段列车运行图都具有各方面的特点。

任务 2.2　列车运行图组成要素

任务引入

下图是甲—乙区段 18:00—次日 6:00 列车运行图（单线成对非平行运行图）样例部分截图。

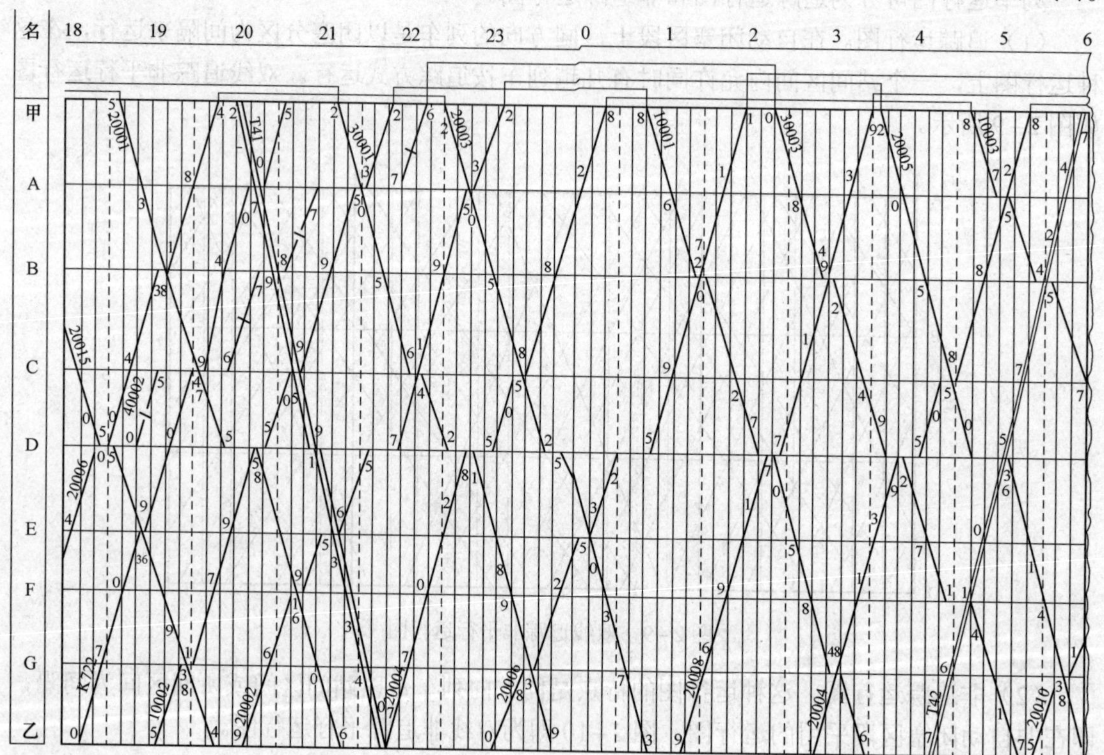

思考：

（1）列车运行图中如何读取列车到、发、通时刻？

（2）列车运行图有哪些组成要素？

知识准备

列车运行图虽然分为各种不同的类型，但它们都是由一些基本要素组成。在每次编制运行图之前，必须首先确定组成运行图的各项要素。

列车运行图要素包括：列车区间运行时分；列车在中间站的停站时间；列车在车站的间隔时间；追踪列车间隔时间；机车在基本段和折返段所在站的停留时间标准；列车在技术站的技术作业时间标准。

1. 列车区间运行时分

列车区间运行时分，是指列车在两个相邻车站或线路所之间的运行时间标准。它由机务部门用牵引计算和实际试验相结合的办法确定。

区间运行时分的计算距离以车站中心线或线路所通过信号机之间的距离计算。有的车站在到发场中心线与车站中心线不一致时，则按到发场中心线计算。

区间运行时分应按以下几种情况分别查定：

（1）旅客列车和货物列车要分别查定。

（2）上行方向和下行方向要分别查定。因为线路的平面和纵断面情况不同，上下行列车的重量标准也可能不同，所以应分别查定。

（3）列车在区间两端站停车与不停车要分别查定。列车在区间两端站均通过时的区间运行时分称为纯运行时分；由于列车起动或停车而使区间运行时分比纯运行时分延长的时分称为起车或停车附加时分。当区间两端均无技术需要停车时，应按通通、通停、起通、起停四种情况分别查定其区间运行时分，如图2-11所示。

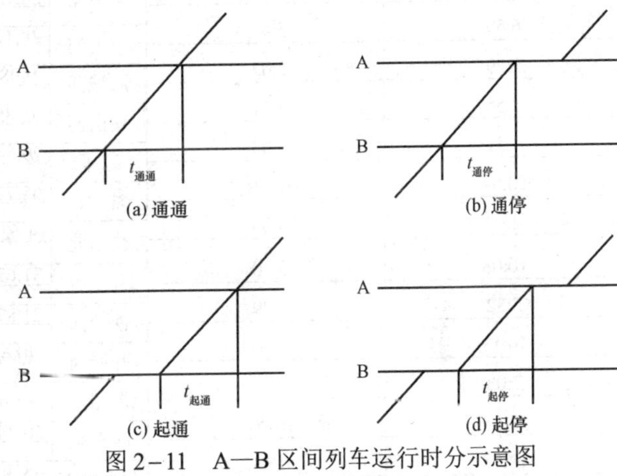

图2-11 A—B区间列车运行时分示意图

设A—B区间的$t_{纯}^{上}=14\ \text{min}$；$t_{纯}^{下}=15\ \text{min}$；$t_{起}^{A}=t_{起}^{B}=3\ \text{min}$；$t_{停}^{A}=t_{停}^{B}=1\text{min}$。四种情况的区间列车运行时分见表2-2，其缩写形式见表2-3。

表2-2 A—B区间列车运行时分

站名	上行				下行			
	通通	通停	起通	起停	通通	通停	起通	起停
A B	14	15	17	18	15	16	18	19

表2-3 A—B区间运行时分缩写形式

站名	上行	下行
A B	14_{3}^{1}	15_{1}^{3}

由于高速铁路上运行的高速列车速度较快，其区间运行时分短于普速铁路。以哈大高速线为例，哈大高速线北起哈尔滨西站，南至大连北站，线路全长 921 km，共设 22 座车站，设计速度 350 km/h，列车运营速度 300 km/h。哈大高速线 2016 年底执行的 250 km/h 和 300 km/h 运行标尺如表 2-4 所示。

表 2-4　哈大高速线运行标尺

哈大高速线动车组列车区间运行时分					
上　行		站名	区间距离	下　行	
动车组 250 km/h夏季 CRH5 型双组、单组 速度 250 km/h	动车组 300 km/h夏季 CRH3 型双组、单组 速度 300 km/h			动车组 300 km/h夏季 CRH3 型双组、单组 速度 300 km/h	动车组 250 km/h夏季 CRH5 型双组、单组 速度 250 km/h
局定	局定		上下行	局定	局定
		大连北			
14:00	13:52	普　湾	41.475	13:52	14:00
9:11	7:35	瓦房店西	36.9	7:35	9:11
15:50	13:02	鲅鱼圈	63.764	13:02	15:50
7:11	5:54	盖州西	28.856	5:54	7:11
6:59	5:45	营口东	28.108	5:45	6:59
6:59	5:45	下夹河	28.124	5:45	6:59
2:29	2:03	海城西	9.987	2:03	2:29
7:56	6:31	鞍山西	31.859	6:31	7:56
7:21	6:03	辽　阳	29.544	6:03	7:21
20:04	18:30	沈　阳	65.777	18:30	20:04
4:00	4:00	沈阳北	4.621	4:00	4:00
10:08	9:10	六王屯	31.678	9:10	10:08
5:32	4:29	铁岭西	21.875	4:29	5:32
10:13	8:20	开原西	40.65	8:20	10:13
7:08	5:46	昌图西	28.2	5:46	7:08
12:38	10:20	四平东	50.346	10:20	12:38
12:08	9:55	公主岭南	48.465	9:55	12:08
13:52	11:20	长春西	55.297	11:20	13:52
2:08	1:44	崔家营子	8.475	1:44	2:08
19:01	15:36	德惠西	76.131	15:36	19:01
14:32	11:55	扶余北	58.121	11:55	14:32
12:40	10:25	双城北	51.036	10:25	12:40
11:00	11:00	哈尔滨西	39.848	11:00	11:00

2. 列车在中间站的停站时间

列车在中间站的停站时间，是指列车在中间站办理列车技术作业、客货运作业及列车会让等所需要的最小停留时间标准。

列车在中间站的停站时间由下列原因产生：

（1）进行必要的技术作业，主要是指在中间站上进行的车辆技术检查、试风、摘挂机车等。

（2）客货运作业，主要是指旅客乘降、行包及邮件装卸、车辆摘挂、货物装卸等。

（3）列车在中间站的会车和越行。

摘挂机车作业在采用补机地段的起点站和终点站上进行。列车在中间站的技术检查和试风，一般在长大下坡道之前的车站上进行。

客货运作业停站时间，应根据各种列车的不同需要分别规定。对旅客列车规定旅客乘降、行包和邮件装卸所需要的停站时间；对摘挂列车规定摘挂车辆、取送车及不摘车装卸作业所需要的停站时间。

列车在中间站的各项停留时间标准，由每个车站用分析计算和实际查标相结合的办法分别确定。列车在中间站的各项作业，应尽可能平行进行。在满足需要的情况下应最大限度地压缩列车在中间站的停站时间，以提高列车旅行速度。

3. 列车在车站的间隔时间

列车在车站的间隔时间（简称车站间隔时间，下同）是指车站办理两趟列车的到达、出发或通过作业所需要的最小间隔时间，在查定车站间隔时间时，应遵守有关规章的规定及车站技术作业时间标准，保证行车安全并最好地利用区间通过能力。

常用的车站间隔时间包括不同时到达间隔时间、会车间隔时间、连发间隔时间、同方向列车不同时开到及不同时到开间隔时间等几种。车站间隔时间的大小，与车站邻接区间的行车闭塞方法、信号和道岔的操纵方法、车站类型、接近车站的线路平面和纵断面情况、机车类型、列车重量和长度等因素有关。

在编制运行图之前，每个车站都要根据本站的具体条件，查定各种车站间隔时间。

现将几种主要的车站间隔时间的定义、作业内容和计算方法分述如下。

1）相对方向列车不同时到达间隔时间（$\tau_{不}$）

相对方向列车不同时到达间隔时间是指在单线区段相对方向列车在车站交会时，自某一方向列车到达车站之时起，至对向列车到达或通过该站时止的最小间隔时间。相对方向列车不同时到达间隔时间在运行图上的表示形式如图 2－12 所示。

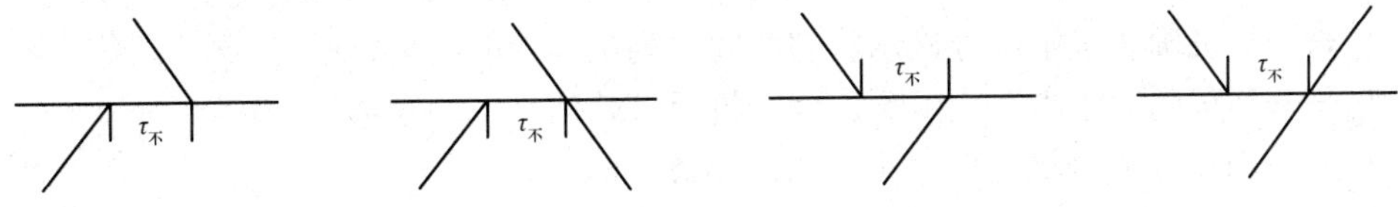

图 2－12　不同时到达间隔时间示意图

为了提高货物列车旅行速度，在列车交会时，除上下行列车在同一车站都有作业需要停车外，原则上使交会的两列车中一列通过车站。因此在运行图上较常采用一列停、一列通过的不同时到达间隔时间。

为了保证行车安全，在进站信号机外制动距离内进站方向为超过《技规》规定的下坡道，而接车线末端又无隔开设备的车站，禁止办理相对方向同时接车。凡不能办理相对方向同时接车的车站，由相对方向到达车站的两列车也必须保持必要的不同时到达间隔时间。

不同时到达间隔时间由两部分组成：

（1）办理有关作业的时间 $t_{作业}$。确认先到列车整列到达并于警冲标内方停妥后，为后到列车办理闭塞（后到列车通过时），准备进路、开放信号机等作业所需时间。

（2）对向列车通过进站距离 $L_{进}$ 的时间 $t_{进}$。当为后到列车开放进站信号时，后到列车的头部应处于进站信号机外一个制动距离 $l_{制}$ 及司机确认信号显示状态的时间内列车所运行的距离 $l_{确}$ 之和的位置，$t_{进}$ 为列车通过进站距离的运行时间，如图 2－13 所示。

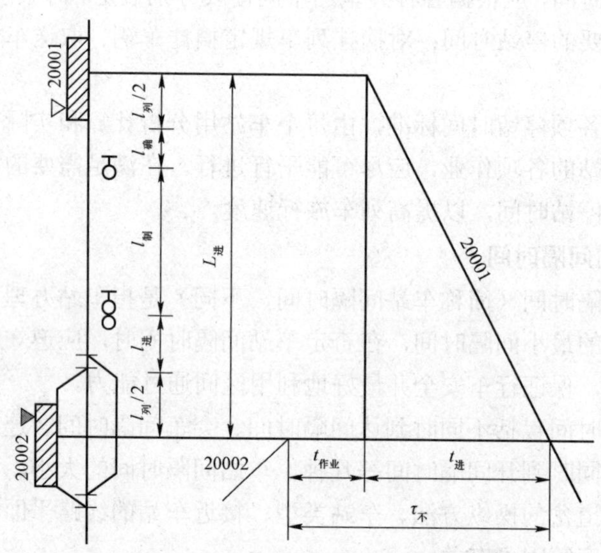

图 2－13　进站信号机开放时列车位置示意图

因此，不同时到达间隔时间可用下式计算：

$$\tau_{不}=t_{作业}+t_{进}=t_{作业}+0.06\times\frac{L_{进}}{v_{进}}$$

$$=t_{作业}+0.06\times\frac{l_{进}+l_{制}+l_{确}+l_{列}}{v_{进}}\quad(\text{min})$$

式中：$l_{列}$——列车长度，m；

$l_{确}$——司机确认进站信号显示状态时间内列车运行的距离，m；

$l_{制}$——列车制动距离（或由预告信号机至进站信号机的距离），m；

$l_{进}$——由进站信号机至车站中心线的距离，m；

$v_{进}$——列车平均进站速度，km/h。

由于车站两端进站信号机外方进站距离内的线路情况和运行速度不一定相同，因此 $t_{进}$ 应视具体情况分别查定。

2）会车间隔时间（$\tau_{会}$）

会车间隔时间是指在单线区段的车站上，两列车交会时，自某一方向列车到达或通过车站之时起，至该站向这一区间发出另一对向列车之时止的最小间隔时间。单线区段各站均应查定。会车间隔时间在运行图上的表示形式如图 2－14 所示。

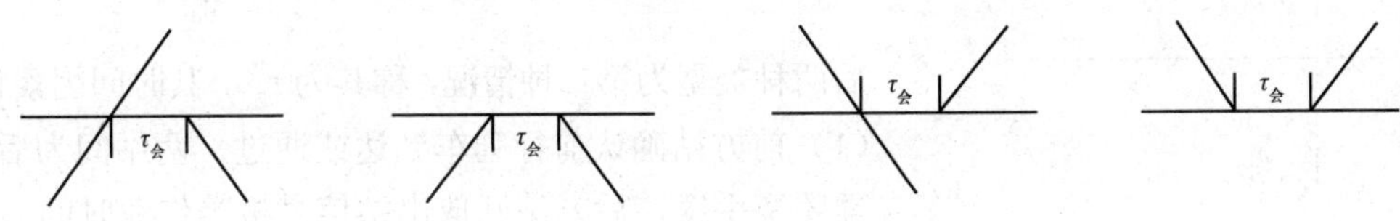

图 2-14　会车间隔时间示意图

会车间隔时间全是车站办理各项作业所需要的时间，主要作业包括：确认先到列车的到达或通过的时间，与来车方向的邻站办理闭塞的时间，准备发车进路及开放出站信号机的时间，发车作业时间等。

3）连发间隔时间（$\tau_{连}$）

连发间隔时间是指自前行列车到达或通过邻接的前方车站之时起，至本站向该区间发出另一同方向列车之时止的最小间隔时间。根据列车在区间的前后两站停车或通过的不同情况，连发间隔时间可有四种类型，如图 2-15 所示。

（1）两列车在前后两站都通过，如图 2-15（a）所示。

（2）前行列车在前方站停车，后行列车在后方站通过，如图 2-15（b）所示。

（3）前行列车在前方站通过，后行列车在后方站起车，如图 2-15（c）所示。

（4）前行列车在前方站停车，后行列车在后方站起车，如图 2-15（d）所示。

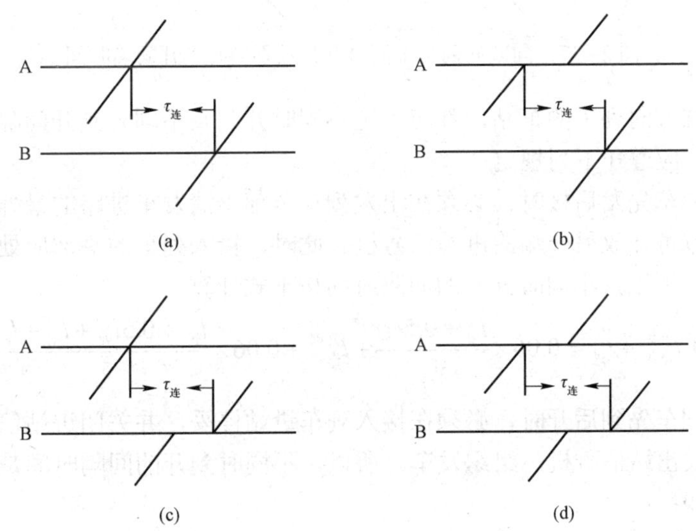

图 2-15　连发间隔时间示意图

上述四种类型，可归纳为两种情况，前两种类型为第一种情况，将这种连发间隔时间称之为$\tau_{连}^{通}$，其时间因素包括：

（1）前方站确认前行列车到达或通过，两站间为后行列车办理闭塞手续，后方站为后行列车开放通过信号机等作业时间。

（2）后行列车通过进站距离 $l_{进}$ 的运行时间（见图 2-16）。

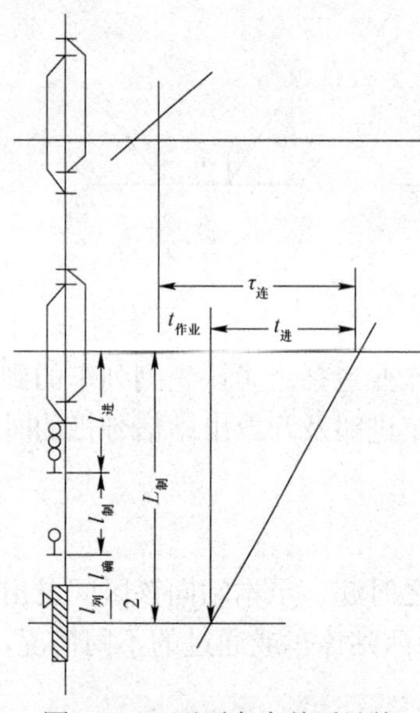

图 2-16　两列车在前后站均通过的连发间隔时间

$$\tau_{连}^{通} = t_{作业}^{连} + t_{进} = t_{作业}^{连} + 0.06 \times \frac{l_{进}}{v_{进}}$$

后两种类型为第二种情况，称其为$\tau_{连}^{停}$，其时间因素包括：

（1）前方站确认前行列车到达或通过，两站间为后行列车办理闭塞手续，后方站开放出站信号机等作业时间。

（2）后方站组织发车，司机确认信号机显示状态并起动列车的作业时间。

所以，第二种情况的连发间隔时间全是发车作业时间。

4）同方向列车不同时开到（$\tau_{开到}$）及不同时到开（$\tau_{到开}$）间隔时间

自某一列车由车站出发时起，至同方向另一列车到达车站时止的最小间隔时间，称为同方向列车不同时开到间隔时间。自某方向列车到达车站时起，至由该站发出另一列同方向列车时止的最小间隔时间，称为同方向列车不同时到开间隔时间。如图 2-17 所示。

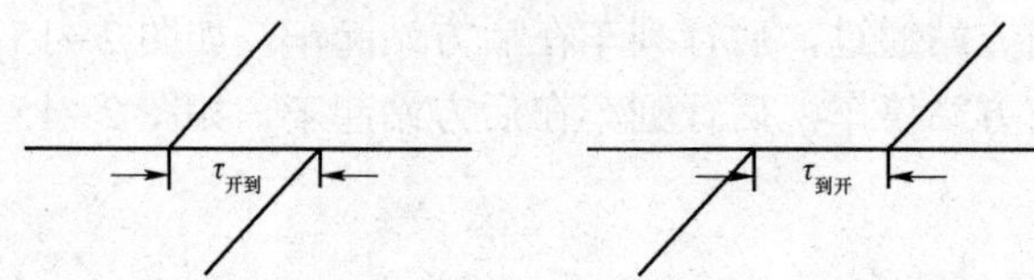

图 2-17　同方向列车不同时开到及不同时到开间隔时间

凡禁止接发同方向列车的车站，都应查定不同时开到及不同时到开间隔时间。在查定该两项间隔时间时，应遵守下列规定：

（1）在办理列车先发后接时，必须在出发列车全部出清发车进路的最外方道岔，并关闭出站信号机后，方可开放另一端的进站信号机。此时，接入列车的头部应处于进站信号机外方$l_{制} + l_{确}$的地点。所以，不同时开到的间隔时间按下式计算：

$$\tau_{开到} = t_{出} + t_{作业}^{开到} + t_{进} = 0.06 \times \frac{l_{出} + 0.5 l_{列}}{\bar{v}_{出}} + t_{作业}^{开到} + 0.06 \times \frac{l_{进} + 0.5 l_{列} + l_{制} + l_{确}}{\bar{v}_{出}} \quad (\text{min})$$

（2）在办理列车先到后开时，必须在接入列车进站停妥，并关闭进站信号机后，方可开放出发列车的有关出站信号机，组织发车。所以，不同时到开的间隔时间是车站办理发车作业的时间之和，即：

$$\tau_{到开} = t_{作业}^{到开}$$

4. 追踪列车间隔时间

1）追踪列车间隔时间的意义

在自动闭塞区段，列车以闭塞分区为间隔运行，称为追踪运行。追踪列车之间的最小间隔时间，称为追踪列车间隔时间。追踪列车间隔时间，取决于同方向列车间隔距离、列车运行速度及信联闭设备类型。

在双线和单线自动闭塞区段均应查定追踪列车间隔时间（见图 2-18）。

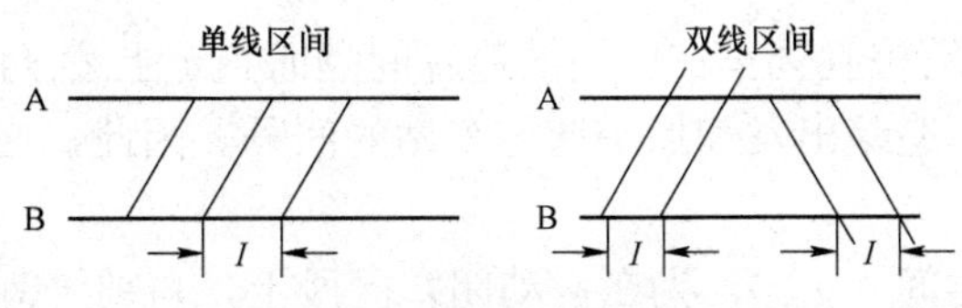

图 2－18　追踪列车间隔时间

2）三显示自动闭塞区段追踪列车间隔时间

两列车间的距离和列车运行速度是追踪列车间隔时间大小的决定因素。列车间的距离应满足后行列车不因前行列车未腾空有关分区而降低运行速度，同时，也不能因两列车间距离太远而浪费区间通过能力。在三显示的自动闭塞区段，通常以两列车间隔三个闭塞分区为计算追踪列车间隔的依据，即后行列车在绿灯信号下向绿灯运行，如图 2－19 所示。

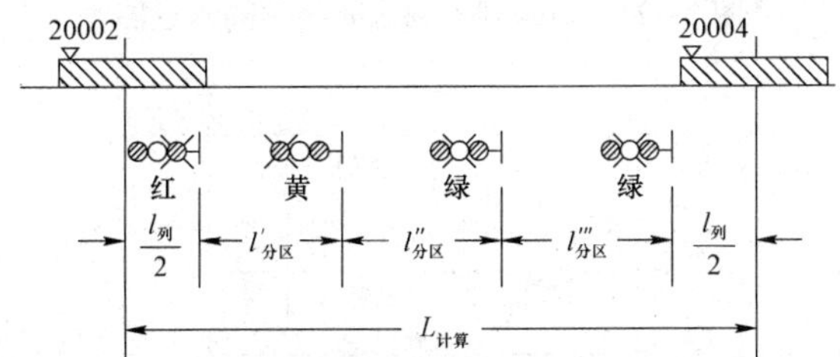

图 2－19　追踪列车在绿灯信号下向绿灯运行间隔距离示意图

在这种情况之下，追踪列车间隔时间为：

$$I_{追}^{绿}=0.06\times\frac{l_{列}+l'_{分区}+l''_{分区}+l'''_{分区}}{v_{运}}\quad(\text{min})$$

式中：$l_{列}$ ——列车的长度，m；

$l'_{分区}$、$l''_{分区}$、$l'''_{分区}$ ——连续三个闭塞分区长度，m；

$v_{运}$ ——列车在区间的平均运行速度，km/h。

当列车在长大上坡道运行时，由于运行速度低，追踪列车间隔时间可以按前后列车间隔两个闭塞分区（即在绿灯信号下向黄灯运行）的条件确定，见图 2－20。

这时，追踪列车间隔时间为：

$$I_{追}^{黄}=0.06\times\frac{l_{列}+l'_{分区}+l''_{分区}}{v_{运}}+t_{确}\quad(\text{min})$$

式中：$t_{确}$ ——司机确认信号显示状态的时间，min。

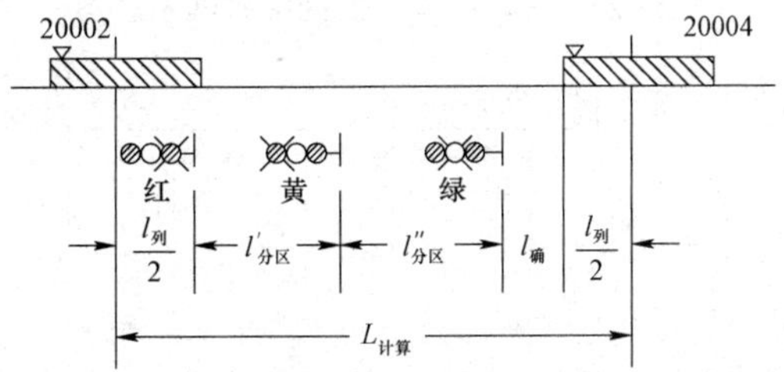

图 2－20　追踪列车向黄灯运行间隔距离示意图

在编制运行图时，除需控制列车在区间的追踪间隔而查定上述区间追踪列车间隔时间外，还应控制列车追踪到达、追踪出发和追踪通过车站的间隔。因此，应分别查定该三项追踪列车间隔时间。

追踪列车到达间隔时间（$I_{到}$），为在自动闭塞区段上，自前一列车到达车站时起，至同方向次一追踪列车到达或通过该站时止的最小间隔时间（见图 2-21）。在确定该项间隔时间时，应使后行追踪列车不因车站未准备好接车进路和未及时开放信号机而降低速度。为此，车站开放信号机的时刻，追踪到达列车的头部应处于站外第一接近信号机处（见图 2-22）。

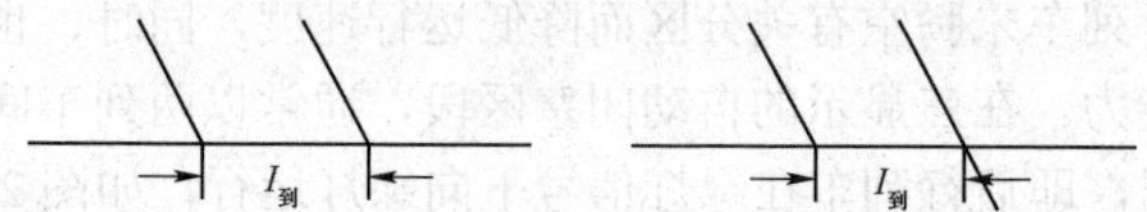

图 2-21　追踪列车到达间隔时间示意图

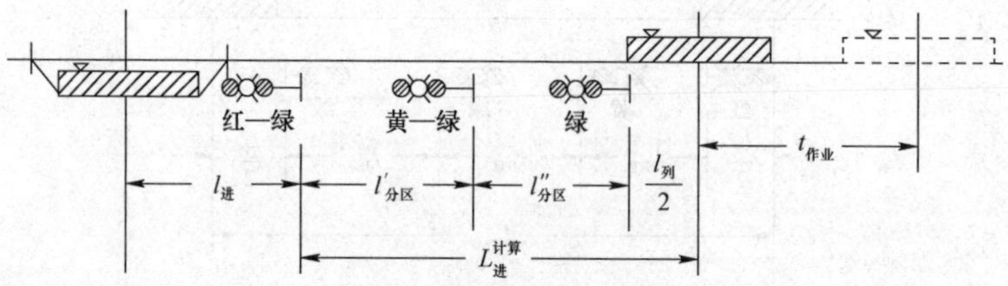

图 2-22　追踪列车到达间隔距离示意图

追踪列车到达间隔时间为：

$$I_{到} = t_{作业}^{到} + 0.06 \times \frac{l_{列} + l'_{分区} + l''_{分区} + l_{进}}{v_{到}} \quad (\text{min})$$

式中：$t_{作业}^{到}$——车站准备进路和开放进站信号机的作业时间，min；

$v_{到}$——列车通过 $L_{到}$ 的平均运行速度，km/h。

追踪列车出发间隔时间（$I_{发}$），为在自动闭塞区段，自车站发出或通过前一列车时起，至该站再发出同方向次一追踪列车时止的最小间隔时间（见图 2-23）。在确定该项时间时，应满足后行列车按绿灯发车的基本条件。为此，应使两个列车腾空两个闭塞分区的情况下，再为后行列车开放出站信号机（见图 2-24）。

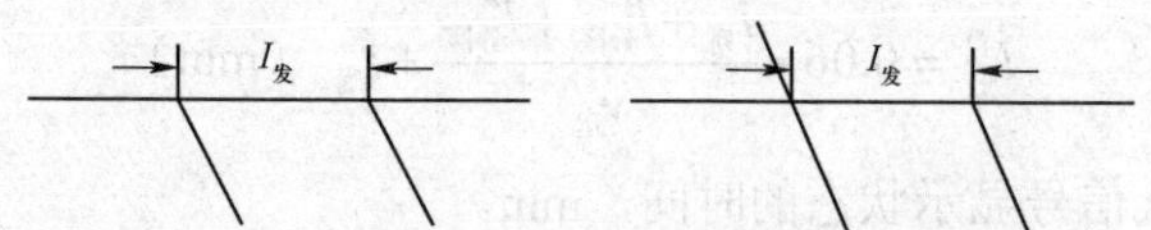

图 2-23　追踪列车出发间隔时间示意图

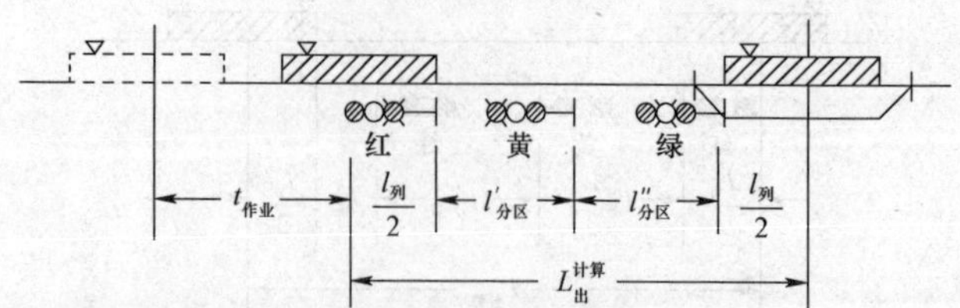

图 2-24　追踪列车出发间隔距离示意图

追踪列车出发间隔时间为：

$$I_{发}=t_{作业}^{发}+0.06\times\frac{l_{列}+l'_{分区}+l''_{分区}}{v_{发}}\quad(\text{min})$$

式中：$t_{作业}^{发}$——车站开放出站信号机、发车作业及司机确认信号显示状态等项作业时间，min。

$v_{发}$——前行列车通过 $L_{发}$ 的平均运行速度，km/h。

准许列车凭出站信号机的黄色灯光发车时，其追踪列车出发间隔时间为：

$$I_{发}^{黄}=t_{作业}^{发}+0.06\times\frac{l_{列}+l'_{分区}}{v_{发}}\quad(\text{min})$$

追踪列车通过车站间隔时间（$I_{通}$），为在自动闭塞区段的车站上，自前行列车通过车站时起，至同方向次一列车再通过该站时止的最小间隔时间（见图 2–25）。在确定该项时间时，前后列车的间隔距离应按列车在区间追踪运行的要求办理，即包括车站闭塞分区在内的三个分区的长度。由于列车尾部虽越过出站信号机而未出清最外方道岔时，进站信号机仍不能开放，因此，两列车的间隔距离还应加上出站信号机至最外方道岔间的一段长度（$l_{岔}$）（见图 2–26）。

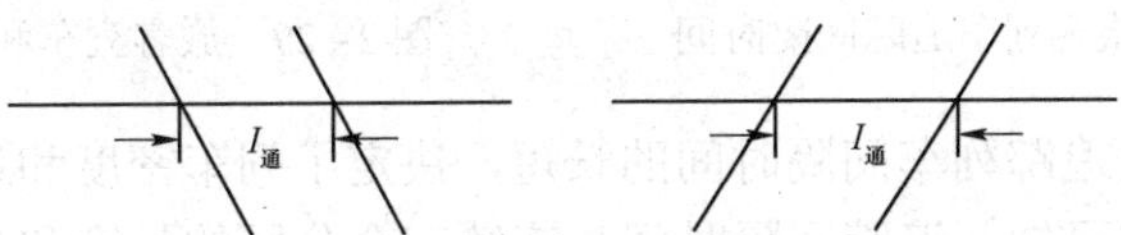

图 2–25　追踪列车通过车站间隔时间示意图

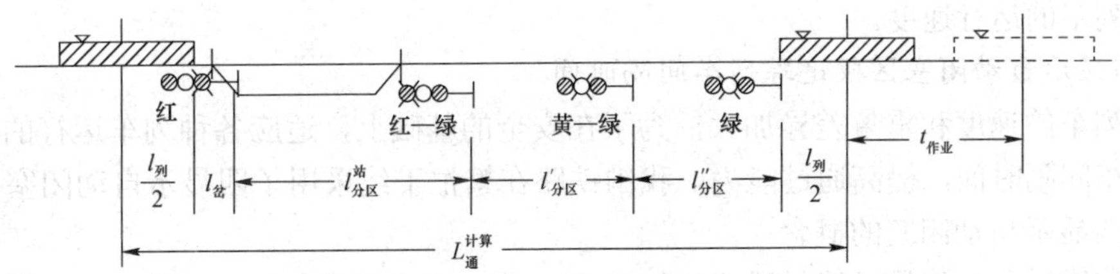

图 2–26　追踪列车通过车站间隔距离示意图

追踪列车通过车站间隔时间为：

$$I_{通}=t_{作业}^{通}+0.06\times\frac{l_{分区}^{站}+l'_{分区}+l''_{分区}+l_{列}+l_{岔}}{v_{通}}\quad(\text{min})$$

式中：$t_{作业}^{通}$——车站为后行列车开放进站信号机的作业时间，min；

$l_{分区}^{站}$——车站闭塞分区的长度，即进站信号机至出站信号机间的距离，m。

$v_{通}$——列车通过车站的平均运行速度，km/h。

按以上办法分区间计算出 $I_{追}$ 和相邻车站的 $I_{到}$、$I_{发}$ 和 $I_{通}$ 后，取其最大值即为该区间的追踪列车间隔时间 I。在开行组合列车或重载列车的区段，也应根据组合列车与普通货物列车前后位置的不同，分别确定 $I_{追}$、$I_{到}$、$I_{发}$ 和 $I_{通}$。

在编制列车运行图时，为保证列车在区段内的正常运行，应按区段内各区间该方向追踪列车间隔时间的最大值铺画列车运行线。例如，甲—乙区段下行方向各区间追踪列车间隔时

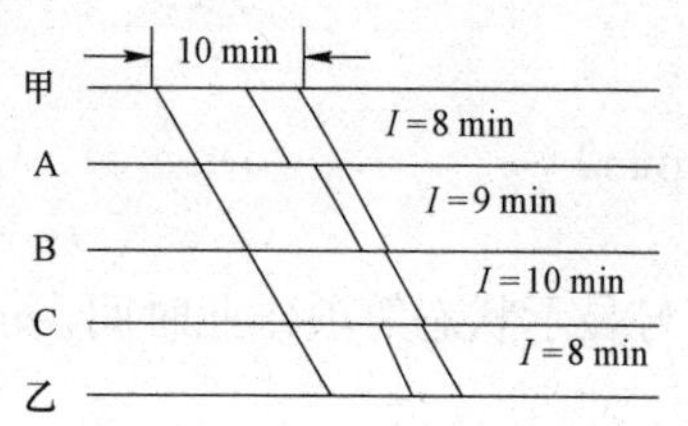

图 2-27　甲—乙区段追踪列车间隔时间

间如图 2-27 所示，则该区段下行方向应按 I=10 min 铺画运行线。

在单线和双线自动闭塞区段，均应按上、下行方向分别查定追踪列车间隔时间，作为编制列车运行图、计算区间通过能力和列车调度员掌握列车运行的依据。

列车调度员和车站值班员在实际工作中，应根据前后列车的运行情况，灵活掌握追踪列车间隔时间的使用。例如，由于旅客列车和货物列车的运行速度不同，在确定货物列车和旅客列车之间的追踪间隔时间时，应按到站条件计算（如图 2-28 所示）；而确定旅客列车和货物列车之间的追踪间隔时间时，则应按从车站出发的条件计算（如图 2-29 所示）。

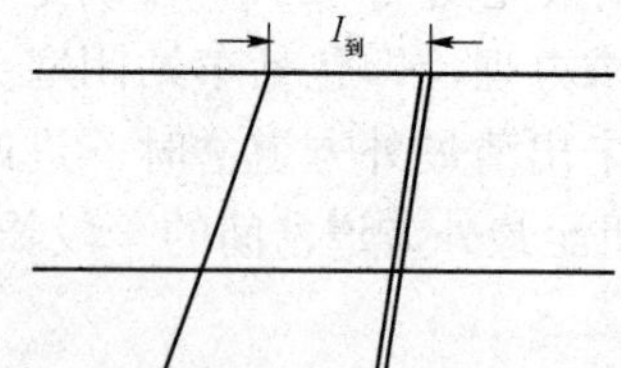

图 2-28　货物列车和旅客列车追踪间隔时间

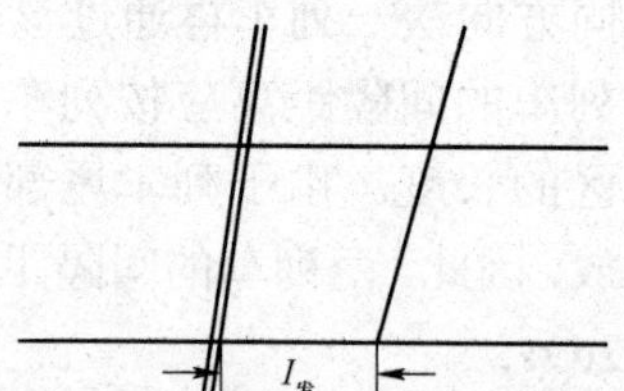

图 2-29　旅客列车和货物列车追踪间隔时间

在自动闭塞区段，追踪列车间隔时间的长短，决定了列车密度和运能的大小。从追踪列车间隔时间的计算公式可知，追踪间隔时间与连续三个分区的长度和列车长度之和成正比，与列车运行速度成反比。为缩小追踪间隔时间，应在保证安全的基础上，缩短闭塞分区的长度，提高列车的运行速度。

3）四显示自动闭塞区段追踪列车间隔时间

随着列车的速度和重量差异加大，为了在安全的基础上，适应各种列车运行的要求，缩短追踪列车间隔时间，提高通过能力，我国铁路在繁忙干线采用了四显示自动闭塞。

（1）四显示自动闭塞的概念

一般称通过色灯信号机能显示诸如红（H）、黄（U）、绿黄（LU）和绿（L）四种灯光信号的自动闭塞为四显示自动闭塞。在信号四显示自动闭塞区段，通过信号机为三灯四显示，其信号显示方式如图 2-30 所示。列车之后的第一个分区为保护区段，故其后的通过信号机仍显示红色灯光。在黄灯和绿灯信号机之间，增加了一个绿黄灯信号。

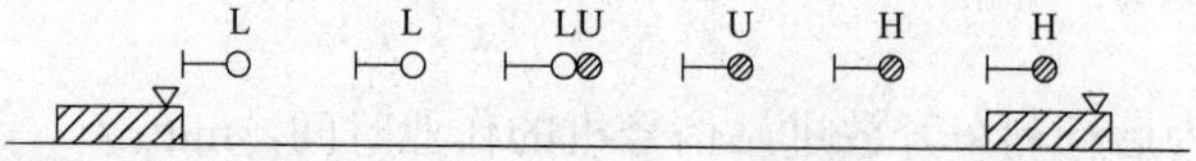

L　L　LU　U　H　H

闭塞分区性质	提醒区	第一制动区	第二制动区	第三制动区	防护区	占用区
信息种类	提醒注意	预告	预告	停车		

图 2-30　四显示追踪列车间隔时间示意图

信号机各种灯光显示的意义如下：

①1 个绿色灯光——准许列车按规定速度运行，表示前方有四个闭塞分区空闲。

②1个绿色灯光和1个黄色灯光——要求司机注意运行，表示前方至少有三个闭塞分区空闲。

③1个黄色灯光——要求司机采取制动措施，降速运行，表示前方至少有一个闭塞分区空闲。

④2个黄色灯光——要求列车通过信号机时，将列车运行速度降至 45 km/h 及其以下，表示将通过侧向道岔。

（2）四显示自动闭塞的特点。

在四显示自动闭塞区段，信号的显示同时具有速度控制的含义：即在机车上装有机车信号、速度显示和速度监督设备，机车根据信号显示的信息，以相应的速度运行，如速度超过规定速度时，速度监督设备将迫使列车紧急制动。所以，四显示信号是具有预告功能的速差式信号。四显示与三显示自动闭塞运用功能比较如表 2–5 所示。

表 2–5　四显示与三显示自动闭塞运用功能比较

项目	四显示	三显示
地面信号显示	四显示（L、LU、U、H）	三显示（L、U、H）
机车信号系统	自动停车装置，侧线运行机车信号指示	自动停车装置，侧线运行无机车信号指示
制动距离分区数	2个闭塞分区	1个闭塞分区
追踪列车间隔	5个闭塞分区	3个闭塞分区
列车运行方向	每线双方向	每线单方向
列车运行凭证	以机车信号为主	以地面信号为主
闭塞分区长度	700～1 000 m	1 600～2 600 m

（3）四显示自动闭塞区段追踪列车间隔时间。

在四显示自动闭塞区段，追踪列车间隔时间是按相邻 5 个闭塞分区长度计算的，其公式如下：

$$I_{追}=0.06\times\frac{l_1+l_2+l_3+l_4+l_5+l_{列}}{v_{通}}\quad\text{（min）}$$

与三显示自动闭塞方式相比，分区数虽增加两个，其中防护区用于保护区间，要求列车停车；提醒区用于提醒司机，列车将进入减速地段。由于闭塞分区长度较短（700～1 000 m），列车运行速度较高，所以间隔时间并不大。例如按 5 个分区长度最大值计算，其追踪列车间隔时间为：

$$I_{追}=0.06\times\frac{1\,000\times5+850}{120}=2.925\approx3\quad\text{（min）}$$

5. 机车在基本段和折返段所在站的停留时间标准

机车在基本段和折返段所在站的停留时间标准，取决于机车的运用方式。铁路机车的运用方式有如图 2–31～2–34 所示的几种。

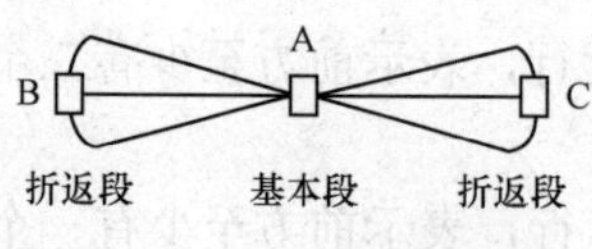

图 2-31 肩回运转交路图

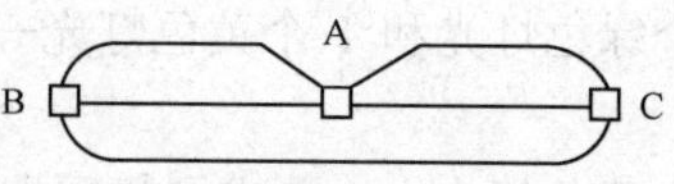

图 2-32 半循环运转交路图

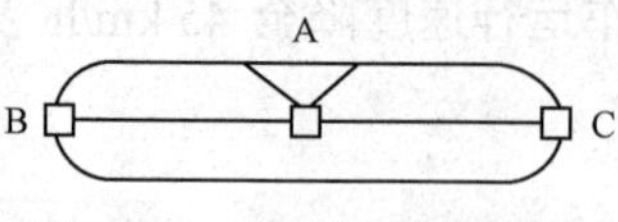

图 2-33 循环运转交路图

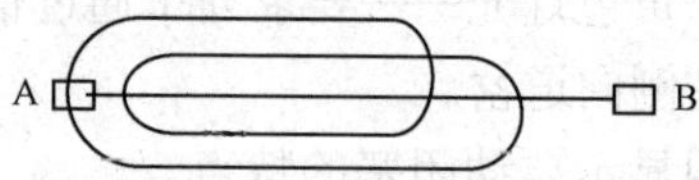

图 2-34 环形运转交路图

（1）肩回运转交路：机车担当与基本段相邻区段的列车牵引任务。除了需要进折返段整备外，机车每次返回基本段所在站时，也需要入段作业。

（2）半循环运转交路：机车担当与基本段相邻两个区段的列车牵引任务，除了需要进折返段整备外，机车第一次返回基本段所在站时不入段，继续牵引列车向前方区段运行，到第二次返回基本段所在站时，才入段进行整备作业。

（3）循环运转交路：机车担当与基本段相邻两个区段的列车牵引任务，除了需要进折返段整备及因中间技术检查需要入基本段外，其余每次返回基本段所在站时，都在车站上进行整备作业。

（4）环形运转交路：机车在一个区段或枢纽内担当两个及两个以上往返的列车牵引任务之后，才入段进行整备作业，机车不需要转向。这种交路适用于担当市郊列车和小运转列车的牵引任务。

机车在机务本段或折返段所在站办理必要作业需要的最小时间，称为机车在机务本段和折返段所在站的停留时间标准。

机车折返停留时间（$T_{折}$）由以下几项组成：

（1）机车在到达线上的作业时间，包括到达试风、摘机车、准备机车入段进路等时间（$t_{到}^{机}$）。

（2）机车入段走行时间（$t_{入}^{机}$）。

（3）机车在段内整备作业时间（$t_{整备}$），包括技术作业及乘务员换班时间。

（4）机车出段走行时间（$t_{出}^{机}$）。

（5）机车在发车线上的作业时间（$t_{发}^{机}$），包括挂机车、出发试风等时间。

综合以上各项作业时间，即得机车在折返段所在站的停留时间标准：

$$T_{折}=t_{到}^{机}+t_{入}^{机}+t_{整备}+t_{出}^{机}+t_{发}^{机}\ (\text{min})$$

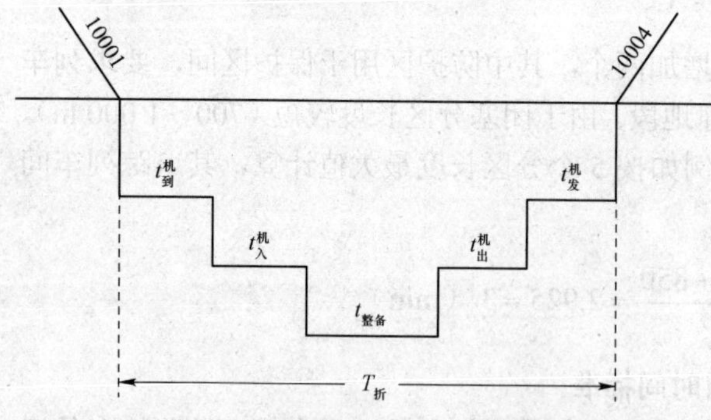

图 2-35 列车折返段所在站停留时间

上述各项作业时间，可根据计算和查表相结合的方法确定。

图 2-35 表示 10001 次列车机车自到达折返段所在站时起，至牵引 10004 次列车出发时止，在该站的全部作业及停留时间。

在编制列车运行图之前，机务部门必须对每一牵引区段的机车分别查定其各项作业时间标准及机车在机务本段和折返段所在站的时间标准。

6. 列车在技术站的技术作业时间标准

为了保证车站与区段工作的协调和均衡，编制运行图时，还须与车站技术作业过程相配合。因此，还须查定技术站和客货运站技术作业过程的主要作业时间标准。这些时间标准是：

（1）在到发线办理各种列车技术作业的时间标准。

（2）在牵出线或驼峰上编组和解体列车的时间标准。

（3）旅客列车车底在配属段、折返段所在站的停留时间标准。

（4）货运站办理整列或分批装卸作业时间标准等。

上述时间标准，可根据《站细》规定进行查定。

任务 2.3　铁路区间通过能力

任务引入

唐呼铁路东起河北唐山，西至内蒙古呼和浩特，是我国重要的煤炭运输通道，为双线电气化重载铁路。近年来，随着煤炭价格回暖和市场需求走高，仅 2018 年通过唐呼铁路发送的煤炭达 5 000 万 t，已达到其运输能力的极限。2019 年 2 月份铁路线开始进行大规模扩能改造，改造重点是改造集宁至张家口段的运输瓶颈，其中 320 km 供电接触网设施全部更换为大负荷线路。

唐呼铁路扩能改造完成后，万吨列车开行间隔时间由过去 30 min，缩短到 10 min，年增加煤炭运输能力 1 亿 t 以上，运输能力从原来的每年 5 000 万 t 提升至 1.5 亿 t。万吨列车日通行能力也由现在的 25 列，提升至 39 列。

过去，煤炭运输份额以公路运输为主，2018 年，交通运输部等部门提出煤炭等大宗货物运输“公路转铁路”政策。随后，蒙煤外运大部分需求转向铁路运输。唐呼铁路经过扩能改造后，蒙西地区煤炭直通达海能力得到大幅提升，不少煤炭生产企业也从“公转铁”政策中尝到了甜头。铁路部门积极组织运力，优化货运列车运行，一系列举措也减少了煤炭汽运对华北地区大气环境的污染。

思考：

（1）铁路运输能力如何定义？

（2）铁路运输能力包括哪些方面？

知识准备

1. 常见几种能力的概念

（1）通过能力：是指在一定的机车车辆类型和一定的行车组织方法的条件下，铁路区段内的各种固定设备，在单位时间内（通常指一昼夜）所能通过或接发的最多列车对数或列车数，车辆数或吨数。

（2）输送能力：是指在一定的机车车辆类型、一定的固定设备和一定的行车组织方法的条件下，按照活动设备（如机车、车辆）和人员配备的现有数量，在单位时间内所能运送的最多的列车对数或列数，车辆数或吨数。输送能力通常以一年内所能运送最多的货物吨数表示。输送能力和通过能力总称为运输能力。

（3）铁路区段通过能力：是指铁路区段内各种固定设备中，通过能力最薄弱的设备的能力，也称为区段最终通过能力或限制通过能力。

区段通过能力的大小受下列固定设备能力大小的影响：

① 区间。其通过能力主要取决于区间正线数、区间长度、线路纵断面、机车类型、信号、联锁、闭塞设备的种类。

② 车站。其通过能力取决于到发线数目、咽喉道岔的布置、驼峰和牵出线数，信号、联锁、闭塞设备的种类。

③ 机务段设备和整备设备。其能力取决于内燃或电力机车定修台位及段内整备线。

④ 给水设备。其能力主要取决于水源、扬水管道及动力机械设备。

⑤ 电气化铁路的供电设备。其能力取决于牵引变电所和接触网。

根据以上固定设备计算出来的通过能力，可能是各不相同的。其中能力最薄弱的设备限制了整个区段的能力，该能力即为该区段的最终通过能力。

2. 区间通过能力及其计算

铁路区间通过能力是指一个区间根据现有固定设备（区间正线数、区间长度、线路纵断面、信号、联锁及闭塞设备等），在一定类型的机车、车辆和行车组织方法的条件下，一昼夜内所能通过的最多列车对数或列数。

在编制列车运行图时，确定了各种列车的行车量以后，应计算区间通过能力，确定区间通过能力的利用程度，以便采取适当的编图措施。

计算区间通过能力时，由于平行运行图中列车运行线的排列具有规律性，所以，先计算平行运行图的区间通过能力，然后在此基础上再计算非平行运行图的区间通过能力。

区间通过能力，一般应计算到小数点后一位。非平行运行图区间通过能力，以对数表示时，不足 0.5 对者舍去，0.5 对以上不足 1 对者按 0.5 对计算；以列数表示时，不足 1 列者舍去。

1）平行运行图区间通过能力

（1）运行图周期。

在平行运行图上，一个区间内的列车运行线，总是以同样的铺画方式一组一组地反复排列着。这种以同样铺画方式反复排列的一组列车占用区间的总时分，称为运行图周期（$T_{周}$）。

几种常见的不同类型的列车运行图的周期如图 2-36 所示。

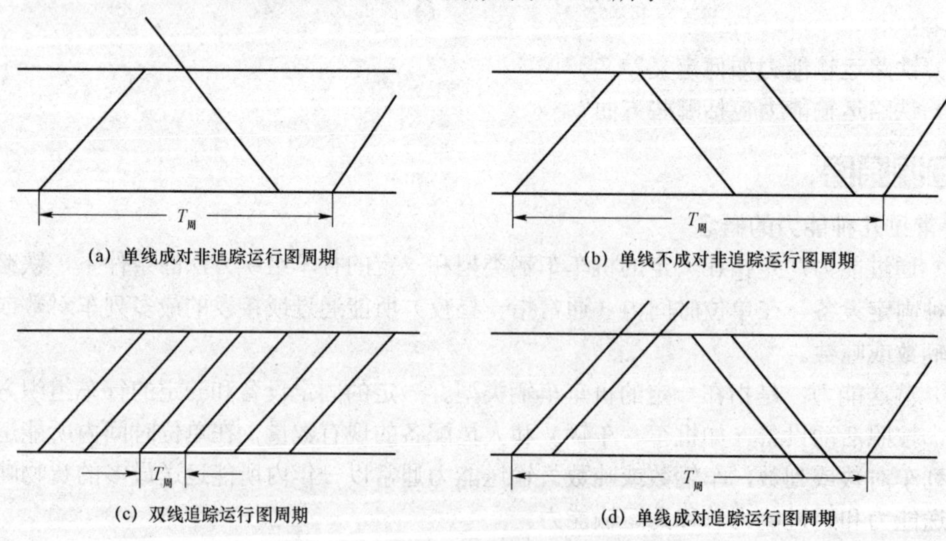

图 2-36　不同类型的列车运行图的周期

运行图周期是由列车（一个或几个列车）区间纯运行时分之和（$\sum t_{纯}$）、起停车附加时分之和（$\sum t_{起停}$）及车站间隔时间之和（$\sum \tau_{站}$）所组成，即：

$$T_{周}=\sum t_{纯}+\sum t_{起停}+\sum \tau_{站} \quad (\text{min})$$

不同类型的运行图周期所包含的上下行列车数可能是不同的。若一个运行图周期内所包含的列车对数或列数用 $K_{周}$表示，对于一定类型的平行运行图通过能力，应用直接计算法可按如下公式计算：

$$N_{平}=\frac{1\,440-T_{固}}{T_{周}}K_{周} \quad (对或列)$$

式中：$T_{固}$——进行线路维修、技术改造施工、电力牵引区段接触网维修等作业，以及必要的列车慢行和其他附加时分，允许预留的固定占用区间的时间，min。

由以上计算公式可以看出，运行图周期越大，通过能力越小。在整个区段内通过能力最小的区间限制了整个区段的通过能力，称为该区段的限制区间。限制区间的通过能力即为该区段的区间通过能力。

列车在区间运行时间最长的区间称为最大区间。一般情况下，最大区间就是限制区间。但也有的区间$\sum t_{纯}$虽不是最大，而$\sum \tau_{站}$或$\sum t_{起停}$的数值较大，或因技术作业影响而造成$T_{周}$最大而成为限制区间的情况。

在不同类型的运行图里，$T_{周}$的组成及$K_{周}$的数值是不同的。因此，必须对不同类型的运行图分别计算其通过能力。

（2）单线成对非追踪平行运行图

在单线区段，通常采用成对非追踪运行图。单线成对平行运行图周期为：

$$T_{周}=t'+t''+\tau_{A}+\tau_{B}+\sum t_{起停} \quad (\text{min})$$

式中：t'、t''——上、下行列车区间纯运行时分，min；

τ_{A}、τ_{B}——车站间隔时间，min；

$\sum t_{起停}$——列车起停附加时分，min。

为了使区段通过能力达到最大，应当使限制区间的$T_{周}$数值尽量小。对于一个区间，可以有几种列车开行方法，每一种列车开行方法，称为一种列车放行方案。列车放行方案不同，运行图周期可能不同。为提高区段的通过能力，应使限制区间的运行图周期压缩到最小，因此，在限制区间应选择放行列车的最优方案。

单线成对非追踪运行图限制区间两端站放行列车的方案主要有以下四种，如图 2–37 所示。

① 开入限制区间的两列车都在车站通过，见图 2–37（a），其运行图周期为：

$$T_{周}^{1}=t'+t''+\tau_{不}^{A}+\tau_{不}^{B}+t_{停}^{A}+t_{停}^{B} \quad (\text{min})$$

② 开出限制区间的两列车都在车站通过，见图 2–37（b），其运行图周期为：

$$T_{周}^{2}=t'+t''+\tau_{会}^{A}+\tau_{会}^{B}+t_{起}^{A}+t_{起}^{B} \quad (\text{min})$$

③ 下行列车两端车站都通过，见图 2–37（c），其运行图周期为：

$$T_{周}^{3}=t'+t''+\tau_{不}^{A}+\tau_{会}^{B}+t_{起}^{A}+t_{停}^{B} \quad (\text{min})$$

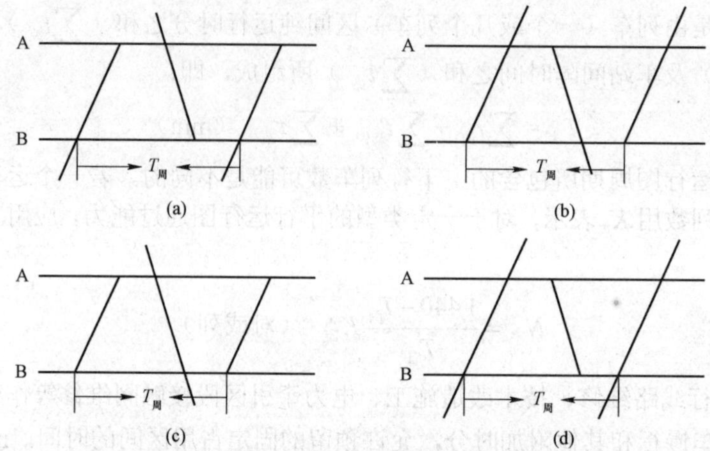

图 2-37　单线成对非追踪平行运行图限制区间放行列车方案图

④ 上行列车在两端车站都通过，见图 2-37（d），其运行图周期为：

$$T_{周}^{4}=t'+t''+\tau_{会}^{A}+\tau_{不}^{B}+t_{起}^{A}+t_{停}^{B}\quad(\text{min})$$

在选择限制区间两端车站放行列车的方案时，应考虑到区间两端车站的具体条件。例如在 A 站下行出站方向有长大上坡道，如果采用下行列车在 A 站停车进入区间的放行方案（图 2-37（b）或（d）），就有可能造成下行列车出发起动困难。此时，应选用下行列车通过 A 站（图 2-37（a）或（c）），而 $T_周$ 又较小的方案。

（3）双线平行运行图。

在未装设自动闭塞的双线区段，通常采用连发运行图，如图 2-38（a）所示。双线连发运行图的运行图周期为：

$$T_{周}=t_{运}+\tau_{连}$$

区间通过能力上下行方向可按下式计算：

$$n=\frac{1\,440}{t_{运}+\tau_{连}}$$

应该指出，由于区间线路断面的关系，上下行方向的限制区间可能不是同一区间。因而，上下行方向区间通过能力不一定相同。

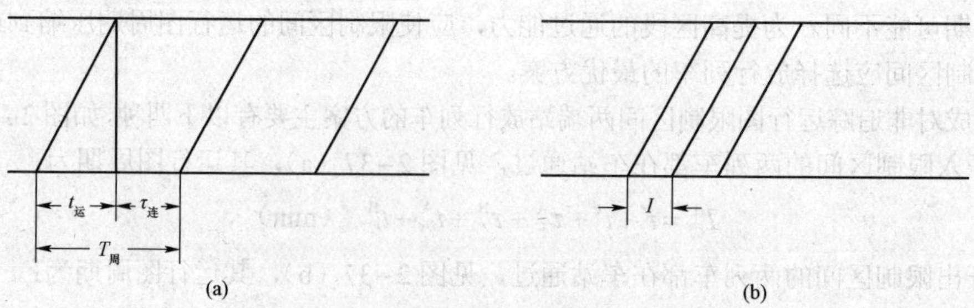

图 2-38　双线连发运行图周期示意图

在装设有自动闭塞区段，通常采用追踪运行图，如图 2-38（b）所示。双线追踪运行图的运行图周期 $T_周$ 等于追踪列车间隔时间 I，因为每一方向的区间通过能力为：

$$n=\frac{1440}{I}\quad(\text{列})$$

2）非平行运行图区间通过能力

非平行运行图区间通过能力，是指在旅客列车数量既定的前提下，区间在一昼夜内能够通过的客、货列车总数（对数或列数）。

（1）计算方法。

① 图解法。

在运行图上铺画旅客列车运行线后，在其间隔时间内铺画货物列车。在列车运行图上最大限度地能够铺画的客、货列车总数，就是非平行运行图的区间通过能力。

图解法比较准确，但较烦琐，所以只在特殊情况下才采用。

② 分析计算法。

在非平行运行图中，多数是一般货物列车，其运行线（同方向）是互相平行的，旅客列车、快运货物列车、摘挂列车等数量较少，它们的运行线与一般货物列车运行线不平行。因此，在非平行运行图上，多数列车运行线仍具有平行运行图的基本特征。所以，在平行运行图区间通过能力的基础上，扣除旅客列车、快运货物列车等造成的影响后，即可计算出非平行运行图区间通过能力，其计算公式为：

$$N_{非}=N_{货}+n_{客}\quad(\text{对或列})$$

$$N_{货}=N_{平}-\left[\varepsilon_{客}n_{客}+(\varepsilon_{快}-1)n_{快}+(\varepsilon_{摘}-1)n_{摘}\right]\quad(\text{对或列})$$

式中：$N_{货}$——非平行运行图货物列车通过能力（包括快运货物列车、摘挂列车），对或列；

$n_{客}$、$n_{快}$、$n_{摘}$——旅客列车、快运货物列车、摘挂列车数，对或列；

$\varepsilon_{客}$、$\varepsilon_{快}$、$\varepsilon_{摘}$——旅客列车、快运货物列车、摘挂列车扣除系数。

（2）扣除系数。

因铺画一列或一对旅客列车、快运货物列车、摘挂列车，需从平行运行图上扣除的一般货物列车列数或对数，分别称为旅客列车扣除系数、快运货物列车扣除系数和摘挂列车扣除系数。

① 旅客列车扣除系数的确定。

旅客列车扣除系数，是用一列或一对旅客列车平均占用区间的时间$T_{客占}$与一列或一对货物列车平均占用区间的时间$T_{货占}$的比值确定的，即在$T_{客占}$时间内能铺画几列或几对一般货物列车。

旅客列车平均占用区间的时间，包括旅客列车直接占用时间（运行时间和车站间隔时间或追踪列车间隔时间）和由于旅客列车的影响而不能利用的额外扣除时间两部分。

$$\varepsilon_{客}=\frac{T_{客占}}{T_{货占}}=\frac{t_{客占}+t_{外扣}}{T_{周}}=\frac{t_{客占}}{T_{周}}+\frac{t_{外扣}}{T_{周}}=\varepsilon_{基}+\varepsilon_{外}$$

式中：$\varepsilon_{基}$——基本扣除系数；

$\varepsilon_{外}$——额外扣除系数。

② 摘挂列车扣除系数的确定。

摘挂列车虽系货物列车，区间运行时分与一般货物列车相同，但因其在中间站停站次数多、停车时间长，所以对区间通过能力也会产生一定影响。

摘挂列车扣除系数的大小与下列因素有关：

- 作业站数越多，扣除系数越大；反之越小。如图 2–39（a）所示，列车在中间站每次开车，就要影响一列普通货物列车不能开行。
- 区间越均等，扣除系数越大；反之越小。如图 2–39（a）所示，因区间较均等，影响一般货物列车也较多；如图 2–39（b）所示，因区间不均等，摘挂列车则可以利用运行图空隙运行，所以影响其他货物列车则较少。
- 运行图铺满程度越大，影响越大；反之越小。摘挂列车扣除系数不能按一个区间来确定，准确的数值只能在一个区段的运行图铺画完了之后查定。所以，在计算区间通过能力时，不得不利用经验数值。

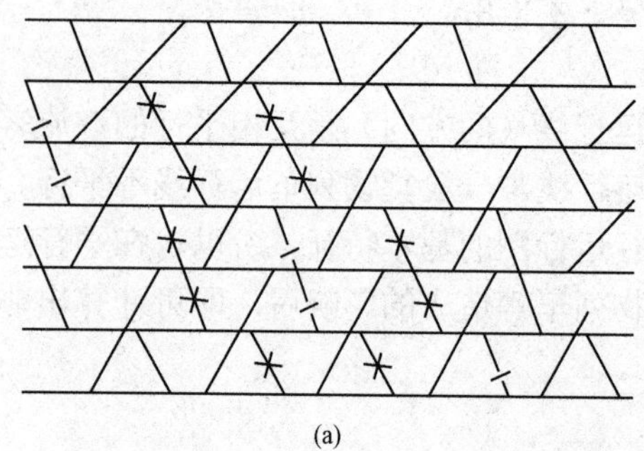
(a)

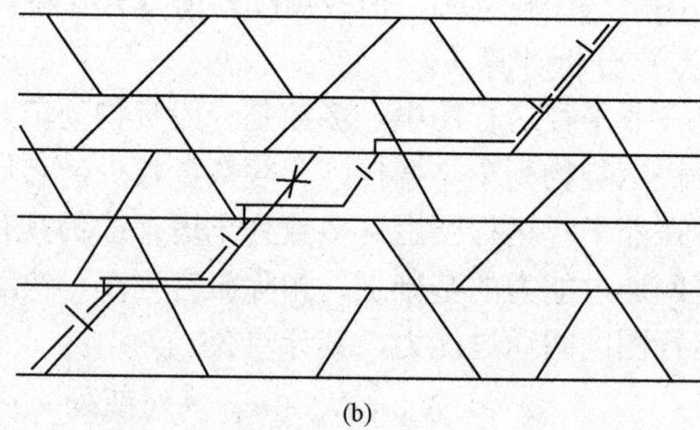
(b)

图 2–39　摘挂列车对区间通过能力的影响示意图

③ 我国铁路现阶段采用的扣除系数。

在用分析计算法计算非平行运行图的区间通过能力时，我国铁路目前采用的扣除系数如表 2–6 所示。

表 2–6　扣除系数表

<table>
<tr><th>区间正线</th><th colspan="2">闭塞方法</th><th>旅客列车</th><th>快运货物列车</th><th>摘挂列车</th><th>备注</th></tr>
<tr><td rowspan="2">单线</td><td colspan="2">自动</td><td>1.0</td><td>1.0</td><td>1.3～1.5</td><td>$\alpha_{追}$</td></tr>
<tr><td colspan="2">半自动</td><td>1.1～1.3</td><td>1.2</td><td>1.3～1.5</td><td rowspan="4">摘挂列车 3 对以上时取相应的低限值</td></tr>
<tr><td rowspan="3">双线</td><td rowspan="2">自动</td><td>I=10</td><td>2.0～2.3</td><td>2.0</td><td>2.0～3.0</td></tr>
<tr><td>I=8</td><td>2.3～2.5</td><td>2.3</td><td>2.5～3.5</td></tr>
<tr><td colspan="2">半自动</td><td>1.3～1.5</td><td>1.4</td><td>1.5～2.0</td></tr>
</table>

注 1：其他闭塞方法，可参照半自动的扣除系数。

注 2：快运货物列车及分段作业的摘挂列车，在无作业的区段，不考虑扣除系数，摘挂列车在干线的区段内无作业时，不考虑扣除系数。

3）区间通过能力利用率

为掌握区间通过能力利用率，考虑列车运行图铺画方法及采取加强通过能力的措施，应计算区间通过能力利用率（K），其计算公式为：

$$K=\frac{1}{N}\left[\varepsilon_{客}n_{客}+(\varepsilon_{快货}-1)n_{快货}+(\varepsilon_{摘}+1)n_{摘}+n_{货}^{图}\right]$$

式中：N——平行运行图区间通过能力；

$n_{货}^{图}$——运行图规定的货物列车数。

3. 提高区间通过能力的措施

随着国民经济的发展，铁路运输量不断增加，铁路运输能力应予加强。

铁路区间通过能力是否需要提高，应按国民经济发展计划进行运量预测，并计算需要通过能力，其计算公式为：

$$N_{需}=(n_{货}+\varepsilon_{客}n_{客}+\varepsilon_{摘}n_{摘}+\varepsilon_{快}n_{快})(1+r_{备})$$

式中：$n_{货}$——直达、直通、区段等一般货物列车对数或列数；

$r_{备}$——通过能力储备系数，我国铁路规定单线为20%，双线为15%。

当现有通过能力不能满足 $N_{需}$ 的要求时，应有计划地采取措施，提高区间通过能力。如图 2-40 所示甲—乙区段，若区段通过能力需要 30 对时，应对 B—C、D—E 区间采用提高能力的措施。

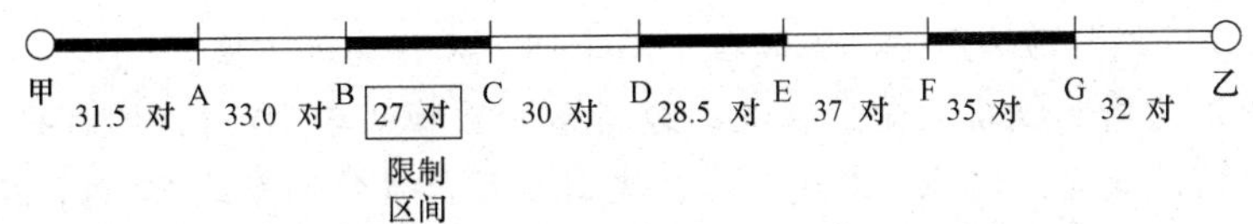

图 2-40　甲—乙区段各区间通过能力示意图

提高区间通过能力的措施，基本上可以分为改建措施和技术组织措施两大类。凡是增加或改建铁路技术设备的加强措施，属于改建措施，一般需要较大投资；凡是通过改进行车组织方法或改善技术设备的使用方法，不需大量投资的，属于技术组织措施。

1）提高区间通过能力的技术组织措施

（1）改善机车功率的利用，提高列车运行速度。

（2）采用双机、补机或多机牵引，提高列车运行速度。

（3）缩短车站间隔时间或追踪列车间隔时间。车站间隔时间越短，运行图周期越小，通过能力就越大。

（4）采用不成对运行图。当上下行方向运量不相等，而行车量较大方向的能力受限制时，在单线非自动闭塞区段，可采用不成对运行图，以适应行车量较大方向的需要。根据计算，在单线非自动闭塞区段采用不成对运行图时，行车量较大方向的通过能力比成对运行图可增加约 8%～20%。

2）提高区间通过能力的改建措施

（1）装设完善的信、联、闭设备，如采用自动闭塞、集中联锁、调度集中等。

（2）增设线路所或会让站。

（3）铺设双线插入段及修理双线或第三线、第四线。

（4）减缓线路的坡度及提高线路和桥隧建筑的质量，提高线路允许速度。

（5）采用电力和内燃牵引，提高列车运行速度和重量等。

任务 2.4　列车运行图的编制

任务引入

2019 年 10 月 11 日零时起，沈阳局实施新列车运行图。运行图调整后，沈阳局共开行图定旅客列车 360 对，较调图前增加 4 对，其中动车组列车 201.5 对，较调图前增加 2 对，列车开行结构更加优化。

此次“调图”，沈阳局对沈丹高铁列车开行结构进行进一步优化，在沈阳—丹东、沈阳—本溪、本溪—通辽间新增开 3 对动车组列车。同时将丹东—沈阳 D7634/39 次由“周末线”改为“日常线”，进一步加密动车组列车开行频次。实施新图后，沈丹高铁共开行动车组列车 37.5 对，列车运行最短间隔仅 5 min，实现了“公交化”开行。同时，还增开沈阳北—通辽、盘锦—朝阳、盘锦—通辽、大连北—山海关“高峰线”动车组列车达到 45 对，开行更加密集，有效缓解节假日和周末客流“高峰期”运输压力，旅客在“高峰期”出行更加方便。

此次调图中，为增加铁路运量，在沈山线新增开货物列车 10 对，同时将 34 对货物列车机车交路延长至河北南仓。实施“新图”后，沈山线开行货物列车达 82 对，东北地区进出关的货运通道能力得到进一步提升。

思考：

（1）列车运行图如何编制？

（2）编制列车运行图时应注意哪些事项？

（3）评价列车运行图编制质量的指标有哪些？

知识准备

当客货列车行车量、铁路技术设备以及运输组织方法发生较大变化时，需要修改或重新编制列车运行图。列车运行图一般每两年编制一次。

列车运图的编制工作，由国铁集团统一领导。国铁集团和铁路局分别成立运行图编制委员会和编图工作组，分别负责跨局和局管内的编图工作。

列车运行图的编制，大致可以分为三个阶段，即准备资料阶段、编制阶段和新图实行前的准备工作阶段。

1. 列车运行图的编制要求和步骤

1）编图要求

（1）保证列车运行的安全。

（2）迅速、便利地运输旅客和货物。

（3）充分利用通过能力，经济合理地使用机车车辆和安排施工时间。

（4）做好列车运行线与车流的结合。

（5）各站、各区段间的协调和均衡，合理安排乘务人员作息时间。

2）编图资料

（1）各区段客、货列车行车量。

（2）车站间隔时间和追踪列车间隔时间。

（3）各区段通过能力。

（4）客、货列车停车站及停车时间标准。

（5）各技术站主要技术作业时间标准。

（6）客、货列车区间运行时分及起停车附加时分。

（7）各区段货物列车重量及长度标准。

（8）机车在机务本段和折返站所在站的停留时间标准，机车运用方式和乘务工作制度。

（9）各区段线路允许速度、车站过岔速度。

（10）施工计划和慢行地段及其限速标准。

（11）现行列车运行图执行情况分析及改善意见。

3）编图步骤

在列车运行图的编制阶段，通常分三步进行：

（1）编制列车运行方案图。编制列车运行方案图的目的是解决列车运行线的布局衔接问题，尽量使列车运行线均衡排列。合理勾画机车交路，压缩机车运用台数。列车运行方案图，一般用小时格图纸进行编制，只标明列车在主要站（技术站、分界站及较大的客、货运站）的到、发时刻，如图 2-41 所示。

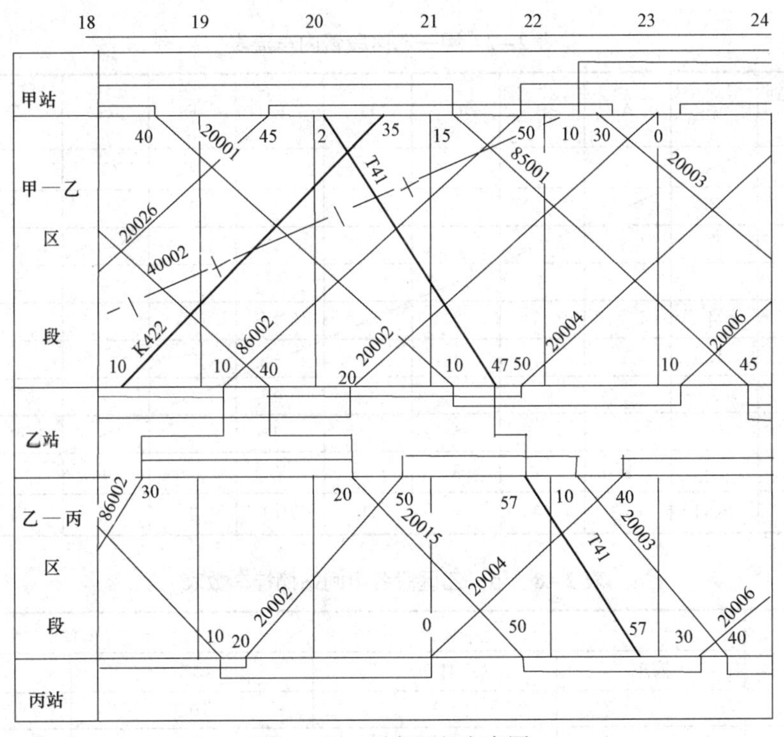

图 2-41 列车运行方案图

在编制客车运行方案时，应充分考虑旅客旅行的方便、客车与客车之间的衔接、旅客车列和客运机车的经济使用等；在编制直达列车运行方案时，应考虑列车在技术站的良好接续；在编制快运货物列车运行方案时，应考虑鲜活、易腐等快运货物的上站时间以及终到站的合理到达时间等。

（2）编制列车运行详图。所谓详图，即详细的列车运行图，包括列车在所有经过车站的到达、出发或通过时刻。列车运行详图，应根据列车运行方案图进行编制。一般用二分格图进行编制，编完后再描绘在十分格运行图上。

（3）计算列车运行图指标。

2. 区段管内工作列车运行方案

区段管内工作，是指区段内各中间站到发车流的输送工作。除个别中间站由于装卸量较大可用直达列车输送外，一般中间站的车流主要靠摘挂列车、小运转列车、调度机车等进行输送。所以，区段管内工作列车运行方案，具体解决这些列车的开行列数。

1）区段管内工作列车行车量的确定

区段管内工作列车的开行列数，取决于区段内各中间站的到发车流量。中间站的到发车流量，包括新编列车运行图实行期间有代表性的日均装车数、卸车数以及各站到发的空车数。根据以上有关车数，参照以往实际车流的到发情况，即可编制区段管内空重车流表，见表 2-7。根据表 2-7 即可编制各中间站上下行摘挂车数表，见表 2-8，并绘制区段管内各区间车流变动图，见图 2-42。

从车流变动图可以看出，由于各中间站的摘挂车数不同，造成各区间的运行车数也不同。按照空重车辆的平均重量，便可计算出每一区间的运行车流总重量。

表 2-7　甲—乙区段管内车流表

发＼到	甲	A	B	C	D	E	F	G	乙	计
甲			10		11		4	3		28
A	10						3			13
B	/7	/3							3	3/10
C			3					4	2	9
D	/4					/7				/11
E	12	2		1					5	20
F	3					/4				3/4
G				5		/2			4	9/2
乙		8		3		7		4		22
计	25/11	10/3	13	9	11	7/13	7	11	14	107/27

表 2-8　甲—乙区段各中间站摘挂车数表

站名	下行		上行	
	摘车	挂车	摘车	挂车
A	/	3	10/3	10
B	10	3	3	0/10
C	/	6	9	3
D	11	0/7	/	0/4
E	0/7	5	7/6	15
F	7	/	/	3/4
G	7	4	4	5/2
计	35/7	21/7	33/9	36/20

列车质量标准/t	3 000	3 000	3 300	3 500	3 000	3 000	3 200	3 300
车流总数	1 904	2 108	1 632	2 040	1 432	1 632	1 156	952
摘挂车数		+3　−10	+3	+6　−11	$+\frac{0}{7}$　$-\frac{0}{7}$	+5　−7	−7	+5

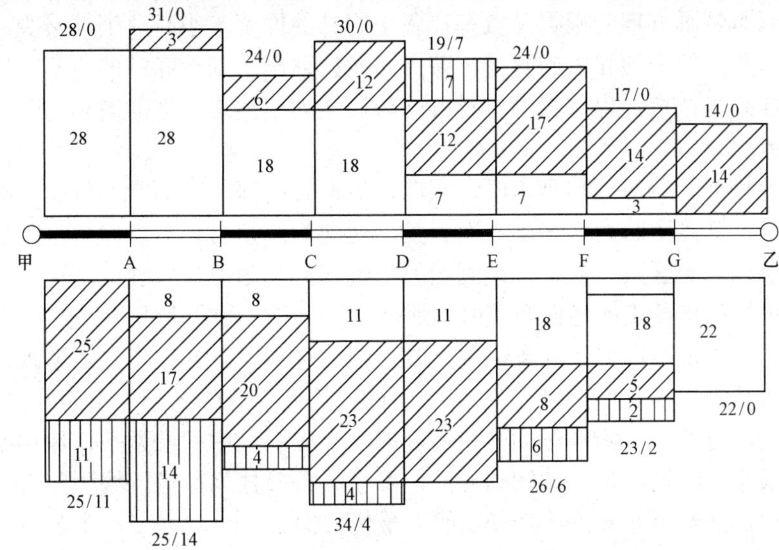

摘挂车数	$-\frac{10}{3}$	+10　−3	$-\frac{0}{10}$　−9	+3	$+\frac{0}{4}$　$-\frac{7}{6}$	+15	$+\frac{3}{4}$　−4	$+\frac{5}{2}$
车流总数	1 920	1 980	1 984	2 394	2 312	1 888	1 604	1 496
列车质量标准/t	3 000	3 000	3 000	3 000	3 500	3 200	3 000	3 000

图 2-42　甲—乙区段车流变动图

列车重量标准，一般是按照区段规定的。实际上，由于各区段的线路坡度不同，一个区间的牵引重量也是不等的，如图 2-42 所示，有的区间因坡度较小或是下坡道，机车牵引重量可达到 3 500 t，有的因坡度较大而只能牵引 3 000 t。

有了区间车流总重和区间牵引列车重量标准，即可算出每一区间应开行的摘挂列车数：

$$n_{摘挂}=\frac{U_{摘挂}^{重}q_{总重}+U_{摘挂}^{空}q_{自重}}{Q_{区间}}\quad（列）$$

式中：$n_{摘挂}$——应开行的摘挂列车数；

$U_{摘挂}^{重}$、$U_{摘挂}^{空}$——由摘挂列车挂运的重车和空车数，车；

$q_{总重}$——每量货车平均总重，t；

$q_{自重}$——每量货车平均自重，t；

$Q_{区间}$——区间牵引重量标准，t。

如图 2-42 所示，甲—乙区段区间上下行的车流总重均未超过区间牵引重量标准，开行一对摘挂列车即可。

如果计算结果有几个邻近技术站的区间超过区间牵引重量标准时，为了既减少摘挂列车开行列数，又能及时输送区段管内车流，可以考虑在这些区间开行区段小运转列车，与摘挂列车配合作业。

2）摘挂列车铺画方案的选择

区段内需要开行一对摘挂列车时，其铺画方案有四种，即“上开口”式、“下开口”式、“交叉”式、“均衡”式，如图 2-43 所示。

区段内需要开行两对摘挂列车时，其铺画方案很多，常见的有图 2-44 中的几种。

选择摘挂列车铺画方案的根据是货车在各中间站的停留车小时总消耗最少。而货车停留时间的长短又与货车的来向和去向有关。某方向摘挂列车送到中间站的货车，作业后又可能由同方向的摘挂列车挂走，也可能由相对方向的摘挂列车挂走。把前者称为顺向车流，把后者称为逆向车流。

（1）当区段只开行一对摘挂列车时，顺向车流在站的停留时间是一昼夜，即要等第二天的同一列车挂走，其停留时间与铺画方案无关。逆向车流则由相对方向列车挂走，与铺画方案关系很大。所以，当区段内各中间站到达的车流部分是由下行摘挂列车送来，作业后又大部分需由上行摘挂列车挂走的逆向车流时，则以“上开口”式的铺画方案消耗的车小时最少，是最优方案。若为相反方向的逆向车流较大时，则应选择“下开口”式的铺画方案。如果两种逆向车流数量基本相等时，则以“交叉”式 或“均衡”式的铺画方案为好。

摘挂列车铺画方案中，两列车的开口幅度的大小应满足中间站调车作业和装卸作业时间的需要。为寻求车小时消耗最小的铺画方法，可将一条摘挂列车运行线固定后，移动另一条摘挂列车运行线，从数个方案中选择开口幅度最优方案。

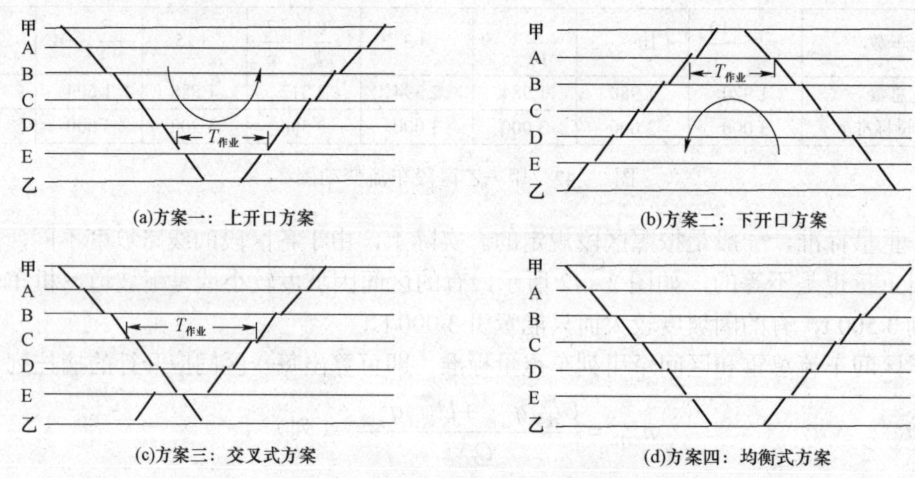

图 2-43　一对摘挂列车铺画方案

（2）当区段需要开行两对摘挂列车时，若区段内车流大部分是由下行摘挂列车送到，作业后需随上行摘挂列车挂出，或由上行摘挂列车送到，作业后需随下行摘挂列车挂出的逆向车流时，可采用图 2-44 中方案一。

如果区段内车流大部分系顺向车流时，可采用图 2-44 中方案二。此时，同方向摘挂列车的间隔，不少于货物作业时间较长的那个中间站的一次或双重货物作业时间标准，保证完成货物作业后能及时挂走。

如果区段内车流大部分是由下行摘挂列车送到，作业后需随上行摘挂列车挂走及由上行摘挂列车送到，作业后需随下行摘挂列车挂走的逆向车流时，可采用图 2-44 中方案三。

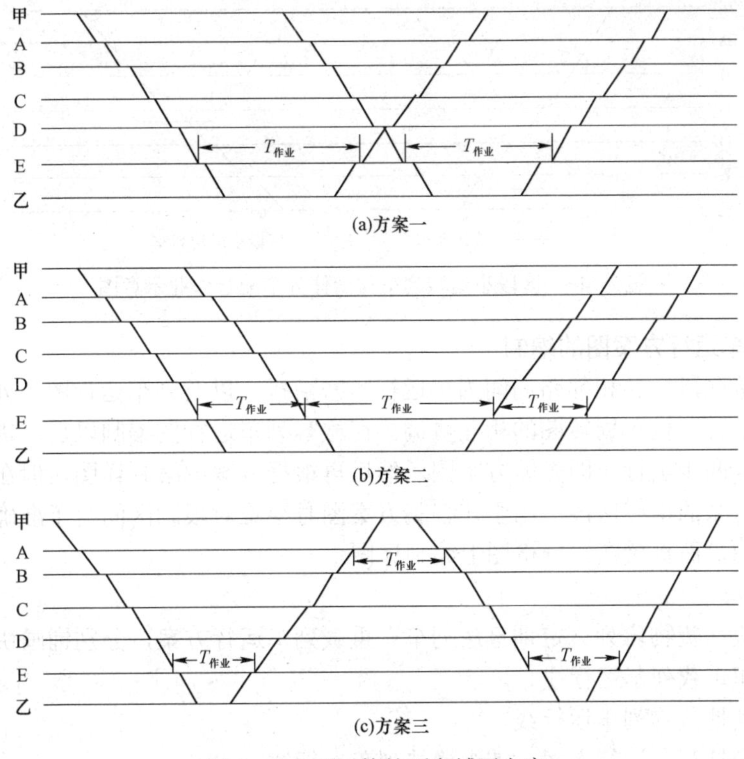

图 2-44　两对摘挂列车铺画方案

3）区段管内工作列车运行线的铺画

在编制列车运行图时，应根据区段管内工作列车的行车量，参照区段管内工作列车铺画方案，安排各种区段管内工作列车运行线。

具体铺画摘挂列车运行线时，经常采用的做法有：

（1）集中给点。在区段内，某几个较大的中间站预留出较长的停留时间。日常执行时，由调度员根据实际作业需要分给几个邻近的中间站使用。

（2）分散给点。铺画摘挂列车运行线时，把时间分给各中间站。日常工作中，当某站甩挂作业较多时，由调度员进行必要的调整，把分散给几个中间站的时间，集中在某站使用。

（3）分段给点。当同方向每天开行两列摘挂列车时，可以组织分段作业如图 2-45 所示。使第一列摘挂列车在前半段的中间站上作业，第二列摘挂列车在后半段的中间站上作业。

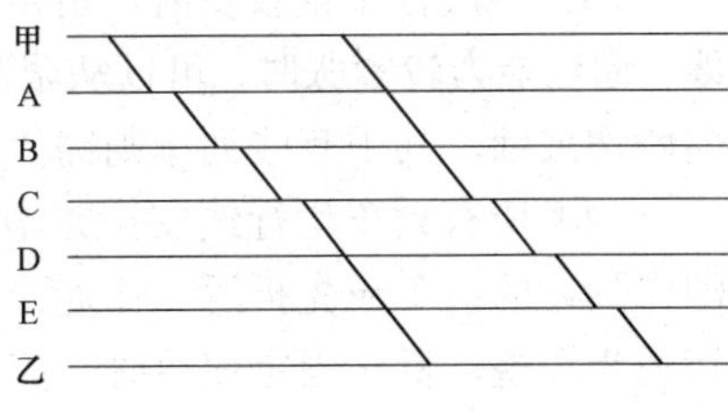

图 2-45　摘挂列车分段作业示意图

（4）交叉给点。当每天开行两列同方向摘挂列车时，可以让两列在不同的车站交叉作业。如第一列下行摘挂列车在 A、C、E 站作业，第二列下行摘挂列车在 B、D 站作业。

（5）组织区段小运转列车与摘挂列车配合作业。在区段小运转列车运行区段，摘挂列车可以不安排停车作业时间，以提高其旅行速度，如图 2-46 所示。

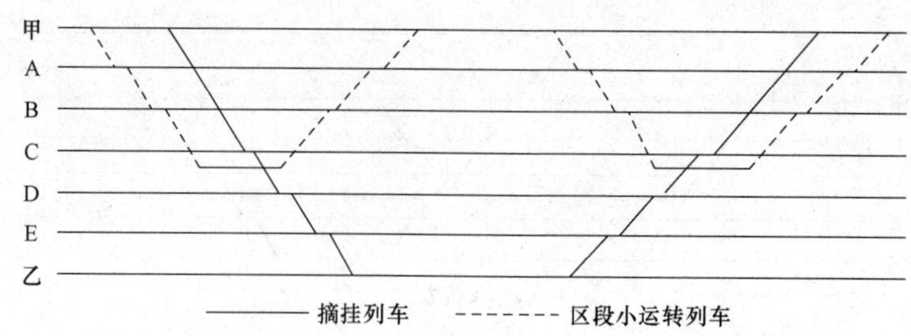

图2－46　区段小运转列车与摘挂列车配合作业示意图

3. 货物列车运行方案图的编制

为保证邻接区段、各相邻路局间列车运行紧密衔接，以及列车运行图与列车编组计划、车站技术作业过程、机车周转图的相互协调，在旅客列车运行图编制以后，货物列车运行图的铺画一般也分两步进行，即先编方案图，然后再根据方案图编制详图。但在运量大、区间通过能力比较紧张的单线区段，由于在编制方案图时很难对限制区间给予准确的安排，所以一般不编方案图，而直接在二分格图上编制详图。

1）编制步骤

（1）根据快运货物班列、定期直达列车、重载列车运行方案，分别铺画快运货物班列、定期直达列车和重载列车运行线。

（2）铺画其他货物列车运行线。

（3）根据摘挂列车运行方案，铺画摘挂列车运行线。

2）编制方法

（1）货物列车旅行时间的计算。在双线区段，直达、直通、区段列车的旅行时间为区间运行时分（包括起停附加时分）、列车在中间站技术作业站的停站时分之和，若列车在区段被越行时，还应增加待避时间。摘挂列车应另加各中间站规定的停车时间。在单线区段，除摘挂列车外，应考虑会车次数和停车时间，行车量越大，会车次数越多，列车旅行时间应增加得越多。

（2）运行线的排列应尽量均衡。可按列车数量和全日可利用的时间，计算列车间隔时间。以某一直达列车运行线为准，逐一确定列车在技术站的发车时刻。遇有旅客列车运行线时，列车间隔时间可以适当调整，但尽量不在旅客快车之前较短时间内安排货物列车运行线，以减少列车待避次数，提高旅行速度。

（3）区段行车量较少时，可从机车折返站按机车折返时间标准，成对安排货物列车运行线；通过能力较紧张时，可以从限制区间开始铺画，以限制区间的最优列车放行方案为基础，向两边展铺，其中有些列车则需“倒铺”。

（4）所有列车运行线安排完毕后，应勾画机车交路。勾画机车交路，一般按顺序办理，即先到站的机车应先折返。如遇个别折返时间不够标准时间时，应对部分列车的到发时刻进行适当调整，机车固定使用时，应单独勾画。

3）编制注意事项

（1）列车运行图与列车编组计划的配合。列车运行图中，货物列车运行线的编制依据列车编组计划。因此，在编制货物列车运行方案图时，应做到：

① 按照列车编组计划所规定的货物列车种类、发到站和流量（并考虑波动系数），确定

各种货物列车的行车量（对数列数）。

② 对有稳定车流的定期运行的列车，应在运行图上固定运行线，尽量优先安排，经过技术站时要求有良好的接续。

③ 对非定期运行的技术直达、直通列车在技术站也应有接续的运行线。

④ 与车流产生规律相结合。例如按厂矿企业生产和装车情况安排始发直达列车的配空出重运行线。按车流集结情况，安排自编出发列车运行线等。

（2）列车运行图与车站技术作业过程相配合。列车运行图与车站技术作业过程的配合，既可以提高区间通过能力，也可以提高车站的通过能力，有效地利用车站技术设备，保证不间断地接发列车。有时由于客车的影响，造成陆续密集到开的现象，此时，应注意以下问题：

① 列车的到达和出发的间隔时间，应与车站到发线数目和列车占用时间相适应。

② 到达解体列车的间隔，应与车站的解体能力相适应。

③ 编组列车的发车间隔，应与车站编组能力相适应。

④ 中转列车在技术站的停留时间应满足车站对该种列车作业的需要。

⑤ 装车站的空车列车的到达时间与装后重车列车的发车时间，应满足车站调车作业、装车作业及列车技术作业过程等的时间要求。

⑥ 到达编组站的无调中转列车与到达解体列车应交错到达。在车站调车机车整备、换班时间，最好安排无调中转列车到站作业。

（3）列车运行图与机车周转图的配合。列车运行图与机车周转图的配合，最好做到机车不等车列，车列也不等机车。实际上很难做到列列如此，但因节省机车对降低运输成本关系重大，所以在安排列车运行线时，应尽量减少机车在折返站的等待时间。为此，应注意以下几点：

① 按机车运用方式安排列车运行线。例如，循环运转制机车担当的列车在技术站的停留时间，应不小于机车在到发线整备作业时间。

② 相对方向列车到达机车折返站的时间间隔 $I_{时间}$，最后等于机车折返时间 $T_{折}$ 与无调中转列车技术作业时间 $t_{停}$ 的差额，如图 2-47 所示，即：$I_{时间}=T_{折}-t_{停}$（min）。

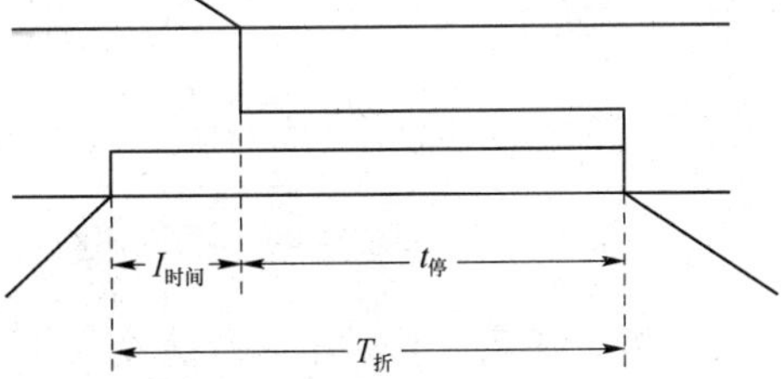

图 2-47　相对方向列车配合到达更换机车技术站

③ 按照机车乘务制度，安排机车使用，不使乘务员超过规定劳动时间标准。

4. 列车运行详图的编制

在编制完成列车运行方案后，即可着手在二分格运行图上具体铺画各区段的货物列车运行线，即编制列车运行详图。由于方案图只标明了区段两端技术站的到发时刻，无中间站的到发时刻，在编制详图过程中，对方案图所规定的运行线可作适当移动，但应尽可能不改变分界站的到开时刻。

在单线区段，如果通过能力有较大后备，则可优先铺画定期运行的快运货物列车和直达列车。在中间站交会时，应尽量使其他货物列车等会这些列车；在经过技术站时，应保证其紧密接续，以加速这些列车的运行。

对于摘挂列车，应先按区段管内货物列车铺画方案，在图上铺画轮廓运行线，然后结合其他货物列车一起铺画。

在铺画详图时，应注意以下问题。

1）保证行车安全和旅客乘降安全

为了保证行车安全和旅客乘降安全，应做到：

（1）列车间隔时间应满足车站间隔时间和追踪列车间隔时间的有关规定。

（2）遵守车站不准同时接发列车的有关规定。

（3）避免在不准停车或停车后起动困难的车站停车。

（4）列车在车站会车或越行时，同时停在车站的列车数应与该站到发线数目相适应。

（5）尽量避免旅客列车在中间站停车时该站有其他列车通过，以保证旅客乘降的安全。

2）有效利用区间通过能力

在单线区段，通过能力有较大余量时，为保证机车的良好运用，货物列车运行线可以从机车折返站开始成对地铺画。这时应尽可能使列车到达折返站与由该机车牵引相反方向列车出发的间隔时间，等于机车在折返段所在站的作业时间标准，如图 2-48 所示。

当在运行图上铺画的列车对数达到区间通过能力利用率的 80%以上时，为了有效地利用区间通过能力，该区段应从限制区间开始铺画货物列车运行线，即在运行图上铺画完旅客列车运行线之后，从限制区间开始铺画规定数量的货物列车运行线，然后再从限制区间分别向其他区间顺序铺画，如图 2-49 所示。

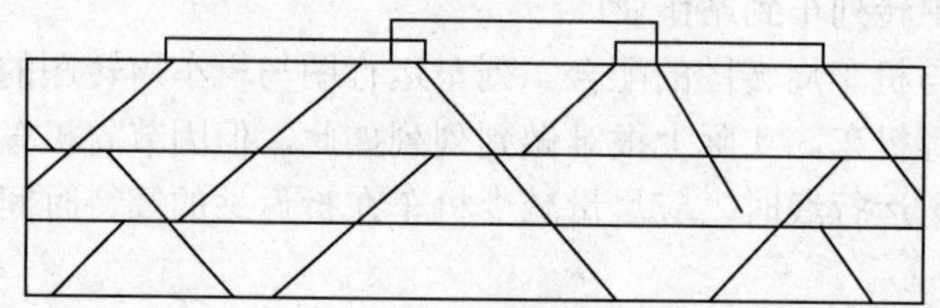

图 2-48　从机车折返站开始铺画货物列车运行线方法示意图

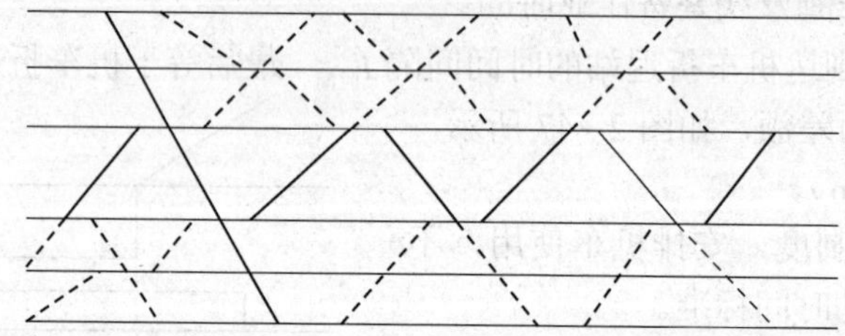

图 2-49　从限制区间开始铺画货物列车运行线方法示意图

3）努力提高货物列车旅行速度

提高货物列车旅行速度的关键在于减少列车起停附加时分和中间站的停车时间，为此，在铺画列车运行线时应尽量做到以下几点：

（1）尽量减少停车次数，以减少起停附加时分。在旅客列车之前铺画的货物列车运行线，尽量使其在途中不待避客车，如不可避免时，则应尽量安排在货物列车技术作业站待避。这样，不但减少了起停车附加时分，还可使技术作业与待避客车平行进行，从而节省时间。

（2）尽量减少列车在中间站的停车时间，其铺画方法主要有：

① 列车的会车或待避，尽量安排在技术设备较先进的车站或相邻区间运行时分最少的车站上进行，如图 2-50 所示。

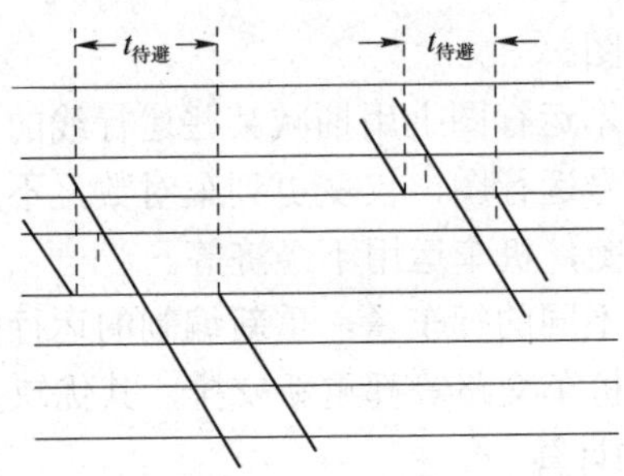

图 2-50　列车待避停留时间示意图

② 单线区段，在旅客列车之前的货物列车，避免在中间站又会又让，如图 2-51 所示。

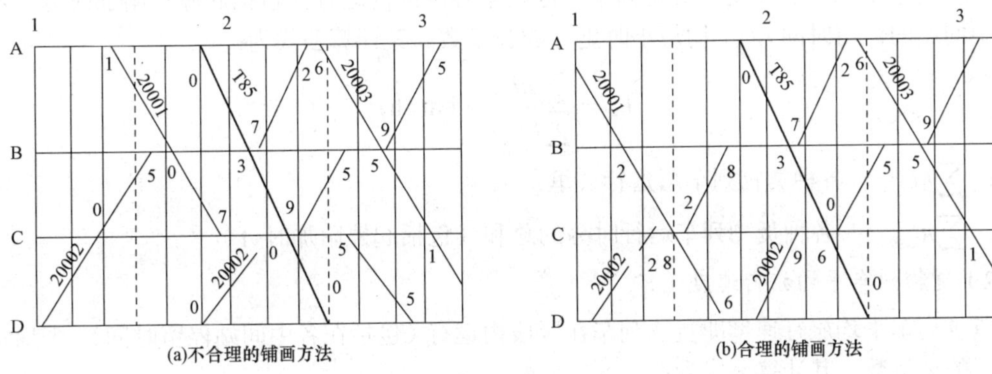

图 2-51　旅客列车之前货物列车运行线铺画方法例图

③ 单线区段，在旅客列车之后的货物列车与客车之间，应保持能铺画交会对向列车的间隔，如图 2-52 所示。

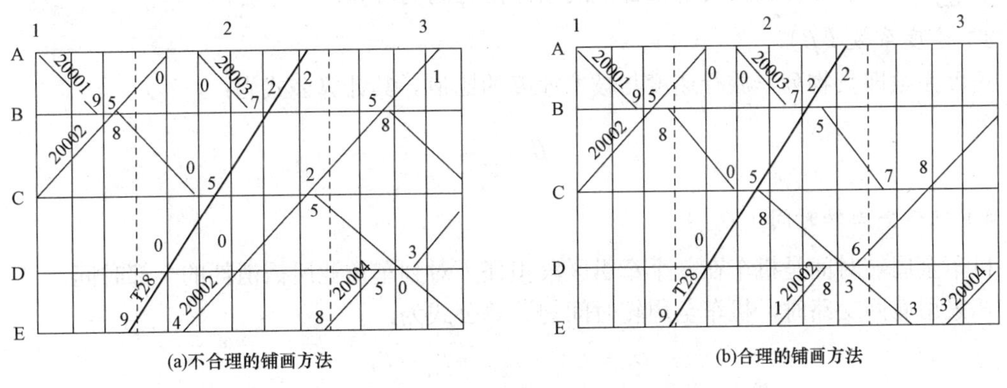

图 2-52　旅客列车之后货物列车运行线铺画方法例图

（3）在单双线区段，应首先铺画单线区间的运行线，尽量使列车的交会在双线区间进行。这样，既可减少停车次数，又可减少停车时间。

5. 分号列车运行图的概念

根据旅客列车开行种类、开行列数以及货物列车编组计划确定的货物列车种类及行车量编制的列车运行图，称为基本运行图，基本运行图是一种经常使用的列车运行图。相对于基本运行图，为适应运量的较大波动、线路较大施工，以及节假日临时运输和特别运输的需要而编制的运行图称为分号运行图。

按照不同的行车量，在基本运行图上用抽减某些运行线的方法形成的某一分号运行图，称为综合分号运行图。这种分号运行图，仅变更列车对数，不变更列车车次和时间，便于执行。其缺点是列车运行不够均衡，机车运用不经济等。

在基本运行图之外，根据不同的行车量，重新编制的运行图称为独立分号运行图，这种分号运行图上的所有运行线、机车交路等都重新安排，其优缺点与分号运行图相反。

6. 列车运行图主要指标的计算

在列车运行图编制完毕并经检查无误后，应计算下列主要指标，以考核编图质量。

1）货物列车平均技术速度（$V_{技}$）

货物列车平均技术速度即货物列车在区段中各区间内运行（包括起停车附加时分，不包括各中间站的停留时间），平均每小时走行的公里数。其计算公式为：

$$V_{技}=\frac{\sum nL}{\sum nt_{运}}\quad(\text{km/h})$$

式中：$\sum nL$——各种货物列车总走行公里；

$\sum nt_{运}$——各种货物列车运行时分的总和（包括起停附加时分）。

2）货物列车平均旅行速度（$V_{旅}$）

货物列车平均旅行速度即货物列车在区段内运行（包括在各中间站停留时间），平均每小时走行的公里数。其计算公式为：

$$V_{旅}=\frac{\sum nL}{\sum nt_{运}+\sum nt_{停}}\quad(\text{km/h})$$

式中：$\sum nt_{停}$——各种货物列车在各中间站停留时间的总和。

3）速度系数（β）

速度系数即货物列车旅行速度与技术速度的比值。其计算公式为：

$$\beta=\frac{V_{旅}}{V_{技}}$$

4）机车全周转时间（$\theta_{全}$）

机车全周转时间是机车在一个牵引区段担任一对列车作业所需消耗的全部时间。

在采用肩回交路时，机车全周转时间的计算公式为：

$$\theta_{全}=t_{往旅}+t_{返旅}+T_{折}+T_{基}$$

式中：$t_{往旅}$——机车自基本段所在站至折返段所在站的旅行时间；

$t_{返旅}$——机车自折返段所在站至基本段所在站的旅行时间。

5）货运机车需要台数（$M_{货}$）

货运机车需要台数是指一个机务段或一个区段、分局、铁路局一昼夜内完成规定的牵引任务所使用的货运机车台数，计算公式为：

$$M_{货}=K_{需}(n_{货}^{图}+n_{双})\quad(台)$$

式中：$K_{需}$——机车需要系数，指每担任一对列车牵引任务平均需要的机车台数，其计算方法为：

$$K_{需}=\frac{\theta_{全}}{24}$$

$n_{货}^{图}$——运行图规定的各种货物列车对数；

$n_{双}$——双机牵引的列车对数。

一个区段的货运机车需要台数，在编制机车周转图后，可以直接查出。其方法是，在机车周转图的任一时刻画一竖线，列车运行线和机车在两端站的折返交路线与该竖线相交的次数，即为机车使用台数。

6）机车日车公里（$S_{机}$）

机车日车公里是指每台货运机车（不包括补机）在一昼夜内走行的公里数，其计算公式为：

$$S_{机}=\frac{\sum MS_{本}+\sum MS_{重}+\sum MS_{单}}{M_{货}}\quad(\mathrm{km/d})$$

式中：$\sum MS_{本}$——本务机车走行公里；

$\sum MS_{重}$——重联机车走行公里；

$\sum MS_{单}$——单机走行公里。

机车日车公里是反映机车流动程度的指标。机车日车公里越大，即平均每台机车每天走行公里越多，则机车所完成的运输任务就越大，反映机车的运用成绩也越好。

以上几项与机车运用有关的指标（包括机车全周转时间、技术速度及机车日车公里等），都可以按包括小运转和不包括小运转分别计算。

7. 列车运行图编制质量的检查

列车运行图全部编完后，必须对列车运行图编制质量进行全面检查。检查的主要内容有：

（1）列车运行图铺画的客货列车数，是否符合所规定的任务。

（2）列车运行图的铺画是否符合规定的各项时间标准，列车的会让是否合理，在中间站停留会让的列车数是否超过该站现有的到发线数。

（3）摘挂列车的铺画是否满足区段管内货物列车铺画方案的要求。

（4）机车乘务组连续工作时间和机车在自外段所在站的停留时间是否符合规定的时间标准。

（5）在列车运行图上预留的施工“空隙”是否满足施工需要。

（6）局间分界站的列车衔接是否合适，一昼夜内各阶段的列车到发密度是否大体均衡。

8. 实行新运行图前的准备工作

列车运行图编制完毕后，应经国铁集团批准并规定全路统一实行新图的日期。为保证新运行图能按时正确地实行，必须组织有关员工认真学习新运行图，制定保证实行新运行图的措施，并按时做好实行新运行图前下列各项准备工作：

（1）发布有关实行新运行图及列车编组计划的命令。

（2）印制并颁布列车运行图及列车运行时刻表。

（3）公布新旧旅客列车交替办法及注意事项。

（4）根据新列车运行图的规定，组织各站修订《站细》中有关部分。

（5）及时作好机车、客车底和乘务员的调整工作。

（6）有关局共同召开分界站会议，拟定保证实行新运行图的措施。

任务 2.5　列车运行实际图

任务引入

下图是哈大高铁某日完成的实际运行图部分截图，与列车运行计划图相比，运行线的颜色和表示方法都有很多区别。

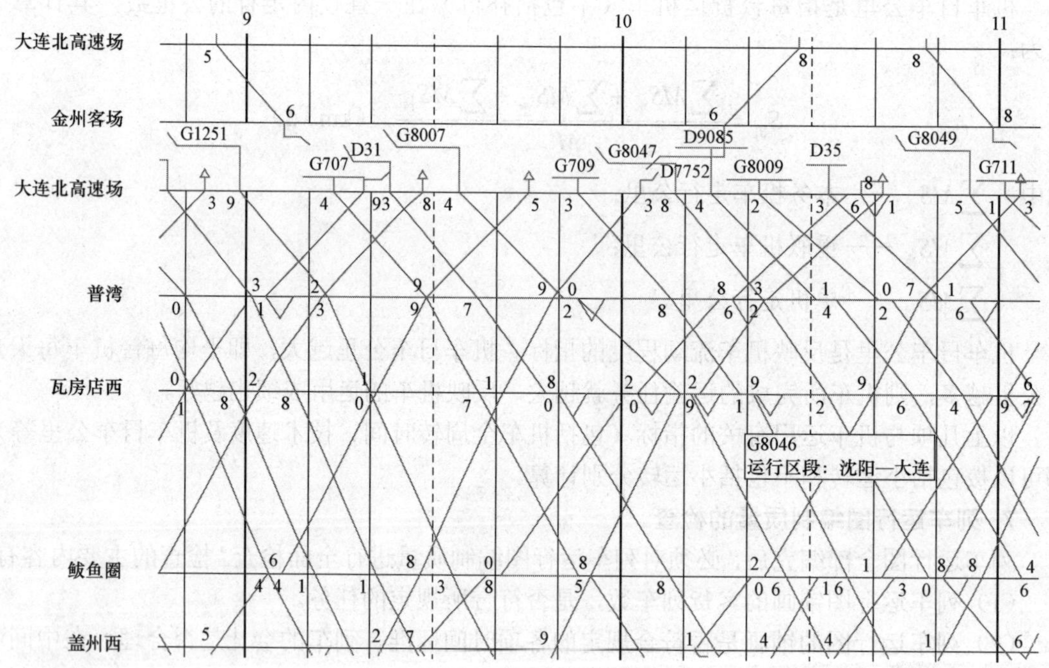

思考：

（1）列车运行实际图中的符号表示什么含义？

（2）列车运行实际图对调度指挥分析有什么作用？

知识准备

1. 列车运行实际图的作用

列车基本运行图是根据列车编组计划确定的货物列车种类及行车量，适当考虑行车量的一定波动所编制的经常使用的列车运行图。列车运行实际图，则是记载一个调度区段内列车运行实际情况，以及列车运行有关事项的图表。

列车运行实际图的作用主要有以下几个方面：

（1）通过列车运行实际图，可以随时掌握调度区段内的列车运行情况、有关车站到发线占用、作业情况及机车交路等。

（2）通过列车运行实际图，可以及时发现问题，便于提早考虑采取必要的调整措施。

（3）作为统计列车正晚点、列车技术速度、旅行速度等项指标的主要依据。

（4）列车运行实际图是分析列车运行情况，不断提出改进意见的重要资料。

2. 列车运行实际图的绘制方法

列车运行实际图一般采用十分格运行图，有关列车运行、列车运行整理符号应按规定填绘在规定的图表内，其符号和表示方法由《铁路运输调度规则》（简称《调规》）规定。

1）列车实际运行线的表示方法

具体见表 2–9。

表 2–9 列车实际运行线的表示方法

列车种类	表示方法		备注
旅客列车、动车组检测（确认）列车、回送动车组列车	红单线	————	以车次区分
临时旅客列车	红单线加红双杠	—‖—‖—	
回送客车底	红单线加红方框	—□—□—	
160 km/h 特需货物列车	橙单线加橙圈	—○—○—	
120 km/h 特需货物列车	橙单线加橙方框	—□—□—	
80 km/h 特需货物列车	橙单线	————	
特快货物班列	蓝单线加红圈	—○—○—	
快运货物列车（普快货物班列除外）	蓝单线加蓝圈	—○—○—	
远程技术直达列车	蓝单线加蓝方框	—□—□—	
“点到点”快速货物列车	蓝单线	————	
直达列车（普快货物班列）	黑单线加黑圈	—○—○—	
直通、自备车、区段及小运转列车	黑单线	————	以车次区分
摘挂列车	黑单线加“+”“|”	—+—|—	
重载货物列车	蓝色断线	------	以车次区分（铁路局可根据具体情况补充规定）
冷藏列车	黑单线加红圈	—○—○—	
军用列车	红色断线	--------	
回送军用列车	红色断线加红方框	--□--□--	
超限超重货物列车	黑单线加黑方框	—□—□—	
路用列车、试运转列车（不含动车组）	黑单线加蓝圈	—○—○—	以车次区分
单机	黑单线加黑三角	—▷—▷—	
高级专列及先驱列车	红单线加红箭头	—→—→—	以车次区分
救援、除雪列车	红单线加红“×”	—×—×—	以车次区分
重型轨道车	黑单线加黑双杠	—‖—‖—	

注：特需、快速货物列车以外的货物列车中，如挂有装运跨局零散货物快运车辆时，基本车次前加字母“X”的列车，运行线表示方法仍使用原基本车次运行线的表示方法。

2）列车运行整理符号

（1）列车始发、终止、在中间站临时停运及由邻接区段转来或开往邻接区段，如图 2–53 所示。

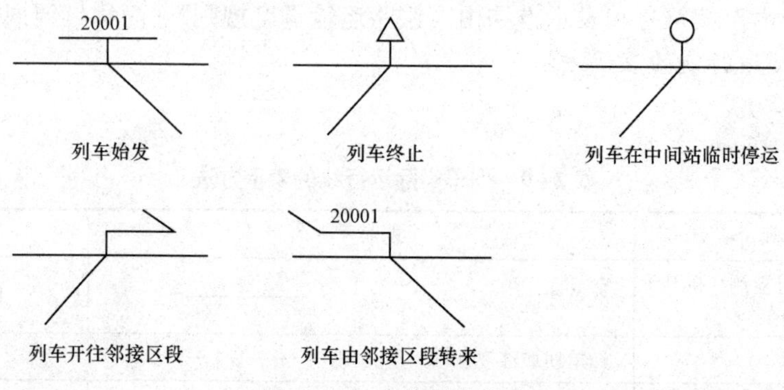

图 2–53　列车到发符号

列车到开时分记在钝角内。早点用红圈，晚点用蓝圈记于锐角内，圈内注明早、晚点时分。晚点原因可用略号注明，如因编组晚点可只写“编”字。

（2）列车合并运行时（在列车运行线上注明某次列车被合并），如图 2–54 所示。

（3）列车让车时，如图 2–55 所示。

（4）列车反方向运行时，在反方向运行区间的运行线上填写车次及（反）字，如图 2–56 所示。

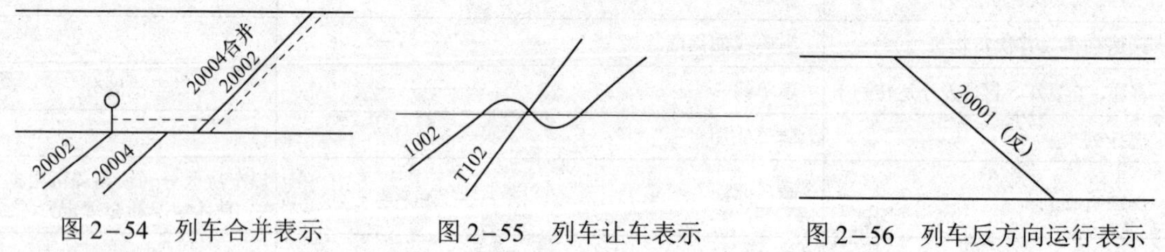

图 2–54　列车合并表示　　图 2–55　列车让车表示　　图 2–56　列车反方向运行表示

（5）列车在区间内分部运行时，如图 2–57 所示。

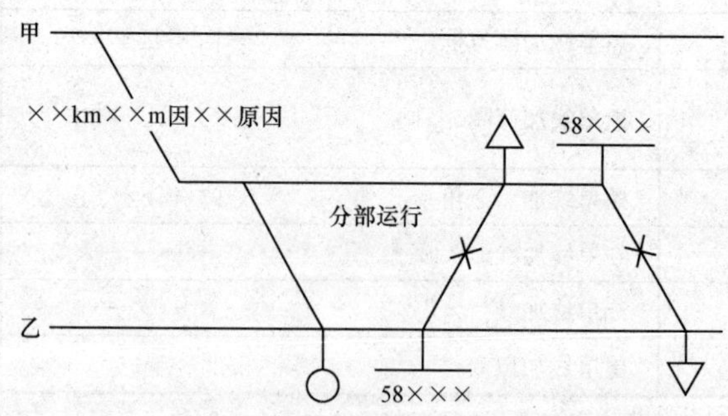

图 2–57　列车在区间内分部运行表示

（6）补机中途折返时，如图 2–58 所示。

（7）线路中断或施工封锁区间时，要在该区间内画一红横线表示，单线区间中断或封锁时，如图 2–59 所示。

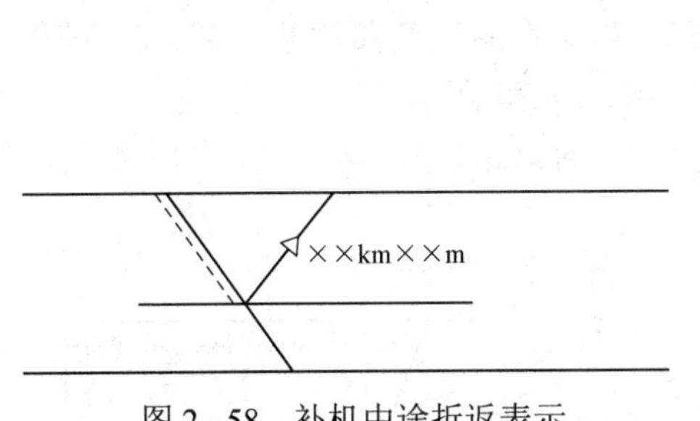

图 2–58 补机中途折返表示

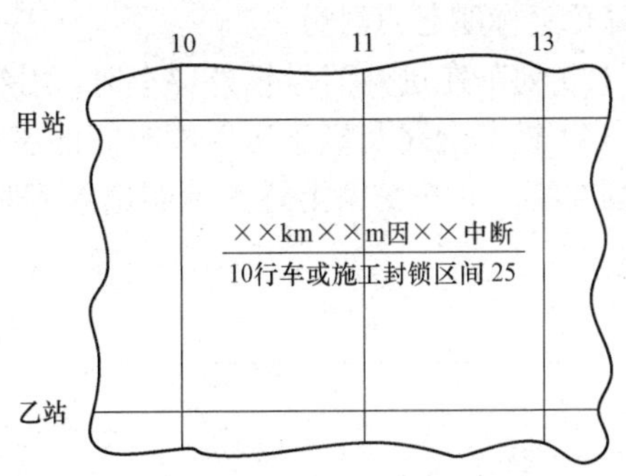

图 2–59 单线区间中断行车或施工封锁时表示

双线区间上、下行线路全部中断或封锁时，表示方法与单线区间相同；有一线中断或封锁时，以在红横线上或下画的蓝断线，表示上行线或下行线中断或封锁，如图 2–60 所示。

（8）因施工或其他原因区间需要慢行时，由开始时起至终了时止，用红色笔画断线表示，并标明地点、原因、限制速度（如双线则标明上行线或下行线），如图 2–61 所示。

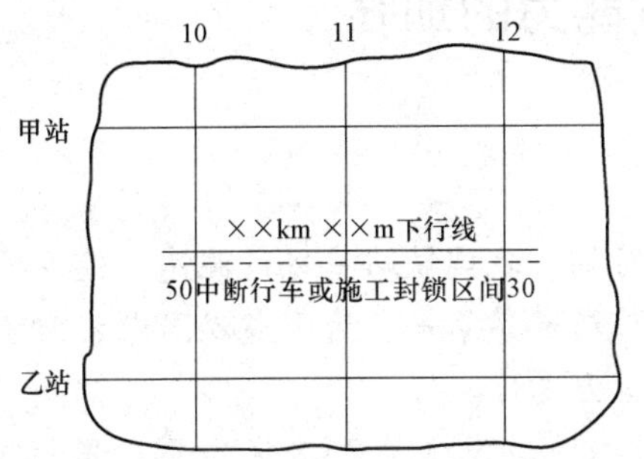

图 2–60 双线区间之下行线中断行车或施工封锁时表示

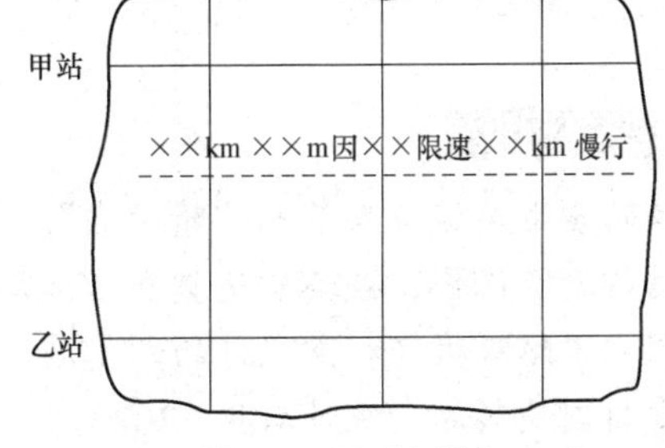

图 2–61 列车慢行表示

（9）列车在区间内有装卸作业时，要标明车次、作业地点、装卸货物品名，如图 2–62 所示。

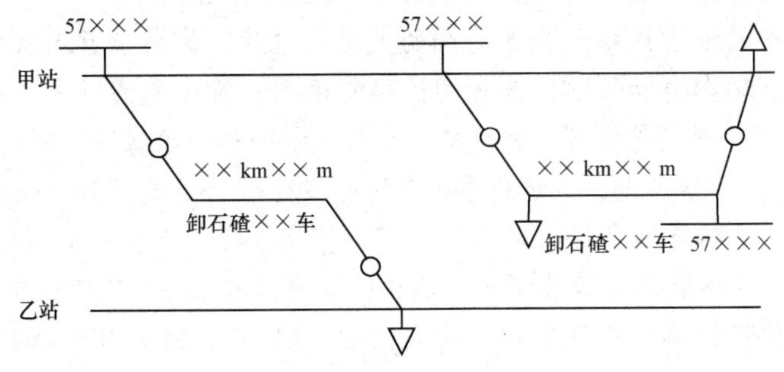

图 2–62 列车在区间装卸作业表示

（10）列车在中间站不摘车作业，用红色笔表示。分子表示装车，分母表示卸车。

（11）列车在中间站甩挂作业，用蓝色笔表示，“+”表示挂，“-”表示甩，分子表示重车，分母表示空车。

（12）列车运缓时，在列车运行线上方用蓝色笔标明运缓时分；赶点时，在列车运行线上方用红色笔标明赶点时分。

（13）列车在进站信号机外停车时，用红色笔画“▵”，并标明停车时分，如图 2-63 所示。

（14）机车交路及机车出入库时间的表示方法：机车在本段交路用蓝色笔、在折返段用黑色笔画实线，并在交路上逐列标明出入库时间，如图 2-64 所示。

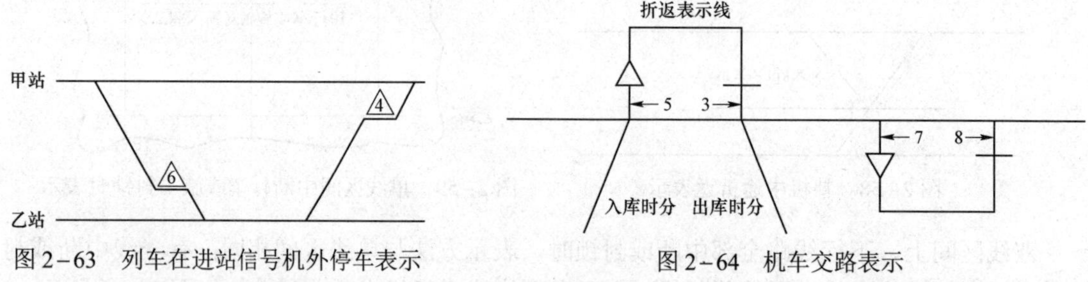

图 2-63　列车在进站信号机外停车表示　　图 2-64　机车交路表示

其他未作统一规定的符号，各铁路局可自行规定。

任务 2.6　铁路通过能力的加强

任务引入

铁路货运是经济发展的“晴雨表”。“十三五”时期，我国铁路基础设施建设稳步推进，货运结构不断优化，铁路货运量和货运周转量双双位居世界第一，为形成以国内大循环为主体，国内国际双循环相互促进的新发展格局提供了有力支撑。

来自国铁集团的统计数据，2020 年，国家铁路完成货物发送量 35.8 亿 t，同比增长 4.1%。“十三五”期间，铁路货运量占全社会的比重由 2016 年的 7.7%提高到 2020 年的 9.9%。

货运量提升的背后是不断延长的铁路线，“十三五”期间，全国铁路新开通货运业里程超过 1.1 万 km。世界上一次建成并开通运营里程最长的重载铁路——浩吉铁路 2019 年开通，串起了内蒙古至江西中西部七省区，畅通了北煤南运的大动脉。

如今，南北走向的浩吉铁路和东西走向的大秦、包唐、朔黄、瓦日等重载铁路形成了覆盖中西部、京津冀、环渤海和长江经济带的铁路货运网，货运能力进一步提升。

2016 年起，一张连接黄海沿岸六大港口、多条干线铁路的铁海联运网逐步覆盖山东及周边各省百余家企业。班列对接船期，从黄岛港出发的矿石班列 15 h 就可到达山东腹地的生产企业。

“十三五”期间，铁路货运市场化定价机制不断完善，累计为客户节省物流成本 600 亿元。在运价降低的同时，效率和品质逐步提升。高铁快运覆盖全国 80 多座城市；西部陆海新通道已建立跨省市运输协调机制；中欧班列通达国内 29 座城市，欧洲 97 座城市。

思考：

（1）铁路货运能力提升的途径有哪些？

（2）重载铁路有何重要意义？

知识准备

为了适应国民经济发展的需要，铁路应及时地和有计划地采取加强通过能力的措施，不断提高铁路通过能力。

改善铁路技术设备是提高铁路通过能力的主要措施。因此，在一般情况下，当铁路通过能力接近饱和时，就应该研究加强和改善铁路技术设备。但在有些情况下，虽然通过能力还有足够的后备，采取新的技术设备和加强现有的技术设备，可以加速完成运输过程，降低运输成本，提高劳动生产率，减轻劳动强度，保证行车安全，因而也是必要和合理的。

何时需要加强通过能力，主要是根据需要通过能力和现有通过能力的水平来确定。需要通过能力，是根据需要的客货列车并考虑一定的后备能力进行计算，其计算公式为：

$$N_{需} = \left(n_{货} + \varepsilon_{客} n_{客} + \varepsilon_{摘} n_{摘} + \varepsilon_{快} n_{快}\right)\left(1 + r_{备}\right)$$

后备系数 $r_{备}$ 是根据铁路运输需要保持一定后备能力而规定的，铁路保持适当的后备能力，主要是为了适应日常货流波动以及进行运行调整、线路和供电设备施工等方面的需要。因此，后备系数应根据各铁路方向的具体情况加以规定，我国铁路规定一般单线为 20%，双线为 15%。

加强铁路通过能力的措施多种多样，归纳起来可分为技术组织措施和改建措施两大类。凡是用改进行车组织方法，或只需要少量投资，就能使通过能力达到需要水平的加强措施，均属技术组织措施。凡是需要国家大量投资，通过改建或新建铁路技术设备来加强铁路通过能力的措施，均属改建措施。在加强铁路通过能力时，应首先着眼于挖掘现有铁路的运输潜力，但同时也应有计划地对现有铁路逐步进行技术改造，以便更好地适应国民日益增长的需要。

铁路通过能力可以用列车对数表示，也可以用运送的货物吨数表示。所以加强铁路通过能力可有如下三个途径：

（1）提高列车平均牵引总重及平均载重系数。

属于这类措施的主要有：

① 采用大型货车，改善车辆构造。

② 采用补机推送，实行多机牵引，开行组合列车和重载列车等。

③ 降低限制坡度。

（2）增加行车密度，即增加行车量。

其主要途径有：

① 压缩列车运行图周期以提高平行运行图通过能力。

② 减少扣除系数，这主要是通过改善列车运行图的铺画方法来达到。

（3）同时增加列车重量和行车量。

1. 提高列车牵引质量

1）提高列车牵引质量的效果及列车质量标准

提高货物列车牵引质量是增加铁路通过能力的最有效的措施之一，当线路的平纵断面不改变、货流和车流结构一定时，货物列车牵引质量主要受机车类型（机车牵引力）和站线有效长度的制约。

如按一定类型机车的牵引力规定列车质量标准，可以保证机车得到最好的利用，但也可能使到发线长度未能充分利用，还可能因此而增加行车量；如按站线长度和列车每延米平均重量来确定列车质量标准，可以保证有最小的行车量，但这种列车并不是总能选到最合适功率的机车来牵引。

2）统一列车牵引质量标准和差别质量标准

通常，一个铁路方向上的各区段，由于纵断面条件和技术装备的不同，如果各个区段分别规定各自的最有利列车质量标准，那么，跨越几个区段的远程直达、直通列车，势必在各区段的交接、区段站或编组站上，需经常变更重量，进行增减轴作业。因此，在直通车流很大的方向上，应实行统一的列车牵引质量标准。

为实现统一的牵引质量标准，常常需采用提高限制区段列车质量的技术组织措施，其中主要有：利用动能闯坡，组织超轴牵引；在限制列车质量的区间采用补机推送，在限制列车质量的区段采用多机牵引，采用大功率机车等。这些措施有时需结合使用。

（1）利用动能闯坡。

利用动能闯坡是提高列车牵引质量的一种辅助措施。

货物列车牵引质量，是按机车在牵引区段内的最困难的上坡道上以计算速度做等速运行的条件进行计算的。用来计算牵引质量的上坡道坡度，为计算坡度或限制坡度。

为了提高列车质量，在丘陵地区纵断面起伏较大的线路上，一般规定列车在进入计算坡道的区间前不停车通过车站，以便列车在大于计算牵引质量的条件下，利用动能闯过计算坡道而不致使列车速度降低到计算速度以下。利用动能闯坡，在线路纵断面起伏较大的丘陵地区，列车牵引质量可提高 20%左右。

（2）采用补机及多机牵引。

采用补机及多机牵引，是提高列车牵引质量的有效措施。在地形变化较大的线路上，如陡坡地段长而集中，全线牵引质量受陡坡地段的限制，在陡坡地段采用补机或多机牵引，这样不仅可以提高全线列车牵引质量，从而提高区间通过能力，而且由于减少了全线各区段的行车量，一般还可以节省运用机车台数，减少燃料消耗和乘务组定员，因此，在这些线路上采用补机和多机牵引来加强通过能力，是一种经济有效的措施。

当限制列车牵引质量的陡坡区间比较集中时，采用补机一般是有利的。但当陡坡区间较多且较分散时，就应当考虑在全区段组织多机牵引。采用多机牵引时，通常都是双机牵引，只有在个别情况下，才采用三机牵引。

多机牵引可采用下列两种形式：

① 重联牵引。按照《技规》关于货物列车编组的规定，将车辆编成规定重量的列车，两台机车重联牵引。

② 多列合并。两个或三个列车不加任何改变而合并运行，后面列车的机车与前一列车尾部相连接，即所谓组合列车。开行组合列车既可作为提高列车重量的措施，又可作为快速疏散因“施工天窗”所积压列车的临时措施。

除统一牵引质量标准外，有时还采用如下几种差别质量标准：

① 区间差别质量标准。主要是摘挂列车采用，其特点是对每一区间按其平纵断面情况分别规定不同的质量标准，以求减少摘挂列车开行对数，增加区间通过能力。

② 区段差别质量标准。对于未实行统一质量标准，或只对某些直达列车实行统一质量标准的铁路方向，各区段仍按本区段的具体条件规定各区段的列车质量标准。

③ 平行质量标准。当铁路干线和支线的列车质量标准不同时，通常应规定直通轴在支线衔接站进行增减轴作业。这样，在变重站就需要把与直通轴去向相同的车流变成补轴车组，

或将摘下的车流编组统一到站的列车而产生额外的车辆集结时间和调车工作消耗。如无适当车流补轴，还可能需要将部分直达列车提前解体以供补轴之用，从而大大降低了直达运输的效果。为了避免由于变重而导致上述损失，当欠轴距离不长或其运行方向恰是有单机运行的方向时，则可规定由支线开来低于干线统一质量标准的列车（主要是始发直达列车）不在干支线衔接站增重，仍以原编组质量在干线上继续运行，这种列车质量标准即称为平行质量标准（不按欠轴统计）。

（3）牵引动力现代化。

牵引动力现代化是铁路现代化的中心环节，其主要标志为发展电力、内燃牵引。通过牵引动力改革、依靠科技进步来大幅度增加铁路运输能力，是提高运输效率和紧急效益的最佳策略，这一点已被很多国家的铁路所证实。

（4）采用大型货车。

列车重量是根据铁路固定设备的质量（线路平纵断面、结构强度、站线有效长等），移动设备的数量和质量（机车的功率、制动力、货车每延米重量、车钩强度、制动系统功率等），以及运输组织方法等多种因素综合确定。在线路平纵断面确定不变的前提下，机车功率配备、站线有效长度和货车每延米平均重量三者互相匹配，才能求得最佳列车质量标准。

当到发线有效长为 850 m、1 050 m 和 1 250 m 时，列车平均牵引质量随货车每延米平均重量的增大而变化。由此可见，通过增加货车每延米平均重量，充分发挥到发线有效长的潜力来增加列车重量、扩大运输能力大有可为。这就是说，为了在既有线上大幅度提高货物列车重量，应大力发展和采用大型货车。

发展大型货车的可行办法有增加轴重及采用多轴货车。采用多轴货车，可在不增加轴重的前提下提高载重量，大幅度提高每延米重量以增加运能。但多轴车重心偏高，结构复杂，检修困难，且不宜使用铁鞋制动，与货物站台及翻车机高度不配套，看来不切实用。提高四轴货车轴重，由目前的 21 t 提高至 25 t，结构简单，车辆本身技术问题较易解决，制造和维修所需条件也较易实现，卸车和计量设备也能适应，因而较为可行，比较理想的是制造轴重 25 t 的四轴货车。

（5）组织重载运输。

重载运输是指在先进的铁路技术装备条件下，扩大列车编组，提高列车重量的运输方式。

国际重载协会认为，重载铁路必须满足以下三条标准中的至少两条：经常、定期开行或准备开行总重至少为 5 000 t 的单元列车或组合列车；在长度至少为 150 km 的线路区段上，年计费货运量至少达 2 000 万 t；经常、正常开行或准备开行轴重 25 t 以上（含 25 t）的列车。

按重载列车的作业组织方法区分，铁路重载运输有以下三种模式：

① 单元式重载列车——是把大功率机车双机或多机与一定编成辆数的同类专用货车固定组成一个运输“单元”，并以此作为运营计费的单位。机车操纵采用无线遥控同步运转系统，运送的货物品种单一，在装、卸站间往返循环运行，中途列车不拆散，不进行改编作业，机车车辆固定编挂位置，车底固定回空，两端车站装卸设备配套，是装、运、卸“一条龙”的运输组织形式。

② 组合式重载列车——是由两列及其以上同方向运行的普通货物列车首尾相接、合并组成的列车。机车分别挂于各自的货物列车首部，由最前方货物列车的机车担任本务机车，运行至前方某一技术站或终到站后，分解为普通货物列车。它实质上是在线路通过能力紧张的

区段，利用一条运行线行驶两列及以上的普通货物列车的一种扩大运输能力的方式。

③ 整列式重载列车——是由大功率单机或多机重联牵引，列车由不同型式和载重的货物车辆混合编组，达到规定重载标准（牵引质量达到 5 000 t 及其以上）的列车。目前，中国繁忙干线上开行的重载列车主要为这种模式。

2. 增加行车密度

1）增加行车密度的意义

增加行车密度是提高铁路通过能力的中心环节。增加行车密度投资少、见效快，在客货共线条件下，以及在非常时期，效果特别显著。因此，在研究提高铁路运输能力问题时，一般都把增加行车密度作为优先采用的措施，待密度接近饱和时，再转为以提高重量为主的政策。增加行车密度主要可通过缩短列车间隔时间、区间长度和增加区间正线数等途径来实现。

缩短车站间隔时间，重点是要缩短与邻接车站办理行车联络手续的时间，布置、准备和检查接发车进路的时间，以及办理接发车作业其他项目的时间。为此，采用先进的信号、联锁、闭塞设备，不仅能缩短车站间隔时间，组织列车追踪运行和实现列车不停车交会，而且，可以保证行车安全，改善劳动条件，减少行车工种定员，也是实现铁路现代化，提高区间和车站通过能力，改善运输工作指标的重要措施。

2）缩短区间长度

（1）增设会让站。

增设会让站可以缩短限制区间长度，缩小运行图周期，从而达到提高通过能力的目的。增设会让站的效果，在很大程度上取决于区间的均等程度和地形条件。但是缩短区间长度是有一定限制的。在地形困难的线路上，增设会让站往往受地形限制。在地区平坦的线路上，也受区间最短距离、调度指挥方面的可能性和列车交会停站次数的增多、旅行速度的降低引起的运营支出的增加等因素的影响。

（2）向限制区间方面延长站线。

单线区段限制区间两端车站向限制区间方面延长站线，可以缩短限制区间长度、缩短车站间隔时间，在一定条件下还可组织列车不停车交会；同时有助于提高列车重量标准，从而可以提高通过能力。这一措施的缺点主要是通过能力提高的幅度不大，而且对相邻区间有不利影响，因而，多数情况下要与其他加强措施结合起来采用。

3）修建双线

修建双线可以大幅度提高通过能力和旅行速度。在货流增长速度较快或在全国铁路网中居于重要地位的干线，在通过能力出现紧张以前，应有预见地采取修建双线的措施。但是，由于修建双线需要大量投资、大量劳力和材料，工期较长，而且一般须在整个双线工程完成后，才能获得应有的效果。因此，除了货流增长速度很快，并且整个区段能于短期内完成双线铺轨工程的线路外，一般修建双线应分阶段逐步进行。

单线向双线过渡可有两种方法：一是从限制区间开始，分阶段在部分区间修建双线；二是修建双线插入段。

3. 提高行车速度

1）提高货物列车运行速度

在大力提高货物列车重量和提高旅客列车运行速度的同时，适当提高货物列车运行速度是铁路运行工作的主要任务之一。提高列车运行速度可以减少列车占用各项铁路设备，如区间、咽喉、到发线的时间，从而可以提高铁路通过能力。提高货物列车运行速度，可以加速机车车辆周转，从而减少所需机车车辆及乘务组数量，可以加速货物送达，从而可加速国民经济中流动资金的周转而产生巨大的经济效益和社会效益。

提高货物列车运行速度的目的可以通过提高机车牵引工况下的速度，提高最大容许速度和降低基本阻力三个方面来达到。

2）提高旅客列车运行速度

提高列车运行速度包括提高列车最高运行速度、列车起动、停车或调速制动速度、通过道岔速度、下坡道制动限制速度和上坡道平均速度等，这一系列旨在提高技术速度的概念，与铁路牵引动力、车辆、列车制动和线路等技术装备条件密切相关。

3）修建高速铁路

高速铁路具有运达速度高、能耗和造价低、污染小、安全可靠，占地少、运输效率和经济效益好的特点。旅客运输高速化是铁路现代化的一个显著标志，是世界各国铁路发展的基本趋势，也是我国今后经济、社会发展的必然要求。

高速铁路的线路建设，基本上可分为改造既有铁路线和新建高速客运专线两种模式。

（1）改造既有铁路线模式。

对既有线进行加强取直，采取新型的上部建筑和无缝线路，对小半径曲线进行取直，是符合规定的高速要求，运营上实行客货共线运行，称为改造既有铁路线模式。

（2）新建高速客运专线模式。

高速客运专线可以远离既有线修建，与既有线车站没有任何联系；也可以沿既有线修建，与既有线某些大站相衔接。

【案例】

2021 年 1 月 22 日 8:47，沈阳至北京首发 G908 次复兴号列车（见图 2–65）驶出沈阳北站，驰向北京朝阳站，京哈高铁实现全线贯通，东北新增一条出关高铁通道，进一步释放进出关的铁路货运能力，密切了环渤海地区和东北老工业基地之间的联系，对推进京津冀协同发展和东北振兴战略实施具有十分重要意义。

图 2–65　复兴号列车

京哈高铁线路全长 1 198 km，设计时速 350 km，本线开通后，东北地区至北京的旅行时间平均压缩 1.5 h 以上，辽宁朝阳、阜新两市到北京的旅行时间，由原来的 10 h 压缩到 2 h 左右，极大满足了东北地区、华北地区人民群众美好出行的需求。京哈高铁京沈段两端衔接了京津冀城市群和辽中南城市群，中间串联了辽宁西部的经济欠发达地区，京哈高铁可以有效发挥辽西的区位优势并率先融入京津冀协同发展，有力推进乡村振兴和资源枯竭城市转型，并进一步打造辽宁开放合作的新增长极。

京哈高铁是国家高速铁路网“八纵八横”主通道的重要组成部分，它衔接了东北地区的哈大、沈丹、沈佳、长珲、哈齐、哈牡、哈佳等7条高铁。在本线还将陆续连接通辽、盘锦、赤峰、天津、昌平等5条高铁。未来将有12条高铁通过京哈高铁融入全国高速铁路网，充分体现了京哈高铁的路网主骨架作用。

（1）京哈高铁全线贯通后，为满足更快速、长距离、大运量的运输需求，在国铁集团组织研制下，时速350 km的CR400BF-G型复兴号耐高寒动车组投入使用。CR400BF-G型复兴号耐高寒动车组定员576人，车体全长209.06 m，宽3.36 m，高4.05 m，客室比和谐号动车组更宽敞。CR400BF-G型复兴号动车组是“复兴号家族”的第三代，拥有单独的司机登乘门，在司机换乘时不会打扰商务舱旅客休息，使出行更舒适。

（2）CR400BF-G型复兴号动车组本着以人为本的理念及人体工程学原理，优化客室布局，一等座椅间距统一加大到1 160 mm，提供多种照明模式可供选择，分别是自动模式、夜间模式、睡眠模式和备用模式。全列共26个塞拉门，比和谐号多出4个，更方便旅客乘降，提供无线上网服务，手机可连接高铁WiFi。

（3）京哈高铁开通之前，东北进京通道有四条，第一条是京哈线，其中秦沈段最高设计时速为250 km；第二条是沈山线，属于客货混跑的线路；其他两条分别是锦承线和京通线，是以货运列车为主的客货混跑线路。

（4）随着京哈高铁的全线贯通，我国进出东北地区的货运能力也将进一步提高，电煤、石油、钢铁、粮食等重点物资运输能力可以实现较大增长。

（5）作为地处沈山、京哈、津山、龙山等繁忙干线交汇处的山海关站，每天出入关列车418列，其中客车298列，货车120列，客运列车占比达到71.3%。京哈高铁全线贯通后，初期出入关图定货物列车由60对提高至77对，日均提高17对34列，客运能力也将向京哈高铁转移，经由山海关站的货运列车日均增加10列，可以有效释放既有铁路货运能力。

（6）2020年6月30日，喀赤高铁开通运营，与京哈高铁承沈段连通，喀左这个不通火车的小县城，一夜之间成为连接辽沈、京津冀和内蒙古的重要铁路枢纽，实现了一个多世纪以来最华丽的转身（见图2-66）。

图2-66　喀左站

（7）加上目前正在建设的朝凌高铁，“十三五”短短五年时间，辽西北地区高铁实现了从零到 556 km 的历史性跨越，融入“八纵八横”全国高铁网，不仅使东北地区特别是辽西北铁路客运结构发生了翻天覆地的变化，更意味着辽西北经济从此走出深山、迈向全国，为走上致富道路奠定了坚实基础。

（8）京哈高铁承沈段开通运营后，沈阳局充分发挥“高铁+旅游”优势，加密开行了沈阳前往朝阳、阜新等方向高铁列车，最短开行间隔仅 8 km，实现了“公交化”开行。高铁沿线开办、扩建“农家乐”的个体商户增长了 30%以上。

思 考 题

1. 列车运行图的作用是什么？如何分类？平行运行图有何特点？

2. 何谓区间运行时分和起停附加时分？如何计算与查定区间运行时分？列车在中间站的停车时间根据哪些作业确定？

3. 何谓车站间隔时间？何谓 $\tau_{不}$、$\tau_{会}$、$\tau_{连}$？各由哪些部分组成？请绘图表示。

4. 何谓追踪间隔时间？$I_{追}$、$I_{到}$、$I_{发}$、$I_{通}$ 如何计算？一个区间的 I 值如何确定？

5. 机车在机务本段和折返段所在站的停留时间包括哪些时间因素？请绘图表示。

6. 何谓铁路通过能力和输送能力？区段通过能力受哪些因素影响？如何确定？

7. 何谓区间通过能力？何谓平行运行图周期？几种常见的运行图周期如何计算？请绘图表示。

8. 何谓限制区间和最大区间？如何选择单线成对非追踪平行运行图限制区间的列车运行图方案？请绘图表示。

9. 何谓扣除系数？旅客列车和摘挂列车扣除系数如何确定？其值大小与哪些因素有关？

10. 平行运行图与非平行运行图的区间通过能力计算公式怎样表示？

11. 何谓使用能力？如何计算？提高区间通过能力的措施有哪些？

12. 摘挂列车行车量如何确定？如何绘制车流变动图？如何选择摘挂列车铺画方案？请绘图表示。

13. 铺画列车运行图时，如何考虑与列车编组计划、车站技术作业过程、机车运用的协调配合？

14. 为提高货物列车旅行速度和保证行车安全，在铺画运行图时，应考虑哪些问题？

15. 何谓分号运行图？有哪几种？各有何优缺点？

16. 说明货物列车旅行速度、技术速度、速度系数的定义和计算方法。速度系数的大小说明什么？

17. 机车全周转时间包含哪些时间因素？机车需要台数如何计算？如何从机车周转图中直接查算？

18. 列车运行实际图有何作用？实际图与基本图有哪些区别？

19. 画出各种情况下的列车运行整理符号。

技能训练题

1. 已知 A—B 区间的列车纯运行时分为：$t_{纯}^{下}=15$ min，$t_{纯}^{上}=14$ min；起车附加时分：$t_{起}^{A}=4$ min，$t_{起}^{B}=3$ min；停车附加时分：$t_{停}^{A}=1$ min，$t_{停}^{B}=2$ min。

要求：（1）写出 A—B 区间列车运行时分的缩写形式。

（2）画出 A—B 区间上、下行列车通通、通停、起通、起停四种情况示意图，并计算标出各种情况的区间运行时分。

2. 检查下列甲—乙单线半自动闭塞运行图中有无错误。若有，请指出并说明（各站 $\tau_{不}=4$ min，$\tau_{会}=3$ min，$\tau_{连}=4$ min）。

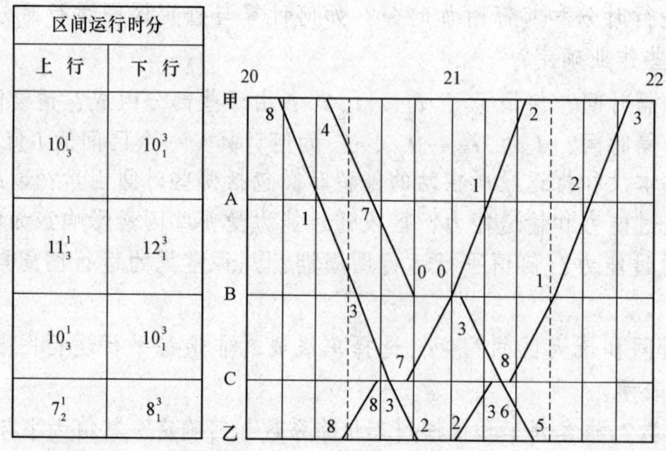

区间运行时分	
上 行	下 行
10_3^1	10_1^3
11_3^1	12_1^3
10_3^1	10_1^3
7_2^1	8_1^3

3. 已知甲—乙为单线半自动闭塞区段，各站 $\tau_{不}=5$ min，$\tau_{会}=3$ min，$\tau_{连}=5$ min，根据下图判断哪些间隔时间不满足要求。

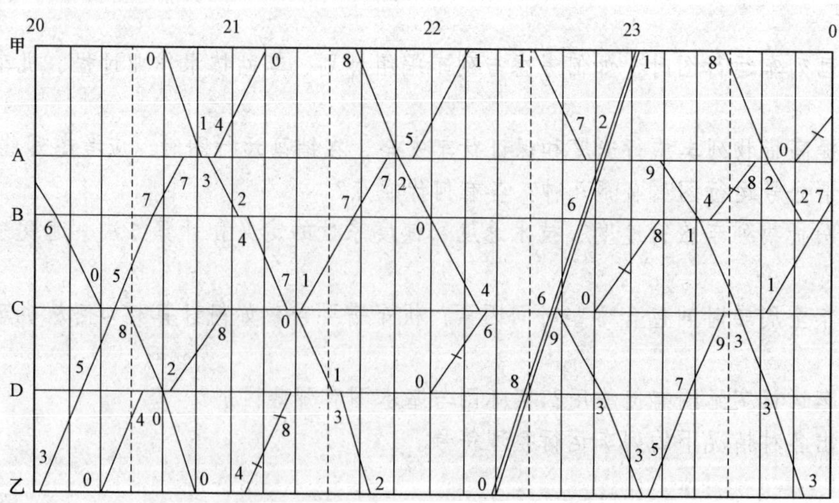

4. 甲—乙区段区间运行时分及列车会让方式如下图所示。

要求：推算各区间列车运行时分，并标明各次列车在各站的到达和通过时分。

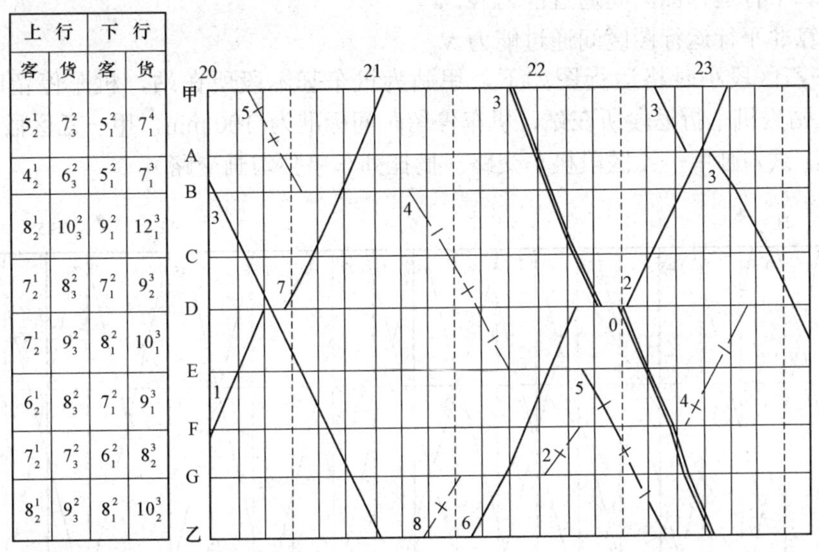

上行		下行	
客	货	客	货
5_{2}^{1}	7_{3}^{2}	5_{1}^{2}	7_{1}^{4}
4_{2}^{1}	6_{3}^{2}	5_{1}^{2}	7_{1}^{3}
8_{2}^{1}	10_{3}^{2}	9_{1}^{2}	12_{1}^{3}
7_{2}^{1}	8_{3}^{2}	7_{1}^{2}	9_{2}^{3}
7_{2}^{1}	9_{3}^{2}	8_{1}^{2}	10_{1}^{3}
6_{2}^{1}	8_{3}^{2}	7_{1}^{2}	9_{1}^{3}
7_{2}^{1}	7_{3}^{2}	6_{1}^{2}	8_{2}^{3}
8_{2}^{1}	9_{3}^{2}	8_{1}^{2}	10_{2}^{3}

5. 单线非追踪运行图中，各站 $\tau_{不}=4$ min，$\tau_{会}=3$ min，$\tau_{连}^{通}=5$ min，$\tau_{连}^{停}=3$ min，区间运行时分及列车会让方式如下图所示。

问：33002 次列车在 B 站待避 T92 次时，其最小待避时间为多少？

区间运行时分			
上行		下行	
货	客	客	货
12_{3}^{2}	11_{2}^{1}	9_{1}^{2}	10_{2}^{3}
14_{3}^{2}	13_{2}^{1}	11_{1}^{2}	13_{2}^{3}

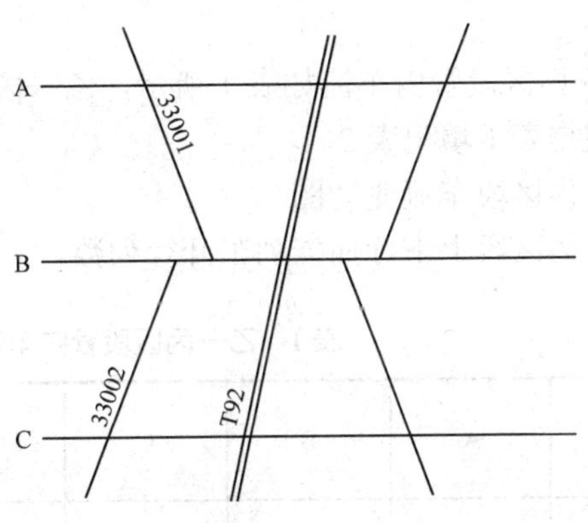

6. 某区段为单线半自动闭塞，上下行列车数相同。A—B 为限制区间，有关时间标准如下表所示。

区间纯运行时分/min		站名	车站间隔时间/min			附加时分/min	
上行	下行		$\tau_{不}$	$\tau_{会}$	$\tau_{连}$	$t_{起}$	$t_{停}$
13	15	A	4	3	4	3	1
		B	5	2	4	3	2

列车对数及扣除系数为：旅客列车 3 对，$\varepsilon_{客}=1.2$；摘挂列车 2 对，$\varepsilon_{摘}=1.5$。

要求：（1）绘出限制区间所有列车放行方案，标出并计算各方案的$T_{周}$，确定其最有利方案。

（2）计算平行运行图区间通过能力$N_{平}$。

（3）计算非平行运行图区间通过能力$N_{非}$。

7. 甲—乙区段小时格运行图如下，甲站为机车基本段所在站，机车停留时间标准为120 min，乙站为机车折返段所在站，机车停留时间标准为 100 min，甲—乙区段机车实行肩回运转交路，试勾画甲—乙区段机车交路（摘挂列车单独勾画交路）。

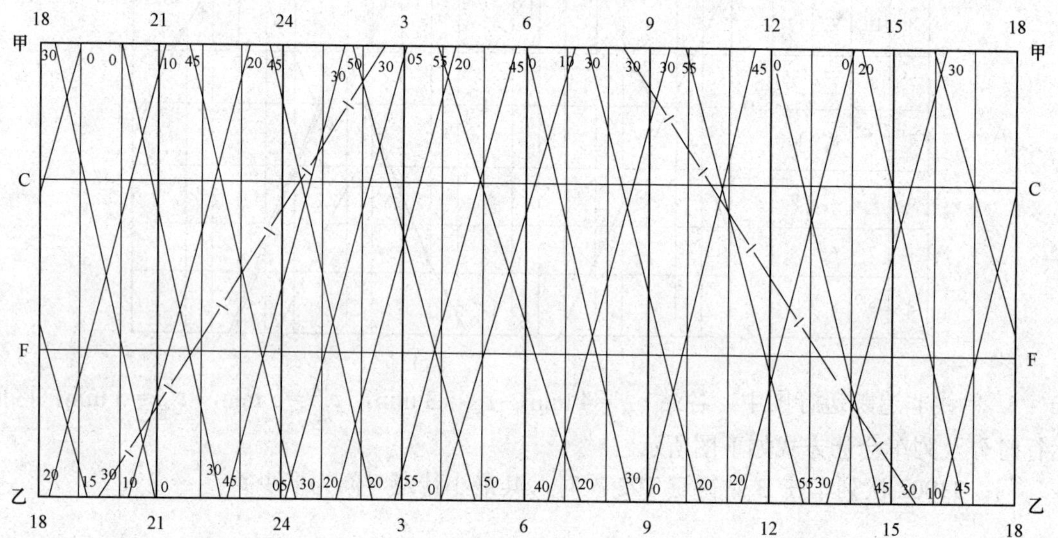

8. 已知：乙—丙区段管内车流如表 1 所示，乙—丙区段列车编成辆数为 55 辆。

要求：（1）根据表 1 填记表 2。

（2）绘制乙—丙区段车流变动图。

（3）确定乙—丙区段上下行摘挂列车开行列数。

表 1　乙—丙区段管内车流表

发＼到	乙	A	B	C	D	E	丙	计
乙			13		18			31
A	9			7		5	5	26
B		7		3			10	20
C	8				6	7		21
D		0/14	4				8	12/14
E			3	7			9	19
丙		5		4	2	7		18
计	17	12/14	20	21	26	19	32	147/14

表 2　中间站摘挂车数表

站名	下　行		上　行	
	摘　车	挂　车	摘　车	挂　车
A				
B				
C				
D				
E				
计				

技能训练题：填画列车运行线

1. 甲—乙区段示意图如下。

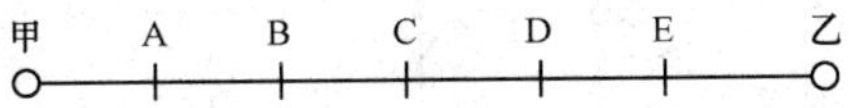

2. 列车区间运行时分如下。

站名	旅客列车		货物列车	
	上行	下行	上行	下行
甲				
	8	9	11	13
A				
	9	9	13	14
B				
	8	7	10	9
C				
	9	8	13	10
D				
	9	12	13	16
E				
	7	8	10	12
乙				

3. 起停车附加时分（各站一致）：旅客列车：$t_{起}=1$ min，$t_{停}=1$ min；货物列车：$t_{起}=2$ min，$t_{停}=1$ min。

4. 各次列车情况：

（1）T11 次甲站 18:08 开，A、B、C、D、E 站通过。

（2）K2197 次 D 站 19:00 到，停 5 min，A、B、C、E 站通过。

（3）7501 次乙站 20:00 到，A、B、C、D、E 各站均停 3 min。

（4）11001 次甲站 19:40 开，D 站办理技术作业停 8 min，A、B、C、E 站通过。

（5）11003 次乙站 21:30 到，D 站办理技术作业停 8 min，A、B、C、E 站通过。

（6）41003 次甲站 20:55 开，各中间站作业均停 10 min。

（7）41001 次乙站 23:55 到，各中间站作业均停 8 min。

（8）52002 次乙站 20:37 开，E 站停 47 min，B 站停 24 min，D、C、A 站通过。

技能训练题：运行图指标计算

甲一乙　区段列车运行图指标计算明细表

顺序	下行方向							上行方向							机车周转			
	车次	甲站出发时刻	到达乙站时刻	旅行时间	其中		列车公里	机车交路车次	乙站出发时刻	到达甲站时刻	旅行时间	其中		列车公里	机车在折返段停留时间	机车交路车次	机车本段停留时间	机车全周转时间
					运行	停站						运行	停站					
1																		
2																		
3																		
4																		
5																		
合计																		

项目3 铁路运输调度指挥机构

学习目标

1. 知识目标

（1）掌握铁路运输调度指挥机构的构成。

（2）熟悉高速铁路调度人员主要职责。

（3）熟悉铁路运输调度工作制度。

2. 能力目标

（1）能说明铁路运输调度指挥机构的构成。

（2）能描述列车调度员的主要职责。

（3）能描述应急值守人员的主要职责。

（4）能描述交接班制度规定。

铁路是国民经济大动脉、国家重要基础设施和大众化交通工具，是综合交通运输体系骨干，在我国经济社会发展中的地位至关重要。铁路运输是一个复杂的大系统，这一庞大的系统具有线长、点多、工种多、分工细、连续性强的特点。为使各环节协调配合，铁路运输生产必须实行集中统一指挥的管理原则，各工作环节须紧密联系、协同配合。铁路运输组织工作，必须贯彻安全生产的方针，坚持集中领导、统一指挥、逐级负责的原则。凡与运输有关部门、各工种都必须在运输调度的统一指挥下，进行日常生产活动。

铁路运输调度部门是铁路日常运输组织的指挥中枢，分别代表各级领导组织指挥日常运输工作。铁路运输调度担负着保障运输安全、组织客货运输、保证国家重点运输、提高客货服务质量的重要责任，对完成铁路运输生产经营任务，提高铁路运输企业效益起着重要作用。各级调度人员必须精心组织，科学调度，努力增运增收、节支降耗。凡与行车组织有关的日常生产活动都必须在运输调度的统一组织指挥下进行。

本项目主要介绍普速铁路和高速铁路的运输调度机构设置、各级调度人员主要职责、铁路运输调度工作制度等内容。

任务 3.1　铁路运输调度机构设置

任务引入

2020 年铁路春运自 1 月 10 日正式开启，一年一度的世界最大规模的人口迁徙也拉开了帷幕，为期 40 天的春运预计发送旅客 4.4 亿人次。如此巨大的运输量，要确保运输安全有序运行，背后是无数铁路人的辛苦付出，在我们看不到的春运主战场——列车调度指挥中心，调度指挥人员正战斗在各自的工作岗位上。

一个调度台上，一条线路十几种车型，几十个车站，上百对列车，谁快谁慢，谁先行，谁停车，如何确保列车安全正点，密密麻麻的列车运行图就是列车调度员的作战图，指挥着千军万马。尤其是在恶劣天气、设备发生故障等情况时，运输秩序就会被打乱，调度员需要完全凭脑力指挥这场战役。尤其是高铁列车运行间隔只有几分钟，留给调度员的反应时间只能以秒计算，所以每个调度员要将几万条运行数据烂熟于心，才能在最短时间给出最优方案。尤其是春运期间要根据实际需求实现每天临时增加或调整车次，对调度员来说是个巨大的挑战。在已经接近饱和的运力上，每增加或调整一个车次，都相当困难，一个车次的变动可能意味着整条线路许多车次的重新调整。

在每一天的铁路运输工作中，尤其是春运高峰期间，调度就是铁路这个大系统的神经中枢，要想保证列车运行的安全、正点，离不开调度指挥人员的默默付出，他们真可谓是铁路界的“最强大脑”。

思考：

（1）铁路的调度指挥系统如何构成？

（2）具体调度指挥的岗位有哪些？

（3）各级调度指挥机构的职责有哪些？

知识准备

1. 铁路运输调度指挥机构设置

为了统一全路调度工作，国铁集团特制定了《调规》，适用于国铁集团及所属各铁路运输企业进行调度管理的铁路，是铁路各级运输调度管理的基本规则和工作标准，各级运输调度及有关部门制定规则、细则、标准和办法等，必须符合《调规》的规定。

《调规》包括高速铁路和普速铁路两部分，高速铁路部分适用于 200 km/h 及以上的铁路和 200 km/h 以下仅运行动车组列车的铁路，普速铁路部分适用于 200 km/h 以下铁路（仅运行动车组列车的铁路除外）。高速铁路和普速铁路在调度指挥机构设置、职责范围和工作制度等方面都存在一定的差异。

1）普速铁路调度指挥机构设置

我国普速铁路运输调度工作实行分级管理、集中统一指挥的原则，通过设置三级调度机构进行统一指挥，即国铁集团设调度处，铁路局设调度所，技术站设调度室（调度车间）的三级调度指挥机构。国铁集团、铁路局、技术站调度分别代表国铁集团经理、铁路局长、车站站长，根据分级管理、逐级负责、统一指挥的原则，分别掌管全国铁路、铁路局和车站的日常运输组织指挥工作。

各级运输调度指挥部门同时受运输管理部门的领导和上级调度指挥部门的指挥。我国普速铁路三级调度指挥机构设置如图 3-1 所示。

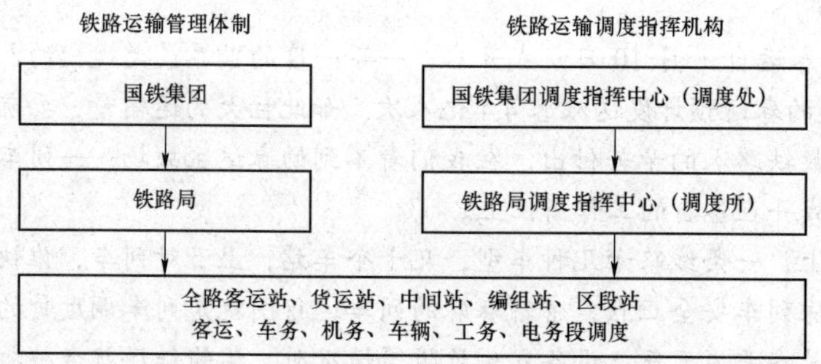

图 3-1　普速铁路三级调度指挥机构设置图

国铁集团调度设值班处长、行车、客运、货运、军运、特运、行包（快运）、集装箱、施工及机车、车辆、动车、供电等调度台。

铁路局调度设值班主任、值班副主任、计划、列车、客运、货运、特运、施工、机车、车辆、动车、红外线、供电调度台，根据需要可设置快运、集装箱、篷布等调度台。根据各工种调度台工作量情况，有关调度台可合并设置，具体由铁路局确定。各工种调度可根据需要设置主任调度员岗位。

技术站调度设值班站长、车站调度员、助理调度员、货运调度员等，具体由铁路局确定。

根据分级管理、集中统一指挥的原则，国铁集团、铁路局、技术站调度分别代表国铁集团总经理、铁路局局长、车站站长负责国铁集团、铁路局和车站的日常运输组织指挥工作。在铁路日常行车安全管理工作上，国铁集团按规定对铁路局调度的指挥安全实施监督管理，铁路局对本局调度指挥安全工作全面负责，车站对本站调度指挥安全工作全面负责。

国铁集团值班处长、铁路局值班主任、技术站值班站长分别领导一班调度工作。在日常运输组织工作中，下级调度必须服从上级调度的指挥；国铁集团、铁路局、车站各工种调度及有关人员分别由值班处长、值班主任、值班站长统一组织指挥。

国铁集团调度统一指挥各铁路局和专业运输公司完成运输生产经营任务；铁路局调度统一指挥铁路局管内运输生产单位完成日（班）工作任务；技术站调度统一指挥本站区作业人员完成阶段计划规定的解编取送任务。

2）高速铁路调度指挥机构设置

高速铁路调度指挥系统担负着组织指挥高速铁路列车运行的重要任务，是保证高速铁路安全、正点、高效运行的现代铁路控制与管理系统，涉及铁路运输组织、通信信号、牵引供电、安全监控、综合维护等诸多专业技术，并具备计划制定、计划调整、行车指挥、设备控制、设备监测、环境监测、设备维护等高速铁路列车运行管理的主要功能。

我国现行的高速铁路调度指挥系统架构在功能和机构设置方面与普速铁路调度指挥系统架构类似，采用属地化管理的区域集中二级调度指挥系统架构。国铁集团设调度处，铁路局设调度所。我国高速铁路二级调度指挥机构设置如图 3-2 所示。

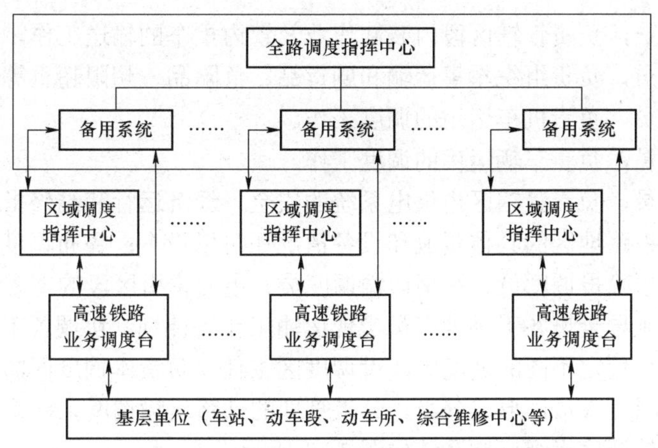

图 3－2　高速铁路二级调度指挥机构设置图

国铁集团高铁调度设计划、行车、动车调度台，根据工作量，有关调度台可合并设置，涉及高铁的其他工种调度工作由相关普速铁路调度台兼任。

铁路局高铁调度设值班副主任、计划、列车、客服、动车、供电、施工调度台，涉及高铁的其他工种调度台由铁路局根据需要设置或由相关普速铁路调度台兼任。根据工作量，有关调度台可合并设置，具体由铁路局确定。各工种调度可根据需要设置主任调度员岗位。

高速铁路调度指挥人员主要包括：高速铁路值班副主任、计划调度员、列车调度员（助理调度员）、动车调度员、动车司机调度员、供电调度员、客服调度员、综合设施调度员，各调度工种业务实行专业化管理。动车调度由车辆处，动车司机调度由机务处，供电调度由供电处，客服调度由客运处，综合设施调度由工务处、电务处进行专业指导和专业培训，并对其专业管理负责。

根据分级管理、集中统一指挥的原则，国铁集团、铁路局调度分别代表国铁集团总经理、铁路局局长负责国铁集团、铁路局的日常运输组织指挥工作。在铁路日常行车安全管理工作上，国铁集团按规定对铁路局调度的指挥安全实施监督管理，铁路局对本局调度指挥安全工作全面负责。

国铁集团值班处长、铁路局值班主任分别领导一班调度工作。在日常运输组织工作中，下级调度必须服从上级调度的指挥。

国铁集团调度统一指挥各铁路局和专业运输公司完成运输生产经营任务；铁路局调度统一指挥铁路局管内运输生产单位完成运输生产经营任务。

2. 铁路局调度所的调度组织机构系统

铁路运输调度指挥工作的核心部门是铁路局调度指挥中心调度所，铁路局调度所应设综合、安全、技术教育、分析、统计室，计划、行车、高铁、客运、货运、特运、机车、车辆、供电、工务、电务调度室，施工办公室。调度室主要调度人员工作如下：

（1）列车调度员，又称行车调度员，负责管辖区段内所有与列车运行有关的工作。

（2）计划调度员，负责编制和调整管辖区域的列车工作计划，协助值班主任组织实现日（班）计划。

（3）高铁调度员，负责本局管内动车组列车运行的有关工作。

（4）客运调度员，负责旅客运输计划及客车的运用。

（5）货运调度员，负责管辖区段内装卸作业及管内重车的输送工作。

（6）特运调度员，负责组织军事运输和剧毒品、危险品、超限超重等特种运输工作。

（7）机车调度员，负责机车运用的调度工作。

（8）车辆调度员，负责车辆运用的调度工作。

（9）供电调度员，负责管辖区内供电系统的安全、经济运行和维修指挥。

此外，根据各铁路地区的具体货流和设备情况还可以设有：篷布调度员、罐车调度员、车辆检修调度员、预确报调度员、军事运输调度员、电力牵引区段的电力调度员等。

值班主任负责领导全班各工种调度员实现运输工作日计划，协调各工种调度员的工作。规模较大的路局往往划定不同的调度区，设调度区主任，负责本调度区的调度工作，并相应地配备有关工种的调度人员，形成分级、分工管理的铁路运输调度工作系统。

铁路局调度所的调度组织机构系统如图 3-3 所示。

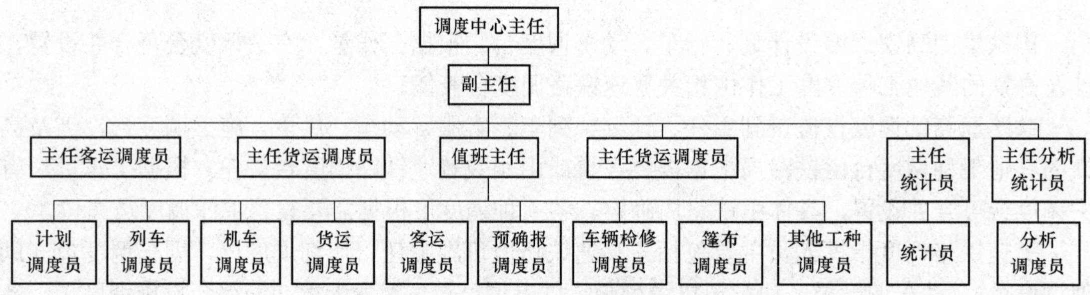

图 3-3　铁路局调度所的调度组织机构系统图

根据管辖范围和工作量，各调度岗位按区域分别设岗。计划调度员和货调、机调一般按枢纽或管辖区域设置；列车调度员由于工作较为繁重，一般按区段设置（除枢纽单独设置外，一般情况下是按行车量每区段设置 1～2 名列车调度员）；其他调度岗位一般按区域设置，如工作量相对较小，也可以不分别设置。

调度所一般还设有统计室和分析室，负责日常的统计和分析工作。近年来随着运输组织自动化水平的提高和调度集中（CTC）系统的应用，统计工作基本已由计算机完成。

铁路局各工种的调度员根据各自担当的角色不同，工作之间有着不同的联系。在这些调度员之中，与行车组织关系最为密切的是计划、机车和列车调度员，信息交流最广泛的也是这三个工种的调度员。在三者之中，计划调度员是处于核心的位置，一天运输任务能否很好的实现，关键在于日（班）计划安排得是否合理。列车调度员负责全天列车的具体指挥，机车调度员负责提供设备良好的机车，保证日（班）计划的完成。铁路局各调度员之间的信息交流如图 3-4 所示。

铁路运输企业的运输经营，在得到上级调度指挥部门和周围运输企业支持的同时，又要受到一定的限制。国铁集团运输调度既代表全路运输企业的利益，使铁路获得最大的效益，又要落实国家宏观经济调控政策，承担完成国家重点运输任务的责任。由于我国铁路路网的整体要求及铁路运输业具有大联动机的特性，所以，铁路运输需要进行统一调度、计划组织，合理分配运力，用最小的资源投入，实现最大的经济效益。

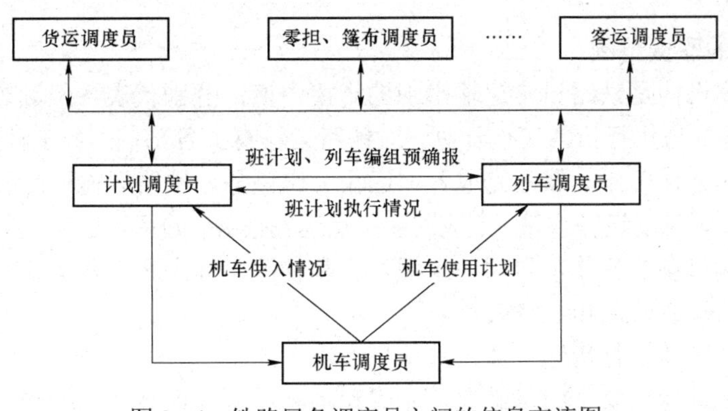

图 3－4　铁路局各调度员之间的信息交流图

任务 3.2　铁路运输调度主要职责

任务引入

恶劣天气时高速铁路列车晚点

2018 年 1 月 28 日，受南方多地降雪影响，石家庄火车站多趟列车出现晚点，铁路部门及时启动应急预案，优化组织运输，争取将列车晚点时间压缩至最短，尽力减少天气原因带来的影响。

根据北京局 1 月 28 日上午发布的信息，发往全国各地超百趟列车出现晚点，晚点时间最长的接近 3 h。此外，包括北京西站始发 G557、G517、G659、G509 次列车停运；北京站始发 K7701/2 次列车停运；天津西站始发 G8902 次列车也相继停运。

据了解，大部分的列车都是通过电网供电提供动力运行。一般的雨雪不会对列车造成影响，但大的下雪降雨等会增加出现设备故障的概率，一旦列车顶部的电力接触网结冰，将会对列车的运行带来较大影响。此外，严重的雾霾天也会对列车运行造成影响，霾里面有很多带电离子，还有很多烟尘微粒，在高压的情况下，绝缘子（车顶的电线引入端）就会被击穿，导致“雾闪”发生。

所以，为了出行安全，极端天气下，列车只能降速。一旦降速，就会影响整个线路的公交化运行，使整个线路的运输效率降低。加上高铁列车是循环运营，一趟列车的晚点可能影响其他多趟列车，产生蝴蝶效应。

思考：

（1）调度指挥的岗位有哪些？

（2）在恶劣天气下发生列车大面积晚点时主要由谁负责指挥？

（3）高速铁路调度指挥中应急值守人员的职责有哪些？

☞ 知识准备

1. 调度机构的职责范围

铁路运输调度机构是铁路日常运输组织的指挥中枢，分别代表各级领导组织指挥日常运输工作。它通过编制与执行日常工作计划，对铁路运输有关各部门、各工种进行调度和指挥，使其协调、配合地进行工作，保证完成各项运输工作任务。铁路运输调度的基本任务如下：

（1）贯彻执行国家的运输政策，完成国家重点运输任务，如军事运输、重点物资的运输等。

（2）根据运输市场的变化，科学地组织客流和物流，提高客、货运输服务质量，不断提高铁路运输企业的社会效益和经济效益。

（3）正确地编制和执行运输工作日常计划。

（4）在确保铁路运输安全的基础上，完成和超额完成各项经营指标和技术指标。

（5）组织按图行车，实现编组计划和列车运行图的要求，经济合理地使用机车车辆和运输设备，充分利用现有通过能力，提高运输效率。

（6）必须使车辆分布和车流的构成经常处于正常范围之内。

在铁路日常调度工作中，车流调整和列车调度是整个调度工作的核心。

1）普速铁路各级调度机构的具体任务和职责

（1）国铁集团调度处负责全国铁路日常运输指挥工作，具体任务和职责为：

① 按规定对铁路局调度安全指挥进行监督管理和监督检查工作。维护调度纪律，检查各铁路局调度执行国铁集团调度命令和规章制度的情况，对违令、违章造成不良后果的单位和人员进行通报批评并提出处理意见。

② 负责全路日常客运、货运和车流组织工作。组织各铁路局及时输送旅客和货物，平衡各铁路局货车保有量，经济合理地使用机车车辆，充分利用运输能力，挖掘运输潜力，提高运输效率和效益。

③ 编制和下达国铁集团调度轮廓计划和日计划，督促、检查各铁路局按调度日（班）计划均衡地完成运输生产经营任务。

④ 监督检查各铁路局按列车编组计划编车、按列车运行图行车、按运输生产经营计划组织运输，督促、组织各铁路局按国铁集团批准的计划均衡地完成铁路局间分界站列车、车辆交接任务、远程技术直达列车开行计划，及时协调处理铁路局间运输工作中出现的问题，实现铁路局间分界口畅通。

⑤ 掌握各铁路局及重点用户、主要港口和车站的装卸车情况。

⑥ 掌握国际旅客列车和跨铁路局（简称跨局）旅客列车的运行情况，收集、分析晚点原因，组织有关铁路局及相关单位（人员）采取措施，恢复运行秩序。

⑦ 了解各铁路局、主要站客流波动及旅客列车票额利用情况，组织指导行包运输工作；处理跨局旅客列车的临时加开、停运、变更径路、途中折返、车辆甩挂和调整编组（1 个月以内的软卧、行李、邮政、餐车）等工作；根据需要安排跨局客车回送；组织和部署专运、中央大型会议及重点任务的乘车计划，并掌握运行情况。

⑧ 组织和掌握军运、特运工作，安排新兵和退役士兵运输，重点掌握与其有关的列车始发、运行情况。

⑨ 负责国铁集团抢险救灾物资、人员运输组织工作，跟踪掌握输送情况。

⑩ 负责审批国铁集团管理施工项目的日计划，组织各铁路局兑现施工日计划，做好施工期间分界口车流、机车调整工作。

⑪ 掌握各铁路局调度工作情况，检查各铁路局日常运输工作完成情况。

⑫ 掌握国铁集团备用货车，批准国铁集团备用货车的备用、解除备用，检查各铁路局对备用货车的管理情况。

⑬ 负责全路专用货车的统一调整，新造车辆出厂组织，军运备品回送，集装箱的运用，篷布的运用和备用、解除备用。

⑭ 检查、通报安全情况，及时收取、掌握铁路交通事故、设备故障、自然灾害等突发事件信息，按规定进行应急处置，通报信息、组织救援、调整运输。负责跨局调动救援列车、救援队。

⑮ 负责国铁集团日常运输工作完成情况和调度安全监督检查情况的分析工作，及时总结、推广调度工作先进经验。

⑯ 负责检查指导铁路局调度基础管理和技术培训工作，规范调度管理、加强队伍建设。

⑰ 负责调度信息化需求管理，积极采用、推广先进技术和设备，组织调度信息系统开发和应用，负责调度信息系统运用管理，促进调度指挥工作现代化。

（2）铁路局调度所负责局管内铁路日常运输指挥工作，具体任务和职责为：

① 在国铁集团调度的集中统一指挥下，负责铁路局管内运输组织和调度指挥工作。

② 严格执行各项规章制度、安全管理制度和安全卡控措施，遵守和维护调度纪律，及时处理影响行车安全的有关情况，保证调度指挥安全。

③ 组织铁路局管内各运输生产单位密切配合、协同动作，经济合理地使用机车车辆，充分利用运输能力，挖掘运输潜力，压缩运输成本，提高运输效率和效益，完成运输生产经营任务。

④ 负责编制和下达铁路局调度日（班）计划，并组织各站段落实，提高计划兑现率。

⑤ 负责组织铁路局管内各运输生产单位按列车编组计划编车、按列车运行图行车、按运输生产经营计划组织运输，督促、组织各站段按调度日（班）计划均衡地完成运输任务，及时协调处理铁路局运输工作中出现的问题。

⑥ 组织调整铁路局管内的货流、车流，按阶段均衡地完成国铁集团下达的车流调整方案和去向别装车方案，重点掌握分界口排空、快运货物和重点物资运输。

⑦ 按国铁集团批准的计划组织列车在分界站均衡交接，保证机车与列车的紧密衔接，与邻局密切联系、及时交换列车计划、积极协商解决出现的问题，保证分界站畅通。

⑧ 掌握铁路局管内各站和主要用户、港口装卸车情况，提高直达列车和成组装车比重，提升运输能力。

⑨ 组织旅客列车按列车运行图正点运行，遇晚点时，积极采取措施，组织有关单位（人员）恢复运行秩序，做好正晚点分析并上报国铁集团。

⑩ 掌握铁路局管内客车配属、客流波动、票额利用、旅客列车开行及运行情况，重点掌握动车组列车、特快旅客列车、国际旅客列车、重点旅客列车的运行情况及旅客列车超员情况；处理旅客列车的临时加开、停运、变更径路、途中折返、车底编组、客车回送、整列换乘、车辆甩挂和调整编组（管内列车，跨局列车 1 个月以内硬卧、硬座、软座车）、客车底试运行和实施票额临时调整等工作；组织落实专运及重点任务，并掌握运行情况；组织做好旅

客列车行包运输工作。

⑪ 组织完成铁路局管内军运、特运、超限、超重、挂有装载危险货物车辆等重点列车运输组织工作，组织落实新兵和退役士兵运输任务，重点掌握与其有关的列车始发、运行情况。

⑫ 负责铁路局管内抢险救灾物资、人员运输组织工作，跟踪掌握输送情况。遇自然灾害或事故中断行车时，铁路局要及时采取措施，并提出有关旅客列车停运、加开、折返和变更径路等方案，并及时发布调度命令（跨铁路局旅客列车报国铁集团批准后发布）。

⑬ 负责编制、下达铁路局施工日计划，安排实施维修计划，发布运行揭示调度命令和施工、维修作业的调度命令，协调组织施工、维修作业按计划进行。

⑭ 向国铁集团调度报告铁路局调度工作情况，检查铁路局管内各站段运输工作完成情况。

⑮ 认真执行国铁集团备用货车的管理制度，严格掌握铁路局管内备用货车的备用、解除备用。

⑯ 负责铁路局管内专用货车的调整，军运备品回送，集装箱和篷布的运用。

⑰ 及时收取、上报铁路交通事故、设备故障、自然灾害等突发事件信息，按规定进行应急处置，通报信息、组织救援、调整运输。负责调动救援列车、救援队或向国铁集团调度申请跨局调动救援列车、救援队。

⑱ 检查各站段执行调度命令和规章制度的情况；对违令、违章的单位和人员，进行通报批评并提出处理意见。

⑲ 负责铁路局日常运输工作完成情况和调度安全工作情况的分析工作，及时总结、推广调度工作先进经验。

⑳ 负责铁路局调度基础管理和技术培训，规范调度管理、加强队伍建设，指导站段调度日常运输生产工作。

㉑ 负责铁路局调度信息化需求管理，积极采用、推广先进技术和设备，促进调度指挥工作现代化，组织调度信息系统实施应用，负责调度信息系统运用管理。

（3）技术站调度室负责技术站的日常运输指挥工作，具体任务和职责为：

① 严格执行各项规章制度，遵守和维护调度纪律，认真执行上级调度命令和指示，及时处理影响行车安全的有关情况，保证车站调度指挥安全。

② 掌握车流、货流，根据铁路局下达的调度日（班）计划，正确编制和组织实现车站班计划和阶段计划，按列车编组计划、列车运行图和重点要求解编列车，不间断地接发列车。

③ 经济合理地运用车站技术设备和能力，掌握调车机运用，组织有关单位、人员密切配合，协同动作，按作业计划、技术作业过程和时间标准，完成编组和解体列车的任务，提高作业效率，加速机车车辆周转。

④ 及时收集到达列车预确报，掌握车流变化，正确推算现车和指标，按阶段向铁路局调度汇报车流和车站作业情况。

⑤ 重点组织旅客、军运、货物班列、重载、超限、超重、超长和重点货物列车的开行。

⑥ 主动与厂矿企业联系，及时预报车辆到达情况和取送车作业计划，组织开行路企直通列车。组织回送客车（机车）、货物作业车、检修车（修竣车）和专用车的取送，缩短待取、待送时间。

⑦ 发生铁路交通事故时，积极组织救援，减小事故对行车的影响。

⑧ 正确、及时填画技术作业图表，认真分析车站作业计划兑现情况和运输生产完成情况

并及时上报。

2）高速铁路各级调度机构的具体任务和职责

（1）国铁集团调度处负责全国铁路日常运输指挥工作，具体任务和职责为：

① 按规定对铁路局调度安全指挥进行监督管理和监督检查工作。维护调度纪律，检查各铁路局调度执行国铁集团调度命令和规章制度的情况，对违令、违章造成不良后果的单位和人员进行通报批评并提出处理意见。

② 负责全路高铁日常旅客运输组织工作。经济合理使用动车组，组织各铁路局及时输送旅客，充分利用运输能力，挖掘运输潜力，提高运输效率和效益。

③ 检查各铁路局高铁调度日计划执行情况。

④ 监督、检查各铁路局按列车运行图行车，及时协调处理铁路局间高铁运输工作中出现的问题。

⑤ 掌握各铁路局动车组配属、转属、借用、调动、运用及检修情况。

⑥ 掌握动车组列车的运行情况，收集、分析晚点原因，组织有关铁路局及相关单位（人员）采取措施，恢复运行秩序。

⑦ 了解旅客列车票额利用情况；处理跨铁路局（简称跨局）动车组列车的临时加开、停运、变更径路、途中折返、变更编组、变更客运业务停站等工作；根据需要安排跨局试运行列车开行及动车组回送等；组织和部署专运、中央大型会议及重点任务的乘车计划，并掌握运行情况。

⑧ 组织和掌握军运、特运工作，安排新兵和退役士兵运输，重点掌握与其有关的动车组列车始发、运行情况。

⑨ 负责国铁集团抢险救灾物资、人员运输组织工作，跟踪掌握输送情况。

⑩ 负责审批国铁集团管理施工项目的日计划，组织各铁路局兑现施工日计划。

⑪ 掌握各铁路局调度工作情况，检查各铁路局日常运输工作完成情况。

⑫ 检查、通报安全情况，及时收取、掌握铁路交通事故、设备故障、自然灾害等突发事件信息，按规定进行应急处置，通报信息、组织救援、调整运输。负责调动跨局的救援列车、救援队。

⑬ 负责国铁集团高铁日常运输工作完成情况和调度安全监督检查情况的分析工作，及时总结、推广调度工作先进经验。

⑭ 负责检查指导铁路局调度基础管理和技术培训工作，规范调度管理，加强队伍建设。

⑮ 负责高铁调度信息化需求管理，积极采用、推广先进技术和设备，组织调度信息系统开发与应用，负责调度信息系统运用管理，促进调度指挥工作现代化。

（2）铁路局调度所负责局管内铁路日常运输指挥工作，具体任务和职责为：

① 在国铁集团调度的集中统一指挥下，负责铁路局管内高铁运输组织和调度指挥工作。

② 严格执行各项规章制度、安全管理制度和安全卡控措施，遵守和维护调度纪律，及时处理影响行车安全的有关情况，保证调度指挥安全。

③ 负责铁路局管内高铁日常旅客运输组织工作。组织铁路局管内各运输生产单位密切配合、协同动作，经济合理地使用机车车辆，充分利用运输能力，挖掘运输潜力，压缩运输成本，提高运输效率和效益，完成运输生产经营任务。

④ 负责编制和下达铁路局高铁调度日计划，并组织有关站段落实，提高计划兑现率。

⑤ 负责组织铁路局管内各站段按列车运行图行车，及时协调处理铁路局管内高铁运输工作中出现的问题。

⑥ 掌握管内动车组配属、转属、借用、调动、运用、检修情况。

⑦ 组织旅客列车按列车运行图正点运行，遇晚点时，积极采取措施，组织相关单位（人员）恢复运行秩序，做好正晚点分析并上报国铁集团。

⑧ 掌握铁路局票额利用、旅客列车开行及运行情况，重点掌握重点旅客列车的运行情况及旅客列车超员情况；处理动车组列车的临时加开、停运、变更径路、途中折返、变更编组、变更客运业务停站等工作；组织落实专运及重点任务，并掌握运行情况。根据需要组织和落实试运行列车开行及动车组回送等工作。

⑨ 组织完成铁路局管内军运、特运工作，组织落实新兵和退役士兵运输任务，重点掌握与其有关的动车组列车始发、运行情况。

⑩ 负责铁路局管内抢险救灾物资、人员运输组织工作，跟踪掌握输送情况。

⑪ 负责编制、下达铁路局高铁施工、维修日计划，发布运行揭示调度命令和施工、维修作业的调度命令，协调组织施工、维修作业按计划进行。

⑫ 向国铁集团调度报告铁路局调度工作情况，检查铁路局管内各站段运输工作完成情况。

⑬ 及时收取、上报铁路交通事故、设备故障、自然灾害等突发事件信息，按规定进行应急处置，通报信息、组织救援、调整运输。负责调动救援列车、救援队或向国铁集团调度申请跨局调动救援列车、救援队。

⑭ 检查各站段执行调度命令和规章制度的情况；对违令、违章的单位和人员进行通报批评并提出处理意见。

⑮ 负责铁路局高铁日常运输工作完成情况和调度安全工作情况的分析工作，及时总结、推广调度工作先进经验。

⑯ 负责铁路局高铁调度基础管理和技术培训，规范高铁调度管理、加强队伍建设，指导站段调度日常运输生产工作。

⑰ 负责铁路局调度信息化需求管理，组织调度信息系统实施应用，负责调度信息系统运用管理，积极采用、推广先进技术和设备，促进调度指挥工作现代化。

2. 普速铁路调度人员主要职责

铁路局调度所调度室在值班主任的领导下，主要设计划、行车、客运、货运等调度人员，共同完成日常运输调度工作。

1）值班主任的主要职责

（1）在国铁集团调度的集中统一指挥下，负责集团公司管内运输组织和调度指挥工作。

（2）严格执行各项规章制度、安全管理制度和安全卡控措施，遵守和维护调度纪律，严格执行上级命令，及时处理影响行车安全的有关情况，保证调度指挥安全。检查、考核各工种调度落实规章、制度、措施、办法情况，标准化作业情况及工作质量。

（3）组织集团公司管内各运输生产单位密切配合、协同动作，经济合理地使用机车车辆，充分利用运输能力，挖掘运输潜力，压缩运输成本，提高运输效率和效益，完成运输生产经营任务。

（4）负责组织集团公司管内各运输生产单位按列车编组计划编车、按列车运行图行车、按运输生产经营计划组织运输，督促、组织各站段按调度日（班）计划均衡地完成运输任务，及时协调处理集团公司运输工作中出现的问题。

（5）负责编制和下达集团公司调度日（班）计划，并组织各工种调度及各站段落实，提高计划兑现率。

（6）组织调整集团公司管内的货流、车流，按阶段均衡地完成国铁集团下达的车流调整方案和去向别装车方案，重点掌握分界口排空、快运货物和重点物资运输；掌握集团公司管内专列、重点列车的运行情况及重点军运计划安排、落实及完成情况；掌握集团公司管内各主要站和重点厂矿企业、港口装卸作业情况。

（7）按国铁集团批准的计划组织列车在分界站均衡交接，保证机车与列车的紧密衔接，与邻局密切联系、及时交换列车计划、积极协商解决出现的问题，保证分界站畅通。

（8）负责集团公司管内抢险救灾物资、人员运输组织工作，跟踪掌握输送情况。

（9）向国铁集团调度报告集团公司调度工作情况，检查集团公司管内各站段运输工作完成情况。定时向有关领导汇报一班安全、运输生产情况及日（班）计划编制、修整、执行情况。检查各站段执行调度命令和规章制度的情况；对违令、违章的单位和人员，进行通报批评并提出处理意见。

（10）及时收取、上报铁路交通事故、设备故障、自然灾害等突发事件信息，按规定进行应急处置，通报信息、组织救援、调整运输。负责调动救援列车、救援队或向国铁集团调度申请跨局调动救援列车、救援队。

（11）负责日常文电、命令签收、下达、登记、传达、执行、处理、保管、交接工作；负责检查落实本班组党风廉政建设工作。

（12）完成领导布置的临时工作。

2）普速铁路列车调度员的主要职责（非调度集中区段）

（1）严格执行各项规章制度、安全管理制度和安全卡控措施，遵守和维护调度纪律，及时处理影响行车安全的有关情况，保证调度指挥安全。

（2）组织管辖区段内各运输生产单位密切配合、协同动作，经济合理地使用机车车辆，充分利用运输能力，挖掘运输潜力，压缩运输成本，提高运输效率和效益，完成运输生产经营任务。

（3）根据班计划查定时刻，合理安排编组站（区段站）到开计划，组织列车按线运行，提高货物列车正点率；组织列车在分界站均衡交接，保证机车与列车的紧密衔接，与邻局密切联系、及时交换列车计划、积极协商解决出现的问题，保证分界站畅通。

（4）按有关技术作业标准及时编制和下达三、四小时列车运行调整计划（采用计算机下达的为实时调整计划）；按照列车运行图、运行等级顺序和调整原则去指挥列车运行。

（5）检查各站执行列车运行图和编组计划的情况，及时发布有关行车命令和口头指示；严格按列车运行图指挥行车，遇列车发生晚点时，应积极采取措施，组织有关人员恢复正点。

（6）掌握管辖区段内各中间站装卸车情况，按照列车编组计划要求组织摘挂列车的甩挂作业计划和各中间站的配空挂运计划，组织各站按日（班）计划要求完成运输任务，及时协调处理运输工作中出现的问题。按照机调长提供的列尾主机调整方案，及时安排列尾主机回送。

（7）按照施工日计划组织施工（维修）作业，发布与施工、维修作业有关的调度命令；坚持运输与施工兼顾的原则，合理摆布施工前后列车运行秩序，在确保施工安全的前提下提高运输效率。

（8）接到铁路交通事故、行车设备故障、自然灾害等安全信息后，按规定进行应急处置、通报信息和组织救援，并按规定填报《铁路交通事故（设备故障）概况表》（安监报-1）。

（9）检查各站段执行调度命令和规章制度的情况，对违令、违章的单位和人员进行通报批评；召开班中小型电话会议，传达有关命令、指示和重点要求，通报本班运输生产难点、行车指挥具体要求和安全注意事项等。

（10）落实专运及重点列车运输组织工作，监控本列运行情况，重点掌握与其有关的列车始发、运行情况，正确及时处理临时发生的问题。

（11）熟悉有关站段及列车的技术设备、作业过程、各项技术作业标准及各站接发列车的有关规定，正确组织指挥列车运行，掌握天气变化对行车工作影响的规律，组织行车有关人员协调动作，实现按列车运行图行车；加强与现场行车有关人员的联系，及时布置重点工作，维护良好的列车运行秩序。

（12）负责管辖 CTCS-2/CTCS-3 级区段列控限速设置（数据格式调度命令）并与区域值班副主任执行“二人确认制度”。

（13）完成领导布置的临时工作。

3）普速铁路助理调度员的主要职责

（1）接受本台列车调度员领导，执行列车调度员指示，负责核对车站接发列车序列。

（2）负责收集、掌握各站现在车、区段内车流、调小机车动态，负责与计划、机车调度等相关工种进行工作联系。

（3）掌握管辖区段内各中间站装卸车情况，按照列车编组计划要求组织摘挂、小运转列车的甩挂作业计划和各中间站的配空挂运计划；负责布置并组织兑现中间站的各种作业计划（包括调车作业、列车始发、终到、保留、换挂头等作业），向列车调度员提供中间站作业车开车计划；组织各站按日（班）计划要求完成运输任务，及时协调处理运输工作中出现的问题。

（4）负责在中心操作、车站调车操作方式下，CTC 系统不能自动排列列车进路及根据作业需要时，按照列车调度员指示，进行人工触发（排列）进路和开闭信号；负责中心操作、车站调车操作方式，车站、列车进路出现报警或异常情况的处置；负责在运行图界面设置接触网停送电；负责助调终端相关操作及设置，在车站调车操作方式下，遇施工、维修量大无法兼顾按钮、线路的封锁等设置（解锁）时，可临时指派车站值班员设置（解锁），并在得到车站值班员设置（解锁）的报告后，对车站值班员设置的正确性进行确认。

（5）负责与车站办理操作方式的转换，负责协助列车调度员编辑调度命令。

（6）遇列车调度员进行停送电倒闸或停电作业时，须确认停送电倒闸或停电条件是否具备，不具备条件时及时报告列车调度员。

（7）负责轨道电路分路不良及调度所 CTC 设备故障、施工、检修时，与设备维护人员办理登、销记手续。

（8）负责按照列车调度员指示处理非正常情况，及时填写、上报安监报-1。

（9）完成领导布置的临时工作。

4）普速铁路计划调度员的主要职责

（1）负责根据列车编组计划、列车运行图、运输方案、施工计划、加开客车计划及国铁集团、集团公司重点指示，科学、合理地编制列车工作计划，重点保证军事运输、国家重点物资运输需要，最大限度地组织直达、成组运输，加速管内重车移动，提高空车利用效率，充分利用通过能力。

（2）负责所辖区域车流组织、调整工作。负责编制列车工作计划。负责按规定时间、要求向有关站（段）下达班计划。按阶段向行车台传递阶段计划，并组织兑现。

（3）掌握现在车分布情况、编组（区段）站解编作业进度，以及到发线（编发线）运用情况；掌握主要站装卸车进度、重车积压及排车情况，及时准确推算车流；按规定时间提供编制日（班）计划资料。

（4）根据货运日计划需求，提前向有关编组（区段）站或区段、摘挂（小运转）列车始发站下达配空计划，及时配送空车，保证装车计划的实现。重点掌握重点物资的装车情况，优先安排，优先挂运紧急调运的物资。

（5）与邻局密切联系，及时交换列车工作计划，积极协商解决出现的问题，保证分界站畅通。向邻局重点预报跨局运行的挂有装载超限超重、剧毒品货物车辆和运行条件限制机车车辆的列车。

（6）掌握集团公司间分界口限制车流；掌握相邻集团公司间分界口机车交路及列车交接情况，组织均衡交接列车，实现国铁集团批准计划。

（7）严格执行各项规章制度、安全管理制度和安全卡控措施，遵守和维护调度纪律，及时处理影响行车安全的有关情况，保证调度指挥安全。

（8）与有关站（段）、货运中心配合，挖掘运输潜力，提高运输效率，落实重点工作。

（9）完成领导布置的临时工作。

3. 高速铁路调度人员主要职责

传统的调度指挥方式是列车调度员—车站值班员—列车司机，而高铁由于其技术装备的先进，作业环节少，自动化程度高，列车调度员可以直接指挥列车司机，调度指挥效率大大提高。

高铁调度台设有列车调度员和助理调度员两名。正常情况下以分散自律控制模式作为基本行车模式，由列车调度员负责直接指挥和办理调度集中控制区段有关行车工作，司机等相关人员直接向列车调度员报告有关行车工作。

高铁车站一般不设固定的车站值班员，车站设应急值守人员（分为车务应急值守人员和电务应急值守人员），应急值守人员由车务具有车站值班员职名的人员和电务信号人员担任。车务应急值守人员在车站行车监控室（设置有调度集中车站控制终端的处所）值守。电务应急值守人员除完成规定的巡视检查、维护工作以外，在车站行车监控室参与值守工作。

1）高铁值班副主任的主要职责

（1）在调度所值班主任的领导下，负责管辖范围内高铁运输生产的集中统一指挥，协调高铁各线间，高铁与既有线间的运输工作，加强与相邻铁路局调度所间的工作联系，并向国铁集团高铁调度汇报有关工作。

（2）严格执行各项规章、文件、电报、命令和安全管理制度。

（3）掌握高铁列车、动车组列车安全正点情况，遇涉及动车组及高铁的非正常行车组织、应急处置等情况时，加强组织指挥。

（4）掌握相关区段综合维修计划、试验列车开行、动车组回送情况。

（5）负责审核管内高铁动车组列车加开、停运、回送等计划。遇非正常情况时，指导相关调度调整列车开行计划（含客运业务停站股道运用计划）、动车组车底运用计划。

（6）组织协调相关工种调度制定并实施管辖范围内高铁站车滞留旅客疏导方案，及时协调处置高铁站车发生的与客服相关的突发事件。

（7）负责管内救援用动车组列车的调用。需要跨局调动救援列车时，向国铁集团调度申请。

（8）掌握高铁重点任务运输情况，协助列车调度员做好列车运行组织和调整。遇有突发情况，立即向国铁集团报告。

（9）组织实施应急指挥中心确定的救援和处置方案；协调相关单位实施救援、抢修、抢救。

（10）根据文件、电报、有关单位申请，审核管辖范围内动车组试验运行计划，审批施工天窗内的临时施工、维修作业计划。

（11）负责国铁集团调度命令申请单的审核，并督促有关工种调度转发国铁集团的调度命令。

（12）负责高铁安全信息的收集、通报和高铁列车正点统计分析上报工作。

（13）完成领导临时交办的工作和任务。

2）高铁列车调度员的主要职责

（1）严格执行各项规章、文件、电报、命令和安全管理制度。

（2）接收调度日计划，负责本调度区段行车指挥工作，编制和下达列车运行调整计划，组织并监控列车运行，调整列车运行计划和到发线使用。

（3）负责与相邻台交换列车运行计划。

（4）掌握管辖范围内车站及列车的技术设备和作业过程，注意列车的运行情况，掌握重点列车运行信息，正确及时地发布与行车指挥有关的调度命令、行车凭证和口头指示。

（5）需人工办理进路时，负责布置进路，并听取助理调度进路准备妥当的汇报，确认进路正确。

（6）转为非常站控时，负责向车站应急值守人员下达列车运行调整计划（包括车次、股道、方向、到开时刻）、布置进路并听取进路准备妥当的汇报，调度集中控制（CTC）终端能够正常显示时需与助理调度共同确认进路正确；收取列车到发时刻（能通过计算机报点的除外）。

（7）遇发生铁路交通事故、设备故障、自然灾害、防灾安全监控系统报警及列车报告异常信息等情况时，正确及时处理，通报信息，并按规定填写安监报-1。

（8）掌握救援列车的分布情况，根据值班（副）主任的指示，及时发布救援列车运行的调度命令。

（9）对列控限速调度命令（数据格式）与助理调度执行“二人确认制度”。

（10）完成领导临时交办的工作和任务。

3）高铁助理调度员的主要职责

（1）严格执行各项规章、文件、电报、命令和安全管理制度。

（2）接受列车调度员（列车调度岗位）的领导。

（3）掌握管辖范围内站、段及列车的技术设备和作业过程，注意列车的运行情况和有关安全监控设备工作情况，注意管辖各站列车进路和调车进路的排列情况。如需人工办理进路和开放信号时，根据列车调度员的指示人工办理。

（4）负责进行控制模式转换、列控限速设置、接触网有（无）电状态、线路（道岔）封锁等操作。

（5）在分散自律模式下，担任调车领导人，及时编制调车作业计划，向调车指挥人和司机下达调车作业计划，并负责办理调车进路。

（6）遇使用无线传送系统发送调度命令不成功时，按照列车调度的指示使用列车调度电话向司机发布调度命令。

（7）负责列控限速调度命令（数据格式）的设置，取消及人工排列的进路，与列车调度执行“二人确认制度”。

（8）转为非常站控时，在 CTC 终端能够正常显示的情况下与列车调度共同确认进路正确。

（9）按列车调度的指示，负责办理综合维修、设备故障登、销记和接触网停送电签认手续，及时拟订并发布综合维修、抢修作业的调度命令。

（10）完成领导临时交办的工作和任务。调度指挥现场见图 3–5。

图 3–5　沈阳局调度所列车调度指挥现场

【案例 1】动车组列车进错股道事故

1. 案例概况

根据国铁集团 20××年 8 月 22 日 5560 号调度命令，“自 20××年 9 月 1 日起至 10 月 31 日止，AYD—BJX G570 次改为 XXD 始发、BJX—AYD G569 次改为 XXD 终到”。自 11 月 1 日起，G569/70 次恢复图定运行区段。

11 月 1 日 14:14，××高铁二台助理调度员接到 G569 次司机电话联系：“G569 次司机，AYD 站进 3 道停车，确认一下对不对。”助理调度员通过调监查看 AYD 站 G569 次已触发好的 3 道接车进路后以为司机是在没收到进路信息的情况下进行核对，盲目回答：“对的。”司机又问：“今天是改图头一天，站停 1 个多小时到 2 小时开上行 G570 次吗？”助理调度员回答：“我看了邻局运行图，是的。”

14:22，G569 次错误进入 AYD 站 3 道（图定进 8 道），构成铁路交通一般 C 类事故。

2. 点评

1）主要原因

（1）列车调度员安全意识淡薄。列车调度员没有认真吸取相关事故教训，没有把高铁和客车安全作为安全工作的重点和关键。

（2）集中统一指挥观念较差。AYD 站隶属邻局管辖，虽然调度员通过调监控确认了 G569 次 AYD 已触发的接车股道，但无论正确与否都应告知司机与邻局联系确认，作为本局调度员不应代为答复。反映出个别调度员缺乏调度集中统一指挥的观念，缺乏对调度单一指挥重要性的认识。

（3）安全敏感性不强。在司机确认 AYD 站进 3 道对不对时，虽然司机没有明确提出进 3 道不对的疑问，但调度员应该由此产生司机为什么要进行核对的疑问，而调度员盲目认为司机是在核对进路预告信息，而没有意识到司机的真实意图，说明在对安全问题敏感性方面存在较大差距。

（4）工作责任心缺乏。当班列车调度员对自己所在关键调度岗位缺乏足够重视，离岗做与工作无关的事情，造成助调一人指挥，失去作业中的互控环节；同时在对调度命令进行签收的情况下，错误认为 G569 次只是在邻局管内调整运行区段，与本局没什么关系，因而没有引起重视，并对当日运行图 AYD 站的计划进行调整。

2）相关责任人处理

（1）二台助理调度员缺乏安全意识、盲目指挥，停职检查，扣发当月生产奖，调离高铁岗位。

（2）二台调度员基本作业制度不落实，未认真执行“双确认制度”，给予停职检查，扣发当月生产奖并发红色安全通知书考核。

（3）高铁值班副主任命令传递不到位，扣发当月生产奖并发红色安全通知书考核。

（4）高铁管理室主任负管理责任，发红色安全通知书考核。

3）整改措施

（1）加强结合部工作，严格按管辖范围发布调度命令和办理有关行车事项。遇司机联系、询问结合部有关事项时，根据管辖范围明确告知司机应该联系的处所。

（2）加强运行图基础管理工作，对每次调图及列车停运、加开明确专人负责，认真核对，确保运行图基础数据录入准确无误。

（3）加强日常对客车加开、停运等调度命令、文电和运行图基础数据的核对，班中列调、助调再次双人确认、把关。

（4）进一步强化高铁及客车安全意识。在日常调度指挥中接到现场或司机的报告后，快速反应，果断采取扣停或限速措施，不臆测、不盲目指挥。

（5）严格执行有关规章制度，加强对调度员基本作业制度落实情况的检查，杜绝调度指挥失误。

4）高铁计划调度员的主要职责

（1）严格执行各项规章、文件、电报、命令和安全管理制度。

（2）了解客流变化，掌握管辖范围内动车组配属、备用、运用情况，落实动车组列车开行方案。

（3）掌握相关区段综合维修计划、试验列车开行、动车组回送情况。

（4）汇总、编制调度日计划，及时上报、接收国铁集团审批下达的日计划。

（5）与相邻铁路局调度所交换日计划及有关资料。

（6）在客运处的指导下，根据客流需要，发布动车组列车临时加开、停运、途中折返、编组调整、定员变化、变更客运业务停站和应急情况下的票额调整等调度命令。跨铁路局时，向国铁集团高铁调度提出调度命令申请。

（7）遇非正常情况，会同相关调度调整列车开行计划（含客运业务停站股道运用计划）、动车组车底运用计划。

（8）组织管辖范围内高铁运输中有关军事运输工作，安排新老兵乘车计划，重点掌握有关高铁动车组安全正点情况。

（9）完成领导临时交办的工作和任务。

5）高铁客服调度的主要职责

（1）严格执行各项规章、文件、电报命令和安全管理制度。

（2）加强与各工种调度联劳协作，解决调度辖区内站车上报的与旅客服务相关的各类事宜，及时处置高铁站车发生的与客运服务相关的突发事件。

（3）掌握管辖范围内动车组配属、备用及运用情况，了解管内高铁客票发售情况、主要客运站客流波动、动车组列车席位利用及动车组列车的运行情况。

（4）掌握管内运行的动车组列车客运乘务信息及动车组库内保洁计划，遇列车运行计划调整时，及时组织调整本局担当动车组列车客运乘务（含餐服、保洁人员）计划；会同动车调度，及时组织调整动车组库内保洁计划。

（5）遇有动车组列车晚点时，加强与相关工种调度的联系，组织各部门加强协作，采取有效措施，减少晚点影响。

（6）遇有灾害、事故中断行车或发生设备故障等原因造成动车组不能继续运行时，会同相关工种调度，根据相关动车组列车调整计划、客票发售、动车组备用及邻近客车车内人数等情况，及时制定旅客疏导方案，指导相关单位做好列车上水吸污、折返保洁、备品交接、餐饮供应、退票改签、旅程接续、重点旅客安排等客运服务工作。

（7）接收上级或相关调度所命令或信息，收取辖区内车站、列车上报的与客运服务相关的信息（当班列车车长姓名、电话；滞留列车简要情况，包括车次、担当局（段）、滞留时间、地点、列车滞留地点地质灾害或水害等情况；车内旅客情况，包括总人数、分席别人数、重点旅客人数及状况；餐料、餐车燃料可供餐次数；其他认为需要报告的事项等）。向上级及相关调度所通报或直接向站车和铁路客户服务中心发布自然灾害、行车事故、设备故障等原因造成的列车晚点信息（晚点原因、目前晚点时间、预计晚点时间等）等客服信息。

（8）协助做好有关军事运输、新老兵运输、专包及中央大型会议等重点任务的客运服务。

（9）负责旅客（动车组）列车客运服务及正点分析和上报工作；及时记录收集、整理分析客服方面存在的各类问题，提出改进意见；收取站车客运服务的有关资料、站车典型事例等情况。

（10）完成领导临时交办的工作和任务。

【案例 2】旅客列车晚点时客服调度未发挥作用

1. 案例概况

20××年×月×日××高速铁路（CTCS－3 级，300～350 km/h 区段）G1171 次列车运行至甲站至乙站间下行线，因 ATP 故障，重启 2 次后恢复正常，影响本列乙站到晚 28 min，到达乙站后，因为上车旅客阻拦车门关闭又增晚 12 min。经过事后了解为乙站客服系统显示该列车为正点到达，车站按正点提前 10 min 组织旅客上站台候车，由于列车临时故障晚点，且天气寒冷，旅客在站台候车时间过长而情绪激动，进而阻拦车门关闭。

2. 点评

列车调度员在 G1171 次列车发生故障停车后，忙于处理故障，而忽略了客运组织，没有及时告知客服调度列车晚点信息，也没有及时调整乙站列车实际到晚时分，造成乙站客服系统显示该列车为正点到达，而按正点到达进行客运作业。

列车调度员应了解车站客服系统显示的列车到、开时分均来自于列车调度员的运行调整计划，当列车运行发生晚点时，应准确、及时地调整并下达列车车站到、开计划，将列车晚点信息及时反馈给车站综控和客服系统，使车站按列车实际到、开时分组织客运作业。

各级调度要牢固树立"以人为本，旅客至上"的服务理念，当列车运行发生晚点时，应积极了解列车晚点原因，及时通报相关单位，督促做好旅客安抚工作，并采取有效措施恢复正点运行。

6）高铁车务应急值守人员的职责

（1）正常情况下，在行车监控室值守和间休，不参与行车作业。每班 24 h 工作制的，班中休息时间为 8 h。车务应急值守人员应坚守岗位，不得擅自离开行车监控室。遇特殊情况需要临时离开时，必须报告列车调度员及车站值班干部并得到批准，明确联系方式后，方可离开。

（2）在设备故障、施工维修、非正常行车等情况下，由分散自律控制转为非常站控时，车务应急值守人员根据列车调度员指示，担当车站值班员，指挥车站有关行车工作，具体负责办理以下行车作业：

① 向司机等相关人员递交书面调度命令。

② 组织相关人员现场准备进路。

③ 组织相关人员对故障设备进行检查、确认。

④ 按规定对站内到发线停留车辆的防溜措施进行检查、确认。

⑤ 在特殊情况下与司机办理故障车、事故车有关随车运输票据和回送单据的交接、保管工作。

⑥ 组织应急救援，完成信息传递和其他需现场了解、检查确认的工作。

电务、工务人员应根据车务应急值守人员指示，协助办理②、③、⑥ 项有关作业。

任务 3.3　铁路运输调度工作制度

任务引入

交接班会在调度工作中具有承上启下的作用，交接班包括设备交接、延续作业、上情下达等很多事项，关乎安全大局，绝不能小视。交接班时间被大家称为安全生产的"斑马线"。当班的调度人员必须提前 10 min 到岗，全面了解上一班需要跟进的工作和本班的生产任务。接班值班主任主持召开交接班会，听取各岗位的汇报，布置本班的工作重点，分配工作任务，并制定具体的工作措施。

通过规范管理，确保职工遵章守纪、按标作业，不断增强安全责任意识，实现交接班管理“无缝对接”。共同学习上级文件、电报、命令、指示，并提出工作要求、指出注意事项，准确传达当班任务。

要对交接班环节进行重点检查，发现问题问责到人，严格考核，以保证调度工作顺利进行。

思考：

（1）交接班制度的具体规定有哪些？

（2）除了交接班制度，调度所还有哪些工作制度？

知识准备

为完整发挥调度作用和提高调度组织指挥水平，各级调度部门必须建立严密的工作制度，坚持政治和业务学习，建立健全岗位责任制，固定班次并加强交接班碰头会、分析会和班中碰头会，制定严格的安全生产制度和分析制度。要求调度员定期深入基层站段调查研究，以达到了解现场人员业务水平、技术能力和设备情况、掌握作业特点和运输规律、了解和解决运输生产中存在问题的目的。

1. 调度所管理制度内容

调度所管理制度须包括安全、生产、施工、教育、基础管理等基本管理制度，并将基本管理制度纳入《调度所管理工作细则》。

（1）调度所安全管理制度，应包括安委会制度以及安全逐级负责、安全信息管理、安全管理措施、安全检查监控、安全分析考核等内容。

（2）调度所生产管理制度，应包括日计划编制和实施、工作联系、生产分析、生产考核等内容。

（3）调度所施工管理制度，应包括施工组织协调、施工日计划、运行揭示调度命令、施工调度命令的编制、审批和下达，以及施工期间运输组织和施工分析等内容。

（4）调度所教育管理制度，应包括培训、考试、技能竞赛、持证上岗和深入现场等内容。

（5）调度所基础管理制度，应包括会议、考勤、值班、作息、请假、卫生、保密、物品定置管理、文明生产、安全保卫等所务制度和班组管理、文电管理、规章管理、技术资料管理、设备管理、台账管理、班组（岗位）竞赛评比、各工种调度工作程序等内容。

调度所须健全完善各项基本管理制度，明确管理责任，抓好规章制度执行及安全生产的检查、监控、分析、考核工作。

2. 电视电话会议制度

为及时了解和掌握运输生产、运输安全等情况，各级调度应建立电视电话会议制度。

（1）各铁路局高铁值班副主任每日 7:00 前向国铁集团高铁行车调度员汇报第一班运输安全和计划任务完成情况；国铁集团高铁行车调度员向铁路局高铁值班副主任布置第二班工作重点。

（2）国铁集团隔日召开全路运输生产电视电话会议，由各铁路局分管运输副局长（总调度长）汇报运输安全和运输生产情况，国铁集团向铁路局提出运输生产要求和布置工作重点。

（3）铁路局每日召开全局运输生产电视电话会议，各站段分管生产的副站（段）长汇报全日运输安全及运输生产情况，铁路局向站段提出运输生产要求和布置工作重点。

3. 交接班制度

各级高铁调度应建立交接班制度，保持调度工作的连续性。国铁集团、铁路局交接班会，分别由值班处长、值班主任负责主持，有关工种调度人员参加。

（1）接班会：传达有关命令、指示和重点事项，通报上一班安全、运输生产情况，布置安全注意事项，研究本班完成运输生产任务的具体措施。

（2）班中会：每班至少召开一次，根据调度日（班）计划执行情况，研究完成本班和全日任务的具体措施。

（3）交班会：各工种调度分别汇报本班安全、运输生产任务完成情况，分析存在的问题，总结经验教训。

调度所高速铁路调度根据实际情况进行交接班会，由值班主任（高铁值班副主任）负责主持，有关工种调度人员参加。

各工种调度交接班时，交班内容和待办事项必须清楚、完整，不得遗漏。

4. 工作报告制度

要建立工作报告制度，加强各级调度间工作联系，加强与安全监察、专业部门之间的信息沟通，准确掌握工作进度和安全信息，及时处理发生的问题。

1）普速铁路工作报告制度

（1）车站向铁路局调度报告：

① 车站在列车到、开或通过后，及时报告车次、时分（具有自动采点设备，可自动采点时除外）。

② 列车始发站应及时报告列车解编进度、编组内容、列车编组变化情况及出发列车速报（车次、机型、机车号、辆数、牵引总重、换长）；列车在非始发站摘挂作业，作业站要及时报告摘挂列车在站作业、占用股道及作业后的编组变化情况。

③ 机车及股道占用情况。

④ 因特殊原因，临时造成旅客积压，不能及时输送。

⑤ 车站有关工种人员每 3 h 向铁路局所属工种调度上报规定内容。

⑥ 具备信息系统上报条件的车站，须通过系统及时准确上报。

⑦ 安全情况和重要事项应随时报告。

（2）铁路局调度向国铁集团调度报告：

① 10:00（22:00）前，铁路局值班主任向国铁集团调度报告接班后的管内运输情况，预计本班分界站列车交接、排空、机车运用情况，7:00 前向国铁集团值班处长报告运输安全和运输生产任务完成情况的综合分析。

② 铁路局各工种调度及时向国铁集团相关工种调度报告各项规定的内容。

③ 安全情况和重要事项应随时报告。

2）高速铁路工作报告制度

（1）基层单位（作业人员）向铁路局调度报告：

① 司机等相关人员应直接向列车调度员报告有关行车工作；在非集控站及转为车站控制的集控站，应向车站值班员报告，对重点事项和安全信息，车站值班员及时报告列车调度员。

② 当施工、维修作业不能按计划结束时，作业负责人应提前 30 min 向列车调度员（在调度所登记时）或车站值班员（在车站登记时）汇报。

③ 发生影响旅客服务的突发情况，车站由站长、客运值班员或综控室值班员，列车由列车长及时向客服调度员汇报。

④ 客运段及时向客服调度员汇报客运乘务计划落实及变化情况。

⑤ 动车（车辆）段调度员及时向动车调度员汇报车底运用、备用、检修、乘务计划落实及变化情况。

⑥ 机务段调度员及时向机车调度员（动车司机调度员）汇报乘务计划落实及变化情况。

（2）铁路局调度向国铁集团调度报告：

① 每日9:00（21:00）前，值班副主任向国铁集团调度报告接班后的管内运输情况及重点事项。

② 铁路局各工种调度及时向国铁集团相关工种调度报告各项规定的内容。

③ 安全情况和重要事项应随时报告。

当上级调度向下级调度和运输生产单位了解有关运输情况时，有关人员应及时汇报。

铁路局调度接到铁路交通事故、行车设备故障等安全信息后，应按规定填写安监报－1，及时报国铁集团调度，并通过铁路安全监督管理信息系统及时报送铁路局安全监察部门。

铁路局客运调度接到客运突发事件报告后，应及时填写《客运突发事件概况表》报国铁集团调度。

【案例】

1. 案例经过

×年×月×日10:20，××次旅客列车上第12号车厢突然响起一片喧哗声，该车厢乘务员立即上前查看，原来有一名女性旅容突发疾病，脸色苍白，昏迷不醒。

乘务员立即通知列车长，列车长马上安排广播员广播寻医救人，并赶到12号车厢查看旅客情况，动员相邻座位的旅客让出座位，先让该旅客躺平。赶来的好心医生经检查救治，旅客仍昏迷不醒，与列车长共同商量，建议在前方站下车，以免耽误病情。

×年×月×日10:30，××铁路局××车务段××站客运值班员接到路局客调通知：××次列车12号车厢有一名旅客急病昏迷，经广播寻找医生，救治无效，现需下车急救，请××站组织救护。××列车于当日11:18正点到达××车站。

2. 案例分析

本案例属旅客在列车上突发疾病实例。根据工作报告制度有关规定，列车长在知晓列车上旅客突发疾病危及生命时，应立即通知司机，司机要及时报告客运调度员，客运调度员按照实际情况布置紧急救治方案，通知前方站车站值班员提前组织医疗救护，以免影响列车正点。可见在站车发生意外突发情况时，铁路局调度所工作报告制度，在加强各级调度间工作联系、信息沟通、及时处理突发问题上起到至关重要的作用。

5. 客运调度报告制度

为准确掌握客运工作情况，及时处理发生的问题，车站客运计划员、客运段派班、车务段（直属站）调度、铁路局客服调度必须严格执行报告制度，除按规定上报有关资料外，凡发生下列情况之一时必须逐级向上级客运调度报告。

（1）发生自然灾害或发生事故中断行车，客运调度须了解情况，及时上报相关客运事项。

（2）发生旅客、路内客运职工伤亡事故，由于站车设备损坏或其他原因造成人员伤亡。

（3）车站和旅客列车发生火情、火灾。

（4）旅客列车因机车、车辆发生事故造成甩车或长时间修理造成列车晚点。

（5）售票系统发生故障不能正常售票。

（6）车站和列车票款、票据被抢、被盗。

（7）上访人员乘车或发生群体性拦截旅客列车。

（8）站、车之间发生纠纷或其他原因影响旅客列车晚点。

（9）站、车发生意外情况，工作人员不能正常作业。

（10）因特殊原因，临时造成旅客、行包积压，不能及时输送。

（11）因误售车票出现旅客误乘、漏乘。

（12）因错、漏传调度命令，错挂或漏挂车辆，造成旅客不能正常乘车。

（13）有关客运工作中出现好人好事的典型事例。

（14）其他需要及时上报的有关客运工作事项。

以上凡与相邻铁路局有关的命令均应抄知相邻铁路局。

6. 铁路局运输调度领导值班制度

为加强对运输工作的领导，及时了解和处理突发事件，铁路局应建立运输调度领导值班制度。

（1）值班人员：铁路局总调度长或调度所主任（副主任）、书记。

（2）值班时间：工作日 18:00 至次日 8:00、非工作日 8:00 至次日 8:00。

（3）值班要求：

① 对重点运输任务，按等级认真盯控，确保安全正点。

② 对Ⅰ、Ⅱ级施工，严格监控，按施工日计划组织实施，对临时发生的问题采取果断措施及时正确处置。

③ 遇恶劣天气，提前预想，对设备运行、运输组织造成影响时，立即组织应急处置，保证运输安全。

④ 遇旅客列车大面积晚点或运输不畅时，要详细了解、掌握情况，采取有效措施，尽快恢复列车运行秩序。

⑤ 发生铁路交通事故或行车设备故障时，亲自组织处理，减少对运输秩序的影响。

7. 局间分界站会议制度

加强铁路局间的协作，保证分界站畅通。铁路局间分界站会议每年不少于一次，由两个铁路局轮流主办，必要时由国铁集团组织，研究改进列车交接和日常施工以及高铁调度指挥等工作，制定、修改分界站协议。

8. 深入现场制度

为提高调度人员组织指挥水平，加强各级调度之间、调度与站段有关人员的工作联系，各级调度人员每季度深入现场应不少于一次，熟悉设备、人员情况，交换工作意见，解决日常运输及安全生产中存在的问题。

（1）深入现场前要有计划，返回后要有报告。

（2）深入现场活动可采取添乘机车（动车组）、列车，召开座谈会、联劳会、同班会、跟班作业、专题调研等多种形式。

国铁集团、铁路局应按规定为调度人员办理机车（动车组司机室）添（登）乘证。调度人员持证添（登）乘机车（动车组）、列车，并准许在乘务员公寓食宿。

知识拓展

1. 普速铁路调度人员招聘（选拔）与培训

各级组织和领导应高度重视调度基础工作，建设一支思想过硬、作风过硬、业务过硬，纪律严明、精干高效、指挥科学的高素质调度队伍。

国铁集团、铁路局调度部门和技术站，应分别指定一名领导具体负责调度人员的招聘（选拔）和培训工作。对调度人员招聘（选拔）和培训工作要坚持“逢进必考、资格必审、上岗必训”的原则。

国铁集团、铁路局须充分考虑调度人员工作量、工作质量、业务培训、深入现场、通勤、休假等因素及有关规定，科学测定调度机构定编，合理设置调度台，配备各岗位人员和充足的预备人员，以满足安全生产和调度工作“精细、高效”的要求。

1）调度人员基本素质要求

（1）具有较高的思想政治觉悟，有大局意识和较强的协调组织能力。

（2）具有较强的专业知识和工作经验，技术业务熟练，具有计算机基本操作能力、较强的文字处理和语言表达能力。

（3）遵章守纪、爱岗敬业、服从指挥、团结协作。

（4）身体健康。

2）调度人员招聘（选拔）要求

调度人员招聘（选拔）须按照公平、公正、公开的原则进行，新招聘（选拔）调度人员除具备上述调度人员基本素质要求外，还须满足以下条件：

（1）年龄要求：新招聘调度人员年龄一般应在 35 岁及以下。

（2）学历要求：国铁集团调度须有全日制大学本科及以上文化程度，铁路局调度须有大专及以上文化程度。

（3）工作经历要求：新招聘（选拔）调度人员从事现场相关岗位工作须满 2 年。国铁集团调度应从下级调度人员或优秀行车人员中招聘。铁路局列车调度员应从车站值班员、车站调度员、机车（动车组）司机或优秀行车人员中招聘，其他工种调度员应从基层运输生产单位专业对口的优秀人员中招聘。车站调度员应从有实践工作经验和指挥能力的优秀行车人员中选拔。

3）调度人员培训要求

（1）各级调度必须配备专业技术教育人员，由具备中级及以上技术职称或具有较强业务水平和实践经验的人员负责技术业务培训工作。

（2）铁路局应对新招聘调度员制定培训计划，组织进行任职资格培训，列车调度员培训时间不少于 6 个月，其他工种调度员培训时间不少于 3 个月，其中理论培训（脱产）不少于 1 个月，培训期满进行考试和考核，合格后方准持证上岗。

（3）对转岗、转台调度人员必须经过跟班学习，经考试、考核合格后，方准独立工作。

（4）为不断提高调度人员的业务水平，各级调度可采取脱产与不脱产相结合的方式，轮流对现职运输调度人员进行培训，脱产培训学习每年不得少于 10 天；对新设备投入运用、新规章实施、运行图调整等必须提前进行业务培训，考试（考核）不合格不得上岗。

（5）铁路局每年组织现职调度员进行“铁路局调度员合格证”年度鉴定考试，合格后方准上岗。

（6）铁路局原则上每年应组织一次铁路局调度职业技能竞赛，国铁集团原则上每三年组织一次全路调度职业技能竞赛。对职业技能竞赛成绩优胜者应给予奖励并在晋职晋级时优先考虑。

国铁集团、铁路局应分别建立调度培训基地，建立健全仿真系统等培训设施，满足调度员培训需求。

改善调度人员工作条件，关心调度人员的生活，每年对调度人员安排一次体检，优先安排健康休养，尽可能帮助解决调度人员生活中的实际困难；对因年龄、身体等原因，不适合继续从事调度工作的人员应给予妥善安置，解决好后顾之忧，确保调度人员安心工作。

2. 高速铁路调度人员招聘（选拔）与培训

各级组织和领导应高度重视调度基础工作，建设一支思想过硬、作风过硬、业务过硬，纪律严明、精干高效、指挥科学的高素质调度队伍。

国铁集团、铁路局调度部门，应分别指定一名领导具体负责调度人员的招聘（选拔）和培训工作。对调度人员招聘（选拔）和培训工作要坚持“逢进必考、资格必审、上岗必训”的原则。

国铁集团、铁路局须充分考虑调度人员工作量、工作质量、业务培训、深入现场、通勤、休假等因素及有关规定，科学测定调度机构定编，合理设置调度台，配备各岗位人员和充足的预备人员，以满足安全生产和调度工作“精细、高效”的要求。

1）调度人员基本素质要求

（1）具有较高的思想政治觉悟，有大局意识和较强的协调组织能力。

（2）具有较强的专业知识和工作经验，技术业务熟练，具有计算机基本操作能力、较强的文字处理和语言表达能力。

（3）遵章守纪、爱岗敬业、服从指挥、团结协作。

（4）身体健康。

2）高铁调度人员招聘（选拔）要求

高铁调度人员招聘（选拔）须按照公平、公正、公开的原则进行，新招聘（选拔）高铁调度人员除具备上述调度人员基本素质要求外，还须满足以下条件：

（1）年龄要求：铁路局高铁列车调度员初任年龄一般应在35岁及以下，其他高铁调度员初任年龄一般应在40岁及以下，遇特殊情况可适当放宽。

（2）学历要求：国铁集团高铁调度须有全日制大学本科及以上文化程度，铁路局高铁调度须有大专及以上文化程度。

（3）专业要求：铁路局高铁列车调度员须由运输、机务相关专业毕业；其他专业毕业的须在运输、机务运用工作岗位定职后工作满3年。其他工种调度员由相关专业毕业或从事相关专业工作满2年。

（4）铁路局高铁调度工作经历要求：

高铁值班副主任：从事高铁计划调度员不少于2年或从事高铁列车调度员工作不少于2年。初设高铁值班副主任岗位且铁路局开通高铁时间不满2年时，从事普速铁路值班副主任、高铁计划调度员或高铁列车调度员工作累计不少于1年。

高铁计划调度员：从事高铁列车或客服调度员工作不少于2年。初设高铁计划调度员岗位且铁路局开通高铁时间不满2年时，从事高铁列车或客服调度员工作不少于1年；或者从事普速铁路计划、客运或列车调度员工作累计不少于2年。

高铁列车调度员：从事普速铁路列车调度员或高铁动车组司机工作不少于2年。

动车调度员：从事动车组检修、客车检修、运用技术管理工作累计不少于 2 年或从事专业调度工作不少于 2 年。

高铁客服调度员：从事列车长、值班站长、客运值班员、客运计划员工作累计不少于 5 年或从事普速铁路调度员不少于 2 年。

高铁施工调度员：从事普速铁路施工调度员或高铁列车调度员工作不少于 2 年。

高铁供电调度员：从事普速铁路供电调度员工作不少于 2 年。

（5）任职资格：取得“高速铁路调度员资格证”。

3）高铁调度人员培训要求

（1）各级高铁调度必须配备专业技术教育人员，由具备中级及以上技术职称或具有较强业务水平和实践经验的人员负责高铁技术业务培训工作。

（2）铁路局应按国铁集团有关规定制定新职高铁调度员培训计划，组织进行任职资格培训。任职资格培训时间不少于 3 个月，其中集中理论培训（脱产）不少于 20 天，岗位理论培训（脱产）不少于 10 天，实作技能培训（跟班学习）不少于 2 个月，培训期满进行理论考试和实作考核，合格后方准办理“高速铁路调度员资格证”。

（3）铁路局高铁调度员不同工种间转岗、同工种间转台必须进行跟班学习，经考试、考核合格后，方准独立工作。

（4）现职高铁调度员每年须按规定参加脱产适应性培训，每年累计脱产培训时间不少于 15 天。对新设备新技术投入运用、新规章实施、运行图调整等必须提前进行业务培训。

（5）铁路局高铁调度员须取得“高速铁路调度员资格证”，方准上岗。

（6）铁路局每年组织现职调度员进行“铁路局调度员合格证”年度鉴定考试，合格后方准上岗。

（7）铁路局原则上每年应组织一次铁路局调度职业技能竞赛，国铁集团原则上每三年组织一次全路调度职业技能竞赛。对职业技能竞赛成绩优胜者应给予奖励并在晋职晋级时优先考虑。

国铁集团、铁路局应分别建立调度培训基地，建立健全仿真系统等培训设施，满足调度员培训需求。

改善调度人员工作条件，关心调度人员的生活，每年对调度人员安排一次体检，优先安排健康休养，尽可能帮助解决调度人员生活中的实际困难；对因年龄、身体等原因，不适合继续从事调度工作的人员应给予妥善安置，解决好后顾之忧，确保调度人员安心工作。

思考题

1. 铁路运输调度指挥机构的构成是什么？
2. 普速铁路值班主任的主要职责是什么？
3. 铁路运输调度的基本任务是什么？
4. 普速铁路列车调度员和助理调度员的主要职责是什么？
5. 高铁值班副主任的主要职责是什么？应急值守人员的主要职责是什么？
6. 调度所管理制度主要包括哪些内容？
7. 调度所交接班制度是如何规定的？

项目 4　铁路运输生产技术计划

学习目标

1. 知识目标

（1）掌握重车车流表的数据含义。

（2）掌握空车调整图的数据含义。

（3）掌握货车工作量的含义。

（4）掌握货车载重量及载重力利用率的含义。

（5）掌握货车周转时间的含义。

（6）掌握运用车保有量、管内工作车保有量、空车保有量、重车保有量的含义。

（7）掌握运输方案的主要内容。

（8）掌握列车方案的主要内容。

2. 能力目标

（1）能够计算铁路货车运用数量指标。

（2）能够利用时间相关法、车辆相关法计算货车周转时间。

（3）能够计算运用车保有量。

铁路运输生产技术计划（以下简称技术计划）是为了完成铁路运输生产月度货物运输计划而制定的月度机车车辆运用计划，是编制运输方案的主要依据。

本项目主要介绍车辆运用的数量指标计划，车辆运用的质量指标计划，运用车保有量计划，机车运用指标计划和运输方案等内容。

任务 4.1　概　　述

任务引入

铁路运输生产技术计划的原理

机车车辆的活动是形成运输生产活动动态性质的重要因素，它使每一铁路局、站、段在不同的时刻有着不同的运输状态。为了对动态的运输生产过程进行控制，必须制定完善的运营指标系统，机车车辆运用指标是运营指标系统中的重要组成部分。

机车车辆是铁路运输的活动设备(运输动力和工具)，它是决定铁路运输能力的重要因素，主要由活动设备所决定的输送能力与主要由固定设备所决定的通过能力的综合实现，才能形成铁路的运输能力。在一定的固定设备条件下，铁路所能实现的运输能力将取决于活动设备的类型、数量及其分布，问题反映在两个方面：为完成一定的运输任务，应拥有多少机车车辆；一定类型和数量的机车车辆能完成多少运输任务。前者主要在长远计划及年度计划中研究，而运输生产计划则要解决上述两个方面的问题。

为保证货运计划的实现，必须在现有的机车车辆类型和数量的条件下，编制合理运用机车车辆的指标计划(包括机车车辆的合理分配)，而机车车辆的运用指标又与运输工作量相关联。因此，就运输生产活动而言，机车车辆的运用指标是运输生产活动的主要数量和质量指标。在确定运输工作量及机车车辆合理运用的有关指标时，必然涉及区段通过能力的限制条件，因而正确确定车流径路合理利用通过能力也是其任务之一。

思考：

（1）铁路运输生产计划的意义是什么？

（2）铁路运输生产计划要解决什么问题？

货车合理运用是运输生产指标计划所研究的主要问题。我国铁路货车，除少数为企业自备车，有专门的用途和一定的运输径路外，大部分是全路通用（除不连通的铁路及轨距不同者外，全路 60 余万辆货车可以在各铁路局间运送货物），因而运用车，亦即铁路通用货车的合理分布及空车调整问题是十分重要而又复杂的问题。铁路局的运用车保有量有一定的限度，超过一定数量将会产生某些困难或浪费，并且会影响其他铁路局完成运输任务，而不足其需要量又不能完成本局规定的运输任务，因此铁路局必须经常保有一定种类和数量的运用车。对于随时间变化而不断变化的运用车的分布状态，为了保持其相对平衡，必须从以下几个方面进行控制：按层次分级（国铁集团、铁路局）控制运用车数；按状态（空、重）和去向（交出的重车和到本局卸的重车）控制运用车数；按主要车种（C、P、N、G、B 等）控制运用车数。运用车的合理分布是组织均衡运输，合理利用铁路运输能力，全面和超额完成运输任务的保证。

我国社会主义市场经济的确立，对铁路运输的时间要求大大提高了，货主随时提出的运输需求，都要求铁路能随时满足，否则货主会考虑选择其他方式的交通工具，从而会大大削弱铁路在运输市场中的竞争能力，因此，随到随批已成为货运计划中必不可少的计划。为了获得一套准确有效的运输生产技术指标，除了应缩短月编计划的编制周期（以降低随到随批计划所占比重）外，还应使技术指标具有较好的预见性，能充分反映随到随批部分运量。为此可选择下面的方法来确定最终的技术指标：其一，建立一套科学的货流、车流预测方法，要求能比较准确地预测出计划期内随到随批部分的货流、车流情况，而且能反映出不同货物品名，不同发、到站，不同车种的情况；再加上货运计划中的集中计划部分的货流、车流，从而组成计划期内完整的货流、车流；然后应用技术计划指标计算原理确定有关指标。这种货流、车流预测方法预测的对象数目繁多，需要提供的历史数据和考虑的因素也很复杂，因此需要具有较高的自动化水平，才能有效地实现。其二，先以货运计划中集中部分的货流、车流为基础，确定出技术计划有关指标，然后根据对计划期内随到随批部分的货流、车流情况的预计，来修正有关技术计划指标。这种方法比较有利于人工实现。

综上所述，技术计划的基本任务是确定铁路局日均应完成的装车、卸车、分界站交接车数及列数等运输生产任务，合理安排各区段的空重车流和货物列车列数，规定货车运用的各项指标。

技术计划的主要内容包括运输生产的数量指标计划、货车运用指标计划、运用车保有量计划、机车运用指标计划和主要站指标计划等。

1）运输生产的数量指标计划

（1）使用车计划和卸空车计划。

（2）空车调整计划。

（3）分界站货车出入计划。

（4）分界站及各区段货物列车列数计划。

2）货车运用指标计划

（1）货车工作量。

（2）货车周转时间及其构成因素。

（3）货车日车公里。

3）机车运用指标计划

（1）列车平均总重。

（2）机车全周转时间。

（3）机车日车公里。

（4）机车日产量。

4）主要站指标计划

技术计划的编制依据主要包括：月度货物运输计划、列车编组计划、列车运行图、铁路区段通过能力、车站改编能力、车站技术作业过程以及国家及上级领导对计划月度运输工作的有关指示等。

在编制技术计划时，还必须研究和参考本月技术计划执行情况的分析，技术计划执行前车辆的分布情况，季节运输需要及施工等情况，编制出切实可行的技术计划。

正确编制和严格执行技术计划，对于经济合理地使用铁路运输设备，加速机车车辆周转，保证完成货物运输任务具有重要的作用。

任务 4.2　铁路货车运用数量指标计划

任务引入

2019 年货物运输统计公报

国家铁路货运总发送量完成 34.40 亿 t，比上年增加 2.50 亿 t，增长 7.8%。其中，集装箱、商品汽车发送量比上年分别增长 30.4%、12.3%。国家铁路货运总周转量完成 27 009.55 亿 t · km，比上年增加 1 208.59 亿 t · km，增长 4.7%。具体数据见图 4-1。

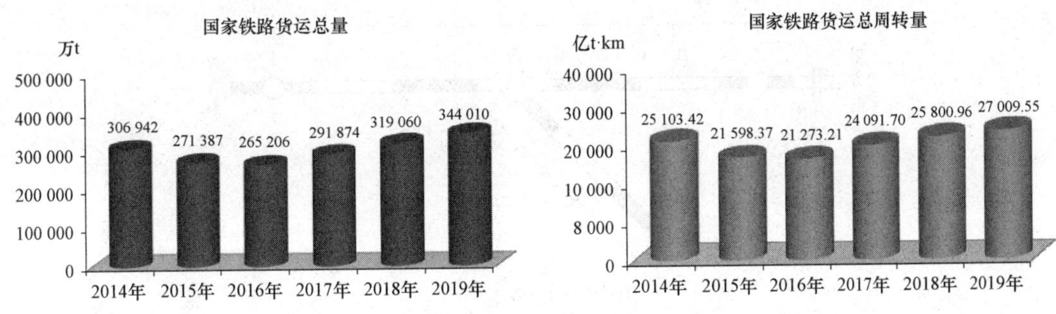

图 4–1　铁路货运统计

思考：

（1）使用车计划在货物运输中有什么意义？

（2）接运重车计划在货物运输中有什么意义？

1. 使用车计划

使用车数由装车数和增加使用车数组成，即：

$$u_{使} = u_{装} + \Delta u_{使} \quad （车）$$

式中：$u_{使}$——使用车数；

$u_{装}$——装车数；

$\Delta u_{使}$——增加使用车数。

增加使用车数是指不按装车数统计的使用车数，它主要包括：中转零担货物超过规定重量的装车、运用重车途中倒装而增加的装车、装运铁路货车用具的整车装车；新线、地方铁路分界站向新线、地方铁路的装车，以及由新线、地方铁路接入重车到达新线、地方铁路分界站的卸车，计算增加使用车和增加卸空车各一辆。

使用车数的绝大部分是装车数，增加使用车数仅占百分之几，因此使用车数指标又是反映装车数量多少的运输生产数量指标。

使用车计划应按去向别和车种别确定。其中装车数是根据月度货物运输计划批准的要车计划产生的装车货源数据库生成，增加使用车部分参照车站实际统计资料确定的。

使用车按其去向可分为自装自卸和自装交出两部分，即：

$$u_{使} = u_{自装自卸} + u_{自装交出} \quad （车）$$

式中：$u_{自装自卸}$——自装自卸车数；

$u_{自装交出}$——自装交出车数。

根据货运计划批准的要车计划表，按发站、到站和车种汇总，然后计算出每支车流的日均车数，编制车种别和去向别使用车计划，并上报国铁集团。

国铁集团对各铁路局的使用车计划汇总后即产生了全路的重车流计划。各局间将自装交出资料进行交换，按到站和经由分界站通知有关的卸车局和通过局，以确定重车车流表的接入卸车和通过车流。

假设丙局管辖范围如图 4–2 所示。丙局列车编组计划如表 4–1 所示。丙局去向别、车种别使用车计划表如表 4–2 所示。

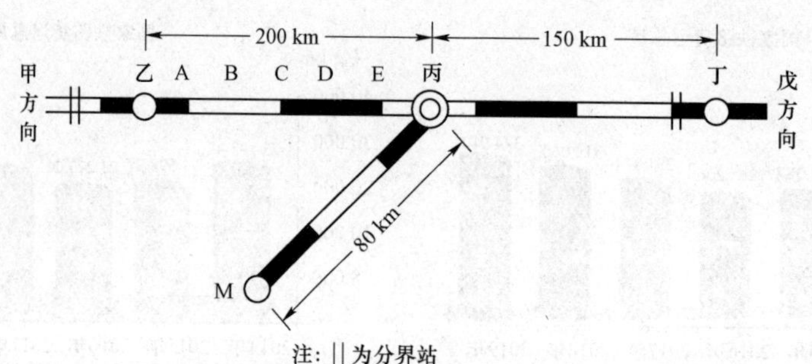

注：|| 为分界站

图 4-2　丙局管辖范围示意图

表 4-1　丙局列车编组计划

发站	到站	编组内容	列车种类	期车次	附注
E	丁	丁及其以远	始发直达	85001、85003	
S	戊	戊站卸	石油直达	84001	
M	戊	戊及其以远	始发直达	85102～85108	
甲	E	空敞车	空直达	86001、86003	
甲	M	空敞车	空直达	86101、86103	
甲	戊	空敞车	空直达	86201	
戊	S	空罐车	空直达	86901	
甲	戊	戊及其以远	技术直达		
戊	甲	甲及其以远	技术直达		
各区段均开行区段列车及摘挂列车					

表 4-2　丙局去向别、车种别使用车计划表

往 由	本局管内卸车							自装交出重车			合计
	乙	乙—丙	丙	丙—丁	丙—M	M	计	乙分界站	丁分界站	计	
乙		10 10	20 20	5 6 11			35 6 41	20 20	15 20 40 5	35 20 60 5	70 26 101 5
乙—丙	8 13 5	10 10（c）		10 10			10 18 33 5	15 15	100 100	15 100 115	25 118 148 5
丙	15 15	10 10			10 10	15 35 20	35 15 70 20	20 10 30		20 10 30	55 25 100 20
丙—丁	5 5		2 3 5			10 10	2 18 20		50 G50	50 G50	2 18 70 G50
丙—M		5 5		5 5			10 10	20 20		20 20	30 30
M			10 25 15				10 25 15		150 150	150 150	10 150 175 15
计	15 13 33 5	20 15 35	32 3 50 15	15 11 26	10 10	25 45 20	92 67 199 40	55 30 85	15 270 340 5 G50	70 300 425 5 G50	162 367 624 45 G50

注：表中每格左上角为棚车，右上角为敞车，左下角为平车，右下角为罐车或保温车，中间数字为总数，即：

P　C 总数 N　G/B

假设：丙局 $u_{装}$ 为 594 车，$\Delta u_{使}$ 为 30 车（其中乙站 15 车，丙站 15 车），则：

$$u_{使}=594+30=624 \quad （车）$$

使用车计划是确定各区段行车量、分界站货车出入计划和机车车辆运用指标计划的原始资料，应正确查定。

2. 卸空车计划

卸空车数由卸车数和增加卸空车数组成，可用下式表示：

$$u_{卸空}=u_{卸}+\Delta u_{卸空} \quad （车）$$

式中：$u_{卸空}$——卸空车数；

$u_{卸}$——卸车数；

$\Delta u_{卸空}$——增加卸空车数（不按卸车数统计的卸空车数，与增加使用车数相类似，主要因零担货物中转及货物倒装而产生）。

同样，卸空车数指标既是反映货车运用的数量指标，又是反映卸车任务多少的运输工作数量指标。

保证卸车任务的完成不仅可以加速货物送达，还可以避免重车积压，加速货车周转。重车卸后才可产生空车，因而卸车任务的完成又是完成排空任务和装车任务的重要条件。

卸空车按其来源可分为自装自卸和接入自卸两部分，即：

$$u_{卸空}=u_{自装自卸}+u_{接入自卸} \quad （车）$$

铁路局的卸空车计划，应按车种别和到站别编制，其中自装自卸部分可根据去向别使用车计划确定，接入自卸部分由外局提供的重车车流资料确定。

丙局车种别卸空车计划表见表 4-3。

表 4-3 丙局车种别卸空车计划表

卸车数 来源	乙	乙—丙	丙	丙—丁	丙—M	M	合计
路局自装	15 13 33 5	20 15 35	32 3 50 15	15 11 26	10 10	25 45 20	92 67 199 40
接入卸车	20 10 30	27 3 40 10	150 150	5 5	10 10	25 25	52 198 260 10
合计卸车	35 23 63 5	47 18 75 10	32 153 200 15	20 11 31	10 10 20	50 70 20	144 265 459 50

由表 4-3 可知丙局卸空车数 459 车，其中自装自卸车数为 199 车，接入自卸车数为 260 车。

3. 接运重车计划

对局而言，接运重车是指由邻局接入到本局卸和通过本局的重车。

在编制技术计划时，各局根据邻局卸车和通过的重车流资料（包括到达站名、卸车车种、车数及径路等），编制接运重车去向计划。丙局接运重车去向计划表见表 4-4。

铁路局接运重车包括接入自卸和通过重车两部分，即：

$$u_{接重}=u_{接入自卸}+u_{接运通过}\quad（车）$$

式中：$u_{接重}$——接运重车数；

$u_{接入自卸}$——接入自卸车数；

$u_{接运通过}$——通过重车数。

由表 4-4 可以查出，丙局：

$$u_{接重}=260+750=1\,010\quad（车）$$

表 4-4　丙局接运重车去向计划表

去向 / 接入分界站	本局管内卸车							自装交出重车			合计
	乙	乙—丙	丙	丙—丁	丙—M	M	计	乙分界站	丁分界站	计	
乙分界站	10 10	7 3 10	150 150				7 163 170		100 150 250	100 150 250	107 313 420
丁分界站	20 20	20 30 10		5 5	10 10	25 25	45 35 90 10	80 400 500 20		80 400 500 20	125 435 590 30
合计	20 10 30	27 3 40 10	150 150	5 5	10 10	25 25	52 198 260 10	80 400 500 20	100 150 250	180 550 750 20	232 748 1 010 30

4. 重车车流表

重车车流表是表现众多的发到地点间车流交流量的较好形式。铁路局的重车车流表根据使用车计划和外局交换的到达及通过重车车流资料编制。

丙局重车车流表如表 4-5 所示。

铁路局所办理的重车流，就其产生的来源而言，有使用车和接运重车两部分。使用车和接运重车又都有自卸和交出重车两种去向。因此，铁路局办理的重车流分为：

（1）自装自卸车流（管内车流）。

（2）自装交出车流（输出车流）。

（3）接入自卸车流（输入车流）。

（4）接运通过车流（通过车流）。

在重车车流表中，左上部为自装自卸车流，右上部为自装交出车流，左下部为接入自卸车流，右下部为接运通过车流。

从表 4-5 中可以查出丙局的各种性质的重车流为：

$$u_{自装自卸}=199\quad（车）$$

$$u_{自装交出}=425\quad（车）$$

$$u_{接卸}=260\quad（车）$$

$$u_{通重}=750\quad（车）$$

同时，可以查表得：

$$u_{使}=u_{自装自卸}+u_{自装交出}=199+425=624 \quad （车）$$

$$u_{接重}=u_{接卸}+u_{通重}=260+750=1\,010 \quad （车）$$

$$u_{卸空}=u_{自装自卸}+u_{接入自卸}=199+260=459 \quad （车）$$

$$u_{交重}=u_{自装交出}+u_{接运通过}=425+750=1\,175 \quad （车）$$

表 4-5　丙局重车车流表

交或接 \ 卸或装		卸空车							交出重车			总计
		乙	乙—丙	丙	丙—丁	丙—M	M	计	乙分界站	丁分界站	计	
使用率	乙		10	20	11			41	20	40	60	101
	乙—丙	13	10		10			33	15	100	115	148
	丙	15	10			10	35	70	30		30	100
	丙—丁	5		5			10	20		50	50	70
	丙—M		5		5			10	20		20	30
	M			25				25		150	150	175
	计	33	35	50	26	10	45	199	85	340	425	624
接运重车	乙分界站	10	10	150				170		250	250	420
	丁分界站	20	30		5	10	25	90	500		500	590
	计	30	40	150	5	10	25	260	500	250	750	1 010
	总计	63	75	200	31	20	70	459	585	590	1 175	1 634

重车车流表是编制技术计划的基础资料，技术计划中的其他数量指标均可从该表中查算得出。

5. 货车工作量

铁路货车运用工作的基本内容，就是将货车送往货物发送车站装车，然后将重车编入列车按规定径路运行，送至货物到达站卸车，卸后空车再送往装车站，不断循环。每完成一次作业循环，铁路就算完成了一个工作量，该辆货车就算完成了一次周转。这样，货车工作量实质上就是在一定时期内，全路、铁路局运用货车完成的货车周转次数。在数值上，可以用每天（昼夜）新产生的重车数 u 来表示。

在运输生产技术指标计划中，以货车周转时间分析货车运用效率时，其工作量以“车”为计算单位。

就全路而言，货车工作量是指全路的使用车数，即：

$$u=u_{使} \quad （车）$$

而铁路局的货车工作量则应等于使用车数与接运重车数之和，即：

$$u=u_{使}+u_{接重}=u_{自装自卸}+u_{自装交出}+u_{接入自卸}+u_{接运通过} \quad （车）$$

货车工作量亦可从重车消失的角度来计算，其公式为：

$$u=u_{卸空}+u_{交重} \quad （车）$$

丙局使用车数为624车，接运重车数为1 010车，卸空车数为459车，交出重车数为1 175车，故货车工作量u为：

$$u=624+1\ 010=459+1\ 175=1\ 634 \quad （车）$$

对于运输生产技术计划，两种计算方法所得结果相同，而在日常运输生产活动中，两种计算方法所得结果则往往是不一致的，一般采用每天新产生的重车数来计算工作量，即采用$u=u_{使}+u_{接重}$的公式计算货车工作量。

应当指出，全路的货车工作量，不等于全路各局货车工作量之和。

6. 空车调整计划

每个车站、铁路局每日按车种别的装车数和卸车数一般是不相等的。为了保证不间断地按日均衡地完成装车任务，必须按车种别将卸车数大于装车数的地区所产生的多余空车运送到装车数大于卸车数的地区，这种空车的调配工作称为空车调整。向其他单位（铁路局、车站）移交空车的数量可由下式确定：

$$u_{交空}=u_{接空}+u_{卸空}-u_{使} \quad （车）$$

由于我国铁路货车是全路通用的，没有固定的配属站，且空车走行公里为非生产走行，不产生运输产品，因而空车调整存在着合理化即优化的问题。一般应以空车走行公里最少为主要优化目标。为此，必须遵循一定的调整原则，通过采用空车调整图和科学的优化方法制定空车调整方案。空车调整的主要原则有：

（1）除特殊要求外，必须消灭同种空车在同一径路上的对流。

（2）空车由卸车地至装车地，一般应经由最短径路。

（3）在环状线路上，应根据空车走行公里最少的原则，制定空车调整方案。

（4）在保证货物和行车安全的条件下，可采取车种代用，以减少空车走行公里。

此外，在进行空车调整时，还须考虑其他因素的限制，如：

（1）为保证重点物资、大宗货物的装车需要，往往采取硬性调整措施，指定某些站必须向某站输送一定车种和数量的空车。

（2）当车流的最短径路为通过能力紧张的区段时，车流可经由特定径路输送。

空车调整计划可利用空车调整图编制，国铁集团根据各铁路局的使用车计划和卸空车计划，计算各局车种别装卸差，并通过编制全路空车调整图来确定各局间分界站车种别空车交接车数。铁路局根据国铁集团下达的局间分界站空车调整任务编制铁路局空车调整图。

例如，国铁集团根据丙局车种别使用车与卸空车的差数（见表4-6）确定的乙、丁两个分界站车种别空车出入计划如图4-3所示。

表4-6　丙局车种别使用车与卸空车余缺计算表

车种	使用车	卸空车	余缺
P	162	144	−18
C	367	265	−102
N	45	50	+5
G	50		−50
B			
计	624	459	−165

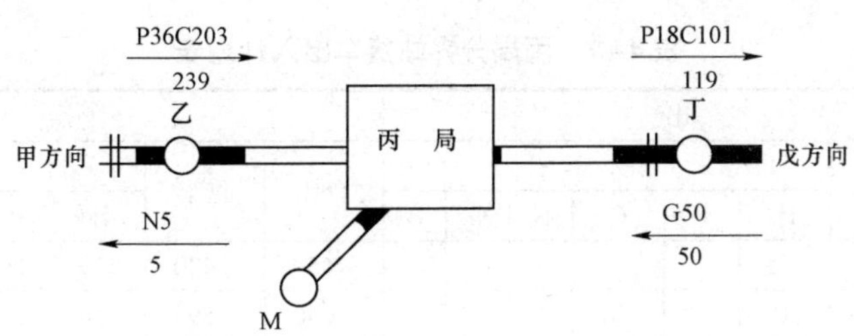

图 4-3　丙局分界站车种别空车出入计划

丙局依据局管内主要站和区段的车种别使用车计划和车种别空车计划，按照分界站车种别空车出入计划的要求，编制的丙局空车调整图如图 4-4 所示。

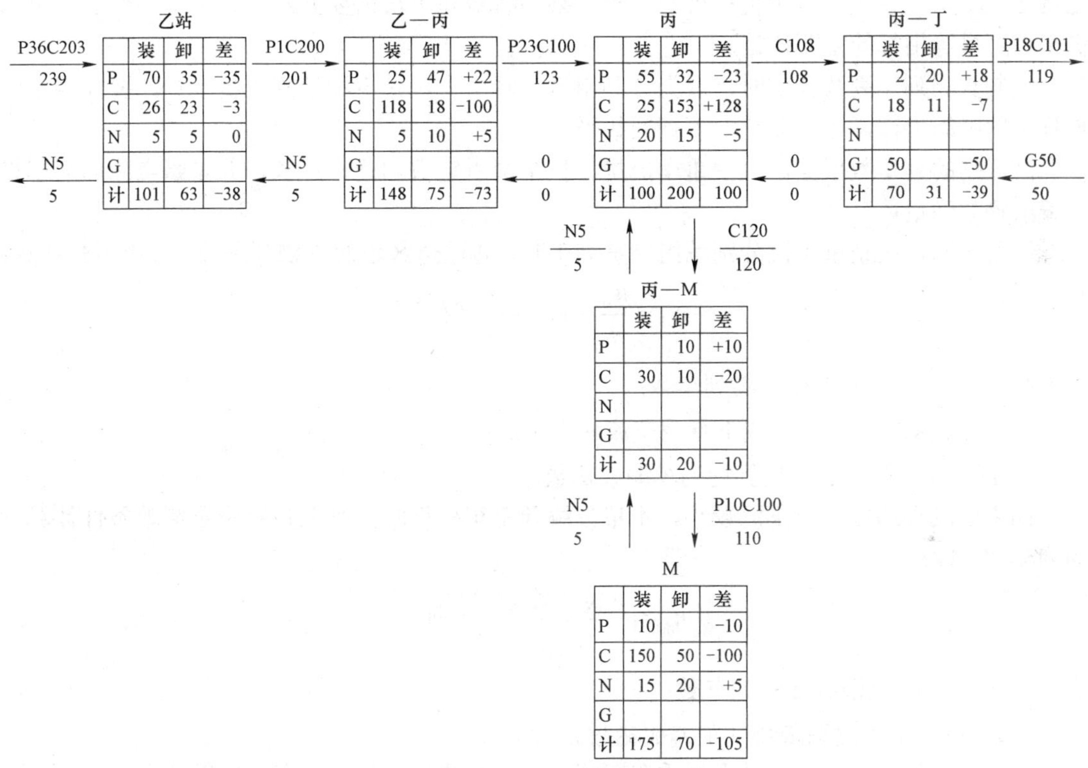

乙站

	装	卸	差
P	70	35	−35
C	26	23	−3
N	5	5	0
G			
计	101	63	−38

乙—丙

	装	卸	差
P	25	47	+22
C	118	18	−100
N	5	10	+5
G			
计	148	75	−73

丙

	装	卸	差
P	55	32	−23
C	25	153	+128
N	20	15	−5
G			
计	100	200	100

丙—丁

	装	卸	差
P	2	20	+18
C	18	11	−7
N			
G	50		−50
计	70	31	−39

丙—M

	装	卸	差
P		10	+10
C	30	10	−20
N			
G			
计	30	20	−10

M

	装	卸	差
P	10		−10
C	150	50	−100
N	15	20	+5
G			
计	175	70	−105

图 4-4　丙局空车调整图

7. 分界站货车出入计划

分界站交接货车数不仅是反映铁路局运输任务量的指标之一，而且在日常运输生产中，由于分界站交接车数往往不相等，因此，它又是形成运用车保有量变化的原因。所以为保证均衡地完成运输生产任务，合理分配各方向的通过车流量，有效利用铁路通过能力，必须编制分界站货车出入计划。

分界站交接货车数根据重车车流表和空车调整图的车流资料确定，并分别列出交出、接入重车数和车种别空车数、重空车合计车数，然后汇总填制分界站货车出入计划表。

丙局分界站货车出入计划表如表 4-7 所示。

表 4-7 丙局分界站货车出入计划表

分界站＼出或入	交出								接入							
	合计	重车	空车						合计	重车	空车					
			计	P	C	N	G	B			计	P	C	N	G	B
乙	590	585	5						659	420	239	36	203			
丁	709	590	119	18	101	5			640	590	50				50	
局计	1 299	1 175	124	18	101	5			1 299	1 010	289	36	203		50	

8. 货物列车列数计划

货物列车列数包括分界站别和区段列车数，货物列车列数计划是编制机车运用计划，确定货运机车供应台次、运用机车台数、机车乘务组数和车长需要人数、机车平均牵引总重和机车日产量等指标的主要依据。

编制货物列车列数计划时，要充分利用机车牵引力，减少和消除单机走行，要加强车流与列车的组织工作，尽可能使上下行列数平衡。

区段别的列车数根据区段空重车流量、机车牵引定数和列车计长，并参照实际的列车平均编成辆数确定。

区段内通过的空重车流分别编组空重列车时，通过全区段的货物列车数，可用下式计算：

$$n_{列}=\frac{u_{重流}}{m_{重}}+\frac{u_{空流}}{m_{空}}\quad（列）$$

式中：$n_{列}$——上行或下行货物列车数；

$u_{重流}$、$u_{空流}$——上行或下行重车流和空车流；

$m_{重}$、$m_{空}$——重、空货物列车编成辆数。

如果区段内通过的空车流较小，不单独编开空车列车时，则应按照空重混编条件计算货物列车数，即：

$$n_{混}=\frac{u_{重流}+u_{空流}}{m_{混}}\quad（列）$$

式中：$n_{混}$——空重混编货物列车数；

$m_{混}$——空重混编货物列车编成辆数。

各区段上下行重车流量系根据重车车流表，空车流量系根据空车调整图查定。

例如，丙局乙—丙区段下行通过重车流系由乙站装车及乙分界口接入至丙、丙—丁、丁分界站交出的各支车流组成。从表 4-5 中将以上各支车流查出，一一相加，共计 471 车（20+11+40+150+250）。同理可以得出乙—丙区段上行通过重车流为 590 车。

乙—丙区段通过的空车流，可由丙局空车调整图（图 4-4）查得，下行通过空车流 101 车，上行通过空车流为 0。

假设，乙—丙区段空重列车编成辆数均为 50 辆，其通过全区段的货物列车数为：

下行 $n_{列}=\frac{471}{50}+\frac{101}{50}=9.42+2.02\approx12$（列）

上行 $n_{列}=\frac{590}{50}=11.8\approx12$（列）

为计算摘挂列车数，也可用上述方法分别查定上、下行摘或挂的空重车数。

一个方向（上行或下行）摘挂列车的摘车及挂车的车数并不一定相等。在确定摘挂列车所运送的车数时，取其摘车或挂车数中较大值，作为计算标准。

例如，乙—丙区段下行方向摘车数：30 车（甲至乙—丙间 E 站空敞车 100 辆，已编入空直达列车，不计在内）；挂车数：20+22=42 车（乙—丙间 E 站装至丁分界站交出的 100 辆已编入始发直达列车，不计在内）；摘挂车数按 42 辆计算。

乙—丙区段上行方向摘车数 45 车，挂车数 28+5=32 车，摘挂车数按 45 辆计算。

假设乙—丙区段摘挂列车编成辆数为 50 辆，则：

下行摘挂列车数为：$n_{摘}=\dfrac{42}{50}\approx 1$（列）

上行摘挂列车数为：$n_{摘}=\dfrac{45}{50}\approx 1$（列）

丙局各区段行车量计算表如表 4-8 所示。根据计算出来的各区段的货物列车数，即可编制机车运用计划，安排机车和列车乘务组的工作。

在铁路局间的分界站，除了查定接入和交出的空重车数外，还应进一步确定分界口接入和交出的货物列车列数，作为编制日常工作计划的依据。

例如：丙局分界站货车出入计划如表 4-7 所示，则各分界站交、接列车数为：

乙分界站：交出列数$=\dfrac{590}{50}=11.8\approx 12$（列）

接入列数$=\dfrac{659}{50}=13.18\approx 14$（列）

丁分界站：交出列数$=\dfrac{709}{50}=14.18\approx 15$（列）

接入列数$=\dfrac{640}{50}=12.8\approx 13$（列）

表 4-8　丙局各区段行车量计算表

方向 / 行车量 / 区段	下行										上行									
	车流					列车编成	列数				车流					列车编成	列数			
	通过		摘挂		至装车站 / 由装车站始发		通过	摘挂	至装车站 / 由装车站始发	合计	通过		摘挂		至装车站 / 由装车站始发		通过	摘挂	至装车站 / 由装车站始发	合计
	重	空	重	空							重	空	重	空						
乙—丙	471	101	−30 −20	−0 +22	空C100 / 100	50	12	1	2 / 2	15	590		−45 +28	+5	/	50	12	1	/	13
丙—丁	540	101	−26 +0	−7 +18	/ 油 50	50	14	1	/ 油 1	16	585		−5 +20		空 G50 /	50	12	1	空 G1 /	14
丙—M	70	100	−20 +0	−20 +10	/	50	4	1	/	5	175	5	−0 +30		/	50	4	1	/	5

任务 4.3 铁路货车运用质量指标计划

任务引入

××局货车××××年货车周转时间分析案例

从全路大的环境看，全路1月份货运工作量完成142 810车，同比增加796车，增长0.6%，运用车保有量676 207车，同比增加32 066车，增长5.0%，致使货车周转时间完成4.73 d，同比延长0.19 d，达到前五年最高年份水平。2月份货运工作量完成140 815车，同比减少385车，下降0.3%，运用车保有量660 950车，同比增加14 840车，增长2.3%，致使货车周转时间4.69 d，同比延长0.11 d。从前两个月实际完成情况看，运用车增幅远远大于工作量增幅，说明有大量的运用车闲置，也反映出全国经济形势仍处于"弱复苏"期，对货物运力需求不旺。

全路装车形势不好，××局运用车必然过剩。数据显示：1月份××局工作量完成12 258车，同比减少583车，而运用车达到36 885车，同比增加300车，增长0.8%，货车周转时间完成3.01 d，同比延长0.16 d；2月份工作量完成11 776车，同比减少1 039车，而运用车达到38 906车，同比增加992车，增长2.6%，货车周转时间完成3.30 d，同比延长0.34 d。所以说，××局一季度货车周转时间在3.00 d以上属于正常的，是全路运输组织规律所致。

预测××局××××年货车周转时间走势：一是全国经济现处于"弱复苏"阶段，运力需求不旺，而××局吸引区内经济增长又相对滞后，随着全国经济逐步恢复预期增长后，运力需求上升，全路运用车会进行合理调配，××局运用车会随之有所减少，货车周转时间会相应缩短，逐渐回到合理值范围内。二是根据历年一、四季度货车周转时间都偏长，二、三季度较短的规律预测，二、三、四各季度货车周转时间都会比一季度实际完成有所压缩。

思考：

（1）货车周转时间在货物运输中有什么意义？

（2）货车周转时间越长越好还是越短越好？

货车运用效率可以从时间和载重力两个方面进行分析，从时间上考核货车运用效率的指标为货车周转时间和货车日车公里等；从载重力利用方面考核货车运用效率的指标有货车平均静载重、货车平均动载重和货车载重力利用率等；此外，还有货车日产量这一项综合反映货车运用效率的指标。

1. 货车载重量及载重力利用率

充分利用车辆的装载能力，可以用较少的运用车完成更多的运输任务。可用货车静载重、动载重和载重力利用率等指标来表示车辆载重力的利用程度。

（1）货车静载重，是指货车从装车站出发时的平均载荷（$P_{静}$）：

$$P_{静}=\frac{\sum P_{装}}{u_{装}} \quad (\text{t})$$

式中：$\sum P_{装}$ ——装运货物的吨数；

$u_{装}$ ——装车数。

（2）重车动载重，是指重车在整个运行途中的平均载荷（$P_{动}^{重}$）：

$$P_{动}^{重}=\frac{\sum PL}{\sum NS_{重}}\quad (\text{t/车})$$

式中：$\sum PL$ ——货车载重吨公里，t·km；

$\sum NS_{重}$ ——重车走行公里，车·km。

（3）运用车动载重，是指每一运用货车（包括重车和空车）车公里所完成的货物吨公里数（$P_{动}^{运}$）：

$$P_{动}^{运}=\frac{\sum PL}{\sum NS}=\frac{\sum PL}{\sum NS_{重}+\sum NS_{空}}\quad (\text{t/车})$$

式中：$\sum NS_{空}$ ——空车走行公里，车·km。

（4）货车载重力利用率，反映的是货车装载能力的利用程度（$\lambda_{载}$）：

$$\lambda_{载}=\frac{P_{静}}{P_{标}}\times 100\%$$

式中：$P_{标}$ ——货车标记载重，t。

2. 货车周转时间

货车周转时间是指货车从第一次装车完了时起，至下一次装车完了时止，所平均消耗的时间。货车周转时间以“d”为单位计算。

一辆货车每完成一次周转，在其周转过程中完成了一个工作量，所以货车周转时间也可定义为货车每完成一个工作量平均消耗的时间。对全路来说，货车的每一次周转都包含了上述作业循环的全过程，而对铁路局而言，货车周转时间则带有假定性质，因此，以货车每完成一个工作量在铁路局管内所平均消耗的时间来表述更为恰当，这个时间包括重车状态和空车状态所消耗的时间。

货车周转时间越短，表示货车的周转越快，就可以用同样数量的货车，完成更多的运输任务。

货车周转时间一般采用车辆相关法和时间相关法两种方法计算。

1）车辆相关法

假设全路每天装车 7 万车，货车周转时间为 3 d，为了保证每天完成 7 万车的装车任务，则共需运用车数为 7×3=21 万车。由此可见，运用车数 N、工作量 u 及货车周转时间 θ 三者之间的关系可以用下式表示：

$$N=u\theta\quad (\text{车})$$

因此，按上式推导，货车周转时间为：

$$\theta=\frac{N}{u}\quad (\text{d})$$

对全路来说，工作量就是使用车数；对铁路局来说，工作量是使用车数加接运重车数。

因此有：

全路
$$\theta=\frac{N}{u}\quad(\mathrm{d})$$

铁路局
$$\theta=\frac{N}{u_{使}+u_{接重}}\quad(\mathrm{d})$$

利用车辆相关法计算货车周转时间非常简便。全路、铁路局在统计日、旬、月、年实际完成的货车周转时间时，都采用这种计算方法。

在日常统计时为简便起见，公式中的运用车数是采用每一日终了时（18:00）的现有运用车数来计算的，而18:00的现有运用车数并不能代表全日的平均运用车数。因此，这样计算的结果不够精确。这种计算方法的另一个缺点是无法按货车周转过程的各项因素进行计算，不能从计算结果上看出运输生产各个环节完成得好坏程度，不便于分析原因和拟定改进措施。此外，在编制技术计划时，恰是需先确定货车周转时间，再计算所需要的运用车数，因而在编制技术计划和运输工作定期分析时，均采用时间相关法计算货车周转时间。

2）时间相关法

如图4–5所示，货车每完成一次周转消耗的时间，可分为以下三个组成部分：

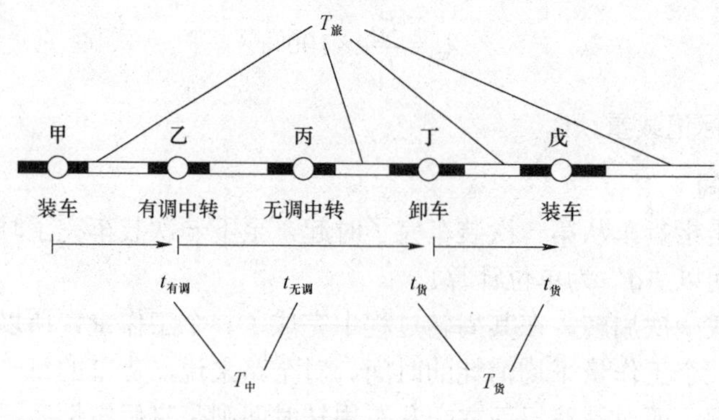

图4–5　货车周转示意图

（1）货车在各区段内的旅行时间$T_{旅}$（h）。

（2）货车在各技术站进行中转作业的停留时间$T_{中}$（h）。

（3）货车在货物装卸站的停留时间$T_{货}$（h）。

因此，货车周转时间可以用下式表示：

$$\theta=\frac{1}{24}(T_{旅}+T_{中}+T_{货})\quad(\mathrm{d})$$

现将以上三项时间分析如下：

（1）货车在各区段内的旅行时间$T_{旅}$。

此项时间是指货车在一次周转中，平均在各区段内运行和各中间站停留所消耗的时间。

$$T_{旅}=\frac{l}{v_{旅}}\quad(\mathrm{d})$$

式中：l——货车全周转距离（简称全周距），是指货车平均周转一次所走行的距离，其计算公式为：

$$l=\frac{\sum NS}{u}\quad (\text{km})$$

式中：$\sum NS$——货车总走行公里。

货车总走行公里是指全路、铁路局平均一日内所有运用货车总的走行公里，包括重车走行公里和空车走行公里，即：

$$\sum NS=\sum NS_{重}+\sum NS_{空}=\sum NS(1+\alpha_{空})\quad (车·\text{km})$$

式中：$\sum NS_{重}$——重车总走行公里，是指货车在重车状态下总的走行公里数；

$\sum NS_{空}$——空车总走行公里，是指货车在空车状态下总的走行公里数；

$\alpha_{空}$——空车走行率，它等于空车总走行公里与重车总走行公里之比，即：

$$\alpha_{空}=\frac{\sum NS_{空}}{\sum NS_{重}}$$

将上式代入全周距计算公式后可得：

$$l=\frac{\sum NS}{u}=\frac{\sum NS_{重}+\sum NS_{空}}{u}=l_{重}+l_{空}=l(1+\alpha_{空})\quad (\text{km})$$

式中：$l_{重}$——货车重周距；

$l_{空}$——货车空周距。

关于重车走行公里的计算，可以采用以下方法：

① 按实际里程计算。

根据重车车流表，按每支车流实际走行公里逐一计算，然后加总求得。

此法的优点是结果准确；缺点是计算烦琐。仅适用于运量较小的铁路局。

② 近似计算。

采用近似计算法计算货车走行公里时，对通过区段的车流按区段距离的全程计算；对区段内产生或消失的车流则按区段距离的半程计算。此法比较简单，但不够精确，适用于运量较大及区段内各中间站的货运量较均衡的铁路局。

查定通过全区段或半区段的重车流量，可以采用对逐支车流进行分析的方法，也可以采用透孔法。空车流可以由空车调整图上查得。通过全区段和半区段空重车流确定后，分别乘以全区段或半区段的公里数，从而求出空重车走行公里。

例如，从重车车流表中可以查出丙局乙—丙区段通过全区段的重车流为 471+590=1 061，通过半区段的重车流为 150+73=223。其他各区段也可以按相同的方法查定。按图 4–2 所示区段距离，可以计算出各区段重车走行公里，如表 4–9 所示。空车走行公里则是通过空车调整图查出通过全区段和半区段的空车流，分别乘以相应的全区段和半区段的公里数求得，如表 4–10 所示。

表 4-9　重车走行公里计算表

区　段	车辆行程	重车流量/车	走行距离/km	重车走行公里/（车·km）
乙—丙	全区段	1 061	200	212 200
	半区段	223	100	22 300
丙—丁	全区段	1 125	150	168 750
	半区段	91	75	6 825
丙—M	全区段	245	80	19 600
	半区段	50	40	2 000
合　计				431 675

表 4-10　空车走行公里计算表

区　段	车辆行程	空车流量/车	走行距离/km	空车走行公里/（车·km）
乙—丙	全区段	106	200	21 200
	半区段	127	100	12 700
丙—丁	全区段	101	150	15 150
	半区段	75	75	5 625
丙—M	全区段	105	80	8 400
	半区段	30	40	1 200
合　计				64 275

由表中可知，$\sum NS_{重}=431\,675$ 车·km，$\sum NS_{空}=64\,275$ 车·km，$\sum NS=431\,675+64\,275=495\,950$ 车·km，所以货车全周距为：

$$l=\frac{\sum NS}{u}=\frac{495\,950}{1\,634}=304\quad(\text{km})$$

（2）货车在各技术站进行中转作业的停留时间$T_{中}$。

此项时间是指货车在一次周转中，在沿途各技术站进行中转作业（包括无调中转及有调中转作业）的平均停留时间。如能找出货车在平均周转一次的过程中平均摊到的中转次数及每次中转平均停留时间（$t_{中}$），就可以求得此项时间。因此：

$$T_{中}=\frac{l}{L_{中}}t_{中}\quad(\text{d})$$

式中：$L_{中}$——货车中转距离（简称中距），是指货车在平均周转一次的过程中，所走行的距离，km。

中距是根据货车总走行公里及各技术站中转车总数确定的：

$$L_{中}=\frac{\sum NS}{\sum N_{中}}\quad(\text{km})$$

式中：$\sum N_{中}$——中转车总数。

各技术站中转车数包括中转重车数和中转空车数。中转重车数可通过重车车流表用分析法或透孔法查出。中转空车数可根据空车调整图直接查出。

丙局中转车数见表 4-11，由此可以计算出丙局货车中转距离为：

表 4-11 丙局中转车数

技术站	重车/车	空车/车	合计/车
乙	975	201	1 176
丙	1 191	100	1 291
合　计	2 166	301	2 467

$$L_{中}=\frac{\sum NS}{\sum N_{中}}=\frac{495\,950}{2\,467}=201 \quad (\text{km})$$

（3）货车在货物装卸站的停留时间 $T_{货}$。

此项时间是指货车在平均周转一次的过程中，在装车站和卸车站平均消耗的时间。

$$T_{货}=K_{管}t_{货} \quad (\text{h})$$

式中：$K_{管}$——管内装卸率，是指货车平均周转一次摊到的货物作业次数，可按下式计算：

$$K_{管}=\frac{u_{使}+u_{卸空}}{u}$$

丙局 $K_{管}$ 为：$K_{管}=\dfrac{u_{使}+u_{卸空}}{u}=\dfrac{624+459}{1\,634}=0.66$

对全路来说，$u=u_{使}=u_{卸空}$，所以有：

$$K_{管}=\frac{u_{使}+u_{卸空}}{u}=\frac{2u_{使}}{u}=2$$

对铁路局来说，$K_{管}$ 变动于 0～2 之间。因为接入自卸的车流在管内没有装车作业，自装交出的车流在管内没有卸车作业，接运通过的车流在管内既没有装车作业，也没有卸车作业，只有自装自卸车流在管内才有装和卸两次作业。所以，通过车流比重越大的铁路局，管内装卸率 $K_{管}$ 越小。如果铁路局办理的车流全部为通过车流时，则管内装卸率 $K_{管}$ 为 0；全部为自装自卸车流时，则管内装卸率 $K_{管}$ 为 2。

综上所述，货车周转时间的时间相关法计算公式可以用下式表示：

$$\theta=\frac{1}{24}\left(\frac{l}{v_{旅}}+\frac{l}{L_{中}}t_{中}+K_{管}t_{货}\right) \quad (\text{d})$$

货物列车平均旅行速度 $v_{旅}$、中转车平均停留时间 $t_{中}$ 及一次货物作业平均停留时间 $t_{货}$ 的计算，已在前面有关章节讲述，这里不再重复。

例如，已知丙局 $v_{旅}=35$ km/h，$t_{中}=4.5$ h，$t_{货}=9.5$ h，将上述有关因素数值代入时间相关法的计算公式，便可确定丙局的货车周转时间：

$$\theta=\frac{1}{24}\left(\frac{l}{v_{旅}}+\frac{l}{L_{中}}t_{中}+K_{管}t_{货}\right)=\frac{1}{24}\left(\frac{304}{35}+\frac{304}{201}\times 4.5+0.66\times 9.5\right)=0.91 \quad (d)$$

用时间相关法计算货车周转时间，也可将其作业分为四个组成部分，即把第二项的中转作业停留时间分为有调中转停留时间和无调中转停留时间，也还可以再将第一项的旅行时间分为区间运行时间和中间站停留时间两部分，则货车周转时间就形成五项因素。货车周转时间的四项式计算公式和五项式计算公式，可以更详细地分析各项作业时间的比重及完成情况。用时间相关法计算货车周转时间，可分别对其各作业环节进行计算、分析，以考核各组成部分的完成情况，找出薄弱环节，提出改进措施。

3）加速货车周转的途径

货车周转时间是铁路运输组织工作中一项重要的综合性指标，它反映了所有与运输生产有关部门的工作效率。压缩货车周转时间，可以以同样数量的货车，完成更多的运输任务。因此，加速货车周转对于铁路运输生产具有重要意义。

从货车周转时间的构成因素来看，缩短全周距、中转车平均停留时间及一次货物作业平均停留时间，减少管内装卸率，提高列车旅行速度，扩大货车中转距离，都有利于压缩货车周转时间。现分述如下：

（1）缩短全周距。

全周距包括重周距及空周距。全周距的大小取决于重车走行公里与空车走行公里的多少。

重车走行公里及重周距主要取决于货物发到站间距离，即产销地点的布局。就铁路来说，虽属客观因素，但在编制运输计划时，如能提高计划的质量，减少或消除对流及重复等不合理运输，就能缩减货物平均运程，从而缩短重周距。

空车走行，在客观上是由于卸车地点与新装车地点分散，货流不平衡以及特种车辆空车回送所造成。但如果有预见地合理制订空车调整计划，认真执行方向别均衡排空和装车计划，消除同种空车对流，尽量组织不同车种货车的代用，提高货车双重作业系数，就能缩短空车走行公里，降低空车走行率。

（2）压缩中时。

如合理组织开行直达、直通列车，增大无调中转车比重，并广泛采用先进工作方法，提高作业效率，组织快速作业，缩短集结时间，消除各项等待时间等。

（3）压缩停时。

除应采取上述缩短货车中时的各种措施外，还应尽量扩大双重作业，压缩待取待送时间，组织快速装卸等。对中间站的零星车流，有条件时，应大力组织不摘车装卸作业。

（4）提高列车旅行速度。

如提高列车技术速度，正确组织指挥行车，合理会让，减少列车在中间站的停站次数和每次停站的时间等。

（5）扩大中距。

货车平均中转距离，与技术站的配置有关，受铁路线上技术站布局的客观影响。但在实际工作中，应避免货车在枢纽内几个技术站上重复中转，并消除某些中间站发生甩中转车挂作业车等不合理组织方法，以减少不应有的中转车数，扩大货车平均中转距离。

（6）减小管内装卸率。

管内装卸率越小，货车周转时间越短。管内装卸率的大小取决于铁路局管内重车流的性质，即铁路局的通过重车流比重越大，管内装卸率越小。通过重车流的大小，一般取决于生产力的配置和各地区之间的经济联系。对铁路来说是客观因素。但是，运输生产部门在货流组织工作中，应当加强同各有关部门的联系，尽量组织合理运输，避免重复运输，使管内装卸率不致无故增大。

3. 货车日车公里和货车日产量

货车日车公里是指每一运用车每天平均走行的公里数，其计算公式为：

$$S_{车}=\frac{\sum NS}{N}\quad (\text{km/d})$$

或

$$S_{车}=\frac{l}{\theta}\quad (\text{km/d})$$

式中：$S_{车}$——货车日车公里。

例如丙局：

$$S_{车}=\frac{304}{0.91}\approx 334\quad (\text{km/d})$$

货车日车公里是表示货车运用效率的另一重要指标，在空车走行率一定的条件下，货车日车公里越高，反映货车运用成绩越好，为完成同样运输任务所需要的货车数也越少。

对铁路局而言，装卸作业量大的铁路局，货车日车公里往往较低，而通过车流量大的铁路局，货车日车公里则较高。所以，在编制技术计划时，除确定货车周转时间外，还应确定货车日车公里。在日常工作中，除分析货车周转时间完成情况外，还应统计货车日车公里完成情况，以便全面地考核货车运用效率。

货车周转时间及货车日车公里均与全周距指标有关，当全周距变动较大时，货车周转时间和货车日车公里两项指标的反映是不一致的。在运输组织工作中，常常同时用此两项指标来反映货车运用质量。但由于货车周转时间与运用车之间有较简明的关系，因而，常以货车周转时间作为反映货车运用质量的主要指标。

货车日产量 $w_{车}$ 是指平均每一运用货车在一昼夜内生产的货物吨公里数，它可按下式计算：

$$w_{车}=P_{动}^{运}S_{车}\quad (\text{t}\cdot\text{km/d})$$

任务 4.4　运用车保有量计划

任务引入

××局对能力紧张区段相关车流迂回组织措施

为提高车流组织效率，节省运输成本支出，给站段提供良好安全作业环境，调度所结合运输组织实际，对集中修施工区段、能力紧张区段相关车流、编组站转场车流采取了迂回优化措施，控制车站的运用车保有量，以缓解编组站及车站的运输压力。

（1）本溪产生的整列金州、鲅鱼圈北车流，经沈丹线、苏家屯客场迂回运输。

基本径路：编组计划规定总重 5 000 t，计长 70.0，需双机牵引至安平（溪辽线牵引定数：

安平—本溪间上行 HX_N 机车 2 800 t，计长 44.0），经溪辽—沈大线运行。

迂回运输原因：经苏家屯客场迂回节省机车，缓解通道能力，沈丹线能力富余，牵引定数与沈大线匹配。

（2）珠霍地区产生的整列辽源以远车流，经京哈、辽开线开原支点迂回运输。

基本径路：经四梅线运行。

迂回运输原因：

① 货运装车上量时，四梅线直达整列超过四梅线通过能力，利用辽开线迂回疏解，以缓解四梅通过能力。

② 节省机车：四梅线牵引定数 HX_N 四平—辽源间下行 2 000 t，辽开线下行 4 000 t。

（3）东通化产生的前阳南整列车流，经梅集、沈吉、沈丹苏家屯支点迂回运输。

基本径路：经通灌—沈丹线运行。

迂回运输原因：装车超出通灌线能力时，利用梅集、沈吉线经苏家屯支点迂回疏解，以缓解通灌线通过能力。

思考：

（1）运用车保有量在货物运输中有什么的意义？

（2）运用车保有量应该包含哪些内容？

运用车保有量是指全路、铁路局为完成规定的运输任务，所应保有的运用货车数。在编制技术计划时，国铁集团根据各铁路局的工作量和货车周转时间，规定各铁路局应保有的运用车标准数。运用车保有量的标准数 N 根据工作量 u 和货车周转时间 θ 确定，即：

$$N = u\theta \quad （车 \cdot d）$$

如丙局的工作量为 1 634 车，货车周转时间为 0.91 d，则：

$$N = 1\ 634 \times 0.91 = 1\ 487 \quad （车 \cdot d）$$

从上式中可以看出，货车周转时间越小，所需要的运用车保有量也就越少。因此，缩短货车周转时间的一切措施，也就是压缩需要运用车数的措施。

全路运用车包括运用重车和运用空车，铁路局的运用车可以按其到站分为管内工作车、移交重车和空车三种。

为了便于在日常工作中加强对车辆运用的监督以及分析车辆的运用效率，铁路局除确定运用车的总数外，还应分别确定管内工作车、移交重车和空车的保有量。

1. 管内工作车保有量

管内工作车是指到达铁路局管内卸车的重车，它包括自装自卸和接入自卸两部分。管内工作车保有量是指铁路局为完成规定的卸车任务应保有的管内工作车数。其计算公式为：

$$N_{管重} = u_{管重}\theta_{管重} \quad （车 \cdot d）$$

式中：$N_{管重}$ ——管内工作车保有量；

$u_{管重}$ ——管内工作车工作量；

$\theta_{管重}$ ——管内工作车周转时间。

管内工作车工作量是指铁路局一日内所办理的管内工作车的车数。一般是卸完一辆，即算完成了一个管内工作车的工作量。所以，管内工作车工作量就是卸空车数，即$u_{管重}=u_{卸空}$。

管内工作车周转时间是指管内工作车每完成一次周转（完成一个管内工作车工作量）平均消耗的时间，即管内工作车从装车完了或从他局接入时起至卸完时止在铁路局管内平均消耗的时间。

因此，管内工作车保有量的计算公式又可写为：

$$N_{管重}=u_{卸空}\theta_{管重}\quad（车·d）$$

2. 移交重车保有量

移交重车是指铁路局经各分界站交出的重车，它包括自装交出和接运通过两部分。移交重车保有量是指铁路局为完成交出重车任务应保有的移交重车数。其计算公式为：

$$N_{移交}=u_{移交}\theta_{移交}\quad（车·d）$$

式中：$N_{移交}$——移交重车保有量；

$u_{移交}$——移交重车工作量；

$\theta_{移交}$——移交重车周转时间。

移交重车工作量是指铁路局一日内所办理的交出重车数。交出一辆重车，就算完成了一个移交重车工作量。所以，移交重车工作量可按交重车数计算，即$u_{移交}=u_{交重}$。

移交重车周转时间是指移交重车每完成一次周转（完成一个移交重车工作量）平均消耗的时间，即移交重车从装车完了或从他局接入重车时起至交出时止在铁路局管内平均消耗的时间。

因此，移交重车保有量又可写为：

$$N_{移交}=u_{交重}\theta_{移交}\quad（车·d）$$

3. 空车保有量

空车保有量是指全路、铁路局为完成规定的运输任务而应保有的运用空货车数。其计算公式为：

$$N_{空}=u_{空}\theta_{空}\quad（车·d）$$

式中：$N_{空}$——空车保有量；

$u_{空}$——空车工作量；

$\theta_{空}$——空车周转时间。

空车工作量是指全路、铁路局一日内所办理的空货车数。在数值上空车工作量可以用一日内消失或产生的空车数来表示，即：

全路：

$$u_{空}=u_{使}\quad（车）$$

或

$$u_{空}=u_{卸空}\quad（车）$$

铁路局：

$$u_{空}=u_{使}+u_{交空}\quad（车）$$

或

$$u_{空}=u_{卸空}+u_{接空}\quad（车）$$

在编制技术计划及日常统计工作中，空车工作量一般是按消失的空车数来计算的，即：

$$u_{空}=u_{使}+u_{交空} \quad （车）$$

空车周转时间是指全路、铁路局每完成一个空车工作量平均消耗的时间。具体来说，即货车自卸车完了，或空车由邻局接入时起至装车完了，或将空车向邻局交出时止在铁路局管内平均消耗的时间。

例如，丙局各种运用车工作量：

$$u_{管重}=u_{卸空}=459 \quad （车）$$

$$u_{移交}=u_{交重}=1175 \quad （车）$$

$$u_{空}=u_{使}+u_{交空}=624+124=748 \quad （车）$$

又假设已知丙局各种运用车的周转时间：$\theta_{管重}=0.980$ d，$\theta_{移交}=0.621$ d，$\theta_{空}=0.41$ d。则丙局的各种运用保有量为：

$$N_{管重}=u_{卸空}\theta_{管重}=459\times0.980=450 \quad （车·d）$$

$$N_{移交}=u_{交重}\theta_{移交}=1\,175\times0.621=730 \quad （车·d）$$

$$N_{空}=u_{空}\theta_{空}=748\times0.410=307 \quad （车·d）$$

铁路局运用车保有量为上述三项保有量之和，即：

$$N=N_{管重}+N_{移交}+N_{空} \quad （车·d）$$

丙局 $N=450+730+307=1\,487$ （车·d）

丙局技术计划部分指标如表 4-12 所示。

表 4-12 丙局技术计划部分指标

指标名称		单位	数值	指标名称			单位	数值
1	装车数	车	594	13	中转时间		h	4.5
2	使用车数	车	624	14	一次作业时间		h	9.5
3	卸车数	车	431	15	旅行速度		km /h	35
4	卸空车数	车	459	16	货车周转时间		d	0.91
5	接运重车	车	1 010	17	管内工作车周转时间		d	0.980
6	工作量	车	1 634	18	移交重车周转时间		d	0.621
7	交出重车	车	1 175	19	空车周转时间		d	0.410
8	接入空车	车	289	20	运用车数	管内工作车	车·d	450
9	交出空车	车	124			移交重车	车·d	730
10	全周距	km	304			空 车	车·d	307
11	中转距离	km	201			合 计	车·d	1 487
12	管内装卸率		0.66	21	货车日车公里		km/d	334

任务 4.5　机车运用指标计划

任务引入

中欧班列机车接力运输

一趟由中国发往德国的中欧班列，途中至少要经过两次换装，使用三种不同技术标准的火车车板，即中国的车板、宽轨段的车板以及欧洲的车板。中欧班列并不是由中国发出的一列火车一直开到欧洲，而是将中国通过铁路出口的货运集装箱由三段两种不同技术标准的铁路车板来接力（中欧 1 435 mm 的标准轨距和俄、蒙、哈、白俄 1 520 mm 的宽轨距）。

中国国内的铁路按照地域被划分为 18 个铁路局，而通常，货运列车在中国国内运行时，每经过一个铁路局段，便会更换火车头与司机。中欧班列在运行时，就是一场不同铁路局参加的接力赛，由他们分别提供火车头和司机，将装载集装箱的列车由始发站牵引至边境口岸。

阿拉山口口岸已成为中国西部地区过货量最多、发展速度最快、效益最好的口岸，成为人流、物流、信息流、资金流的大通道和集散地，是新疆乃至全国对中亚和欧洲陆路开放的重要枢纽和平台。

据统计，国铁集团始终高等级地做好调度运营工作，中欧班列正点率达到了 99.7%，列车日均运行 530 km 以上，比在沿线其他国家日均多运行 300 km 以上。

思考：

（1）机车日车公里在货物运输中有什么意义？

（2）机车日车公里包含哪些内容？

机车是铁路运输的基本动力，线路上的列车运行、车站内外的调车作业都要由机车来完成，因此，机车运用计划是铁路运输组织工作的一个重要组成部分。在运输生产计划中，应根据各铁路局的运输工作量，合理分配机车运用台数，规定机车运用指标，以便于考核和分析机车运用成绩，不断提高机车运用效率。

机车运用方式与货车不同。货车在全路范围内通用，机车则配属各机务段，并在固定的区段内牵引列车，或在固定的站段担当调车作业或其他工作。

1. 机车运用数量指标

反映机车运用效率的数量指标包括：机车走行公里、机车牵引总重吨公里和机车供应台次等。

1）机车走行公里

机车走行公里 $\sum MS$ 是指机车运行的公里数。每一台机车运行一公里即为一机车公里。由于机车所担当的工作种不同，机车走行公里又可分为本务机车走行公里和辅助机车走行公里；按机车运行中是否产生实际走行又可分为沿线走行公里和换算走行公里。各种机车走行公里的分类及其关系如图 4–6 所示。

机车总走行公里为：

$$\sum MS = \sum nL_{本} + \sum MS_{单} + \sum MS_{双} + \sum MS_{补} + \sum MS_{换}$$

本务机车走行公里为：

$$\sum nL_{本} = n_1L_1 + n_2L_2 + \cdots + n_nL_n$$

沿线走行公里为：

$$\sum MS_{沿} = \sum nL_{本} + \sum MS_{单} + \sum MS_{双} + \sum MS_{补}$$

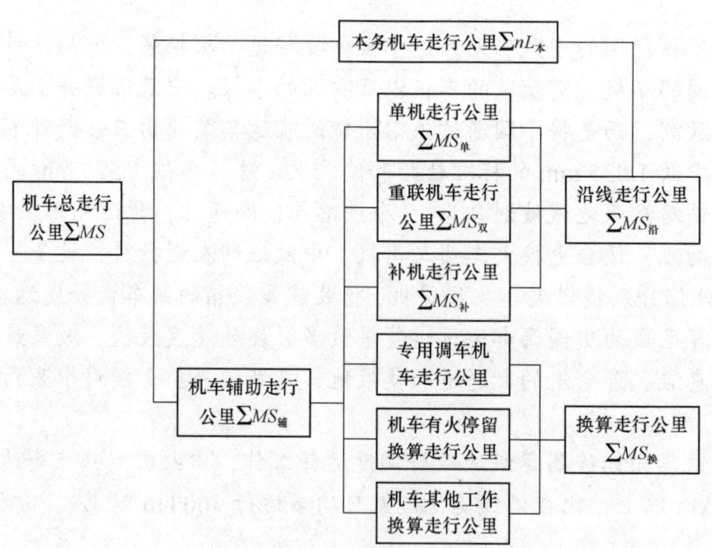

图 4-6　机车走行公里分类图

换算走行公里是指机车处于某种状态并不产生走行公里（如蒸汽机车的有火停留），或产生的走行公里无法计算（如调车机车进行调车工作），只能按机车小时换算为机车走行公里。

机车走行公里是铁路局和机务段用以确定机车需要台数和机车检修计划的依据，也是分析机车运用情况和考核机车乘务组工作的必要资料。但是，用机车走行公里指标来衡量机车工作量，具有一定的局限性，因为它只包含了机车走行距离的因素，而未反映机车牵引重量的因素。显然，一台牵引列车的机车和一台单机，虽然产生同样数量的机车走行公里，但它们所产生的工作效果却是不同的。因此，在计算机车走行公里的同时，还要计算机车牵引总重吨公里，简称总重吨公里。

2）机车牵引总重吨公里

总重吨公里 $\sum QS_{总}$ 表示机车牵引货物列车所完成的工作量，其值等于机车牵引总重（即列车总重，在统计日常完成的工作量时，还包括单机附加的重量）和它的走行公里的乘积之和，即：

$$\sum QS_{总} = Q_1S_1 + Q_2S_2 + Q_3S_3 + \cdots + Q_nS_n \quad (\text{t} \cdot \text{km})$$

3）机车供应台次

机车供应台次 $u_{供应}$ 表示一昼夜内全部机车在担当的牵引区段内的总周转次数。机车在牵引区段每往返一次，作为供应一台次。实行循环运转制的机车，每经过机务段所在站一次，即为供应一台次；在一昼夜内如只有往程或返程时，作为 0.5 台次；实行肩回运转制的机车，每周转一次即完成牵引一对列车的任务，亦即供应一台次。故每一区段的机车供应台次可按下式计算：

$$u_{供应}=n+n_{双}\quad（台次）$$

式中：n——列车对数；

$n_{双}$——双机牵引的列车对数。

2. 机车运用质量指标

反映机车运用效率的质量指标包括：列车平均总重、机车全周转时间、机车日车公里、机车日产量等。

1）列车平均总重

列车平均总重是指全路、铁路局、机务段或一个区段平均每台本务机车牵引列车的总重量，即：

$$Q_{总}=\frac{\sum QS_{总}}{\sum nL_{本}}\quad（t/列）$$

式中：$Q_{总}$——货运列车平均总重；

$\sum QS_{总}$——货运机车总重吨公里，t · km；

$\sum nL_{本}$——本务机车走行公里数，列 · km。

列车平均总重反映了机车牵引力的利用程度，它直接影响列车数、机车需要台数、机车乘务组需要数及其他有关支出的大小，是衡量机车运用效率的一个重要指标。

2）机车全周转时间

机车全周转时间 $\theta_{机}$ 是从时间上反映机车运用效率的指标。机车全周转时间是指机车在一个牵引区段担当一个往返列车牵引作业所消耗的全部时间。具体为机车从第一次作业完了返回基本段经过闸楼时起，至再次作业完了返回基本段经过闸楼时止平均消耗的全部时间。缩短机车全周转时间，可以减少机车需要台数，降低运输成本，提高经济效益。

机车全周转时间的计算见前面有关章节。

3）机车日车公里

机车日车公里是指全路、铁路局或机务段平均每台货运机车（不包括补机）一昼夜内走行的公里数。其计算方法见前面有关章节。

机车日车公里反映了货运机车平均每天完成的工作量。提高机车日车公里，可以减少机车需要台数，即可用较少的机车完成规定的运输任务，从而降低运输成本。

4）机车日产量

机车日产量是指全路、铁路局或机务段平均每台货运机车（不包括补机）在一昼夜内产生的总重吨公里数，即：

$$W_{机}=\frac{\sum QS_{总}}{M_{货}}=\frac{Q_{总}S_{机}}{1+\beta_{辅}}\quad（t · km）$$

$$\beta_{辅}=\frac{\sum MS_{双}+\sum MS_{单}}{\sum nL_{本}}$$

式中：$W_{机}$——机车日产量；

$S_{机}$——机车日车公里；

$\beta_{辅}$——单机和重联机车走行率。

机车日产量既是反映机车牵引力的利用程度，也是反映机车周转速度、考核机车运用质量的一个综合性指标。机车日产量的高低，不仅取决于机务部门，而且与其他有关部门的工作，特别是运输组织方面工作的好坏有很大关系。必须在加速机车周转，提高机车日车公里的同时，加强运输组织工作，大力提高货物列车总重，降低单机走行率并充分利用单机附挂少量车辆等办法，才能提高机车日产量。

任务4.6 运 输 方 案

任务引入

铁路运输综合作业方案简称“运输方案”，是综合部署、统筹安排铁路日常运输工作，保证完成月度运输任务的综合计划，是中国铁路在20世纪50年代创造的一种运输组织方式。运输方案根据月度货物运输计划和技术计划规定的任务，按照列车编组计划、列车运行图等的要求编制。一般按月，也有按旬，以铁路局为单位进行编制。它是编制运输日常工作计划（旬、日、班计划）的依据。

运输方案包括以下内容：

（1）货运工作方案，具体规定各旬间日历装车计划，直达列车及成组装车计划，主要站卸车安排。

（2）列车工作方案，将货运工作方案所确定的装车计划安排适应的列车运行线运送。

（3）机车工作方案，根据列车工作计划确定机车周转图和机车供应台数，安排机车定期检修计划，有的还包括施工方案、枢纽和车站工作方案。

在实行计划经济体制时期，运输方案的实施，对密切产、供、运输之间的协作关系，对铁路内部各部门工作的协调及合理使用机车车辆，解决运能与运量矛盾曾经起过积极作用。随着市场经济体制的建立和完善，企业的生产组织和经营方式发生较大的变化，运输方案的编制和实施均存在一些问题，其作用相应受到影响。

思考：

（1）运输方案在货物运输中有什么意义？

（2）运输方案包含哪些内容？

1. 运输方案的作用

列车编组计划和列车运行图都是年度的基础性质计划，它们指导着全年运输组织工作中的车流组织和列车运行工作。传统的月编运输生产计划周期太长，但为了体现运输生产计划的指导意义，其编制周期也不可能太短，一般应不少于10 d。运输生产计划规定了其计划期内铁路运输工作的数量及质量指标要求。然而，铁路究竟如何按照列车编组计划、列车运行图的规定和运输生产计划的要求来组织日常的运输生产活动呢？

在没有运输方案的条件下，是通过编制和执行日常作业计划，即日（班）计划来解决的。但是，由于编制日（班）计划时间短促，很难细致对货运工作、列车工作、机车工作等进行周密安排，甚至影响运输效率，影响运输任务的完成。因此，为了提高运输效率，保证完成和超额完成国家运输任务，除了编制运输生产计划外，每月、每旬还要编制运输方案，作为编制日（班）计划的依据。

运输方案是根据月度货物运输计划所规定的任务，按照列车编组计划及列车运行图的要求，考虑当月（旬）车流和运输能力的实际情况，对货运工作、列车工作和机车工作进行综合安排，即把货流组织、车流挂线、机车交路等结合起来进行统一部署。

通过运输方案可以更好地贯彻运输政策，大力组织合理运输和直达运输；进一步加强路内外的协作，把产、供、运、销全过程紧密衔接起来，进行全面安排，更好地适应国民经济发展对铁路运输的需要；找出运输生产中的主要矛盾和薄弱环节，使运能和运量相互协调，全面完成运输任务。

运输方案应根据运输生产计划规定的任务，按照列车编组计划、列车运行图的规定，考虑到装卸站的装卸能力和短途运输能力，企业部门的生产规律，根据当月（旬）的具体情况，对月、旬的货运工作、列车工作、机车工作和施工等进行统筹安排。通过运输方案的综合安排，使货流组织与车流组织、车流组织与列车运行、列车运行与机车运用互相紧密结合，使铁路内部和铁路运输与企业生产互相协调、密切配合、挖掘运输潜力，提高运输效率，从而使铁路运输更好地为工、农业生产、国防建设和人民生活需要服务，更好地满足国民经济发展对铁路运输的需要。

运输方案的主要作用有：

（1）通过运输方案，使运能和运量相互协调，保证运输生产计划的完成，全面完成运输任务。

（2）通过运输方案有效地组织路内外相关部门的紧密协作，提高运输效率和效益。

（3）通过运输方案找出运输生产中的主要矛盾和薄弱环节，预防可能发生的困难。

2. 运输方案的编制原则和依据

运输方案一般包括货运工作方案、列车工作方案和机车工作方案三个基本组成部分。根据具体情况和需要，运输方案还可以包括枢纽工作方案和施工方案等。编制枢纽工作方案的目的在于使区段工作和枢纽工作协调配合；而编制施工及路料运输方案的目的则在于使运输工作与路内有关部门的维修、改建工作配合，尽量减免施工对运输工作的影响，而又使必要的维修、改建工作有顺利进行的条件。编好施工方案的关键则在于运输和工、电有关部门的协作。

编制运输方案时，国铁集团主要编制跨局方案，铁路局则进行具体安排。根据路局的运输方案，各主要装卸站和技术站也应按照本站作业的特点，编制相应的车站方案。

编制运输方案必须坚持以下原则：

（1）坚决贯彻、执行党和国家的运输方针和政策，保证完成国家规定的运输任务。

（2）认真落实上级运输方案的安排，局部服从整体，保证上级运输方案的实现。

（3）明确目标，针对运输工作中的主要矛盾和薄弱环节，加强货流和车流组织，安排好列车、机车工作，保证运输工作的总体优化。

（4）坚持全局观念，组织运输过程各个环节的协调配合。

（5）树立营销观念，为广大货主服务，在完成运输任务的同时，提高运输效益。

编制运输方案的主要依据为：

（1）货物运输生产计划、旬计划。

（2）货物列车编组计划，列车运行图和站段技术作业过程。

（3）有关区段通过能力，主要站通过能力及改编能力、装卸能力。

（4）各铁路局间相互交换的重点站装车资料。

（5）前一时期运输方案执行情况的分析。

（6）吸引地区主要物资部门的生产、供应、销售情况及其对运输的要求。

（7）铁路与其他交通工具的衔接协作，联合运输的开展情况和短途运输能力等。

3. 货运工作方案

货运工作方案是运输方案的基础，它的主要任务在于全面组织自装车流，梳好货流“辫子”，最大限度组织各种直达列车和成组装车，使运输生产计划和列车编组计划紧密结合起来，同时还要摸清到达重车情况，安排好主要站的卸车工作。货运工作方案的质量直接关系到列车工作方案和机车工作方案的质量，正确编制货运工作方案是整个运输方案的关键。

1）货运工作方案的主要内容

（1）始发、阶梯直达列车计划及日历装车安排。

（2）固定车底循环列车、整列出车的短途列车计划及日历装车安排。

（3）成组装车的日历安排。

（4）零星车流的日历装车安排。

（5）主要卸车站的卸车安排。

2）货运工作方案的编制

铁路局在编制装车方案时，应根据列车编组计划的要求，对运输生产计划的货流进行分析，然后按照“先直达、后成组、再零星”的顺序，全面组织自装车流。应当最大限度地组织始发、阶梯直达列车和不通过编组站的短途列车（整列出车），在条件许可的情况下，可以采用固定车底的循环列车，不能组织直达列车时，应组织五辆以上同一到站的成组装车，或按前方编组站编组计划的要求，组织通过编组站的成组装车；不能组织成组装车的零星车流，也应尽可能集中装车。还应大力提倡和组织高质量直达列车。

凡超过编组计划规定，并符合下列条件之一的列车为高质量直达列车：

（1）车船衔接，路、矿、厂、港直出直入，整列装卸的直达列车。

（2）同一卸车地点或按到站货区货位编组的直达列车。

（3）在始发站组织或技术站编组，超过编组计划规定并符合前方一个编组站编组计划的远程直达列车。

超编组计划高质量直达列车的组织形式，要不断创新，不断发展。各铁路局要在编制编组计划之后，拟定组织超编组计划高质量直达列车的规划和具体编组方法，发给有关站段，通过运输方案加以组织实现，以丰富编组计划的内容。

在编制装车方案时，对于组织超过编组计划规定的到达编组站解体的直达列车和通过编组站不进行改编作业的成组装车，其车流必须符合前方编组站编组计划的要求，否则在中途仍需改编，达不到预期的效果。

在编制货运工作方案时，主要应考虑下列问题：

（1）调整货源，实现合理运输。调整货源的目的是减少或消灭重复运输、对流运输等不合理运输，为组织装车地直达列车创造条件，其做法主要有以下几种：

① 对同一发站不同发货单位的同品名货物，应尽量组织统一发货。例如，某站有三个货主向外发运同样的煤炭，则可组织其统一使用货区、货位、统一调配搬运和装车工具、统一发货、统一装车，一批装车只安排一个去向。这样既可提高装车设备的利用效率，又为组织直达列车创造了条件。

② 对不同品类、不同去向的货物，要尽量调整到同一车站装运同一品类、同一去向的货物。

③ 对同一区段内多站装车的同类货物，应尽量将同一去向的货源调整到一个或相邻几个车站装车，变分散流为集中流。

④ 调整供销关系，减少经过编组站的改编作业。

（2）划分出车区，统一组织货流。按照货流和车流特点，将某个车站或几个相邻的车站，或一个支线，或一个区段在装车组织工作中联成一个整体，称为一个方案出车区。这样做更便于组织货流和车流。例如图 4-7 所示的乙—G 支线各站中，A 站和 B 站装车量较大，可以单独划为出车区；C、D、E、F、G 各站，只有 C 站和 D 站装车量较多，其余各站装车量都很少，且装车去向基本相同，故将该五站划为一个出车区，这样可以保证该出车区的装车相对稳定。

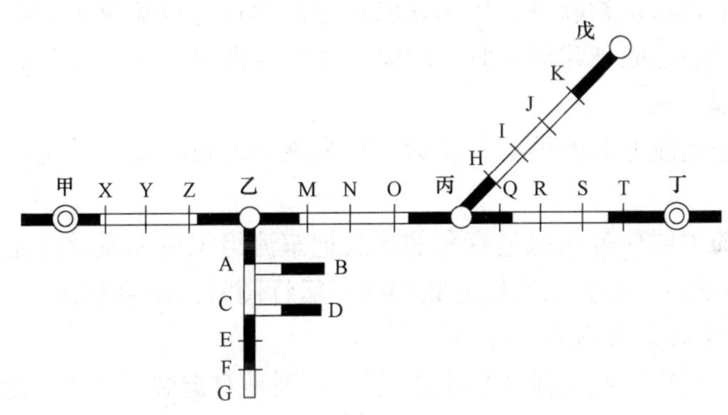

图 4-7　乙—G 支线线路示意图

（3）统一梳流，组织直达运输。所谓梳流，就是对批准的要车计划，按货物的发站或出车区，分别按到站或列车编组计划规定的去向加以分类，理出各支车流的数量，根据车流量的大小和设备条件确定车流组织方法。

自装车流的组织，一般是按“先远后近、先整后零”的顺序进行安排的：

① 发、到站集中的大宗稳定货流，如煤、矿石、原油、木材、粮食等，可组织“五定”班列，即定点（装车站和卸车站）、定线（运行线）、定车次（班列车次）、定时（货物运到时间）、定价（全程运输价格）的直达快运货物列车。

② 发站集中、到站分散的大宗稳定货流，可按“先远后近”和“先集中后分散”的顺序进行组织。先组织到达同一区段内几站卸的列车，再组织到达相邻区段几站卸的列车，最后组织到达技术站解体的列车。

③ 一站不能单独组织直达列车的车流，可组织几站合编的阶梯直达列车。

④ 为将出车区内的零星车流组织起来，也可让装车大站“化整为零”与装车小站配合成列，以达到最大限度把车流组织起来的目的。

⑤ 实在无法组织成列的零星车流，应按行程远近，尽量组织成组装车。

（4）按照均衡和集中的原则，合理安排旬间日历装车计划。

所谓“均衡”，是指对运输整体要求均衡。所谓“集中”，是指对分散的零星货流和车流尽量组织集中发运、集中装车。按照以上原则，首先对全部运量进行旬间平衡，即每旬的运量基本上等于全月运量的三分之一，具体做法是“大户均衡、小户定旬”。

确定旬间运量之后，便可安排日历装车计划，安排日历装车计划的原则，仍然是在保证全局均衡的前提下，局部要相对集中。

（5）编制主要卸车站的卸车方案。

编制卸车方案，对于保证日常运输工作的正常进行有着重大意义。

到达铁路局管内卸车的车流来源有二：一是铁路局管内的自装自卸车流，二是由外铁路局接入自卸的车流。要编制卸车方案，首先要掌握到达卸车的来源和数量。其中本局自装自卸车流资料已在掌握之中，接入自卸车流资料可通过铁路局、国铁集团以及与邻局交换资料等手段取得。根据本局的日历装车计划和从邻局接入自卸车流的计划，结合车辆运行时间，便可安排车站别的日历卸车计划。从而可预见掌握主要卸车站到达货物的品类和数量，在了解各主要卸车站卸车工作量变化的情况下，就可以事先有计划地做好卸车组织工作和搬运安排，必要时还可以主动与发站联系，提出切实可行的建议，以免重车积压、货场堵塞。若发现某站的卸车能力不能适应到卸车流时，应调整本局管内的自装自卸车流的日历装车计划。

4. 列车工作方案

列车工作方案是运输方案的核心。货运工作方案中对货物运输的组织，最终要通过列车工作方案来实现。

列车工作方案的主要任务是以最有利的形式把车流组织成列流，指定配送空车和挂运重车的运行线（组流上线），使货运工作方案和列车运行图紧密结合起来。

1）列车工作方案的主要内容

（1）对各种车流进行挂线安排（车流挂线），特别是对定装车地点、定编组内容、定运行线的三定列车的安排。

（2）将卸空车流组织成列车流，合理安排定车次、定车种、定辆数的排空列车和配空列车。

（3）选定分号列车运行图和核心列车车次。

2）列车工作方案的编制

（1）选定分号列车运行图。

每月在编制列车工作方案时，首选应根据技术计划规定的各个区段的行车量，并考虑日常波动，选定分号运行图或方案运行图。当没有编制分号运行图而需从基本运行图中抽掉列车运行线时，必须考虑以下几个方面：

① 抽掉的车次为非定期车次。

② 流线结合。例如到达装车站的空车列车运行线，应与装车站始发的重车列车运行线相配合；有车流交换的两个列车运行线，在衔接站要互相配合；直达列车从装车站出发和到达卸车站的时间，应与企业生产相配合等。

③ 阶段均衡。均衡安排列车运行线，包括到达同一卸车站、同一品类货物的列车应均衡到达；同一装车站装运同一品类货物的直达列车，应均衡安排出发；编组站的列车尽可能做到改编列车和无调中转列车均衡到发；一天各阶段列车运行要基本均衡等。

④ 保证机车交路经济合理。

⑤ 符合施工需要的时间要求。

（2）车流挂线。

把各种车流分别安排到每条运行线上挂运，简称车流挂线，即根据当月货流和车流特点，将组织好的各种车流，以“定点、定线、定编组内容”的方式固定下来。因此，列车工作方案比列车编组计划和列车运行图更具体，更便于执行，对于提高运输生产的质量作用也更大。车流挂线是编制列车工作方案的重点任务。

车流挂线包括空车挂线、重车挂线，以及技术站中转车流挂线等几种形式。

空车是装车的保证。为了实现货运工作方案和满足排空的需要，列车工作方案应对空车流进行合理组织。管内空车流的组织应贯彻“一卸二排三装”的原则，根据列车编组计划的规定进行。为了保证排空和组织装运直达列车，保证厂矿重点物资的及时运送，首先应根据技术计划规定的排空任务，考虑接空局的要求，确定在卸车站和空车集结站按车种的整列排空列车数，其次要按照货运工作方案中组织直达列车和短途列车的安排，组织整列配空列数。

① 车流挂线的条件。

车流挂线的基本条件是“稳定”，也就是车流挂线以后，必须保证某支车流固定走某条列车运行线，并保证每天开行。

在实际工作中，某一到达站的列车全月刚好组织成 30 列的情况是不多的，多数为多于 30 列或不足 30 列。因此，对各种列车安排运行线时，可根据车流量的大小，决定单独使用或共用一条运行线。

当某一到站的车流基本上能每天组织一个列车或全月能开 25 列以上时，可固定一条列车运行线单独使用；当某一到站的车流（包括已单独使用列车运行线后剩余的部分车流）不能保证每天开行一个列车或全月开行列数少于 25 列，而这些车流又比较稳定时，可以和有相同径路的其他车流共用一条列车运行线，交叉使用，以保证每天不空线。

② 车流挂线的协调配合。

具体挂线工作是按区段分别进行的，而车流和列车运行却是延续和连贯的。因此，车流挂线应保证区段与区段、区段与技术站之间的协调配合。具体为装车地直达列车运行线与技术站自编列车运行线的协调配合，与技术站的技术作业的协调配合，列车在装车站和卸车站的到发时间与厂矿企业的生产进度、设备能力、作业条件的协调配合，此外，车流挂线要保证全日列车运行线的均衡。

例如，每天由各个方向到同一卸车站、同一品类货物的列车运行线应当均衡安排，以便有时间腾空货位，保证及时卸车；同一装车站每天装运同一品类货物的直达列车，应当均衡安排出发列车运行线，以便保证有足够的时间集结货物；向外局排空列车运行线应当均衡安排；到达编组站的列车也应尽可能做到改编列车和无改编列车均衡安排；一天各阶段列车运行要基本均衡；等等。

在编制各种直达列车或不通过编组站的短途列车计划时，应当考虑装卸站的装卸能力和仓储设备容量，特别是要为到站和收货单位着想，避免由于组织直达列车，造成卸车、搬运、储存等困难，造成货物运送间隔时间过长，影响生产和消费的需要。在多站、多矿配开直达列车时，各站、各矿的配装辆数要适当，各日、各旬装车要尽量均衡。

③ 车流挂线的方法。

车流挂线一般是先安排跨铁路局的空重直达列车运行线，然后再安排局管内列车运行线。对于路局管内的车流，应首先安排编组站自编列车的运行线，再据此安排配空、出重列车运行线。编组站自编列车运行线的选定，是比较复杂的问题，它取决于各方向到达车流的稳定程度。在有条件的情况下，编组站改编车流也可以做到部分车流挂线。在这种情况下，编组站车流挂线的运行线，一般不应选做装车地直达列车的运行线。

对于装车站的空重车流挂线，一定要与厂矿企业的生产进度、储装能力相配合。其方法可以先确定配空列车运行线，再根据车站作业过程的需要时间安排出重列车运行线；也可以先确定出重列车运行线，再“反推”确定配空列车运行线。

技术站中转车流的挂线，若本月（或旬）无特别的车流接续计划，应按以往的车流集结规律确定。对中转列车，应在保证满足车站技术作业过程所需时间的前提下，选择紧密衔接的列车运行线。

中间站产生的零星车流，数量虽不大，但组织起来难度较大。

当区段内一昼夜只有一对摘挂列车时，可按日历装车的办法进行组织，例如各中间站单日均装甲站及其以远的车流，双日均装乙站及其以远的车流。摘挂列车实行开口挂车的作业方法，列车到达终点站后即成为技术站需要的车流；当区段内一昼夜开行二对及其以上的摘挂列车时，可按车次固定挂车内容。

由于实行按日历或按车次固定挂车办法，车站按要求组织装车，既压缩了货车在站停留时间，也使每一摘挂列车到达终点站时有了固定的编组内容，因此，实际上中间站的零星车流也挂上了运行线。

车流挂线，可以保证装卸站和编组工作的稳定和均衡，使铁路与厂矿企业协调配合，加速物资运送和机车车辆周转，因此应当通过货流和车流的组织，不断扩大车流挂线的比重。

5. 机车工作方案

机车工作方案是运输方案的重要组成部分，是完成运输任务、实现列车工作方案的保证。机车工作方案的主要任务是根据列车工作方案和机车运用方式，合理安排机车交路，把机车的运用和检修结合起来，保证实现列车工作方案，提高机车质量和运用效率，全面完成运输任务。

其主要内容有：机车周转图、记号式机车交路图和机车检修计划等。

在机车周转图中，机车交路的部分或全部列车由固定号码的机车担当，这种周转图称为记号式机车交路图。

根据列车工作方案选定分号运行图或方案运行图，合理安排机车交路，编制机车周转图。当发现某些管内列车运行线选定不合适而对机车运用不利时，应由机务部门与运输部门共同研究解决。

为了保证提供质量良好的机车，在编制机车周转图时，必须考虑机车的洗（定）检和中检，在图上定出机车中检、洗（定）检入库运行线和检修后牵引的列车运行线。采用记号式机车交路可以保证运用检修工作的稳定，同时也给机车乘务组创造了稳定的工作条件。但选为记号式机车交路的运行线，必须是有稳定车流保证的运行线。

编制记号式机车周转图时，不能使记号机车交路过于紧张，以免列车稍有晚点就打乱记号机车交路。选定记号机车交路运行线时还应考虑中洗检机车回段运行线，避免记号机车因中洗检而打乱方案。

6. 运输方案的执行、分析与考核

运输方案编制后，必须严肃认真地贯彻执行，严格按运输方案的部署和安排来组织运输生产。在执行过程中，应加强对运输方案的考核和分析，不断提高运输方案的质量和组织水平。

车站进行考核分析的主要指标有：

（1）日历装车兑现率和旬装车兑现率。

（2）直达列车及成组装车比重。

（3）装车挂线兑现率。

（4）重车挂线比重。

（5）空车挂线比重。

（6）编组站列车方案兑现率。

（7）小运转列车方案兑现率等。

铁路局除了汇总各站上报的以上指标外，还应专门考核以下指标：

（1）跨局列车方案兑现率。

（2）跨局车组挂线兑现率等。

思 考 题

1. 什么是技术计划？它包括哪些内容？
2. 重车车流表是如何组成的？如何使用？
3. 空车调整计划的编制依据是什么？如何编制？
4. 什么是货车工作量？各种工作量如何确定？
5. 什么是货车周转时间？如何计算？
6. 货车周转时间的时间相关法计算公式中各项因素的含义是什么？如何确定？
7. 压缩货车周转时间的主要途径有哪些？
8. 什么是运用车保有量？如何确定？
9. 运输方案有什么意义？它包括哪些主要内容？
10. 如何编制货运工作方案？
11. 列车工作方案的关键是什么？包括哪些主要内容？

技能训练题

1. 已知：（1）乙局管辖范围示意图如下。

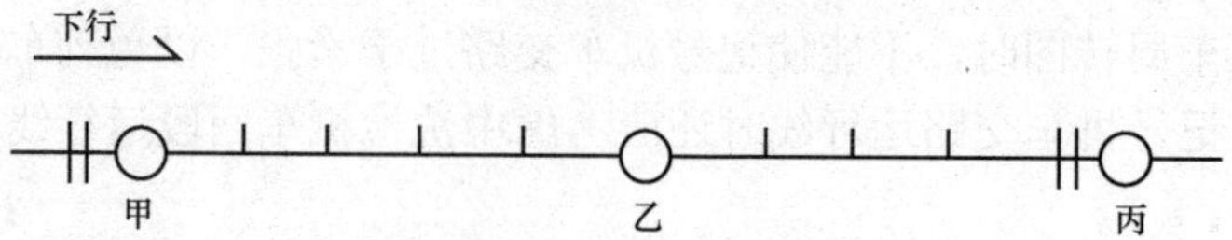

（2）乙局重车车流表如下。

卸或交 / 装或接		卸空车					交出重车			合计
		甲	甲—乙	乙	乙—丙	小计	甲口	丙口	小计	
使用车	甲		10	20	12	42	20	80	100	142
	甲—乙	15	9	20	20	64	30	35	65	129
	乙	15	12		14	41	16	12	28	69
	乙—丙	6	6	8		20	14	18	32	52
	小计	36	37	48	46	（ ）	80	145	225	（ ）
接运重车	甲口	10	8	7	10	35		500	500	535
	丙口	25	30	40	20	115	350		350	465
	小计	35	38	47	30	150	350	500	850	1 000
合计		71	75	95	76	（ ）	430	645	1 075	（ ）

要求：（1）完成重车车流表［在（）内填入数字］。

（2）在重车车流表中找出以下数量指标。

管内车流（　　　）；输出车流（　　　）；输入车流（　　　）；

通过车流（　　　）；使用车数（　　　）；卸空车数（　　　）；

接运重车数（　　　）；交出重车数（　　　）；局工作量（　　　）；

空车调整数（　　　）。

（3）计算甲—乙区段下行通过重车流。

2. 设全路现有运用车 60 万辆，如果全路的货车周转时间从 4.80 d 缩短至 4.75 d，问全路每天可多装车多少辆（假设货源有充分保证）？

3. 某局 6 月份技术计划规定，货车周转时间为 0.85 d，5 月 20 日实际完成装车 2 000 车，接运重车 3 100 车，卸车 1 900 车，交出重车 3 000 车，18:00 运用车保有量为 4 500，问该局 5 月 20 日是否完成了货车周转时间指标？

4. 某局 5 月份技术计划规定，使用车 3 000，接运重车 1 900，若该局 4 月份实际完成的货车周转时间由 1.30 d 压缩至 1.29 d，问该局 4 月份节省运用车多少辆？

项目 5　普速铁路调度指挥

学习目标

1. 知识目标
（1）掌握调度工作日（班）计划的主要内容。
（2）掌握车流调整的种类。
（3）掌握重车调整的方法。
（4）熟悉普速铁路车站接发列车作业的主要内容。
（5）熟悉普速铁路列车运行组织有关规定。
（6）掌握普速铁路调度命令发布有关规定。
2. 能力目标
（1）能编制调度工作日（班）计划。
（2）能说明重车调整的方法和适用条件。
（3）能完成简单的列车运行调整。

月度货物运输生产计划所规定的运输生产任务及有关技术指标是按每月的日平均数制定的，而运输生产过程由于受各种因素的影响，每日的运输状态均不相同，经常偏离规定标准。为使运输生产控制在正常状态，必须经常分析运输生产指标完成情况，进行车流分布预测，并且根据具体的运输工作条件，调整车辆分布及列车运行，并通过制定日（班）计划贯彻运输调整措施，以预防或消除运输生产过程可能或已经发生的困难，保证车流正常分布，经济合理地使用运输设备，完成或超额完成运输生产计划。

任务 5.1　普速铁路调度工作日（班）计划

任务引入

据中国铁路发布，3 月 1 日，为期 40 天的 2019 年铁路春运圆满结束，全国铁路累计发送旅客 4.1 亿人次，首次突破 4 亿人次，同比增加 2 539.2 万人次，增长 6.7%。其中动车组发送旅客 2.4 亿人次，增长 16.2%；动车组发送旅客占旅客总发送量 60%，同比提高 5 个百分点。

全国铁路有23天旅客单日发送量超1 000万人次，其中超1 100万人次13天，超1 200万人次6天，特别是2月8日至2月18日，春节返程客流高度叠加，全国铁路客流连续11天超过1 000万人次。2月23日，全国铁路发送旅客1 316.9万人次，较前一年春运最高峰多33.1万人，创铁路春运单日旅客发送量历史新高。

春运期间全路日均开行旅客列车8 671列，同比增加856列，节前日均加开旅客列车799列，节后日均加开旅客列车836列，运输能力创历年春运新高。

要想保证每日开行的这么多列车安全正点运行，离不开调度工作日（班）计划的编制，既要做好列车运行计划的编制，同样重要的也要安排好机车、车辆等的运用，以及施工计划的合理布置，同心协力，才能满足春运这样的客流高峰期旅客出行的需求。

思考：

（1）调度工作日（班）计划包括哪些计划？

（2）编制调度工作日（班）计划时应考虑哪些原则？

知识准备

由于日常铁路运输工作中，运输情况不断变化，每日的装车数量和车流量与月度技术计划所规定的任务不可能完全相同。因此，为了均衡地完成月度货物运输计划、技术计划，实现列车编组计划、列车运行图及运输方案，必须根据每旬、每日的具体情况，编制运输工作日常计划。

运输工作日常计划包括旬计划、日（班）计划和车站作业计划。全路、铁路局要分别制定旬计划和日（班）计划。

调度日（班）计划是一日（班）内的运输工作计划，包括国铁集团调度日计划和铁路局调度日（班）计划。国铁集团调度日计划包括分界口列车交接计划、货运工作计划，起止时间为当日18:00至次日18:00。国铁集团调度日计划由调度处处长（副处长）负责组织编制。

铁路局调度日（班）计划简称日（班）计划，包括货运工作计划、列车工作计划、机车车辆工作计划和施工日计划。铁路局货运工作计划、列车工作计划、机车车辆工作计划起止时间为当日18:00至次日18:00，分为两个班计划：当日18:00至次日6:00为第一班计划，次日6:00至18:00为第二班计划。铁路局可根据第一班计划的执行情况和日计划任务，对第二班计划内容进行部分调整。铁路局施工日计划起止时间为0:00至24:00。铁路局调度日（班）计划由调度所主任（副主任）负责组织编制。

1. 调度日（班）计划的编制原则

调度日（班）计划的编制应遵守下列原则：

（1）坚持安全生产的原则。

（2）贯彻国家运输政策，保证重点运输的原则。

（3）最大限度满足运输需求的原则。

（4）坚持一卸、二排、三装的运输组织原则。

（5）按列车编组计划编车，按列车运行图行车，按运输生产经营计划组织运输，按技术作业过程和时间标准组织作业，优先组织特需、快速货物列车开行，最大限度地组织直达、成组运输的原则。

（6）按施工计划安排施工，坚持运输与施工兼顾的原则。

（7）经济合理地使用机车车辆和其他运输设备，提高运输效率和效益的原则。

（8）组织均衡运输的原则。

2. 调度日（班）计划的主要内容

日（班）计划包括货运工作计划、列车工作计划、机车工作计划、车辆工作计划和施工日计划。

（1）货运工作计划：由货运调度员负责组织编制，包括各站装车需求批准数（包括发站、发货人、品类、到站、到局、运费、限制口、车种别装车数），各站卸车计划（包括到站、车种、卸车数，整列货物要有收货人及品类），特需货物列车、快速货物列车、企业自备车等直达列车和成组装车的列数及辆数，篷布、集装箱运用计划，专用货车使用计划。

装车计划的编制要在保证重点物资运输的同时，对高费率、高附加值、远距离的货物做到优先安排。

（2）列车工作计划：根据当日车流情况，由计划调度员负责编制，包括列车到、发及运行计划（列车车次、发站、到站、发到时分、编组内容、特定运行径路、始发列车车辆来源），分界站列车交接计划（列车车次、交接时分、各列车中去向别重车数和车种别空车数），管内工作车输送计划、各站配空挂运计划和摘挂列车的甩挂作业计划，专用货车的调整、挂运计划，装载超限超重、军运物资（人员）、剧毒品、运输警卫方案货物车辆，有运行条件限制的机车车辆、自轮运转特种设备挂运和专列开行计划，旅客列车的临时加开、停运、变更径路、途中折返、车辆甩挂、客车回送计划，机车车辆试运行计划，区间装卸作业计划，路用列车运行计划。

对重点列车及挂运有特殊运输组织要求的机车车辆，临时旅客列车的加开、停运，大中型施工等事项，必须按文电规定、运输组织要求及施工计划安排纳入全日计划，并提供可靠的车流保证。

（3）机车工作计划：由机车调度员利用机车周转图进行编制，包括各区段（含跨局）机车周转图（机车交路、机型及机车号），机车沿线走行公里、机车运用台数和机车日车公里，机车出（入）厂、检修、回送计划及重点要求。

编制时尽量减少单机走行，确保重点列车机车供应，保证临时旅客列车的机车交路。

（4）车辆工作计划：由车辆调度员负责编制，包括各车辆检修基地（含站修）扣修、修竣车辆取送计划，各沿线车站停留故障车辆检修计划，跨局及铁路局管内客、货检修车回送计划及重点要求，动车组车底运用方案。

车辆调度员要及时向计划调度员提供车辆段检修扣修、修竣车数及车种，以利于车辆及时投运，加快车辆周转。对停运列车恢复运行、中间站的故障甩车处理及特殊重点装车的车辆选扣，安排车辆人员检查处理。

（5）施工日计划：是由铁路局调度所施工调度室根据月度施工计划（含临时施工）及主管业务处提报的施工计划申请编制的次日 0:00 至 24:00 施工计划。根据集团公司月度施工计划、临时施工电报、施工日历方案（含维修天窗计划）编制，确保施工和运输组织协调。同时确定路用列车开行方案，科学合理安排路料装卸作业计划，包括施工编号、等级、项目，施工日期、作业内容、地点（含线别、区间、车站、股道、道岔、行别、里程）和时间，施工限速、影响范围、行车方式变化及设备变化，施工单位（含配合单位）、施工负责人，施工作业车进出施工地段方案。

调整计划由值班主任组织进行编制。有关工种调度人员根据第一班计划的实际执行情况，对第二班计划可进行部分调整，值班主任全面负责第二班计划的调整工作。

【案例】超限列车脱轨事故

1. 案例概况

20××年×月×日 21:43，70002 次货物列车到达××站Ⅳ场 1 道，21:55 运行至Ⅳ场至Ⅰ场联 3 线 K139+003 处、半径 275 m 曲线上时，机后 41～43 位脱轨。构成货物列车脱轨一般 C 类事故。

2. 点评

1）相关规章

《调规》第 66 条：超限超重货物车辆的挂运，必须纳入日（班）计划，根据超限超重货物运输确认电报和超限超重车辆挂运通知单确定的运行条件，由列车调度员发布调度命令。

《调规》第 67 条：调度命令发布前，应详细了解现场情况，听取有关人员的意见，命令内容、受令处所必须正确、完整、清晰。

《技规》第 355 条：旅客列车、挂有超限货物车辆的列车，应接入规定线路。

2）存在问题

在发布超限列车运行命令时，运行条件中漏发：挂运电报中“禁止通过小于 280 m 半径曲线”，导致了车站错误将 70002 次列车安排通过半径为 275 m 的联 3 线；加之铺轨机技术状态不良，通过小半径曲线时铺轨机左侧轮缘爬上曲外股轨面，导致脱轨。

3. 调度日（班）计划的编制依据

国铁集团每日向铁路局下达调度轮廓计划，其内容、编制人员、起止时间与日计划相一致。铁路局调度日计划编制的主要依据有：

（1）国铁集团下达的调度日计划、轮廓计划。

（2）月度运输生产经营计划、列车编组计划、列车运行图、机车周转图、机车车辆检修计划、有关技术作业时间标准。

（3）日运输需求车数及相关要求（军用应有军运任务通知书，超限超重货物应依据确认电报）。

（4）预计当日 18:00 各类运用车数、车站现在车数（重车分去向，其中到本局和邻局管内摘挂车流分到站；待卸车、空车分车种）和机车、机车乘务员分布情况。

（5）旅客列车临时加开、停运、变更径路、途中折返、车辆甩挂、客车回送的调度命令或文件、电报。

（6）机车车辆试运行计划。

（7）国铁集团特需、快速货物列车开行计划、命令及铁路局管内特需、快速货物列车开行方案。

（8）列车预确报。

（9）分界站协议。

（10）月度施工计划（含临时文电批复的）及主管业务处提报的施工计划、路用列车开行申请。

（11）设备维修作业计划。

4. 调度日（班）计划的编制程序

1）10:00 前下达次日轮廓计划

为了均衡完成运输生产任务，合理调整运用车，预防运输生产过程发生困难，国铁集团调度指挥中心在每日早 10:00 前应向铁路局下达轮廓计划任务，其内容包括：分界站交接列车数、重车数、车种别排空车数、到局别使用车数、通过限制口的装车数和重点要求等。

2）14:30 前收集编制资料

铁路局各工种调度人员，在每日 14:30 前向有关站段收集编制日（班）计划的资料，并向调度所主任（副主任）提供。

（1）货运调度员：预计当日 18:00 各站卸车数、装车数和去向别装车数、重点物资装车数，特需、快速货物列车装卸情况，18:00 待卸车，有关停、限装命令，卸车单位的卸车能力，次日运输需求情况及国铁集团调度轮廓计划。

（2）计划及列车调度员：预计当日 18:00 各站运用车（重车分去向，其中到本局和邻局管内摘挂车流分到站；待卸车、空车分车种）、备用车等分布情况，在途列车的编组内容和预计到达编组站、区段站、分界站的时分。特需、快速货物列车编组情况和预计到达分界站的时分。

（3）特运调度员：整列和零星军用、罐车、冷藏车运输需求的车种、吨位、辆数、配车时间及挂运要求；长大货物车（D 型车）、装载超限超重、剧毒品货物车辆的分布及挂运条件、车次及挂运通知单；专用货车的备用、解除和调配计划；预计 18:00 篷布分布情况。

（4）机车调度员：预计当日 18:00 运用机车和机车回送计划，机车检修、试运行情况，机车、机车乘务员分布动态情况。

（5）车辆调度员：预计当日 18:00 货车扣修、修竣、检修车分布及回送情况。车辆段结存检修车、扣修、修竣车数及车种，次日检修车计划，检修能力，有运行条件限制故障车辆回送挂运电报或计划申请。管内货车检修工厂结存检修车、修竣车数及车种，货车制造工厂新造出车数量及车种，次日入厂修计划，客车车辆试运行计划。

（6）施工调度员：各站、各区段施工计划，慢行处所及限速条件。自轮运转特种设备、路用列车开行方案，路料装卸作业方案。

3）15:00 至 17:00 编制日（班）计划

（1）调度所主任负责编制日间总计划，包括全铁路局的卸车数、装车数、各分界站交接重空列数及车数，日计划各项指标等。

（2）主任货运调度员负责编制货运工作计划，包括各站装卸车数、直达列车及成组装车计划等。

（3）计划调度员负责编制列车工作计划，包括列车到发及运行计划、分界站列车交接计划和管内工作车输送计划等。

（4）主任机车调度员负责编制机车工作计划，包括各区段机车周转图、机车运用台数、机车日车公里、机车检修工作安排等。

4）17:00 至 17:30 审批与下达

调度日（班）计划编制后，局主管运输工作的领导必须亲自审批，并应重点注意以下几点：

（1）主要品类及去向别装车是否符合旬计划或上级调度布置的日间总任务。

（2）卸车计划是否达到应卸车标准，局间管内重车的移交是否正常、及时。

（3）排空数量是否符合要求，排空列车及重点配空列车的车流有无保证。

（4）编组站出发列车是否均衡，车流有无积压，机车运用是否经济合理。

（5）主要技术指标（货车周转时间、机车日车公里、运用车保有量）能否达到月度技术计划标准等。

铁路局调度日计划经分管副局长（总调度长）批准后，于 17:00 前将需国铁集团调度日计划批准的内容报国铁集团运输局调度部调度处。国铁集团调度日计划经调度部主任（副主任）批准后，于 17:20 前以调度命令下达各铁路局。铁路局调度日计划于 17:30 前以调度命令下达有关单位、调度台。

18:00 至 21:00、6:00 至 9:00 的列车工作计划，应分别于 16:00、4:00 前下达有关单位。对货物列车车次的考核，仍以正式下达的日（班）计划为依据。

第二班的调整计划，由铁路局调度所值班主任负责组织各工种调度人员，根据第一班计划的执行情况和日计划任务进行调整，铁路局于 6:00 前以调度命令下达有关单位。

5. 铁路局日间总计划的编制

日间总计划是对日间计划任务量提出控制数。它的主要内容包括：卸车数；装车数和通过限制口的装车数；分界站交接列车数、重车数和车种别排空车数等。

铁路局日间总计划的编制，除了要根据月、旬计划及部下达的轮廓计划外，还需要掌握货源、货流的变化情况，分界站接入列车及重空车辆的预确报以及计划日开始前（当日 18:00）运用车分布情况。当日 18:00 运用车情况需根据收集的有关资料推算得出。

1）预计当日 18:00 各种运用车保有量

计划日开始前各种运用车保有量不仅是反映运输状态并据以确定调整措施的资料，而且是确定计划日运输任务的依据。因此，在编制日计划前应预计当日 18:00 各种运用车保有量。

（1）预计当日 18:00 管内工作车保有量：

$$N_{管内}^{当日} = N_{管内}^{昨日} + u_{自装自卸}^{当日} + u_{接入自卸}^{当日} - u_{卸}^{当日}$$

式中：$N_{管内}^{昨日}$——昨日 18:00 管内工作车保有量；

$u_{自装自卸}^{当日}$——当日预计全日自装自卸的装车数；

$u_{接入自卸}^{当日}$——当日预计全日接入自卸的接重车数；

$u_{卸}^{当日}$——当日预计全日卸车数。

（2）预计当日 18:00 空车保有量为：

$$N_{空}^{当日} = N_{空}^{昨日} + u_{接空}^{当日} + u_{解备}^{当日} + u_{卸}^{当日} - u_{交空}^{当日} - u_{列备}^{当日} - u_{装}^{当日}$$

式中：$N_{空}^{昨日}$——昨日 18:00 空车保有量；

$u_{接空}^{当日}$——当日预计全日接入空车数；

$u_{解备}^{当日}$——当日计划解除备用车数；

$u_{交空}^{当日}$——当日预计全日排空车数；

$u_{列备}^{当日}$——当日计划列入备用车数；

$u_{装}^{当日}$——当日预计全日装车数。

（3）预计当日 18:00 移交车保有量为：

$$N_{移交}^{当日} = N_{移交}^{昨日} + u_{自装交出}^{当日} + u_{接入通过}^{当日} - u_{交重}^{当日}$$

式中：$N_{移交}^{昨日}$——昨日 18:00 移交车保有量；

$u_{自装交出}^{当日}$——当日预计全日装出的自装交出车数；

$u_{接入通过}^{当日}$——当日预计全日接入的通过重车数；

$u_{交重}^{当日}$——当日预计全日交出的重车数。

（4）预计当日 18:00 总运用车保有量为：

$$N_{当日} = N_{昨日} + \Delta u_{出入差}^{当日} + u_{解备}^{当日} - u_{列备}^{当日}$$

式中：$N_{昨日}$——昨日 18:00 总运用车保有量；

$\Delta u_{出入差}^{当日}$——当日预计全日接入交出重空车总数之差额。

当日 18:00 总运用车保有量 $N_{当日}$ 也应符合以下计算公式：

$$N_{当日} = N_{管内}^{当日} + N_{移交}^{当日} + N_{空}^{当日}$$

推算出当日 18:00 即计划日开始时各种运用车保有量以后，铁路局应根据车流预测资料及国铁集团轮廓计划，确定次日车流调整措施，并通过确定次日卸车任务、装车任务及各分界站重空车交接任务等加以实施。

推算各种运用车保有量之后，将其与技术计划标准数进行比较，以便发现问题，采取措施。调整的办法不外乎从车流来源和车流去向两个方面加以控制。如管内工作车积压，则应加强卸车及少装管内卸的重车；如移交车保有量超过标准，则应少装超标方向的重车和加速移交重车的运送；空车保有量不足时，则应加强卸车和减少装车等。

由于卸车是产生空车的来源，有了卸车任务才可据以确定排空和装车任务，因此，日间总计划应先从确定卸车计划开始。

2）确定次日卸车计划

卸车是运输工作的重要环节，它是完成排空任务和装车任务的保证。

次日卸车任务主要依据以下三个管内工作车来源：一是 18:00 结存的管内工作车情况，二是当日自装的管内工作车情况，三是当日接入的管内工作车情况。

确定应卸车数，目前是以技术计划规定的管内工作车周转时间和推算的当日 18:00 管内工作车数计算出来的，即按下式计算次日应卸车数：

$$u_{卸}^{次日} = \frac{N_{管内}^{当日}}{\theta_{管内}}$$

式中：$\theta_{管内}$——运输生产计划规定的管内工作车周转时间。

必须指出，用上式计算应卸车数，是按当日 18:00 管内工作车保有量的瞬时值确定的，不能反映次日管内工作车的变化情况。因为当日 18:00 管内工作车保有量的多少，并不决定次日自装自卸及接入自卸车流也与其成比例增减。

例如某局技术计划规定每日接入自卸和自装自卸的车辆总数 $u_{自装自卸} + u_{接入自卸} = u_{接入自卸} = 300$ 车，管内工作车周转时间 $\theta_{管内} = 0.5$ d，管内工作车保有量标准 $N_{管内} = 150$ 车。如果该日推算的 18:00 管内工作车保有量超过标准，达到 300 车，而预计次日接入自卸和自装自卸的车数反而减少到 200 车。那么，按上式计算次日应卸车数则为 600 车，显然这个任务是不可能完成的。

为了能反映由于次日自装自卸和接入自卸车流的变动对应卸车数的影响，使确定次日卸车任务能比较符合次日车流的实际情况，次日的卸车数应与当日 18:00 结存的管内工作车、次日由各分界站接入的管内工作车和次日自装的管内工作车三部分车流均有关联，所以，必须考虑次日管内工作车的变化情况。

由于：

$$N_{管内}^{次日} = N_{管内}^{当日} + u_{接入自卸}^{次日} + u_{自装自卸}^{次日} - u_{卸}^{次日}$$

所以次日应卸车数应为：

$$u_{卸}^{次日} = \frac{N_{管内}^{当日} + N_{管内}^{次日}}{2\theta_{管内}} = \frac{2N_{管内}^{当日} + u_{接入自卸}^{次日} + u_{自装自卸}^{次日} - u_{卸}^{次日}}{2\theta_{管内}}$$

经整理后得：

$$u_{卸}^{次日} = \frac{2N_{管内}^{当日} + u_{接入自卸}^{次日} + u_{自装自卸}^{次日}}{1 + 2\theta_{管内}}$$

在制定卸车计划时，除了应根据计算的应卸车数外，还应考虑主要卸车站的卸车能力。当主要卸车站车流积压时，卸车计划应相应规定少些。

3）确定排空及装车计划

制定排空计划和装车计划时，必须按照“一卸、二排、三装”的原则，首先按照上级下达的排空任务安排各分界站的排空计划，并在保证次日空车保有量基本符合运输生产计划规定标准的情况下确定装车计划，以保证后一日运输工作的均衡。所以在确定装车计划前还需要推算次日 18:00 的空车保有量。

$$N_{空}^{次日} = N_{空}^{当日} + u_{接空}^{次日} + u_{解备}^{次日} + u_{卸}^{次日} - u_{交空}^{次日} - u_{列备}^{次日} - u_{装}^{次日}$$

式中：$u_{接空}^{次日}$——次日接入空车数；

$u_{解备}^{次日}$——次日解除备用车数；

$u_{列备}^{次日}$——次日列入备用车数。

4）计算日计划指标

日计划指标包括装车数、卸车数、排空车数、工作量、货车周转时间等。

计划日的货车周转时间，可用车辆相关法计算。因此，需首先推算次日 18:00 的运用车保有量。次日运用车保有量可按下式推算：

$$N_{次日} = N_{当日} + \Delta u_{出入差}^{次日} + u_{解备}^{次日} - u_{列备}^{次日}$$

式中：$N_{当日}$——当日 18:00 运用车保有量；

$\Delta u_{出入差}^{次日}$——次日各分界站交接车数差；

$u_{解备}^{次日}$——次日计划解除备用车数；

$u_{列备}^{次日}$——次日计划列入备用车数。

次日计划工作量$u_{次日}$为：

$$u_{次日}=u_{使}^{次日}+u_{接重}^{次日}$$

式中：$u_{使}^{次日}$——次日使用车数；

$u_{接重}^{次日}$——次日接入重车数。

预计次日货车周转时间$\theta_{次日}$为：

$$\theta_{次日}=\frac{N_{次日}}{u_{次日}}$$

为减少利用运用车保有量的瞬时值所带来的不准确性，货车周转时间也可用下式预计：

$$\theta_{次日}=\frac{N_{当日}+N_{次日}}{2u_{次日}}$$

例题：编制丙铁路局日间总计划

1. 已知资料

（1）丙铁路局管辖范围如图 5-1 所示。

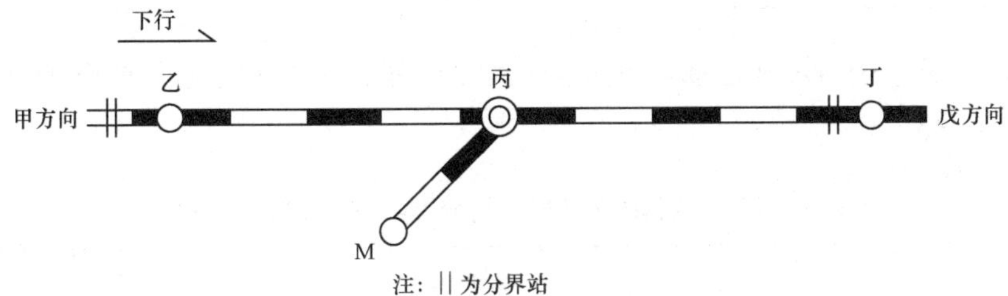

图 5-1　丙铁路局管辖范围示意图

（2）丙铁路局技术计划规定的有关指标如下。

① 装车数 747 车，其中：自装自卸 292 车，自装交出 455 车（乙分界站 65 车、丁分界站 390 车），卸车数 550 车。

② 运用车保有量 2 026 车，其中：管内工作车 583 车，移交重车 1 013 车（乙分界站 540 车、丁分界站 473 车），空车 430 车。

③ 货车周转时间 1.12 d，其中管内工作车周转时间 0.95 d。

④ 各分界站出入空重车数及列数见表 5-1。

表 5-1　技术计划规定的分界站出入计划表

分界站＼接或交	接入		交出	
	列数	重车/空车	列数	重车/空车
乙	13	633 $\frac{363(其中自卸163)}{270}$	14	665 $\frac{665(其中自装65)}{0}$
丁	15	745 $\frac{695(其中自卸95)}{50}$	15	713 $\frac{590(其中自装390)}{123}$
合计	28	1 378 $\frac{1058}{320}$	29	1 378 $\frac{1255}{123}$

（3）昨日18:00运用车实际结存总数为2 056车，其中：管内工作车541车，移交重车1 050车（乙分界站563车、丁分界站487车），空车465车。

（4）当日工作情况：

① 预计全日能完成的各分界站交接列数及车数见表5-2。

② 预计当日完成装车750车，其中：自装自卸300车，自装交出450车（乙分界站65车、丁分界站385车），完成卸车550车。

表5-2　预计当日能完成的分界站货车出入表

分界站＼接或交	接入		交出	
	列数	重车/空车	列数	重车/空车
乙	13	$603\frac{313(其中自卸163)}{290}$	14	$665\frac{665(其中自装65)}{0}$
丁	15	$765\frac{715(其中自卸115)}{50}$	15	$713\frac{590(其中自装385)}{123}$
合计	28	$1\,368\frac{1\,028}{340}$	29	$1\,378\frac{1\,255}{123}$

（5）国铁集团下达的次日轮廓计划为：装车745车、卸车600车。各分界站交接空重车数及列数见表5-3。

表5-3　国铁集团下达的次日分界站出入轮廓计划表

分界站＼接或交	接入		交出	
	列数	重车/空车	列数	重车/空车
乙	13	$633\frac{363}{270}$	14	$665\frac{665}{0}$
丁	15	$740\frac{690}{50}$	15	$710\frac{587}{123}$
合计	28	$1\,373\frac{1\,053}{320}$	29	$1\,375\frac{1\,252}{123}$

2. 丙局日间总计划的编制

（1）预计当日18:00各种运用车保有量。

① 预计当日18:00管内工作车保有量为：

$$\begin{aligned}N_{管内}^{当日} &= N_{管内}^{昨日} + u_{自装自卸}^{当日} + u_{接入自卸}^{当日} - u_{卸}^{当日} \\ &= 541 + 300 + (163 + 115) - 550 = 569\text{（车）}\end{aligned}$$

比技术计划规定数值583少14车。

② 预计当日18:00空车保有量为：

$$\begin{aligned}N_{空}^{当日} &= N_{空}^{昨日} + u_{接空}^{当日} + u_{解备}^{当日} + u_{卸}^{当日} - u_{交空}^{当日} - u_{列备}^{当日} - u_{装}^{当日} \\ &= 465 + (290 + 50) + 0 + 550 - (0 + 123) - 0 - 750 = 482\text{（车）}\end{aligned}$$

比技术计划规定数值430多52车。

③ 预计当日18:00移交车保有量为：

$$N_{移交}^{当日}=N_{移交}^{昨日}+u_{自装交出}^{当日}+u_{接入通过}^{当日}-u_{交重}^{当日}$$

乙分界站：$N_{移交}^{当日}=563+65+600-665=563$（车）

比技术计划规定数值 540 多 23 车。

丁分界站：$N_{移交}^{当日}=487+385+150-590=432$（车）

比技术计划规定数值 473 少 41 车。

④ 预计当日 18:00 总运用车保有量为：

$$\begin{aligned}N_{当日}&=N_{昨日}+\Delta u_{出入差}^{当日}+u_{解备}^{当日}-u_{列备}^{当日}\\&=2\,056-10+0-0=2\,046\text{（车）}\end{aligned}$$

运用车保有量为：

$$\begin{aligned}N_{当日}&=N_{管内}^{当日}+N_{移交}^{当日}+N_{空}^{当日}\\&=569+482+(563+432)=2\,046\text{（车）}\end{aligned}$$

比技术计划规定数值 2 026 多 20 车。

以推出的各种运用车保有量与技术计划规定的标准数比较可以得出：运用车总数实际比计划多 20 车，这主要是因为空车保有量增加了 52 车所致，而去丁方向的移交重车实际比计划少 41 车，这就要求在计划日（次日）适当增加去往丁方向的装车数，在降低空车保有量的前提下，增加移交重车（丁方向）保有量，另外次日应注意乙方向移交重车的输送，尽量多交车。

（2）确定丙局次日应卸车数。

$$u_{应卸}^{次日}=\frac{N_{管内}^{当日}}{\theta_{管内}}=569/0.95\approx599\text{（车）}$$

次日应卸车数是国铁集团考核铁路局完成卸车任务的主要依据，在确定次日卸车计划时，其数字不应小于应卸车数，国铁集团给丙局下达的卸车任务是 600 车，丙局确定的卸车任务应该大于 600 车。

由于次日卸车任务主要依据以下三个管内工作车来源：当日 18:00 结存的管内工作车情况、次日自装的管内工作车情况、次日接入的管内工作车情况，所以应在次日自装自卸车数确定后，再调整次日卸车计划。

（3）确定丙局次日排空及装车计划。

按照“一卸、二排、三装”的运输组织原则，装车计划应在完成排空任务后确定。

排空计划严格按照国铁集团下达的各分界站排空任务，按照日（班）计划规定的排空车次、车种、车数组织实现，当排空任务与装车计划发生矛盾时，应先排后装。

国铁集团下达给丙局的排空计划为乙分界站接入空车 270 车、丁分界站接入空车 50 车、排出空车 123 车，丙局应在此基础上调整本局的装车任务。

为保证运输工作的均衡性，在确定装车计划前，还应推算次日 18:00 空车保有量，作为调整调整装车计划的依据。

$$\begin{aligned}N_{空}^{次日}&=N_{空}^{当日}+u_{接空}^{次日}+u_{解备}^{次日}+u_{卸}^{次日}-u_{交空}^{次日}-u_{列备}^{次日}-u_{装}^{次日}\\&=482+320+0+600-123-745-0=534\text{（车）}\end{aligned}$$

推算结果表明，次日 18:00 空车保有量比技术计划规定标准 430 多 104 车，因此可适当增加次日的装车数，经请示国铁集团后将次日装车计划确定为805车，其中自装自卸300车、自装交出505车（乙分界站65车、丁分界站440车）。

（4）调整丙局分界站货车出入计划。

在国铁集团轮廓计划的基础上，根据本局运用车分布情况、本局装车计划及从邻局收集到的接入车流情况，最终确定的丙局次日分界站货车出入计划见表5-4。

表5-4 丙局次日分界站货车出入计划

分界站＼接或交	接入		交出	
	列数	重车/空车	列数	重车/空车
乙	13	633 $\frac{363（其中自卸213）}{270}$	14	665 $\frac{665（其中自装65）}{0}$
丁	15	745 $\frac{695（其中自卸95）}{50}$	15	724 $\frac{601（其中自装440）}{123}$
合计	28	1 378 $\frac{1\,058}{320}$	29	1 389 $\frac{1\,266}{123}$

（5）调整丙局次日卸车计划。

$$u_{卸}^{次日}=\frac{2N_{管内}^{当日}+u_{接入自卸}^{次日}+u_{自装自卸}^{次日}}{1+2\theta_{管内}}$$

$$=(2\times569+308+300)/(1+2\times0.95)\approx602（车）$$

最终确定的次日卸车计划，即次日预计卸车数是602车。

（6）计算丙局日计划指标。

除已经确定的丙局次日装车数805车、卸车数602车外，还应确定：

①次日运用车保有量：

$$N_{次日}=N_{当日}+\Delta u_{出入差}^{次日}+u_{解备}^{次日}-u_{列备}^{次日}$$

$$=2\,046+(1\,378-1\,389)+0-0=2\,035（车）$$

②次日计划工作量：

$$u_{次日}=u_{使}^{次日}+u_{接重}^{次日}$$

$$=805+1\,058=1\,863（车）$$

③预计次日货车周转时间：

$$\theta_{次日}=\frac{N_{次日}}{u_{次日}}$$

$$=2\,035/1\,863\approx1.09（d）$$

为减少利用运用车保有量的瞬时值所带来的不准确性，货车周转时间也可用下式预计：

$$\theta_{次日}=\frac{N_{当日}+N_{次日}}{2u_{次日}}$$

$$=(2\,046+2\,035)/(2\times1\,863)\approx1.10（d）$$

丙局计划完成的货车周转时间取1.10 d。

最后将上述结果汇总成丙局日间总计划表（见表5-5）。

表 5-5 丙局日间总计划表

预计当日运用车

项目	月计划	昨日结存	出入差	转入	转出	当日结存	差
实际	2 026	2 056	−10	0	0	2 046	+20

预计管内工作车

项目	昨日结存	接入 计	接入 乙口	接入 丁口	自装	卸空	当日结存	差
月计划	583	258	163	95	292	550	583	/
实际	541	278	163	115	300	550	569	−14

预计移交重车

项目		昨日结存	接入 计	接入 乙口	接入 丁口	自装	交重	当日结存	差
乙口	月计划	540	600	/	600	65	665	540	/
	实际	563	600	/	600	65	665	563	+23
丁口	月计划	473	200	200	/	390	590	473	/
	实际	487	150	150	/	385	590	432	−41

预计空车

项目	昨日结存	接空 乙口	接空 丁口	交空 乙口	交空 丁口	装车	卸车	转入	转出	结存	差
月计划	430	270	50	0	123	747	550	0	0	430	/
当日	465	290	50	0	123	750	550	0	0	482	+52
次日	482	270	50	0	123	745	600	0	0	534	+104

次日分界站出入计划

分界站 \ 接或交	接入 列数	接入 车数（重/空）	交出 列数	交出 车数（重/空）
乙口	13	633 $\frac{363(其中自卸213)}{270}$	14	665 $\frac{665(其中自装65)}{0}$
丁口	15	745 $\frac{695(其中自卸95)}{50}$	15	724 $\frac{601(其中自装440)}{123}$
合计	28	1 378 $\frac{1\,058}{320}$	29	1 389 $\frac{1\,266}{123}$

次日分界站出入轮廓计划

	接入		交出	
乙口	13	633 $\frac{363}{270}$	14	665 $\frac{665}{0}$
丁口	15	740 $\frac{690}{50}$	15	710 $\frac{587}{123}$
合计	28	1 373 $\frac{1\,053}{320}$	29	1 375 $\frac{1\,252}{123}$

次日计划指标

项目	当日运用车	次日运用车	使用车	卸空车	接运重车	交出重车	工作量	周转时间
月计划	2 026	2 026	747	550	1 058	1 255	1 805	1.12
日计划	2 046	2 035	805	602	1 058	1 266	1 863	1.10

6. 技术站列车工作计划的编制

列车工作计划是确定一日内各区段及各分界站上、下行开行列车车次、列数、编组内容的计划。由于车流量的变化，每天开行的列车数不一定与列车运行图规定的列数相同，所以必须制定日间列车工作计划及与之相关的机车工作计划。

技术站列车工作计划是利用技术站列车工作计划表进行编制的。该图表与车站技术作业表类似，但其主要目的是推算车流，制定列车开行计划。

1）推算车流

每日 14:00 开始，计划调度员即着手收集预报资料，推算车流。技术站的车流包括中转的重车、空车及车站作业车，这些车流主要来自以下三方面：

（1）当日 18:00 结存车，即当日 18:00 编组站的运用车。这是根据车站 15:00 的现在车，加上 15:00—18:00 预计到达的车数，减去 15:00—18:00 预计编组出发列车的车数。

（2）当日 18:00 在局管内途中的车流。这是当日 18:00 已在局管内各区段运行的列车中，但于 18:00 以后方可到达该编组站的车流。这些资料可由各有关调度员提供。

（3）次日由分界站接入或由局管内其他车站编组到达该技术站的车流。

2）选定列车运行线

列车工作计划必须规定全日开行列车的车次及其编组内容，而日间所开行的列车数可能与列车运行图规定的行车量相同，也可能不同，为保证日间列车运行组织的优化，在选定车次时必须注意：列车按一日四个阶段基本均衡；日计划选定的列车数小于或大于列车运行图方案时，选定列车车次应首先保证核心车次的开行；按阶段均衡地安排停运、加开列车车次，或选用与日计划列车对数相适应的分号运行图；列车工作计划要确保排空列车的开行，为使排空任务均衡地实现，第一班计划排空车数必须达到全日计划的 45%以上；分界站列车数的波动应有一定限制，国铁集团指定的限制口，未经批准不得向上波动等。

列车工作计划中的各种具体问题均应按《调规》的规定确定。

3）确定分界站交接车计划，进行列车预报

根据所确定的出发列车计划，即可确定分界站交出车计划，并向邻局预报列车的车次及编组内容。分界站交接车计划应汇总于规定的表报。分界站交出车计划不仅是该局日计划的结果，而且其中一部分又是邻局编制日计划的资料，因此，列车预报应及时传送，以满足邻局编制日计划的需要。

7. 区段管内车辆输送计划的编制

区段管内车辆输送计划是完成装卸车任务的保证，区段管内重车和空车是以整列列车或以摘挂列车、小运转列车输送的。区段管内车辆输送计划应根据列车编组计划和运输方案的规定，利用“技术站及区段管内日（班）列车工作计划表”编制。

区段管内车辆输送计划是根据预计的各站当日 18:00（6:00）的结存车数（包括待发重车、空车及待卸车），技术站的列车工作计划，邻局列车到达预确报及各车站次日装车任务，按照列车运行图及运输方案的规定，确定各站的配空车数及管内工作列车在区段内的甩挂作业计划。

任务 5.2 车 流 调 整

任务引入

2008 年 5 月 12 日 14:28:04，四川汶川发生大地震，地震烈度最高达到 11 度。地震波及大半个中国及多个亚洲国家，北至北京，东至上海，南至中国香港、泰国、中国台湾、越南，西至巴基斯坦均有震感。共遇难 69 227 人，受伤 374 643 人，失踪 17 923 人。其中四川省 68 712 名同胞遇难，17 921 名同胞失踪，共有 5 335 名学生遇难或失踪。直接经济损失达 8 451 亿元。这是新中国成立以来影响最大的一次地震（见图 5–2）。

图 5–2　地震现场

面对突如其来的灾难，全国人民都在想尽一切办法帮助灾区人民渡过难关，早日重建家园。面临如此严重的自然灾害，铁路工人也没日没夜地抢修铁路线路，尽快恢复列车运行，为灾区运送抢险救灾物资和生活用品，铁路运输在优先保障国家重点运输、抢险救灾物资运输方面起到了不可替代的重要作用。

思考：

（1）如何准确进行车流预测？

（2）发生自然灾害等影响列车运行秩序时的情况应如何进行车流调整？

知识准备

车流调整是铁路运输调度的重要工作，车流调整的目的是为保持全路货车的合理分布及各线车流的相对稳定。车流结构及车辆分布偏离标准是进行日常调整的主要原因，天灾、事故是影响运输生产保持正常状态的偶然性因素。车流结构发生较大变化时，将造成有些线路或车站的能力紧张甚至可能形成堵塞，有些线路则形成能力虚糜。车辆分布不正常，会引起某些地区车辆不足，完不成运输任务，或者运用车数增大，车辆积压，甚至可能造成堵塞。

车流调整应遵循优先确保重点运输、兼顾市场需求和效率效益的原则，最大限度满足运输需求。限制装车时，应减少零散装车点的装车；组织集中装车时，应优先增加大客户、路企直通、战略装车点的装车。

车流调整工作必须实行高度集中、统一调整的原则。国铁集团调度处、铁路局调度所应指定专人负责车流调整工作，研究掌握货流、车流变化规律及有关技术设备的使用效能，认真推算车流，有预见、有计划地进行车流调整。

1. 车流预测

只有准确预测车流的分布，才能有预见地采取有效的车流调整措施。车流预测按日期有远期车流预测和近期车流预测（推算）两种。远期车流预测一般可预测 3～7 天到达局管内的车流，近期车流预测一般可预测当日和次日的车流，其车流预测（推算）方式有所不同。

1）远期车流推算

推算远期到达铁路局的管内工作车，一般按照各局装车数和运到期限使用表 5-6 所示的格式进行推算。

表 5-6　外局装到本局及本局自装远期管内车流推算表

发局	A	B	C	D	E	F	G	…	计	局自装自卸计划				合计
运到期限	4	4	3	2	1	2	3	…		××站	××段	…	计	
月计划 / 日期														
1										45				
2					65	60					260			
3				120			20							
4			40											
5	50	35												
⋮														
计														

全路调度指挥中心每日早 6:00 前将全路昨日各铁路局的方向别装车数通知到各局调度指挥中心，局调度指挥中心车流调整人员根据上述资料及本局装到本局管内卸的车数及通过各分界站装到外局的车数填入车流推算表，以推算远期车流。车流填记及推算方法是按照各装车局到本局的接入分界站的运到期限，分别将有关车数填入不同的日期栏内。例如，A 局装到该局的车辆，其运到期限为 4 天，若某月 1 日 A 局装到该局的车数为 50 辆，则应在 A 局名下对应 5 日的栏内填记 50，其他各局 1 日装到该局的车数也根据运到期限填入相应栏内。逐日填记，即可预计今后某日接入管内工作车的车数。

推算远期接入的通过重车流，也可以用类似的方法进行，只要装车局能提供车流通过的出入分界站，并按出入分界站的运到期限，即可推算通过局未来各日向各分界站交出的通过车数。

2）近期车流推算

近期车流推算主要是推算当日 18:00 各种运用车数。推算方法为：铁路局计划调度员于第一班（18:00—次日 6:00）工作结束后，根据各分界站出入的实际车数及预计的出入车数、预计的全日装卸车数等数据，推算出 18:00 预计结存的管内工作车数、各分界站的移交重车数、空车数及总的运用车数。

2. 车流调整

按照调整的对象，车流调整方法分为重车调整、空车调整及备用车调整三种。车流调整一般通过调度日（班）计划组织实现，必要时，可下达临时调整计划。

1）重车调整

重车调整是车流调整工作的重点。这是因为在运用车中，重车占很大比重，重车的流向和数量，既决定着各区段的行车量，也决定着空车流的流向和数量，还决定着排空和卸车任务的完成。因此，重车调整是整个车流调整工作的重点。

重车调整措施有去向别装车调整、限制装车、停止装车、变更重车输送径路和集中装车。在日常运输工作中，应根据车流预测资料，运用车分布情况，各方向、各区段的列车运行情况，主要技术站、枢纽、卸车地区的作业情况，卸车站的卸车能力和搬运能力等因素，综合确定重车调整措施。

（1）去向别装车调整。

为了使车流分布合理，防止车流积压和堵塞，必须按去向别调整装车。按去向别组织均衡装车是保持各铁路局车流稳定和运输秩序正常的基础。

进行去向别装车调整时，各铁路局要执行下列规定：

① 运输工作不正常，需要减少或增加日装车数量时，应首先调整（减少或增加）自局管内的装车数量；如需减少或增加外局的装车数量时，须经国铁集团准许。

② 分界站接入某方向的重车不足或增多时，应首先采取增加或减少自局装往该去向装车数量的方法进行调整。如果重车不足或增多延续时间较长，自局调整又有一定困难时，应将情况及时报国铁集团，由国铁集团统一调整。

对装车去向的控制，首先是对自装交出和自装自卸两部分车流的控制。在正常情况下，应保证按计划完成对外局的装车。对于通过困难区段的车流和到达卸车能力紧张车站的车流，要进行相应的调整。

在日常运输组织工作中，各局必须按照上级批准的运输生产计划组织装车（特别是向外局的装车）。但由于种种原因，如因管内工作不正常，影响装车计划的实现时，或因效率提高可以超额完成装车计划时，则应对管内自装自卸车数加以调整，保证向外局的装车，保持计划规定的去向别装车标准。在遇有发往外局的货源货流发生变化，不能实现计划的去向别装车任务时，则应逐级上报，以便上级调度采取相应的调整措施。当铁路局接入某方向的重车不足或增多时，应采取增加或减少向该方向装车的办法进行调整，以保证完成移交重车标准，从而保持各方向列车的均衡和通过能力的合理使用。

（2）限制装车或停止装车。

限制装车或停止装车，又称限装或停装，即规定在一定时期内，将向某一方向、某一到站或某一收货单位发送的装车数限制在一定数量内或停止装车。这种调整方法一般来说不利于均衡运输，它只是在发生非正常情况时采取的一种非正常措施。

遇下列情况，可采取限制装车或停止装车措施：

① 装车数超过区段通过能力和编组站作业能力时。

② 装车数超过卸车地的卸车能力时。

③ 因自然灾害、事故，线路封锁中断行车时。

④ 因其他原因发生车辆积压或堵塞时。

采用限装或停装的调整措施时，限装或停装的期限及限制装车的数量，应根据能力及积压车流的情况决定。为了使这种调整措施产生应有的效果，尽量减少其不利影响，在采取这种措施时可先停止或限制近距离装车局的装车。在恢复正常装车时，应先恢复远距离装车局的装车。

（3）变更重车输送径路。

为了加速车流输送，降低运输成本，国铁集团对各种车流规定了正常的运行径路，包括最短径路和特定径路。在日常运输工作中，正常径路因全面进行技术改造而通过能力不足，或因灾害和重大事故中断行车，或因车流增加以致通过能力不能负担时，经国铁集团调度命令批准，相关铁路局依据国铁集团调度命令可变更跨局的车流输送径路。

变更重车输送径路主要在以下情况下采用：

① 正常径路因车流增长，通过能力负担不了，而另一径路通过能力有富余时。

② 正常径路进行技术改造，通过能力不足时。

③ 因自然灾害或重大事故正常径路中断行车时。

确定采用变更径路的措施时，必须规定变更径路的期间、经由线路、每日绕道的列车数和车数、重车去向、空车车种以及有关的列车编组计划，并以调度命令公布实行。

（4）集中装车。

集中装车就是有组织地增加某一方向、某一到站或某一收货单位的装车，使之超过计划所规定的日均装车数。在日常运输生产中，遇下列情况，可采取集中装车：

① 某铁路局的管内重车严重不足时。

② 某方向移交重车严重不足时。

③ 重点用户、港口、国境站急需到达物资或外运物资严重积压时。

④ 急需防洪、抢险、救灾等重点物资时。

集中装车仅在所经区段通过能力和到站卸车能力允许的条件下，方准采用。实行集中装车调整措施时，必须遵守国家的运输政策，保证重点物资的及时运送，同时对一般物资也要根据具体情况妥善安排。

2）空车调整

空车调整是为了合理地运用空车，保证装车需要的调整措施。空车调整必须做到缩短空车行程，组织车种代用，消除同车种对流。

空车调整对全路车辆分布有重大影响，各铁路局、车站必须从全局出发，严格遵守排空纪律，按照上级调度批准的车种、辆数均衡地完成排空任务。

空车调整包括正常调整、综合调整和紧急调整。

（1）正常调整。

根据运输生产计划所规定的空车调整任务，安排日常空车调整计划，这是平时经常采用的空车调整方法。各铁路局根据车种别装车、卸车的差数、接空数和实际货车保有量确定排空车数。

采用这种方法时，铁路局可利用通过空车供本局装车（编组计划指定开行的空车直达列车除外），而以本局卸后空车代替，即对通过空车可以在本局管内自行调整运用，在分界站仍按规定的车种与空车数移交给邻局。

（2）综合调整。

货流、车流发生变化或重车流增加时，在不影响接空局重点物资装车需要的前提下，经国铁集团批准，依据下达的日计划命令可采取以空重车总数进行综合调整。例如，在货源发生变化，超过计划增加了空车方向的装车时，即可减少交出空车数；反之，如减少了空车方向的装车时，就要相应增加交出空车数。实行这种制度，在一定条件下可以保证更合理地分配运用车数，减少空车走行公里。

综合调整需在日计划中安排，并且须经上级调度的批准才能实行。因为它涉及去向别装车和空车运用的变动，必须综合考虑接空局的空车需要量、沿线通过能力以及机车的运用情况。综合调整的空重车数经日计划确定后，各局不得再用临时增加重车来代替空车。

（3）紧急调整。

为保证特殊紧急运输任务需要所采取的非常措施。以调度命令或日计划中重点事项的形式下达，各铁路局接到紧急空车调整命令后，必须按照规定的时间、车种、辆数完成排空任务。但是这种措施可能造成不合理的空车对流。

接到紧急空车调整任务的铁路局，必须严格按规定的车种、车数排出空车，即使因此而影响本局装车或造成运用车保有量不足，也应优先完成这项排空任务。

以上各种空车调整方法，都是保证全路车流合理分布的重要手段。空车是装车的保证，重车是空车的来源，两者只有按照计划紧密地结合起来，才能收到预期的效果。因此，任何一个排空局，都必须保证实现空车调整任务。

3）备用车调整

备用货车也称备用车，是为了保证完成临时紧急运输任务的需要，所储备的技术状态良好的国铁集团所属空货车。

备用车分为特殊备用车、军用备用车、专用货车备用车和港口、国境站备用车。

特殊备用车是指因运输市场发生结构变化，为调剂车种、满足运输需要，对国铁集团以备用车命令指定的大于本局月计划部分的某种空货车。

特殊备用车、军用备用车、专用货车备用车和港口、国境站备用车的备用、解除备用，必须经国铁集团以备用车命令批准。非标准轨的货车备用、解除备用由所在铁路局负责处理。

备用车的备用、解除必须符合下列规定：

（1）特殊备用车须备满 48 h，军用备用车、专用货车备用车和港口、国境站备用车须备满 24 h，才能解除备用。因紧急任务需要解除备用车时，须经国铁集团调度命令批准，可不受时间限制。

（2）备用车状况需经货车检车员检查。

备用车必须停放在铁路局批准的备用车基地内。港口、国境站备用车必须停放在指定的港口、国境站。凡未停放在指定地点的，均不准统计为备用车。备用车在不同基地间不得转移，在同一基地内转移时，须由铁路局以备用车命令批准。

国铁集团、铁路局调度分别建立备用车命令簿，单独规定备用车命令号码。铁路局调度所、备用车所在站和车辆段，均须分别建立备用车登记簿，按备用日期、时分、命令号码、地点、车型、车号、辆数等内容顺序进行登记。

专用货车（包括冷藏车、散装粮食车、家畜车、罐车、矿石车、散装水泥车、毒品专用车、集装箱专用平车、小汽车运输专用车、车种为“D”的长大货物车和涂有“专用车”字样的一般货车）的调整方法，除按一般货车调整规定办理外，空车应按国铁集团指定的方向、到站回送，有配属站的除国铁集团另有指定外，均应向配属站回送。专用货车的回送，要按规定填写回送单据。

为使冷藏车、罐车经常保持设备完整、性能良好，各铁路局原则上不得以冷藏车代用其他货车，必须代用时，需经国铁集团特运调度命令批准；各种罐车应分类使用，装运危险货物的罐车必须专车专用、不得代用。

外国货车停运或在国境站积压时，要采取优先放行和换装措施；对暂时没有确定到站的进口货物，经国铁集团准许，可换装在我国货车内待发或及时组织卸车。凡外国空货车（包括利用装该国货物的车辆），应经由最短径路向所属国回送。经国铁集团调度命令批准，可在国内顺路装车使用。

任务 5.3　普速铁路车站接发列车作业

任务引入

20××年×月×日 12:48，××局××线 K1258 次客运列车（HX_D3C 型 0276，××机务段值乘）在 XT 站 6 道开车时，因信号楼 3 名车务作业人员、1 名轨道车司机精力分散聊天谈话，信号员将本应开往 D 线（向东线路所方向）的发车进路错排去 C 线（XT 西 V 场方向），车站值班员未确认信号，未与司机联控，助理值班员未确认出站信号机进路表示器，盲目与司机联控发车。机班 2 人均未确认进路表示器，盲目开车。列车调度员发现列车开错方向后，立即通知 XT 车站值班员，助理调度员呼叫司机停车，司机也发现运行径路错误停车，列车越过出站信号机 563 m。根据列车调度员指示，列车退回 6 道重新组织开车，构成铁路交通一般 C9 类事故。

思考：

（1）接发列车时应如何布置进路？

（2）接发列车时车站值班员应重点掌握哪些内容？

知识准备

接发列车工作是铁路运输生产活动的一项重要内容，是车站工作的重要组成部分，是列车运行过程中不可缺少的重要环节。车站值班员是车站接发列车工作的组织者和指挥者。所有参加接发列车工作的人员，均应服从车站值班员的统一指挥。

由于参加接发列车工作的人员多，作业环节复杂，接发列车工作中的任何疏忽或差错，都可能造成列车晚点或行车事故，不仅影响其他列车，甚至影响全局运输。因此，接发车人员必须认真执行《接发列车作业》（TB/T 1500）标准所规定的程序和用语，贯彻“集中领导、统一指挥、逐级负责”的原则，做到安全、迅速、不间断地接发列车，严格按运行图行车。

1. 接发列车作业的主要内容

车站应不间断地接发列车，严格按列车运行图行车。接发列车时，车站值班员应亲自办理闭塞、布置进路（包括听取进路准备妥当的报告）、开闭信号、交接凭证、接送列车、发车。由于设备或业务量关系，除布置进路（包括听取进路准备妥当的报告）外，其他各项工作可指派助理值班员、信号员或扳道员办理。

车站值班员接到邻站列车预告后，按《站细》规定及时通知有关人员到岗接车，站内平过道应加强监护。

2. 确认区间（闭塞分区）空闲

车站值班员在办理闭塞时，应确认区间空闲。确认区间空闲的方法主要是通过闭塞设备、《行车日志》、各种表示牌及有关人员的报告等，确认前次列车是否整列到达、补机是否返回、出站（跟踪）调车是否结束、有无区间封锁和轻型车辆占用等。根据闭塞设备的不同，确认区间（闭塞分区）空闲的方法如下：

（1）自动闭塞通过控制台上的监督器（列车离去表示灯），确认第一、第二或第三闭塞分区空闲的情况。

（2）自动站间闭塞通过控制台上表示灯及《行车日志》确认区间空闲。

（3）半自动闭塞根据闭塞机上闭塞表示灯的显示和《行车日志》确认区间空闲。

（4）电话闭塞根据《行车日志》中列车到达的电话记录和助理值班员、扳道员现场确认列车到达情况报告等确认区间空闲。

3. 布置进路

车站值班员应向有关人员讲清车次和占用线路（接入某股道或通过由某股道出发）。如果车站一端有两个及其以上列车运行方向或双线反方向行车时，还应讲清方向、线别，并要求受令人复诵，核对无误。布置要求：

（1）按《站细》规定时间，正确、及时地布置进路。

（2）布置进路应使用《接发列车作业》标准规定的用语，不得简化。布置进路的命令不能与其他作业的命令、通知一起下达。

（3）为防止布置进路时有关人员听错，受令人必须复诵。当两个及其以上人员同时接受准备进路的命令时，应指定一人复诵。车站值班员要认真听取复诵，核对无误后，方可命令“执行”。

扳道员、信号员严格按照车站值班员的接发列车命令、调车作业计划，正确、及时地准备进路。在扳动道岔、操纵信号时，要“眼看、手指、口呼”，认真执行“一看、二扳（按）、三确认、四显示（呼唤）”制度。

接发列车进路准备完了后，及时报告车站值班员（能从设备上确认的除外）。

【案例】错办 K1258 次旅客列车发车方向事故

1. 案例概况

20××年×月×日 12:48，××局××线 K1258 次客运列车（HX_D3C 型 0276，××机务段值乘）在 XT 站 6 道开车时，因信号楼 3 名车务作业人员、1 名轨道车司机精力分散聊天谈话，信号员将本应开往 D 线（向东线路所方向）的发车进路错排去 C 线（XT 西 V 场方向），车站值班员未确认信号，未与司机联控，助理值班员未确认出站信号机进路表示器，盲目与司机联控发车。机班 2 人均未确认进路表示器，盲目开车。列车调度员发现列车开错方向后，立即通知 XT 车站值班员，助理调度员呼叫司机停车，司机也发现运行径路错误停车，列车越过出站信号机 563 m。根据列车调度员指示，列车退回 6 道重新组织开车，构成铁路交通一般C9类事故。

2. 点评

1）原因分析

（1）信号员排列K1258次列车6道发车进路时，违反《接发列车作业》标准“开放信号时，执行一看、二按（点击）、三确认、四呼唤”及“眼看、手指、口呼”制度和普速《技规》“操纵信号时，认真执行一看、二扳（按）、三确认、四显示（呼唤）制度”，将本应开往D线的进路错排去C线。信号开放后，车站值班员未确认，违反《接发列车作业》标准“确认信号正确”。助理值班员发车时，未认真确认进路表示器显示情况，盲目与司机联控发车，违反《接发列车作业》标准“发车前，眼看、手指出站信号，确认信号开放正确”。以上系列违章是造成事故的主要原因。

（2）开车前、后，机车乘务员未确认进路表示器显示情况，未执行呼唤应答制度，违反普速《技规》“司机…应做到：彻底瞭望，确认信号，执行呼唤应答制度”和《铁路机车操作规则》“司机在运行中必须严格执行彻底瞭望、确认信号、准确呼唤、手比眼看”规定，是造成事故的又一主要原因。

2）事故定责

根据《铁路交通事故调查处理规则》（简称《事规》）第十四条规定，该事故构成铁路交通一般C9类事故，定XT西站主要责任，××机务段同等主要责任。

××铁路局按程序对XT西站站长进行了免职，对事故相关人员按规定进行了严肃处理。

4. 开放进出站信号或交接行车凭证

半自动、自动站间闭塞正常情况下的行车凭证为出站信号机或线路所通过信号机显示的允许运行信号进入区间。使用自动闭塞法行车时，列车进入闭塞分区的行车凭证为出站或通过信号机显示的允许运行的信号。但当出现设备故障等情况时就要使用特殊的行车凭证，主要有调度命令、绿色许可证、电话闭塞法下的路票和一切电话中断时使用的红色许可证等。无论采用何种行车凭证，都必须保证在同一时间内一个区间或一个闭塞分区只有一列车运行。

1）半自动闭塞发车进路通知书

使用半自动闭塞法行车时，遇发车进路信号机故障或超长列车头部越过发车进路信号机发车时，列车越过发车进路信号机的行车凭证为半自动闭塞发车进路通知书（《技规》附件9），如表5-7所示。

表5-7　半自动闭塞发车进路通知书

半自动闭塞发车进路通知书
第______号
1. 在列车头部越过发车进路信号机的情况下，准许第____次列车由____线发车。 2. 在___发车进路信号机故障的情况下，准许第____次列车越过该发车进路信号机。
站（站名印）车站值班员（签名） 年　　月　　日填发

注：1. 白色纸，复写一式两份，司机一份，存根一份；（规格90 mm×130 mm）

2. 不用的字句抹消。

2）绿色许可证

绿色许可证是自动闭塞区段的特殊行车凭证，当出站信号机故障时、由未设出站信号机的线路上、超长列车头部越过出站信号机、发车进路信号机发生故障时、超长列车头部越过发车进路信号机等情况下发出列车，行车凭证为绿色许可证（《技规》附件2），如表5-8所示。

表5-8 绿色许可证

许　可　证
第______号
在出站（进路）信号机故障、未设出站信号机、列车头部越过出站（进路）信号机的情况下，准许第______次列车由______线上发车。
站（站印）车站值班员（签名）： 年　　月　　日填发

注：1. 绿色纸，复写一式两份，司机一份，存根一份；（规格90 mm×130 mm）
2. 不用的字句抹消。

3）路票

遇下列情况，应停止使用基本闭塞法，改用电话闭塞法行车：

（1）基本闭塞设备发生故障导致基本闭塞法不能使用、自动闭塞区间内两架及以上通过信号机故障或灯光熄灭时。

（2）无双向闭塞设备的双线区间反方向发车或改按单线行车时。

（3）发出由区间返回的列车，或发出挂有由区间返回后部补机的列车时。

（4）自动站间闭塞、半自动闭塞区间，由未设出站信号机的线路上发车，或超长列车头部越过出站信号机并压上出站方面轨道电路发车时。

（5）在夜间或遇降雾、暴风雨雪，为消除线路故障或执行特殊任务，开行轻型车辆时。

使用电话闭塞法行车时，列车占用区间的行车凭证为路票（《技规》附件1），如表5-9所示。当挂有由区间返回的后部补机时，另发给补机司机路票副页。

表5-9 路　票

路　票
电话记录 第　　号
车　　次________
延安 ➡ 延安北
延安站（站名印）　　　　编号123456

注：1. 路票为预先印好区间（即站名）和编号的硬卡片；（规格75 mm×88 mm）
2. 加盖㊖字戳记者，为路票副页。

4）红色许可证

由于自然灾害和其他原因，车站行车室内的电话全部中断时，即为一切电话中断。此时须采用特殊的行车办法，单线行车按书面联络法，双线行车按时间间隔法，列车进入区间的行车凭证为红色许可证（《技规》附件3），如表5-10所示。

表5-10 红色许可证

<table>
<tr><td>

许 可 证

第________号

现在一切电话中断，准许第________次列车自________站至________站，本列车前于________时________分发出的第________次列车，邻站到达通知已/未收到。

通 知 书

1. 第________次列车到达你站后，准接你站发出的列车。
2. 于________时________分发出第________次列车，并于________时________分再发出第________次列车。

站（站名印）车站值班员（签名）

年　　月　　日填发

</td></tr>
</table>

注：1. 红色纸，复写一式两份，司机一份，存根一份；（规格90 mm×130 mm）
2. 不用的字句抹消。

5）调度命令

调度命令是向封锁区间开行列车的凭证，主要有两种情况：一是向封锁区间开行救援列车时，不办理闭塞手续，以列车调度员的命令，作为进入封锁区间的许可。二是向施工封锁区间开行路用列车时，列车进入封锁区间的行车凭证为调度命令，如表5-11所示。

表5-11 调度命令

________年______月______日______时______分　第______号

受令处所		调度员姓名	
内　容			

（规格110 mm×160 mm）　　受令车站__________车站值班员 ______

注：使用项内不用字句划掉，不用项圈掉该项号码。

5. 接送列车及发车

1）接送列车

列车出入车站时，必须由有关人员在室外立岗接送列车，监视列车运行状态，及时处理危及行车安全的问题。

（1）接发列车时，接发车人员应携带列车无线调度通信设备，持手信号旗（灯），站在规定地点接送列车。

（2）注意列车运行和货物装载状态，发现车辆燃轴、抱闸、制动梁脱落、货物窜动或倾斜、倒塌等危及行车安全时，要立即采取措施。

（3）发现旅客列车尾部标志灯光熄灭时，通知车辆乘务员进行处理。

（4）在自动闭塞区段，通知不到时，应使列车停车处理。发现货物装载状态有异状时，及时处理；发现货物列车列尾装置丢失时，应报告列车调度员，使列车在前方站停车处理。

（5）列车接近车站、进站和出站时，接发车人员应及时向车站值班员报告列车进出站的情况（能从设备上确认者除外）。

2）向列车显示发车的条件

（1）发车进路准备妥当，出站（进路）信号机已开放，行车凭证已交付，发车条件具备后，车站值班员（助理值班员）方可显示发车信号。

（2）司机必须确认行车凭证正确或出站信号机已开放后，方可起动列车。

（3）语音记录装置良好的车站，准许使用列车无线调度通信设备发车。

（4）货物列车在站停车时，司机必须使列车保持制动状态（铁路局指定的凉闸站除外）。发车前，司机施行缓解，确认发车条件具备后，方可起动列车。

任务 5.4 普速铁路列车运行组织

☞ 任务引入

20××年×月×日，T272 次（SY 机务段 SS_9–0023）3:36 行至 LZ—TA 间 620 km 811 m 处，机车主断合不上停车，3:47 请求救援，TA 站利用 SS_9–0029 号机车担当前部救援，区间 6:31 开，影响本列及 T48、K928、K548、K78、K266、1472、1522、1052 次晚点。

思考：

（1）列车在区间被迫停车有哪些原因？

（2）列车在区间被迫停车后如何救援？

☞ 知识准备

1. 列车在区间被迫停车的处理

除列车在区间有计划的停车外，凡因事故或行车设备故障以及自然灾害等原因，致使列车在区间停车时，称为列车在区间被迫停车。当发生列车在区间被迫停车时，按下列规定进行处理：

（1）列车在区间被迫停车后，不能继续运行时，司机应立即使用列车无线调度通信设备通知两端站、列车调度员及车辆乘务员（随车机械师），报告停车原因和停车位置，根据需要迅速请求救援。

（2）需要防护时，列车前方由司机负责，列车后方由车辆乘务员（随车机械师）负责，无车辆乘务员（随车机械师）时由列车乘务员负责；配备列车防护报警装置的列车应首先使用列车防护报警装置进行防护。单班单司机值乘的列车防护作业办法由铁路局规定。

（3）如遇自动制动机故障，旅客列车（动车组除外）司机应通知车辆乘务员立即组织列车乘务人员拧紧全列人力制动机，以保证就地制动；其他列车司机应立即采取安全措施，并向车站值班员（列车调度员）报告，请求救援。

（4）对已请求救援的列车，不得再行移动，并按规定对列车进行防护。

（5）车站值班员（列车调度员）接到司机通知后，应将区间内列车运行情况通知司机，并立即使用列车无线调度通信设备转告区间内有关列车。在停车原因消除前不得再放行追踪、续行列车。

（6）列车被迫停车可能妨碍邻线时，司机应立即用列车无线调度通信设备通知邻线上运行的列车和两端站、列车调度员，并与车辆乘务员或随车机械师分别在列车的头部和尾部附近邻线上点燃火炬（仅运行旅客列车的高速铁路除外）；在自动闭塞区间，还应对邻线来车方向短路轨道电路。司机应亲自或指派人员沿邻线一侧对列车进行检查，发现妨碍邻线时，应立即派人按规定防护。如发现邻线有列车开来时，应鸣示紧急停车信号。

（7）列车调度员、车站值班员接到列车被迫停车可能妨碍邻线的通知后，在原因消除前不得向邻线放行列车。

（8）需组织旅客疏散时，车站值班员得到列车调度员准许后，扣停邻线列车并通知司机，司机通知有关作业人员办理。

2. 列车分部运行

列车在区间内发生断钩、制动主管破裂、脱轨等原因被迫停车后不能继续运行，须分批运行到前方站或后方站的处理办法，称为列车分部运行。由于列车分部运行时，大多数情况下对区间遗留车辆的防护、监护等都比较困难，又因分部运行占用区间时间较长，会较严重地打乱列车运行秩序。因此，为保证安全，在不得已的情况下采用分部运行时，必须有严格的限制。列车需要分部运行时，应按下列方法办理：

（1）司机应使用列车无线调度通信设备报告前方站和列车调度员。

（2）司机（车辆乘务员或随车机械师，或车站指派前往的胜任人员）应做好遗留车辆的防溜（即对尾部车辆紧贴车轮踏面安放铁鞋或止轮器，并按规定拧紧人力制动机）和防护工作。

（3）司机在记明遗留车辆辆数和停留位置后方可牵引前部车辆运行至前方站。

（4）在牵引前部车辆至前方站的运行中，仍按信号机的显示执行，但在半自动闭塞区间或按电话闭塞法行车时，该列车必须在进站信号机外停车（司机已用列车无线调度通信设备通知车站值班员列车为分部运行时除外），将情况报告车站值班员后再进站，以防止接车站误认列车整列到达，而开通区间。

（5）前部车辆到达并接到司机报告后，车站值班员应立即报告列车调度员。

（6）列车调度员接到车站值班员报告后，应立即向遗留车辆区间两端站发布调度命令封锁区间，并派出单机（或救援列车）进入区间挂取遗留车辆（或救援），如表 5-12 所示。

（7）车站值班员按向封锁区间发出救援列车的办法办理发车作业，司机凭调度命令进入封锁区间挂取遗留车辆。

（8）遗留车辆拉回车站，车站值班员确认区间空闲后，立即报告列车调度员。

（9）列车调度员接到车站值班员遗留车辆全部拉回车站的报告，并确认区间空闲后，向两端站发布调度命令，开通区间。

表 5-12 列车分部运行调度命令

调度命令

受令处所		调度员姓名	×××
内 容	根据____站报告，____次列车因____________，自接令时起______至____站间_____行线区间封锁。 准许____站利用____机车开行___次列车进入封锁区间_____km_____m 处挂取遗留车辆，将____次列车推进（返回开____次列车）至____站。		

3. 列车退行

列车在区间因自然灾害、线路故障、坡停等原因，不能继续运行，须退回原发车站或后退闯坡时，通称为列车退行。列车在不得已情况下必须退行时，应按下列规定办理：

（1）车辆乘务员或随车机械师（无车辆乘务员或随车机械师时为指派的胜任人员）应站在列车尾部注视运行前方，发现危及行车或人身安全时，应立即使用紧急制动阀（紧急制动装置）或使用列车无线调度通信设备通知司机，使列车停车。

（2）列车退行速度，不得超过 15 km/h。

（3）未得到后方站（线路所）车站值班员准许，不得退行到车站的最外方预告标或预告信号机（双线区间为邻线预告标或特设的预告标）的内方。

（4）车站接到列车退行的报告后，除立即报告列车调度员外，根据线路占用情况，可开放进站信号机或按引导办法将列车接入站内。

4. 列车发生火灾、爆炸应急处理

（1）列车发生火灾、爆炸时，须立即停车（停车地点应尽量避开特大桥梁、长大隧道等，选择便于旅客疏散的地点），车站不再向区间放行列车，并通知邻线及后续相关列车停车。电气化区段，现场需停电时，应立即通知供电部门停电。

（2）列车需要分隔甩车时，应根据风向及货物性质等情况而定。一般为先甩下列车后部的未着火车辆，再甩下着火车辆，然后将机后未着火车辆拉至安全地段。

（3）对甩下的车辆，在车站由车站人员负责采取防溜措施；在区间由司机、车辆乘务员负责采取防溜措施。

5. 列车（动车组列车除外）运行途中发生车辆故障应急处理

（1）发现客车车辆轮轴故障、车体下沉（倾斜）、车辆剧烈振动等危及行车安全的情况时，须立即采取停车措施。由车辆乘务员检查，对抱闸车辆应关闭截断塞门，排除工作风缸和副风缸中的余风，确认安全无误后，方可继续运行；如车轮踏面损坏超过限度或车辆故障不能继续运行时，应甩车处理。

（2）列车调度员接到热轴报告后，应按热轴预报等级要求果断处理。必要时，立即安排停车检查（司机应采用常用制动，列车停车后由车辆乘务员负责检查，无车辆乘务员的由司机确认能否继续安全运行）或就近站甩车处理。

（3）遇客车安全监控系统报警或其他故障需要列车限速运行时，车辆乘务员应使用列车无线调度通信设备通知司机，司机根据要求限速运行并报告车站值班员（列车调度员）。

6. 救援列车的开行

当区间发生行车事故、自然灾害及线路故障需请求救援时，司机或工务、电务部门人员应迅速报告列车调度员或车站值班员。车站值班员接到请求后，须立即报告列车调度员。请求救援时，应报告事故、灾害或故障概况，并说明救援所需器材。

列车调度员接到请求救援的报告后，应立即向调度值班主任报告，随即向事故区间两端站发布封锁区间的调度命令，并根据具体情况向有关单位发布调度命令，迅速派出救援列车。在发布派遣救援列车的调度命令后，一般规定救援列车应在 30 min 内出动，开往事故现场。担当事故救援、抢修抢救的事故救援列车、单机、重型轨道车，均为救援列车。

发生行车事故后，在派出的救援列车到达前，列车调度员应根据需要指示将事故列车前部或尾部完好的车辆拉至车站，以便于救援列车到达后的事故起复。

救援列车在非封锁区间运行时，仍按该区间行车闭塞法优先办理，不得耽误和拖延时间。行车凭证为非封锁区间行车闭塞法的行车凭证。

救援列车需进入封锁区间时，不办理闭塞手续，以列车调度员的命令作为进入封锁区间的许可。

【案例 1】救援方案合理　应急组织有力

1. 案例概况

20××年×月×日 8:38，B 站报告，84708 次停于 B 站至 C 站间 18 km 149 m 处，列车调度员布置计划在 B 站通过的 84154 次站内停车，并对相关列车进行相应调整。

9:01，B 站报告，84708 次司机报告 8:59 区间开车。

9:12，B 站报告，84708 次运行至 B 站至 C 站间 12 km 866 m 处，机车空气制动机故障停车，请求救援。列车调度员布置 B 站 84154 次不开，机车拔头担当救援。

B 站利用 84154 次本务机车担当前部救援，B 站 9:42 开 58101 次救援列车，9:59 区间挂妥；84708 次 10:11 区间开车，10:23 到达 B 站。

2. 点评

扣停列车及时，救援方案合理。列车调度员在接到 84708 次区间停车的报告后，立即将计划通过的 84154 次扣停在 B 站站内，在 84708 次请求救援后立即实施救援。

【案例 2】情况了解不仔细　救援方案不合理

1. 案例概况

20××年×月×日 13:42，15613 次运行至 B 站至 C 站间 14 km 700 m 处，机车故障请求救援。

13:47，C 站报告，15613 次于 13:42 运行至 B 站至 C 站间 14 km 700 m 处坡停。

14:05，列车调度员布置 C 站询问 15613 次司机是否机车故障请求救援。C 站随后询问后回答请求救援。列车调度员布置 D 站 43042 次机车拔头担当救援。

14:08，C 站报告，15613 次司机要求使用两台机车担当救援。

14:11，列车调度员将 43042 次机车救援命令取消后，重新下达 53672 次（共三台机车）担当救援的调度命令。

53672 次（HX_N5–0557、HX_N5–0521、DF_{4C}–4308）14:08 到达 C 站，C 站 14:20 开救援列车 58102 次（HX_N5–0521、DF_{4C}–4308），14:50 区间挂妥，15613 次 14:54 区间开车，15:09 到达 C 站。

2. 点评

司机报告不说明、车站值班员不了解、列车调度员不确认导致救援方案不合理。根据

××车务段提供的情况，13:45 15613 次司机利用列车无线调度电话通知 C 站“15613 次 13:42 坡停，停于 14 km 700 m 处请求救援”，司机在已确知机车故障（机车柴油机功率下降）的情况下，未将坡停原因一并向车站值班员说明，车站值班员也未提出疑问即转报了列车调度员，列车调度员也未对坡停情况作进一步确认，造成按照坡停情况实施救援的方案不合理（一台机车拉不动），救援命令取消后重新下达（14:11 下达 61132 号救援命令）。所幸 53672 次共三台机车，未对救援产生实质影响，否则将大大延误救援时间。

任务 5.5　普速铁路调度命令

任务引入

20××年×月×日 13:40，××线×台列车调度员接供电段调度通知：13:36××下行臂供电臂发生跳闸并重合成功；13:43，供电调度提出××下行线 693 km 00 m—699 km 00 m 处列车（首列）需限速 45 km/h 申请，列车调度员认为 83291 次已通过 699 km 00 m 处（调取机务部门速监，83291 次于 13:47:45 通过 699 km 00 m 处），因此没有下发调度命令。安监室分析判定为列车调度员漏发调度命令导致 83291 次列车超速运行一般 C25 类事故。

思考：

（1）什么是调度命令？

（2）哪些情况下需要发布调度命令？

（3）发布调度命令有哪些规定？

知识准备

日常运输工作中，各级调度通过调度命令或口头指示进行调度指挥，根据统一指挥、逐级负责的原则，指挥列车运行的调度命令和口头指示，只能由该区段值班列车调度员发布。因此，列车调度员必须不间断地了解、掌握列车运行及其他情况，以便及时向行车有关人员发布调度命令或口头指示，良好地完成运输生产任务。调度命令和口头指示具有同等效力，有关行车人员必须坚决执行，服从调度指挥。

1. 调度命令的发布

各级调度在组织指挥日常运输工作中，对下级调度或站段、行车有关人员发布的有关完成日常运输生产的具体部署和指挥行车工作的指令，其中必须在《调度命令登记簿》（见表 5-13）上登记并编有号码的，称为调度命令。

1）发布调度命令的基本规定

（1）调度命令发布前，应详细了解现场情况，听取有关人员的意见，命令内容、受令处所必须正确、完整、清晰。

（2）使用计算机、传真机、调度命令无线传送系统发布调度命令时，必须严格遵守“一拟写、二审核（按规定需监控人审核的）、三签发（按规定需领导、值班主任签发的）、四发布、五确认签收”的发布程序。命令接受人员确认无误后应及时反馈回执。

（3）使用电话发布调度命令时，必须严格遵守“一拟写、二审核（按规定需监控人审核的）、三签发（按规定需领导、值班主任或值班副主任签发的）、四发布、五复诵核对、六下达命令号码和时间”的发布程序。使用电话发收调度命令时，应填记《调度命令登记簿》（列车调度员使用调度命令系统记录时除外），指定受令人员中一人复诵，并记明发收人员姓名及时刻。

（4）已发布的调度命令遇有错、漏或变化时，尚未开始执行的，必须取消前发命令，重新发布调度命令；已开始执行的，应立即停止执行错误或变化内容，并及时发布调度命令进行修正。

（5）调度命令书写不正确时，应重新书写。

（6）发布有关线路、道岔限速的调度命令，必须注明具体地点、起止里程及限速值。

（7）发布救援调度命令，必须注明被救援列车或车列的救援端里程。

（8）使用常用行车调度命令模板、常用运行揭示调度命令模板拟写调度命令时，可根据需要对命令模板内容进行增加或删减。

表 5-13　调度命令登记簿

月日	发出时刻	命令			复诵人姓名	接受命令人姓名	调度员姓名	阅读时刻（签名）
		号码	受令及抄知处所	内容				

（规格 190 mm×265 mm）

铁路局列车调度员发布行车调度命令时，除严格执行《技规》（普速铁路部分）有关要求外，还应遵守以下规定：

（1）发布行车调度命令，要一事一令，不得发布无关内容。一事一令是指对一个独立事件发布一个命令，该独立事件包括单因素事件和多因素事件两类。单因素事件是指不与其他工作发生关联的简单事件；多因素事件是指涉及两项及其以上工作内容，且因此及彼、因果相关、时间相连的复杂事件，可发布一个调度命令。

（2）设有双线双向闭塞设备且作用良好的区间，需要连续反方向行车时，可发布一个调度命令。

（3）对跨局（调度台）的列车，接车铁路局（调度台）列车调度员可委托发车铁路局（调度台）列车调度员发布调度命令。接车铁路局（调度台）要将需转发的调度命令号码和内容发给邻局（调度台），邻局（调度台）在时间允许情况下，不得拒绝委托，并将受令情况向接车铁路局（调度台）列车调度员通报。

（4）发布行车调度命令时，涉及限速内容应一并下达（司机已有限速调度命令除外）。

2）发布调度命令的情况

行车调度命令项目如表 5-14 所示。

表 5-14　行车调度命令项目

顺序	命令项目	受令者	
		司机	车站值班员
1	封锁、开通区间		○
2	向封锁区间开行救援列车、路用列车	○	○
3	临时变更或恢复原行车闭塞法	○	○
4	双线反方向行车、由双线改为单线或恢复双线行车	○	○
5	变更列车径路	○	○
6	发出在区间内停车或由区间返回的列车	○	○
7	开往区间内岔线的列车	○	○
8	发出临时由区间内返回后部补机的列车	○	○
9	列车需临时降弓运行	○	○
10	因行车设备故障、灾害或施工，以及列车中挂有限速的机车车辆等，需要使列车临时限速运行（纳入运行揭示调度命令或本务机车、动车组自身设备原因限速时除外）	○	○
11	动车组列车空调失效需打开部分车门限速运行	○	○
12	车站使用故障按钮、总辅助按钮		○
13	超长列车或列车挂有装载超限货物的车辆	○	○
14	单机附挂车辆	○	○
15	半自动闭塞区间，超长列车头部越过出站信号机（未压上出站方面的轨道电路）发车	○	○
16	在非到发线上接发列车	○	○
17	调度日（班）计划以外，临时加开或停运列车（单机除外）	○	○
18	双线区间在区间内进行跨线装卸作业时，对开入其邻线的列车	○	○
19	双线区间在区间内有除雪机、起重机工作时，对开入其邻线的列车	○	○
20	双线区间在区间内发生冲突、脱轨、火灾、爆炸事故，对开入其邻线的列车	○	○
21	列尾装置故障（丢失）的货物列车继续运行	○	○
22	改按天气恶劣难以辨认信号的办法行车或恢复正常行车	○	○
23	动车组列车转入或退出隔离模式（被救援时除外）	○	○
24	动车组列车在列控车载设备控车和列车运行监控装置控车之间人工转换	○	○
25	临时利用本务机车调车作业	○	○
26	利用天窗施工、维修作业		○
27	施工、维修作业较指定时间延迟结束		○
28	运行揭示调度命令与实际限速、行车方式或设备不符时	○	○
29	正线、到发线接触网停电或送电（接触网倒闸、跳闸后试送电、向中性区送电或弓网故障排查除外）		○
30	正线、到发线接触网停电后准许登顶作业	○	○
31	双管供风旅客列车运行途中改为单管供风	○	○
32	列车调度员认为有必要记录的上述以外的命令	有关人员	

注：① 画○者为受令人员。

② 天窗维修作业在指定的时间内完成并销记后，列车调度员不再发布维修作业结束恢复行车的调度命令。

③ 动车组列车改按列车运行监控装置方式运行需将列控车载设备隔离时，列车调度员仅发布改按列车运行监控装置方式行车的调度命令。

④ 因调车作业动车组控车模式转换，不发布调度命令。自动站间闭塞法行车转为半自动闭塞法行车及转回的调度命令，可不发给司机。

3）发布施工调度命令的规定

（1）施工调度命令是指施工作业当日由列车调度员发布的准许施工作业开始、确认施工作业结束等与实际施工作业有关的调度命令。

（2）施工调度员负责拟写次日施工调度命令，经一人拟写、另一人核对后，传（交）列车调度员。

（3）列车调度员根据施工日计划与车站值班员的施工作业申请核对一致后，发布准许进行施工作业的调度命令。

（4）施工作业结束后，列车调度员根据车站值班员申请，应及时发布施工作业结束的调度命令。

（5）施工开通后有第 1，2，3……列限速要求的列车，由列车调度员发布调度命令。

（6）施工开通后启用新版本 LKJ 数据涉及径路、线路允许速度变化的第一列列车，列车调度员应发布调度命令。

（7）因施工提前、延迟或其他原因造成运行揭示调度命令与实际限速、行车方式或设备不符时，列车调度员应取消前发运行揭示调度命令，向有关司机、车站值班员、施工负责人重新发布全部内容的调度命令；相符时，仍按前发运行揭示调度命令执行。

2. 调度命令的交付

1）交付调度命令的规定

（1）具备调度命令无线传送系统的，列车调度员（车站值班员）应使用调度命令无线传送系统向值乘司机发布（转达）调度命令。

（2）语音记录装置良好条件下，符合使用列车无线调度通信设备发布、转达调度命令内容的，列车调度员（车站值班员）可使用列车无线调度通信设备向列车司机发布（转达）调度命令。

（3）不具备上述条件时，本区段有停车站，列车调度员指定车站值班员在列车进入关系地点前的停车站交付调度命令；本区段无停车站或来不及时，在列车进入关系地点前的车站停车交付调度命令。

2）交付和核对限速调度命令的规定

（1）限速调度命令，须在列车进入限速地点前发布（转达）完毕；如来不及时，必须在列车进入限速地点前的车站停车转达调度命令。

（2）具备使用调度命令无线传送系统或提前在停车站交付调度命令条件的，须传送（交付）书面调度命令。

（3）不具备使用调度命令无线传送系统或提前在停车站传送（交付）书面调度命令，需使用列车无线调度通信设备发布（转达）调度命令时，列车调度员除发给限速地点关系站外，还应发给转达调度命令车站，转达调度命令车站应在列车于本站通过（开车）前转达完毕。

限速地点关系站（简称关系站）：限速地点在区间内，关系站为区间的两端站；限速地点在车站站内或站内跨区间，关系站为限速地点车站和相邻车站。

① 站内限速（C 站站内限速，关系站为 B、C、D 站，图 5-3 运行方向 A 站或其后方站转达，B 站核对）。

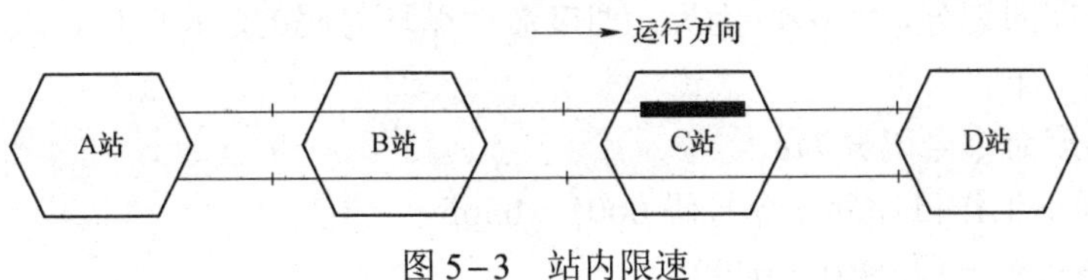

图 5-3　站内限速

② 区间限速（B 至 C 站区间限速，关系站为 B、C 站，图 5-4 运行方向 A 站或其后方站转达，B 站核对）。

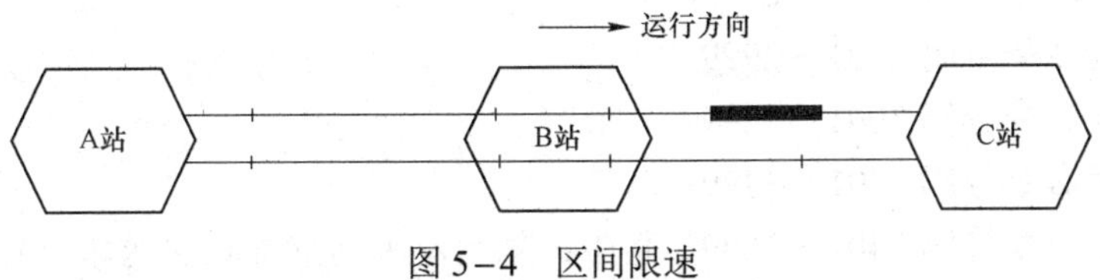

图 5-4　区间限速

③ 站内跨区间限速（C 站及 C 至 D 站区间限速，关系站为 B、C、D 站，图 5-5 运行方向 A 站或其后方站转达，B 站核对）。

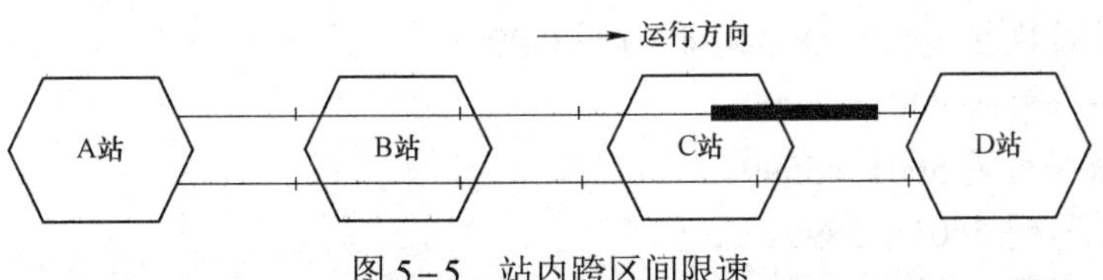

图 5-5　站内跨区间限速

④ 一站两区间限速（C 站及 B 至 C、C 至 D 站区间限速，关系站为 B、C、D 站，图 5-6 运行方向 A 站或其后方站转达，B 站核对）。

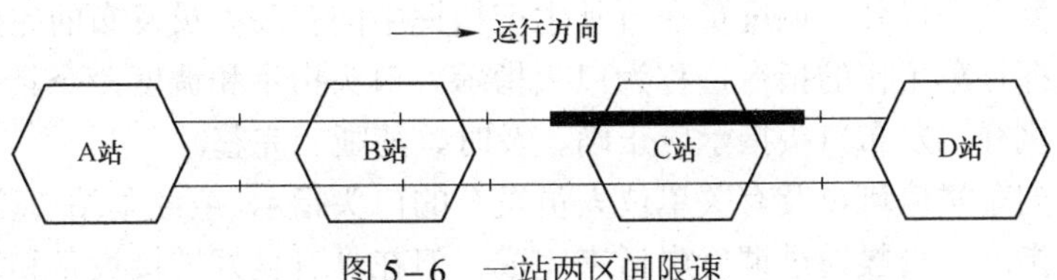

图 5-6　一站两区间限速

（4）对限速调度命令，列车进入限速地点前的关系站在列车通过（开车）前，须逐列与司机核对限速内容。调度集中区段、装备列控设备区段，有关核对要求由铁路局规定。

（5）核对不一致时，司机应在进入限速地点前的车站停车并向车站值班员报告，车站值班员立即向列车调度员报告，列车调度员核实后，发布（交付）正确的限速调度命令。

3. 调度命令号码的编制

调度命令号码的编制应按不同工种分别规定。铁路局调度所行车调度命令按日循环，运行揭示调度命令及其他工种调度命令按月循环；国铁集团各工种的调度命令按月循环（其中国铁集团货运和列车工作日计划命令按年循环)。

调度命令日期的划分，以 0:00 为界。调度命令循环号码的起止时间，以 0:00 区分。各级调度命令应保管 1 年。

国铁集团调度命令号码分为：

① 货运和列车工作日计划命令号码 0001～0366。

② 车流调整命令号码 0401～0499。

③ 行车调度命令号码 0501～1799。

④ 专运调度命令号码 1801～1899。

⑤ 客运调度命令号码 1901～2399。

⑥ 货运调度命令号码 2401～2699。

⑦ 行包调度命令号码 2701～2999。

⑧ 机车调度命令号码 3001～3299。

⑨ 车辆调度命令号码 3301～3399。

⑩ 军运调度命令号码 3401～3699，其中：军运及军列空车底回送命令号码 3401～3599，长大货物车（D 型车）使用、回送及超限专列命令号码 3601～3699。

⑪ 特运调度命令号码 3701～3999，其中：机械冷藏车使用及回送命令号码 3701～3799，重点石油装车命令号码 3801～3899，国铁集团所属罐车调整命令号码 3901～3999。

⑫ 供电调度命令号码 4001～4099。

⑬ 停、限装及恢复装车命令号码 4101～4399。

⑭ 备用车命令号码 4401～4999。

⑮ 集装箱命令号码 5001～5599。

⑯ 施工命令号码 5601～5899。

⑰ 备用命令号码 5901～5999。

铁路局与国铁集团调度命令号码不得重复，具体由铁路局规定。

4. 口头指示

在实际调度指挥工作中，列车调度员更多是发布口头指示，向现场下达工作计划或阐明工作意图。除调度命令以外，调度员在日常生产指挥中向有关人员发布的完成运输生产任务的具体部署和指挥行车工作的指令，称为口头指示。口头指示和调度命令具有同等作用，有关人员必须坚决执行。发布口头指示应正确、及时、清晰、完整。

列车调度员向车站值班员及有关单位人员发布的口头指示，或经车站值班员向有关单位、人员转达的口头指示，一般通过调度电话来完成。但在具有良好转接设备和通信记录装置的条件下，列车调度员可根据铁路局的规定使用列车无线调度电话，直接向列车司机发布口头指示。

5. 常用行车调度命令模板

1）封锁及开通区间

调度命令见表 5-15。

表 5-15　调度命令

______年_____月_____日_____时_____分　第_____号

受令处所		调度员姓名	
内　容	1. 封锁区间 _____站至_____站间___行线因______，自接令时（_____次列车到_____站）起（至___时___分止），区间封锁。 2. 开通封锁区间 根据____站报告，___站至___站间___行线____完毕，（区间已空闲）自接令时起区间开通。		

（规格 110 mm×160 mm）　　　　受令车站_________车站值班员_______

注：使用项内不用字句划掉，不用项圈掉该项号码。

2）向封锁区间开行救援列车、路用列车

调度命令见表 5-16。

表 5-16　调度命令

______年_____月_____日_____时_____分　第_____号

受令处所		调度员姓名	
内　容	3. 向封锁区间开行救援列车 （自接令时起，_____站至_____站间___行线区间封锁。） 准许_____站（利用_____机车）开_____次列车，进入_____站至______站间___行线封锁区间____km____m 处进行救援，将____次列车推进（拉回）至_____站（返回开____次列车）（按救援负责人的指挥办理）。 4. 列车分部运行 根据_____站报告，____次列车因___________，自接令时起_____站至_____站间__行线区间封锁。 准许_____站利用____机车开行____次列车进入封锁区间______km______m 处挂取遗留车辆，将____次列车推进（拉回）至____站（返回开_____次列车）。		

（规格 110 mm×160 mm）　　　　受令车站_________车站值班员_______

注：使用项内不用字句划掉，不用项圈掉该项号码。

3）临时变更或恢复原行车闭塞法

调度命令见表 5-17。

表 5-17　调度命令

______年_____月_____日_____时_____分　第_____号

受令处所		调度员姓名	
内　容	5. 停用基本闭塞法，改用电话闭塞法 自接令时（_____次列车到_____站）起，_____站至____站间____行线停用基本闭塞法，改用电话闭塞法行车。 6. 恢复原行车闭塞法 自接令时（_____次列车到_____站）起，_____站至_____站间___行线，恢复基本闭塞法行车。 7. 停用自动站间闭塞法，改用半自动闭塞法 自接令时（_____次列车到_____站）起，_____站至____站间____行线停用自动站间闭塞法，改用半自动闭塞法行车。		

续表

内　容	8. 由半自动闭塞法恢复自动站间闭塞法 自接令时（____次列车到____站）起，____站至____站间__行线，恢复自动站间闭塞法行车。 9. 双线反方向行车（未设双线双向闭塞设备或双线双向闭塞设备故障） 自接令时（____次列车到____站）起，____站至____站间____行线停用基本闭塞法，改用电话闭塞法行车。准许____次列车在____站至____站间利用____行线反方向运行，____次列车到____站后，恢复___行线基本闭塞法行车。 10. 双线改单线行车（未设双线双向闭塞设备或双线双向闭塞设备故障） 自接令时（____次列车到____站）起，____站至____站间____行线停用基本闭塞法，改用电话闭塞法，按单线行车。 11. 恢复双线行车（未设双线双向闭塞设备或双线双向闭塞设备故障） 自接令时（___次列车到____站后）起，恢复____站至____站__行线基本闭塞法，____站至____站间恢复双线行车。 12. 列车反方向进入区间并运行至前方站（未设双线双向闭塞设备或双线双向闭塞设备故障）或发出由区间返回的列车 自接令时（____次列车到____站）起，____站至____站间__行线停用基本闭塞法，改用电话闭塞法行车。准许____站开____次列车（反方向）进入区间____km___m 至____km____m 处____，（返回开____次列车）限___时___分前到____站，本列到达后恢复基本闭塞法。 13. 单线半自动闭塞或双线反方向越出站界调车 自接令时（__次列车到__站）起，____站至____站间__行线停用基本闭塞法，改用电话闭塞法。准许______站利用该区间越出站界调车，限____时____分前完毕，作业完毕后恢复基本闭塞法。

（规格 110 mm×160 mm）　　　　受令车站________车站值班员______

4）双线反方向行车、由双线改为单线（设有双线双向闭塞设备）或恢复双线行车调度命令见表 5-18

表 5-18　调度命令

______年____月____日____时____分　第____号

受令处所		调度员姓名	
内　容	14. 双线反方向行车 自接令时（____次到____站）起，准许____次（、____次……）列车在____站至____站间利用__行线反方向运行。 15. 双线改单线行车 自接令时（___次列车到___站）起，__站至___站间___行线改按单线行车。 16. 恢复双线行车 自接令时（___次列车到__站后）起，恢复___站至___站间双线行车。		

（规格 110 mm×160 mm）　　　　受令车站________车站值班员______

【案例 1】施工串变险未造成 6384 次进入封锁区间

1. 案例概况

20××年×月×日 15:07—15:45，TJ 站—DHS 站间上下行线区间封锁，进行接触网检修施工。15:20，TJ 站站内进行电务天窗修，转为非常站控。15:32:23，6384 次 TJ 站Ⅱ道停妥（办理客运业务）。15:32:44，TJ 站开放 6384 次出站信号。

助理调度员宋×发现后，立即报告列车调度员，列车调度员陈××布置车站“6384 次不要开车”，并使用列车无线调度通信设备呼叫司机不得开车，列车未起动。调度命令见表 5–19。

表 5–19 封锁区间并向封锁区间开行路用列车调度命令

××年×月×日 14:34 第 39043 号

受令处所	DHS 站	调度员姓名	陈××
内 容	DHS 站转施工负责人、转接触网作业车 因 TJ 站至 DHS 站（含 23 道、78 号道岔至 2 号道岔间线路、沈山上行正线 34 号道至 2 号道岔间线路、沈山下行正线 64 号道至 SN 信号机间线路、大郑线 52 号道岔至 SZ 信号机间线路、70/76 号道岔至东牵出线车挡间线路、54/60 号道岔至接触网小车线 112 号道岔间线路）间上下行施工，自 SD88641 次列车 DHS 站到达、D10160 次列车 DHS 站出站起封锁，限 15:45 施工完毕。 准许供电部门在 135 km 500 m 至 136 km 500 m 处施工。准许接触网作业车进入 DHS 站内施工封锁地点参加作业。		

2. 点评

从这起错误开放信号，险未向封锁区间发出列车的险情看，调度员在施工组织、发布调度命令、调度指挥上存在以下问题：

（1）施工盲目串、变，6384 次掉进施工天窗。

当日沈山一台施工日计划与实际施工比照情况：

① 16:00—17:30，TJ 站 5、7、16 号道岔电务检修，转为非常站控。串变后时间 15:20—16:50。

② 16:40—17:20，DHS 站（含）—TJ 站间上下行线接触网检修，区间封锁施工。串变后时间 15:07—15:47。

西部值班副主任杨××、沈山下行计划杨××盲目布置沈山一台串变 DHS 站（含）—TJ 站间上下行线接触网检修施工 1 h 33 min，将已经晚点 7 min 的 6384 次封锁在 TJ 站 15 min（TJ 站正点 15:25），给安全埋下巨大隐患。

（2）漏下调度命令，车站不知道区间封锁。

按照调度所《既有线调度集中区段行车组织细化办法》第 21 条：“中心操作方式车站、车站调车操作方式车站，原规定受令人为‘车站值班员’的，如调度命令不需应急值守人员（值班站长）执行、掌握或需向司机（他人）转交时，调度命令不向其下达；当启用应急值守人员（值班站长）时，涉及特殊事宜，列车调度员须重点布置”的规定，在 TJ 站已经转为非常站控，车站站长上岗担当车站值班员职责的情况下，没有将 TJ 站—DHS 站上下行线封锁施工的命令下达给车站，造成车站值班员不知道区间上行线封锁。

（3）重点事项未布置，车站仍组织 6384 次恢复正点。

列车调度员在未向车站下达区间封锁调度命令的情况下，6384 次“调点”开车也未重点布置 TJ 站。当日 6384 次晚点 7 min，TJ 站站停 2 min，在车站不知道上行区间已经封锁，调度员又没有重点布置等点开车的情况下，车站必然组织旅客列车恢复正点，在列车停稳后，车站及时（向封锁区间）开放了出站信号。

（4）进路控制意识淡薄，收、放权后关键点失控。

助理调度员宋×，在看到 6384 次在 TJ 站不能正常开车的阶段计划后，将列车进路序列中的“自触”取消，却没有意识到在转为非常站控后，进路控制权已不在自己手里，取消“自触”没有任何意义，在控权和放权转换过程中，没有卡控住进路控制这个关键环节。

【案例 2】调度命令发布随意、违章指挥，造成旅客列车追尾事故

1. 案例概况

20××年×月×日 19:45，K127 次旅客列车运行至 XCZ—XTZ 间，越过关闭的 4333 号通过信号机，于 19:49 与前行的 33129 次货物列车追尾冲突脱轨，K127 次机车和机次 1 至 3 位颠覆，4、5 位脱轨，其中 1、2 位脱轨车辆侵入上行线，中断上行线行车 9 h 57 min，中断下行线行车 16 h 59 min。造成旅客死亡 5 人，重伤 3 人，轻伤 42 人，机车大破 1 台，客车报废 2 辆、大破 1 辆、中破 2 辆，货车报废 1 辆、中破 6 辆，构成旅客列车冲突较大事故。

2. 点评

1）相关规定

（1）遇有事故慢行、设备故障、“天窗”施工、区间装卸、天气不良、铁路交通事故等情况和对区间封锁、开通的处理，列车调度员要严格遵守有关规定，值班主任（副主任）应加强检查，调度台监控人员要加强监控。当得到现场关于列车、线路等出现危及行车安全的报告时，应及时指示有关人员立即停车，查明情况，妥善处理。

（2）列车调度员应注意列车在车站到发及区间内的运行情况，正确、及时地处理临时发生的问题，防止列车运行事故。

（3）自动闭塞区间通过信号机显示停车信号（包括显示不明或灯光熄灭）时，列车必须在该信号机前停车，司机应使用列车无线调度通信设备通知车辆乘务员（随车机械师）。停车等候 2 min，该信号机仍未显示允许运行的信号时，即以遇到阻碍能随时停车的速度继续运行，最高不超过 20 km/h，运行到次一通过信号机（进站信号机），按其显示的要求运行。在停车等候同时，必须与车站值班员、列车调度员联系，如确认前方闭塞分区内有列车时，不得进入。

2）存在问题

（1）车站值班员放弃联控、互控职责，提示信号机故障时，严重不负责任，联控用语混乱，示意不明，有时呼叫“注意运行”，有时呼叫“按规定运行”，有时呼叫“按规定速度运行”，误导机车乘务员违章通过故障信号机的行为。

（2）列车调度员没有严格执行《技规》规定，及时监控列车运行，发现和制止列车运行中的违章行为。对故障信号机前有的列车停、有的列车不停的情况，不及时掌握和处理，有的列车请求发令解除监控功能通过故障信号机时发令，有的又不发令，导致当时列车运行一片混乱，最终导致 33129 次因没有要到调度命令停车，K127 次又违章解锁，越过故障信号机盲目运行，造成追尾事故的发生。

（3）列车调度员发令时，存在只给命令号，不给命令内容，或口头发布命令，没有拟写调度命令，也没有做任何登记的问题。

任务 5.6　普速铁路列车运行调整

☞ 任务引入

20××年×月×日，K265 次在 C 站 2:37 通过后，车站值班员报告，机车走行部冒烟，列车调度员指示车站通知 K265 次立即停车。该列车 2:42 停于 C 站—D 站间下行线，并请求救援。列车调度员 2:49 下达 27001 号救援命令，救援单机 2:57 开，3:49 将 K265 次拉回 C 站，影响 T47 次在 C 站—D 站间反方向运行并晚点 15 min，2125 次增晚 1 h 30 min。

当发生机车车辆故障导致列车晚点时，不同的列车调度员会采取不同的调整方式，但是解决的效果有时会有很大的差别。可见调整质量的好坏对安全生产和运输效率的影响是多么的重要。调度指挥虽然是一个动态的过程，但在动态的过程中也蕴含着一些规律性的东西。要充分认识运输安全只有“进行时”，没有“完成时”，在调度指挥中自觉增强忧患意识，不断提高指挥水平，只有不断提高调度指挥质量，才能真正提升安全和运输效率水平。

思考：

（1）列车运行调整的原则有哪些？

（2）列车运行调整的方法有哪些？

知识准备

铁路在运输生产过程中，为了保证完成运输计划和技术计划，实现列车运行图、编组计划和运输方案，必须进行一系列日常运输的组织工作。铁路运输日常组织指挥工作，通称调度工作。

日常运输组织工作中，由于货流车流发生变化、线路施工、气候、自然灾害以及行车事故等影响，经常发生列车停运、加开、早点、晚点的情况。而铁路行车部门是由多部门、多工种参加联合作业的，一趟列车的正点运行，不仅与车站有关，往往还会涉及车机工电辆供电多个部门，涉及几个区段、路局，每一个环节出问题，都可能会影响列车的安全正点。因此国铁集团和铁路局的调度机构都设有专门的列车调度员负责列车的运行调整工作。

1. 列车调度员的主要职责

列车调度员是所辖区段日常运输工作的组织者和指挥者，对组织有关人员实现列车运行图、编组计划和运输方案，以及完成运输工作的数量指标和质量指标负有重大责任。为此必须做到：

（1）检查各站执行列车运行图和编组计划的情况，及时发布有关行车命令和口头指示。

① 检查始发站是否按列车运行图和列车编组计划规定的时刻、重量、长度、内容编组列车，有无违反车辆编挂限制的情况。

② 检查各中间站是否按规定接发列车和进行车辆摘挂作业，发现问题应及时纠正处理。

③ 检查机车、机车乘务员等准备情况。

（2）严格按列车运行图指挥行车，遇列车发生晚点，应积极采取措施，组织有关人员恢复正点。

列车调度员应随时掌握列车运行情况，有预见地指挥列车运行，设法消除产生列车晚点的因素。遇列车晚点时，应与有关人员加强联系，采取如组织司机“赶点”、变更会让站、组织快速作业、组织列车反方向运行等措施，尽可能恢复列车正点。

（3）注意列车在车站到发及区间运行情况，正确、及时地处理临时发生的问题，防止行车事故。

① 对旅客列车，超长、超限、限速、续行列车及晚点列车，应重点掌握，防止列车运行事故。

② 遇行车技术设备临时发生故障或天气不良时，及时向有关部门和人员发布相应的命令或口头指示，采取措施，以保证行车安全。

（4）组织区段内各站按日（班）计划的要求完成卸车、排空、装车任务和中时、停时、旅速等指标。

列车调度员应精心安排编制三、四小时列车运行调整阶段计划，组织好所辖区段管内工作列车，保证及时甩挂车，为区段内各站完成各项运输生产指标创造有利条件。

为完成上述任务，列车调度员应熟悉和掌握管辖区段内的人、车、天、地、图和有关规章制度。人，是指与列车运行相关的人员，主要有车站值班员、机车乘务员等，要了解他们的业务素质和思想水平，做到行车调度指挥时心中有数；车，是指机车车辆，要了解其基本构造、性能和使用特点；天，是指当地天气变化对列车运行的影响；地，是指线路的平、纵断面和各站的站场布置情况；图，是指本区段的列车运行图，要熟悉开行列车的车次、时刻、区间运行时分，了解运行图本身体现出来的关键车站、列车、区间以及进行运行调整时主要工作矛盾所在。

此外，列车调度员要不断提高自己的心理素质和思想政策水平，培养良好人际关系的协调能力；深入学习、体会特殊情况下进行调度指挥的方法，并适应调度指挥信息化的需要。

2. 列车调度指挥原则

1）安全生产的原则

在列车调度指挥工作中，必须坚持安全生产的原则，正确指挥列车运行。不能发布没有安全保障依据的命令和指示。当得到有关危及行车安全的信息时，要正确、及时、妥善处理。以保证旅客列车的安全为重点，组织列车安全运行。各级调度人员应做到：

（1）熟悉有关站段及列车的技术设备、作业过程、各项技术作业标准及各站接发列车的有关规定，正确组织指挥列车运行。

（2）值班中要精力集中、坚守岗位、严格遵守规章制度，及时正确处理问题。

（3）遇有铁路交通事故、设备故障、自然灾害、不良天气、施工维修、临时限速（指未纳入运行揭示调度命令的限速，下同）、区间装卸等情况和对区间封锁、开通的处理，列车调度员要严格遵守有关规定，值班主任（值班副主任）应加强检查。

（4）遇有铁路车辆运行安全监控系统报警时，红外线、车辆、动车调度员应立即按规定进行处理；列车调度员接到报告后，必须确认车次，并按规定处理。

（5）当得到现场关于列车、线路等出现危及行车安全的报告时，应及时指示有关人员立即采取停车等安全措施，查明情况，妥善处理。

（6）超限超重货物车辆的挂运，必须纳入日（班）计划，根据超限超重货物运输确认电报和超限超重车辆挂运通知单确定的运行条件，由列车调度员发布调度命令。

（7）装载剧毒品货物车辆的挂运，必须纳入日（班）计划，重点布置、预报、交接，跟踪掌握。

（8）限速机车车辆，须根据限速机车车辆挂运电报及规章制度有关规定安排挂运。纳入日（班）计划的，按日（班）计划挂运、交接。未纳入日（班）计划的，铁路局管内须经调度所主任（副主任）准许后方可安排挂运；跨局交接时，由相邻铁路局计划调度员共同确认挂运电报及规章制度有关规定，并经两局调度所值班主任协商同意后方准安排交接。

2）按图行车的原则

列车正点率是铁路运输产品质量的重要技术指标，也是铁路运输组织管理水平的综合反映。只有按图行车，才能保持正常的运输秩序，进而保证列车的正点率。

3）单一指挥的原则

铁路行车工作是一个由互相联系、互相影响的多部门、多单位、多工种所组成的完整系统。在这个系统中，各部门、各单位、各工种间的紧密联系和协调一致，对于保证行车安全和运输效率有着决定性的意义。铁路行车调度是为适应铁路行车特点而设置的铁路行车工作的统一指挥者。在列车运行调整工作中，与行车有关的人员，必须服从所在区段当班列车调度员的集中统一指挥。其他任何人不得发布与行车有关的命令和指示。

4）下级调度服从上级调度的原则

在列车运行组织与调整过程中，相邻调度台、相邻局之间应保持紧密联系，以保证列车的正常交接。对出现的问题，双方要主动协商解决，当出现意见不一致的情况时，由上一级调度进行仲裁。调度台间由值班主任解决；铁路局间分界站出现的问题，由国铁集团解决。一经上级调度决定，有关人员必须无条件执行。

5）按列车等级进行调整的原则

列车调度员要按列车运行图指挥列车运行，当列车不能按列车运行图运行时，应按规定的列车等级顺序进行调整，除特殊情况外，应坚持“先客后货、先跨局后管内”的原则。现行的列车等级顺序规定如下：

（1）动车组列车。

（2）特快旅客列车。

（3）特快货物班列。

（4）快速旅客列车。

（5）普通旅客列车。

（6）军用列车。

（7）货物列车。

（8）路用列车。

开往事故现场救援、抢修、抢救的列车，应优先办理。

特殊指定的列车的等级，应在指定时确定。

3. 列车运行调整计划的编制

由于我国铁路线路行车量一般都比较大，列车调度员要通过编制三、四小时的列车运行调整计划来实现列车运行的正确组织。列车调度员通过运行调整计划指挥本区段内列车的运行，及时向车站下达发车计划和会让、越行计划；向主要站段和相邻调度台进行列车到达预确报；促使行车人员密切配合、协调动作，保证实现调整计划，质量良好地完成日（班）计划规定的任务。

1）列车运行调整阶段计划主要内容

（1）车站列车到、发时分和列车会让计划（采用计算机下达的为实时调整计划）。

（2）列车在中间站作业计划。

（3）列车在区间、站内装卸车计划。

（4）施工、维修计划及天窗时间安排。

（5）重点注意事项。

2）编制方法

列车调度员编制和执行列车运行调整计划一般可以分为收集资料、编制计划、下达计划、组织实施等四个步骤。

（1）收集资料。

包括区段内各站现在车（空车分车种，重车分去向）情况及到发线占用情况、邻台（局）及本区段内客、货列车实际运行情况、摘挂列车编组内容、作业进度及前方站的作业计划、技术站到发线使用和待发列车情况、机车运用计划及换班安排、区间装卸及施工计划、领导指示及其他情况等。

（2）编制计划。

列车调度员将收集了解到的情况和资料，经过认真的分析、研究，依据列车运行图、编组计划、运输方案的要求及日（班）计划的任务，运用各种列车运行调整方法，做出合理、切实可行的列车运行调整计划。

在编制计划时，一般采用“满表铺线，分段编制”的方法。具体做法是：接班后，根据所掌握的情况粗线条地将列车计划线铺画到 18:00（6:00），然后按照三、四小时阶段计划编制列车运行调整计划。在“满表铺线”的基础上，执行上一个阶段计划列车运行调整计划的同时，边收集资料，边铺画下一个阶段的列车运行调整计划。这样一步一步地进行，在列车运行调整计划执行前 1 h 编制完成。

编制计划时，应注意为各种必须的作业留足充分的作业时间，必要时，可拟定两个以上的调整方案，以适应情况的突然变化。

具体编制列车运行调整计划时应注意以下几个方面：

① 按照列车等级，先高后低，优先安排旅客列车和重点列车运行线。

② 充分利用限制区间通过能力，采取“定两头调中间”的方法安排货物列车运行线。

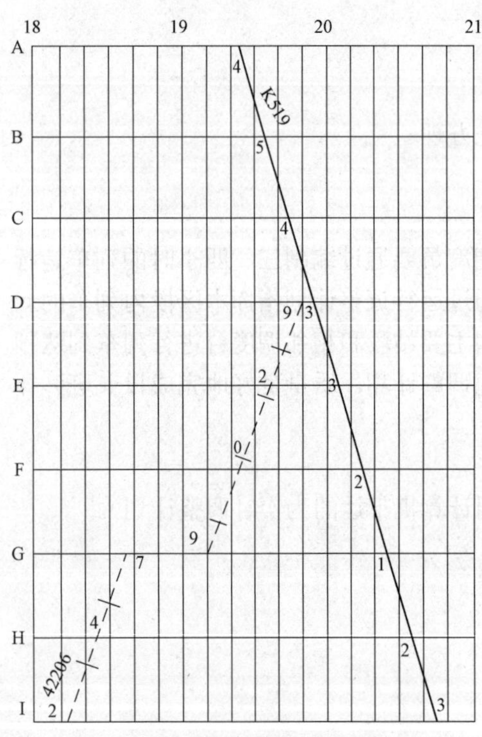

图 5-7　倒铺与正铺相结合示意图

所谓“定两头调中间”就是按照《铁路货车统计规则》中有关货物列车运行正点统计的规定，先定下货物列车在调度区段两端站的开到时间，再调整各中间站列车的会让或组织赶点。一般情况下，对在区段内各站无作业的货物列车尽量使其不在区段内停车。列车会让时尽可能实现紧密交会，能上就上，能下就下，以掌握主动。注意股道使用安排，列车在车站会让或越行时，一定要与该站到发线数相适应。

③ 在运行图上安排计划运行线时，可采用正铺与倒铺相结合的方法。如图 5-7 所示，42206 次列车计划在 G 站进行摘挂车作业量比较多，什么时间开才能赶到 D 站会 K519 次客车？如果从 G 站开始铺画，往往时间算不准而返工，若采取从 D 站向 G 站倒铺，一次铺出 G 站 19:09 必须开车。采取正铺与倒铺相结合的方法铺画节省了时间。

④ 对于始发货物列车视需要可按《铁路货车统计规则》的规定组织早开。

⑤ 摘挂列车运行计划可以与车站值班员商定

作业时间和到开时刻。

⑥ 遇有超限、超长、超重货物、军运、专运等重点列车，在安排计划时予以特殊关照，并对各中间站的线路严格按规定执行，保证列车运行的绝对安全。

⑦ 遇有施工计划，提前了解情况，做好计划和组织安排。

（3）下达计划与组织实施。

列车调度员在阶段计划编制完成后，要及时下达给各站、段。根据具体情况，可采取集中、分段或个别的方式下达计划。要向基层站、段执行者交代清楚，使其明确计划意图，心中有数。重点交代列车三交会、四交会情况、有甩挂作业或施工作业的车站、重点列车运行注意事项等。

列车运行调整计划下达后，仅仅是组织计划实现的开始，组织实施是保证列车安全正点运行的重要环节。在执行计划的过程中，列车调度员要随时注意列车运行情况的变化，做到勤沟通、勤联系，要及时采点，随时监督列车的运行，以便发现问题时及时采取调整措施，保证列车按计划安全正点运行。

计划的组织实施应注意以下几个方面：

① 重视组织晚点旅客列车恢复正点或赶点，对旅客列车变更无客运作业的会让站要交代清楚。

② 有新增临时旅客列车时要特别注意交代好客运作业停靠车站，防止误通过。

③ 关注重点列车和车辆（如机车紧交路列车，超限、超长、超重、军运、专运等重点列车，影响全局计划的会让列车，轻型车辆等）的运行。

④ 督促有施工计划的相关车站做好施工前的准备工作。

⑤ 某些特殊情况下变侧线通过的列车、通过施工地段的列车一定要通知司机或交代有关车站做好预告工作。

⑥ 防止有作业的摘挂列车带重车过站。

⑦ 列车运行计划变更时一定要及时通知车站。

⑧ 组织列车运行时一般赶前不赶后，防止运行情况一旦有变时失去工作主动。

⑨ 树立安全第一的思想，正确发布调度命令，杜绝违章指挥。

⑩ 当接到现场关于列车、线路出现危及行车安全的报告时应指示有关人员立即停车，查明情况，妥善处理，并做好记录。

⑪ 当发生行车事故时，必须掌握事故现场的第一手资料，及时向上级报告，确定是否出动救援列车，尽快拿出比较周全的救援方案，尽快恢复行车。

4. 列车运行调整的基本方法

1）组织列车正点出发

要保证列车运行秩序，实现按图行车，列车调度员首先要抓列车始发正点，这样不仅该列车可按运行线正点运行，而且还避免了对其他列车的干扰。因此，抓好始发列车正点是保证列车运行的基础。反过来，列车运行正点又是保证列车始发正点的主要条件。

（1）组织旅客列车始发正点。

在组织列车正点出发的工作中，保证旅客列车始发正点是实现按图行车的首要条件，因为旅客列车等级较高，一旦晚点就会影响整个区段的列车始发或运行。所以列车调度员应该重视旅客列车始发正点的组织工作。

对于在本调度区段始发的旅客列车，列车调度员要加强与各有关方面的联系工作，及时了解客车底的取送情况、牵引机车准备情况、行包装卸情况、旅客组织情况等，发现问题及时采取措施处理，保证旅客列车整点出发。

对由邻区段接入的旅客列车，列车调度员要及时向邻台（所）了解列车正、晚点情况，提前作好列车运行调整计划。当遇有旅客列车晚点时，应设法组织快速作业，与客运调度员密切配合，组织列车乘务员双开车门，组织旅客快上快下，行包邮件快装快卸，及时准备好换挂的机车，缩短列车停站时间，保证列车正点发车。

（2）组织货物列车始发正点。

为了保证货物列车始发正点，列车调度员要抓好车流和机车这两个环节，重点要做好以下工作：

① 在编制日（班）计划时，所做出的列车出发计划要切合实际，车站作业时间、车流和机车要有保障，避免计划晚点。

② 在运行组织上，对编组列车所需车流，组织按时送达，并注意技术站列车的均衡开到，保证车站的正常作业，为按时编组列车创造条件，同时，要注意督促车站按时编组，及时技检。

③ 对始发列车所需的机车，列车调度员应加速放行，保证机车有足够的整备时间，并督促机务段组织机车按时出库。

④ 加强与车站的联系，督促车站按时做好发车的各项准备工作，确保按时发车。

2）*列车运行调整方法*

列车始发正点是保证按图行车的基础，但由于种种原因（如停车待发、停车待接、作业延误、途中运缓等），使列车不一定都能按运行图规定的时刻正点运行，当出现这种情况时，就需要列车调度员对列车运行进行调整，尽可能使晚点列车恢复正点运行。

（1）充分利用线路、机车、车辆的允许速度，组织缩短列车区间运行时分。

为了使晚点列车恢复正点运行，或为了使列车赶到指定地点会车、让车，以及为了赶机车交路、车流接续等，在列车编组情况、机车类型及技术状态、乘务员的思想和技术水平、线路横、纵面情况以及天气状况等条件允许的情况下，经与司机商议，说明运行调整的意图，提出对本次列车赶点的要求，在司机同意配合的情况下，方可组织实施。

例如，在某单线区段，按运行图规定 10001 要在 B 站停会 K168 次，实际工作中因 K168 次晚点 36 min，影响 10001 次的正点运行。列车调度员预先了解到这种情况后，经过周密的计算分析，提前在 A 站通知 10001 次司机并征得同意，要求在 A—B、B—C 两区间“赶点” 4 min，至 C 站会 K168 次，如图 5-8 所示。

（2）选择合理的会让站，加速放行列车。

当有列车发生早点、晚点或停运、加开时，往往有变更会让、越行站的必要，以提高铁路运输质量和运输效率。

① 有列车早点时：如图 5-9 所示，按运行图规定 22001 次在 C 站会 22002 次让 K225 次，现由于 22001 次在 A 站早开 15 min，此时可将 22001 次与 22002 次的会车地点改在 D 站，这样就不必在 C 站会 K225 次，提前到达终点，而 22004 次也能早到 A 站。在双线区段，适当组织列车早开，可以减少待避次数，进而有利于提高列车旅行速度。

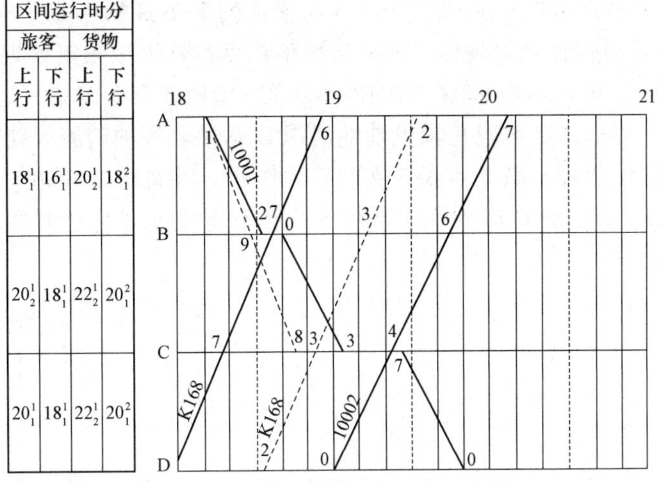

区间运行时分			
旅客		货物	
上行	下行	上行	下行
18_1^1	16_1^1	20_2^1	18_1^2
20_2^1	18_1^1	22_2^1	20_1^2
20_1^1	18_1^1	22_2^1	20_1^2

图 5-8　组织列车加速运行调整方法

注：图中实线为计划线，虚线为调整线（下同）。

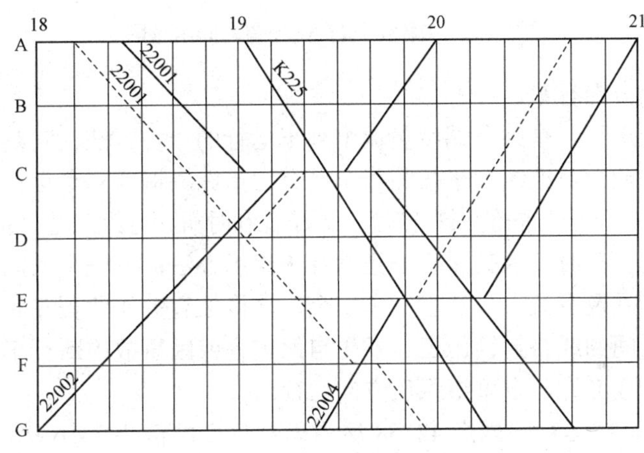

图 5-9　变更会让地点示意图一

② 有列车晚点时：如图 5-10 所示，11006 次图定在 18:52 到达 C 站停会 11005 次，但因 11005 次列车晚点 40 min，此时可将会车地点由 C 站改为 B 站，这样就保证了 11006 次列车的正点运行。

（3）组织列车进行快速、平行作业，缩短列车在站作业时间。

一般来说，列车在运行途中往往要进行一些技术作业。例如，旅客列车在途中要进行旅客上下、行包装卸等客运作业，摘挂列车要进行车辆甩挂等作业。当遇有列车发生晚点、或加开、停运需要压缩某列车的停站时间时，列车调度员要事先周密计划部署，与车站和司机提前联系说明情况，取得有关人员的支持，组织快速平行作业，压缩列车在站作业时间，保证列车正点运行。

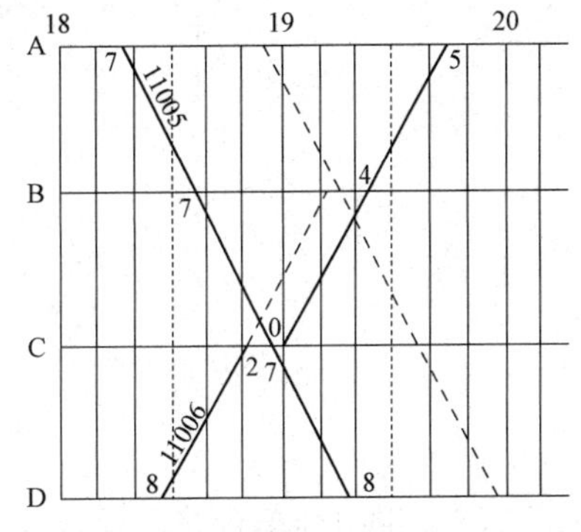

图 5-10　变更会让地点示意图二

如图 5-11 所示，按运行图计划规定 40415 次摘挂列车在 B 站作业并等会 T208 次旅客列车，在 C 站也要进行甩挂作业。现因 T208 次列车晚点，若仍按图定计划在 B 站等会 T208 次列车，就会大大延长 40415 次列车在站的停留时间，造成该列车晚点。此时为了保证 40415 次列车的正点运行，列车调度员应有预见性地组织 B 站采取各种措施（如提前准备好待挂车辆，尽可能进行平行作业等）抓紧 40415 次列车的作业，压缩其在 B 站的作业停留时间，提前开到 C 站等会 T208 次。这样既保证了 40415 次在 C 站的正常作业时间，也使其能按图定时间正点到达终点。

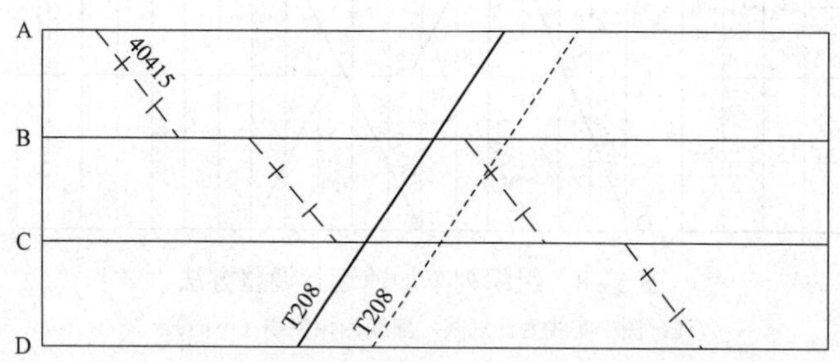

图 5-11　缩短列车在站停留时间示意图

（4）组织列车反方向行车。

双线列车反方向运行，是列车调度员调整列车运行的一种方法。它是充分运用现有技术设备，提高区间通过能力，组织列车按图行车的有力措施。调整列车运行时，为了避免列车晚点及作业需要，根据不同方向的列车密度，选择有利时机，可组织适当的列车反方向行车。

组织列车反方向行车时，因其属于非正常行车组织办法，不安全的因素较多，因此列车调度员要检查督促车站及有关人员注意行车安全，严格按有关作业程序和要求进行组织。旅客列车仅在正方向区间的线路封锁施工、发生自然灾害或因事故中断行车等特殊情况下，经铁路局调度所值班主任准许，方可组织反方向运行。

如图 5-12 所示，按运行图规定 42158 次列车要在 C 站待避 2416 次，又要会 25665 次，现 25665 次因故停运，同时 42158 次在 B 站的甩挂作业量较大。在此种情况下，列车调度员可组织利用下行线的空闲时间，在保证安全的前提下，组织 42158 次列车在 C—B 区间反方向运行，这样就可以保证 42158 次摘挂列车在 B 站有充分的作业时间，并保证其正点运行。

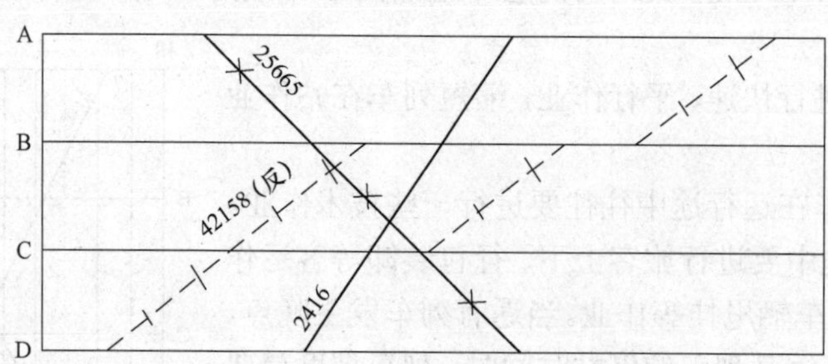

图 5-12　组织列车反向运行示意图

（5）组织列车合并运行。

如图 5-13 所示，将两个在途列车（包括单机）合并成一条运行线运行，是列车调度员在调整列车运行时，为了缓和区间通过能力和车站到发线使用紧张时采取的一种运行调整方法。一般是对单机、小运转列车或牵引辆数较少而前方又无作业的列车采用此方法。

将单机 51008 次与 32326 次列车合并，不但节省了一条运行线，而且还可以增加 32326 次列车的牵引力。

当技术站接车线路紧张时，把编组辆数较少的列车（如摘挂列车、小运转列车等）保留在技术站附近的中间站，与同方向的次一列车合并运行，可以缓和接车线路紧张的矛盾。

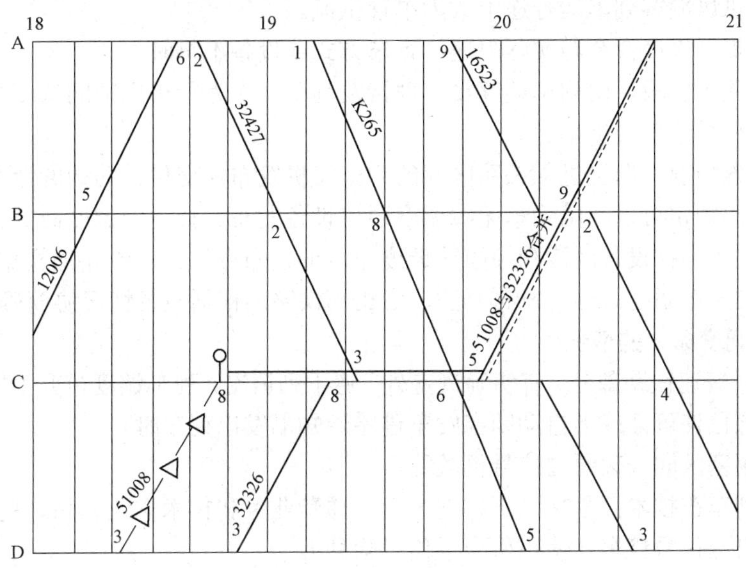

图 5－13　组织列车合并运行示意图

知识拓展

1. 调度命令的发布、转达

以下调度命令可使用语音记录装置良好的列车无线调度通信设备向司机发布、转达：

（1）临时变更（改按电话闭塞法行车除外）或恢复原行车闭塞法。

（2）设有双线双向闭塞设备且作用良好的区间，双线反方向行车。

（3）变更列车径路。

（4）列车需临时降弓运行。

（5）有计划封锁施工开通后，指定 1，2，3……列限速。

（6）临时限速（指未纳入运行揭示调度命令的限速，下同）。

（7）动车组列车空调失效需打开部分车门限速运行。

（8）超长列车。

（9）单机附挂车辆。

（10）半自动闭塞区间，超长列车头部越过出站信号机（未压上出站方面的轨道电路）发车。

（11）在非到发线上接发列车。

（12）日（班）计划以外临时加开或停运列车。

（13）双线区间内进行跨线装卸作业，区间有除雪机、起重机工作，区间内发生冲突、脱轨、火灾、爆炸事故，对开入其邻线的列车。

（14）列尾装置故障（丢失）的货物列车继续运行。

（15）改按天气恶劣难以辨认信号的办法行车。

（16）动车组列车转入或退出隔离模式。

（17）动车组列车在列控车载设备控车和列车运行监控装置（LKJ）控车之间人工转换。

（18）临时利用本务机车调车作业。

（19）正线、到发线接触网停电后准许登顶作业。

（20）双管供风旅客列车运行途中改为单管供风。

（21）运行揭示调度命令与实际限速、行车方式或设备不符时。

（22）调度集中区段，由列车调度员办理接发列车，作为行车凭证的调度命令。

（23）使用引导手信号接车。

（24）遇特殊情况，向已进入关系区间的列车司机发布（交付）的调度命令。

（25）铁路局规定可以利用列车无线调度通信设备发布、转达的调度命令。

普速铁路装备列控设备区段列控限速调度命令的发布办法，由铁路局根据具体设备条件规定。跨局列控限速调度命令的发布办法，由相邻铁路局根据设备情况协商确定。

2. 不发布调度命令的情况

除《技规》（普速铁路部分）有明确规定外，遇下列情况，列车调度员亦不发布调度命令：

（1）使用绿色许可证或半自动闭塞发车进路通知书发出列车时。

（2）自动闭塞区间一架通过信号机故障。

（3）旅客列车在技术停车站（不办理客运、通勤业务和技术作业）临时变更通过。

（4）使用引导信号接车（使用引导手信号除外）。

（5）站内采用调车方式救援。

（6）已发布运行揭示调度命令的变更旅客列车固定走行径路。

（7）接发动车组列车变更固定股道。

（8）区间内机车信号、列车运行监控装置（LKJ）、轨道车运行控制设备（GYK）发生故障，运行至前方站停车处理。

（9）列车退行。

（10）自轮运转特种设备自走行时因自身设备原因限速。

（11）旅客列车发生制动关门，依据《旅客列车制动关门限速证明书》限速；货物列车编入关门车数超过现车总辆数的6%，依据《制动效能证明书》限速。

3. 发布运行揭示调度命令的有关规定

（1）运行揭示调度命令是指由施工调度员发布的涉及限速、行车方式变化和设备变化的调度命令。

（2）运行揭示调度命令应包括时间、地点、因由、速度、行车方式变化、设备变化等内容。

（3）发布运行揭示调度命令，不得含有与受令处所无关的内容。

（4）施工调度员应依据施工日计划和主管业务处提报的灾害、故障涉及限速、行车方式变化和设备变化的申请编制运行揭示调度命令。

（5）国铁集团发布的“常用运行揭示调度命令模板”未涉及的项目，由铁路局制定“补充常用运行揭示调度命令模板”。

（6）运行揭示调度命令须一人拟写、另一人核对，施工办主管科室主任（副主任）、施工办主任（副主任）逐级审核签认，于施工前一日 12:00 前（其中 0:00—4:00 执行的运行揭示调度命令为前一日 8:00 前）发布至有关业务处、机务段、车务段（直属站），并传（交）相关列车调度台，其中涉及邻局的车务段（直属站）和相关调度台，传（交）邻局施工办并由其转达。主管业务处负责转交施工单位、自轮运转特种设备管理单位，车务段（直属站）负责转交相关车站。

（7）列车运行途中遇跨越运行揭示调度命令有效时段或其他原因，造成列车运行没有可依据的运行揭示调度命令时，司机须提前向车站值班员（列车调度员）报告，车站值班员立即向列车调度员报告，列车调度员安排交付书面调度命令（可在一个行车调度命令中转发有关运行揭示调度命令），跨铁路局（调度台）运行时，须通知邻局（调度台）列车调度员。

（8）运行揭示调度命令发布的限速条件需转变为 LKJ 基础数据时，除按有关 LKJ 数据管理规定程序办理外，本着“谁申请（登记）、谁取消”的原则，由申请（登记）部门在 LKJ 数据换装生效时刻后，向施工办、车站申请取消限速。施工调度员须在得到申请（登记）部门取消限速的申请后，方准取消该运行揭示调度命令。

（9）发生灾害、设备故障等突发情况，需临时限速时（含施工开通后未达到规定的放行列车条件），应由有关单位（人员）提出限速申请，列车调度员按规定发布临时限速调度命令；对于暂时不能取消的临时限速，应纳入运行揭示调度命令管理，具体纳入时机由铁路局规定，限速登记单位或设备管理单位应提出限速申请，报告主管业务处室，由主管业务处室审核后提交施工办发布运行揭示调度命令。

4. 铁路局客运调度命令发布范围

（1）转发国铁集团调度命令，接收、转发、传递有关铁路局的调度命令。

（2）跨局旅客列车调整编组（含临时甩挂客车，但不得超过图定编组辆数）1 个月以内（软卧车除外）及铁路局管内旅客列车临时变更编组。

（3）因灾害或事故影响，铁路局管内旅客列车的停运、折返或变更径路。

（4）铁路局管内旅客列车加开、停运（铁路局业务处以文件、电报公布的除外）。

（5）铁路局管内调用、回送客车，零星军用客车回送。客车附挂旅客列车回送、附挂货物列车回送及局管内整列客车底回送。

（6）铁路局管内票额临时调用。

（7）准许装运超重包裹或行李车内预留货位。

（8）货物列车加挂客车（含回送军用客车）。

（9）旅客列车加挂铁路用车（轨道、电务、接触网、隧道检测车，牵引试验车等）。

（10）其他事项需要发布的调度命令。

铁路局客运调度发布旅客列车的临时加开、停运、折返、变更径路及车辆甩挂的调度命令时，须经调度所值班主任审核同意后，方准发布；国铁集团客运调度发布调度命令时，须经国铁集团调度处值班处长审核同意后，方准发布。

思 考 题

1. 铁路运输调度日（班）计划的主要内容有哪些？
2. 如何预计当日 18:00 各种运用车保有量？
3. 重车调整方法有哪些？
4. 接发列车作业的主要内容有哪些？
5. 列车调度指挥的原则有哪些？
6. 列车调度员的职责有哪些？
7. 什么是调度命令和口头指示？两者有何区别？
8. 哪些情况下需发布调度命令？发布调度命令时应注意哪些环节？
9. 如何组织旅客列车和货物列车正点出发？
10. 列车运行调整的方法有哪些？
11. 列车运行调整阶段计划的编制原则有哪些？
12. 列车运行调整方法有哪些？

技能训练题

1. 已知：（1）甲局管辖范围示意图如下图所示。

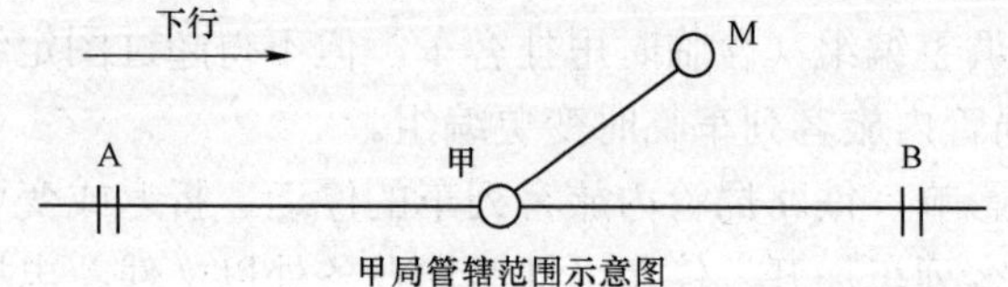

甲局管辖范围示意图

（2）某月 8 日 15:00 预计当日出入车数见表 1。

表 1　15:00 预计当日出入车数

方向＼项目	入			出		
	重车	空车	计	重车	空车	计
A 口	467	701	1 168	1 785	32	1 817
B 口	1 902	82	1 984	1 089	343	1 432
计	2 369	783	3 152	2 874	375	3 249

（3）次日（9 日）分界口计划出入车数见表 2。

表 2　次日分界口计划出入车数

项目 方向	入			出		
	重车	空车	计	重车	空车	计
A 口	600	850	1 450	1 563	31	1 594
B 口	1 698	0	1 698	1 129	250	1 379
计	2 298	850	3 148	2 692	281	2 973

（4）次日（9 日）计划装车数为 2 040 车，计划卸车数为 1 550 车（无增加使用车和增加卸空车）。

（5）月计划管内工作车周转时间为 0.78 d。

要求：将表 3～8 中的（　）空缺数字推算出来，并填入相应格内。

（1）推算当日运用车保有量（表 3）。

表 3　当日运用车保有量推算表

项　目	月计划	昨日存	出入差	解备	列备	结存	比计划增减
月计划	3 642					3 642	
推算		3 888	（　）	0	代客 26	（　）	（　）

（2）推算当日管内工作车（表 4）。

表 4　当日管内工作车推算表

项目	月计划	昨日存	接入			自装自卸	当日卸空	预计存	比计划增减
			计	A 口	B 口				
推算	1 045	1 023	575	138	437	1 088	1 500	（　）	（　）

（3）推算当日移交重车（表 5）。

表 5　当日移交重车推算表

项目 方向	月计划	昨日存	接　入			自装输出	当日交出	预计存	比计划增减
			计	A 口	B 口				
A 口		877	1 465			305	1 785	（　）	
B 口		816	329			658	1 089	（　）	
计	1 597	1 693	1 794	329	1 465	963	2 874	（　）	（　）

（4）推算当日及次日空车（表 6）。

表 6　当日及次日空车推算表

项目	月计划	昨日存	接入			交出			装车	卸车	解备	列备	结存	比计划增减
			计	A	B	计	A	B						
推当日	1 000	1 172	783	701	82	375	32	343	2 051	1 500	0	代 26	（ ）	（ ）
推次日		（ ）	850	850	0	（ ）	（ ）	（ ）	（ ）	（ ）	0	代 80	（ ）	（ ）

（5）验算当日运用车数（表 7）。

表 7　当日运用车数验算表

当日运用车	其　　中		
	管内工作车	移交重车	空车
（　　）	（　　）	（　　）	（　　）

（6）推算次日计划指示（表 8）。

表 8　次日计划指示推算表

项目	当日运用车	出入差	解备	列备	次日运用车	接运重车	使用车	卸空车	工作量	货车周转时间
月计划	3 742					2 300	2 000	1 500	4 300	0.87 d
日计划	（ ）	（ ）	（ ）	（ ）	（ ）	（ ）	（ ）	（ ）	（ ）	（ ）

（7）按技术计划管内工作车周转时间推定的次日应卸车数为（　　　　）。

（8）根据推算的各种运用车结果，提出计划日工作的重点。

2. 甲铁路局（同上题）9 日 18:00 结算运输工作完成情况如下：

（1）装车 2 050（无增加使用车数），卸车 1 560（无增加卸空车数）。

（2）分界口接入车数（分子为重车，分母为空车，下同）如下：

A 口 $\frac{583}{851}$　　B 口 $\frac{1\,658}{0}$

（3）分界口交出车数如下：

A 口 $\frac{1\,603}{30}$　　B 口 $\frac{1\,159}{278}$

（4）18:00 运用车数：管内工作车 1 140，移交重车 1 506，空车 1 052。

要求列式计算该局实际完成的下列指标：u、$u_{管重}$、$u_{移交}$、$u_{空}$、N、θ、$\theta_{管重}$、$\theta_{移交}$、$\theta_{空}$。

项目 6　高速铁路调度指挥

学习目标

1. 知识目标

（1）掌握高速铁路调度日计划的主要内容。

（2）熟悉高速铁路车站接发列车作业的主要内容。

（3）熟悉高速铁路列车运行组织有关规定。

（4）掌握高速铁路调度命令发布有关规定。

2. 能力目标

（1）能完成简单的高速铁路列车运行调整。

（2）能说明列车碰撞异物、接触网上挂有异物等应急处理过程。

高铁调度日计划是高铁日常运输组织工作的基础，按列车运行图和施工、维修计划进行编制，保证完成运输生产和施工、维修任务。高铁调度日计划是一日内 0:00—24:00 的运输工作计划。

任务 6.1　高速铁路调度日计划

任务引入

以 20××年×月×日哈大高铁三台调度工作日计划为例：当日列车运行计划共 64 对，其中哈大本线共运营列车 32 对，跨线运营列车 32 对。哈大本线开行车次情况如表 6–1 所示。

表 6–1　哈大本线开行车次情况

运行区段	开行对数	车次
大连北—哈尔滨（西）	18 对	沈局担当： G47、G50、G702、G703、G704、G707、G710、G711、G713、G714、G718、G719、G722、G723、G724、G727、G729、G732 哈局担当： G48、G49、G701、G705、G706、G708、G709、G712、G715、G716、G717、G720、G721、G725、G726、G728、G730、G731

续表

运行区段	开行对数	车次
大连（北）—沈阳（北）	14 对	沈局担当： G8041、G8042、G8043、G8044、G8045、G8046、G8047、G8048、G8049、G8050、G8051、G8052、G8053、G8054、G8055、G8056、G8057、G8058、G8059、G8060、G8061、G8062、G8063、G8064、G8067 周末、G8068 周末、G8069、G8070

日计划运行图示例如图 6-1 所示。

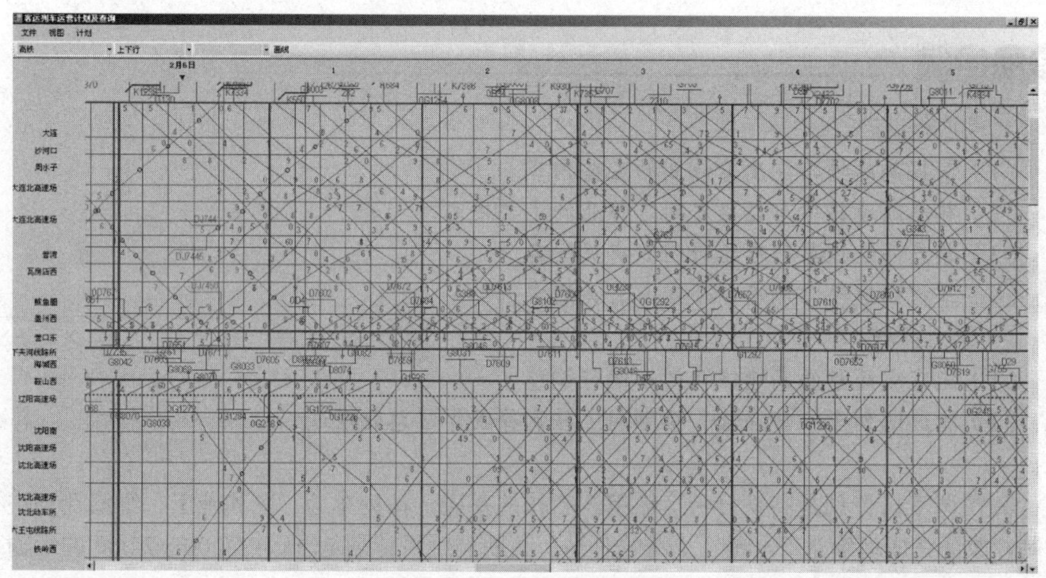

图 6-1　日计划运行图示例

思考：

（1）高铁调度日计划有何作用？

（2）高铁调度日计划有哪些内容？

知识准备

1. 高铁调度日计划的编制原则

高铁调度日计划由铁路局调度所主任（副主任）负责组织编制。高铁调度日计划的编制应遵守下列原则：

（1）坚持安全生产的原则。

（2）贯彻国家运输政策，保证重点运输的原则。

（3）按列车运行图行车的原则。

（4）按施工、维修计划安排施工、维修，坚持运输与施工、维修兼顾的原则。

（5）经济合理地使用机车车辆和其他运输设备，提高运输效率和效益的原则。

2. 高铁调度日计划的主要依据

高铁调度日计划编制的主要依据有以下五个方面：

1）基本列车运行图（包括分号列车运行图）、有关技术作业时间标准

（1）国铁集团组织编制全路基本列车运行图，铁路局公布所管辖区段的基本列车运行图。高寒地区高速铁路按夏季和冬季分别编制列车运行图。

（2）在公布的基本列车运行图中，国铁集团及铁路局根据节假日、小长假、黄金周、春暑运等客流需要，公布周末线动车组和高峰线动车组。

（3）周末线动车组在周末和高峰期开行，高峰线动车组在小长假、黄金周、春暑运开行。周末线动车组开行规律在基本列车运行图中规定。高峰期为节假日、小长假、黄金周、春暑运运输期限，运输期限在节日加开文件电报中公布。

（4）在公布基本列车运行图的同时，铁路局对施工慢行附加时分、出入库时间等有关技术作业时间标准进行公布。

2）有关文件、电报、调度命令

（1）国铁集团或铁路局根据施工、设备、客流等变化，对直通或管内动车组运行图进行调整，以文件电报形式公布。

（2）国铁集团或铁路局根据节假日、小长假、黄金周、春暑运等客流预测，确定高峰线动车组开行日期及增加周末线动车组开行日期，以电报形式公布。

（3）根据节假日期间客流大幅增长或高度集中的特点，铁路局制定临时动车组开行方案，查定临时动车组预备运行线，以电报形式公布。

（4）根据节假日期间长短途客流需求，为充分挖掘客运能力、减少线上压力，由铁路局组织动车组重联运行，以电报或调度命令形式公布。

（5）遇临时客流集中时，由铁路局发布临时开行调度命令，开行临时动车组旅客列车。

3）动车组运用（车型、组数）、检修计划及回送、试运行、调向申请等

（1）动车（客车）段向铁路局动车调度上报次日动车组车底运用建议计划，铁路局动车调度对车底运用建议计划进行审核，审核后向计划调度提报次日动车组车底运用方案（含热备车）及重点事项。动车组车底运用方案包括动车组交路、车型、车组号、组数等内容。

（2）计划调度与相关铁路局调度所交换动车组开行计划，取得相关局动车组运用方案。

（3）动车（客车）段、造修企业、试验牵头等单位根据有关文电、检修计划、运营交路调整、试验方案等，于回送前一日的 12:00 前向始发站所在铁路局动车调度申请，动车调度根据国铁集团高级检修月度计划或动车组在段检修计划对申请进行审核，经批准后交计划调度。跨铁路局回送时，由计划调度向国铁集团提交申请，经国铁集团会签批准后，由国铁集团发布调度命令。

4）分界站协议

（1）相邻铁路局对管辖范围划分的规定。

（2）相邻铁路局对高铁调度日计划交接的规定。

（3）相邻铁路局对施工、维修作业组织的规定。

5）月度施工计划（含临时文电批复的）及主管业务处提报的施工计划、路用列车开行、设备维修作业计划申请

（1）铁路局运输处负责组织编制月度施工计划（含临时文电批复的），并根据需要发布调整、增加、停止的文件电报。

（2）施工单位于施工作业前 3 日将施工计划申请报铁路局主管业务处室，主管业务处室

审核（盖章）后，于施工前 2 日 9:00 前向调度所施工调度提报施工日计划申请。

（3）施工单位或设备管理单位将路用列车运行需求报铁路局主管业务处，经主管业务处审核后，向高铁施工调度提报路用列车运行申请。

（4）设备管理单位于维修作业前 3 日向铁路局主管业务处室提报计划申请，铁路局主管业务处室根据设备管理单位的提报，与其他主管业务处室沟通协调后编制本专业维修计划，于维修作业前 2 日 9:00 前报铁路局调度所施工调度，施工调度负责审核维修日计划。

（5）铁路局所管设备越过局间分界站延伸至相邻铁路局调度指挥区段（简称延伸段）时，设备管理单位于维修作业前 4 日向本铁路局主管业务处室提报延伸段维修作业计划申请，本铁路局主管业务处室与局内相关业务处室沟通协调后，于维修作业前 3 日向调度管辖区段铁路局主管业务处室提报计划申请，由调度管辖区段铁路局主管业务处室编制维修计划并向调度所提报。

3. 高铁调度日计划的主要内容

高铁调度日计划包括列车开行计划和施工、维修计划。

1）列车开行计划

列车开行计划的主要内容有：

（1）列车开行车次。

（2）临时定点列车始发站、终到站、沿途客运业务办理站及其到（发）时分、动车组（吸污、上水）股道运用计划。

（3）开行动车组列车所对应的车组（型号、车组号）、动车组车底运用方案及路用列车开行计划。

（4）重点事项。

2）施工计划

施工计划的主要内容有：

（1）施工编号、等级、项目。

（2）施工日期、作业内容、地点（含线别、区间、车站、股道、道岔、行别、里程）和时间。

（3）施工限速、影响范围、行车方式变化及设备变化。

（4）施工单位（含配合单位）、施工负责人。

（5）施工作业车进出施工地段方案。

（6）区间及站内装卸路料计划。

3）维修计划

维修计划的主要内容有：

（1）维修编号、项目。

（2）维修日期、作业内容、地点（含线别、区间、车站、股道、道岔、行别、里程）和时间。

（3）维修影响范围。

（4）作业单位（含配合单位）、作业负责人。

（5）路用列车进出区间方案。

4. 高铁调度日计划编制流程

1）列车开行计划编制流程

（1）计划调度员每日 10:00 前根据列车运行图及相关文件、电报、调度命令确定次日动车组列车开行方案，转交动车调度员和相关机务段、动车（车辆）段、客运段。

（2）动车调度员 15:00 前将动车组车底运用方案、热备车及重点事项，转交计划调度员。

（3）施工调度员 15:00 前将路用列车运行方案，转交计划调度员。

（4）计划调度员 16:00 前与相关调度所交换列车开行计划。

（5）17:30 前形成次日列车开行计划。

2）施工日计划编制流程

（1）施工调度将主管业务处提报的施工日计划申请与月度施工计划（批复文电）进行核对，同时将 I 级施工和国铁集团管理施工项目的施工计划申请于施工前 2 日 15:00 前报国铁集团调度指挥中心。国铁集团核准后于施工前 2 日 18:00 前反馈调度所，施工调度据此编制施工日计划。

（2）因运输原因不能安排施工计划时，须经铁路局分管运输副局长（总调度长）同意。因专特运原因不能安排施工计划时，按国铁集团（铁路局）命令执行。

（3）施工调度编制的施工日计划经调度所主任（副主任）审核后，纳入调度日计划。

（4）施工日计划样式如表 6-2 所示。

表 6-2　20××年×月×日施工日计划

命令号：

区号及方案号或电报号	施工等级	线别	行别	施工项目	施工地点（含区间、车站、股道、道岔、里程）	封锁时间	施工内容及影响范围（含施工作业车进出施工地段方案、区间及站内装卸路料计划）	限速及行车方式变化	设备变化	运输组织方式	施工单位及负责人	配合单位

实例：哈大三 2016 年×月×日 0:00—24:00 施工日计划如表 6-3 所示。

表 6-3　施工日计划实例

项号	起止时间	地点	施工项目	影响范围	施工单位	登记站
工务维修	0:30—4:30	辽阳高速场—沈阳南站 331 km 479 m—379 km 640 m	探伤、设备检修、试验	（1）封锁辽阳高速场—沈阳南站区间上、下行线。 （2）与沈阳电务段、沈阳供电段共用天窗	沈阳高铁工务段 熊× 1384191××××	沈阳南站
电务维修	0:30—4:30	大连北高速场—普湾站（含）19 km 418 m—60 km 317 m	室内、室外信号设备检修	（1）封锁大连北高速场—普湾站（含全站）间上、下行线，信号设备停用。 （2）维修作业期间普湾站转为非常站控模式	大连电务段 王× 1594280××××	普湾站

3）维修日计划编制流程

（1）施工调度根据主管业务处审核后的维修作业日计划申请，合理安排高铁工务、电务、供电等固定设施、设备的综合维修作业计划。

（2）综合利用天窗时，由铁路局调度所指定维修主体单位，维修主体单位的确定方法由铁路局规定。

（3）维修日计划样式如表 6-4 所示。

表 6-4　20××年×月×日维修日计划

命令号：

项目	维修地点（含线别、区间、车站、股道、道岔）	里程	行别	作业内容	起止时间	维修单位及负责人	配合单位	影响范围（路用列车进出区间方案）	顺号	登记站

【案例】施工日计划把关不严挤岔事故

1. 案例概况

20××年×月×日 0:10—4:10，××供电段轨道车 57802/1 次，在××客专线 JXB 站—HL 线路所—HL 站间上行线进行接触网测量作业。当日 1:10—3:10，中铁电化局在××局调度所内进行××客专台 CTC 功能调试。

在 CTC 功能调试过程中，施工人员将××线路所本应处于反位的 2 号道岔扳至定位，造成测量作业完毕后返回的轨道车 57801 次，经过 2 号道岔时，于 2:37 挤过××线路所 2 号道岔，在岔心处停车，经工务、电务人员检查确认设备未损坏，4:22 恢复。构成铁路交通一般 D 类事故。事故位置线路如图 6-2 所示。

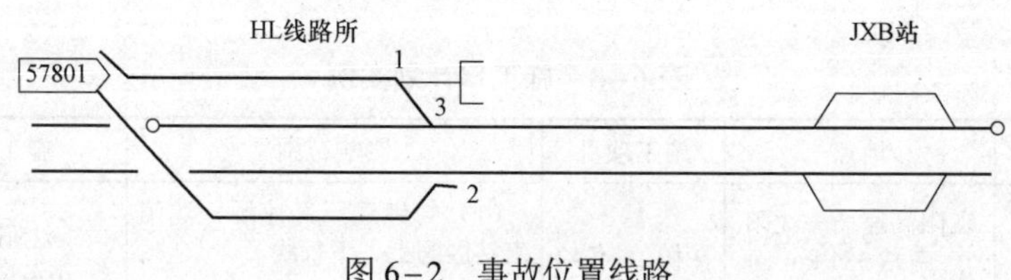

图 6-2　事故位置线路

2. 点评

1）施工日计划审核把关不严

当日××客专天窗内既有轨道车上线作业，又有中心 CTC 调试施工，两项施工作业交叉重叠。施工台在审批施工计划时，没有将两项施工从时间和空间上进行物理分隔，也没有明确轨道车在 CTC 调试施工结束前不得返回，对施工计划审核审批把关不严，从源头上给施工埋下了安全隐患。

2）对施工安全风险研判防控不足

在施工预备会上，已发现两项施工同时进行存在安全风险，仍凭施工单位在施工日计划中注明的 CTC 调试“不影响作业车组上线运行”，安排了两项施工同时进行。既没有采取有效措施进行防范，也没有在接班会上对列车调度员进行重点提示和预警。安全风险管理不到位，对影响安全的问题没有引起足够的重视，存在侥幸心理，对施工安全未能做到超前防范。

3）没有按照施工计划将 HL 线路所转为非常站控模式

施工电报和施工计划中，均要求 CTC 施工期间，HL 线路所、JXB 站转为非常站控模式。由于施工单位没有到 HL 线路所进行施工登记，在 HL 线路所未向调度员申请转为非常站控的情况下，调度员没有主动询问车站及施工单位，而是臆测行事，盲目认为当日 CTC 施工不涉及 HL 线路所，不需要转站控，因此没有按照施工计划要求将 HL 线路所转为非常站控模式，是导致事故发生的主要原因之一。

4）当班调度员安全意识淡薄、业务水平差

当日 JXB 站—HL 线路所—HL 站合并封锁，轨道车往返运行。当班调度员凭施工计划中注明的影响范围，推测当日 CTC 施工不影响列车进路和联锁操作。施工期间，调度员在 CTC 出现灰屏的情况下，没有意识到会影响轨道车进路，更没有想到施工人员可能会扳动道岔，安全意识淡薄、基础知识缺乏。如果调度员发现 CTC 灰屏后，立即向 CTC 施工人员了解作业情况，提示区段内有轨道车运行不准扳动道岔，及时要求 HL 线路所值班员确认列车进路是否正确，或通知轨道车司机先停轮待命，也能避免事故的发生。

5）对施工过程严重失察、失控

CTC 区段的调度员既是指挥员又是操作员，应密切关注列车在站内及区间内的运行情况，及时了解现场施工及作业进度。调度员在发布施工调度命令后，对 CTC 施工情况没有进行了解，对轨道车运行状态也没有适时掌握，对交叉施工中的关键作业严重失察、失控，失去了防止事故的机会。

6）干部盯控把关不到位

当日 JXB 站转为非常站控时，调度所高铁值班副主任虽然在调度台进行了盯控，但对 HL 线路所未转非常站控的原因没有进行追问，对关键环节把关不到位，在盯控过程中也没有对轨道车在 HL 线路所往返运行的进路进行确认，盯控干部在岗不履责，盯控作业流于形式，没有发挥应有的作用，没有守住安全的最后一道防线。

任务 6.2　高铁车站接发列车作业

任务引入

2008 年，为了迎接奥运会，经过大规模改造的北京南站竣工，成为一座高铁站。北京南站，位于北京市丰台区，是中国铁路北京局集团有限公司管辖的特等站，是北京的第二大火车站，也是北京面积最大、接发车次最多的火车站。

截至2017年8月，北京南站建筑面积达到32万m^2，有24条股道、13座站台，其中从北向南依次为：普速场设到发线5条、3座站台，引入京沪铁路；高速场设到发线12条、6座站台，引入京沪高速铁路；城际场设到发线7条、4座站台，引入京津城际铁路。北京南站客流量非常大，在2021年五一假期，北京南站日发送旅客达12万人次。北京南站建站以来单日旅客发送量最高纪录是2016年4月30日，单日旅客发送量达到20万人次，在城市的经济产业发展中有很强的基础性作用。

思考：

（1）高速铁路车站可以采用哪些行车闭塞法？

（2）高速铁路车站接发列车作业的核心内容是什么？

知识准备

我国高速铁路运输指挥采用调度集中系统（CTC），CTC 控制模式分为分散自律控制和非常站控两种模式。分散自律控制模式是用列车运行调整计划自动控制列车运行进路，调度中心具备人工办理列车、调车进路，车站具备人工办理调车进路的功能，此时车站联锁控制台不起作用。非常站控模式是指当调度集中设备故障、发生危及行车安全的情况或行车设备维修、施工需要时，由车站值班员负责办理列车及调车进路。

1. 高速铁路行车闭塞法

我国高速铁路采用的行车基本闭塞法有自动闭塞、自动站间闭塞两种。自动闭塞以闭塞分区作为列车间隔，自动站间闭塞则是以站间（所间）区间作为列车间隔，其列车运行间隔均属于空间间隔法。

电话闭塞法是当基本闭塞法不能使用时所采用的代用闭塞法。

1）自动闭塞

自动闭塞区段，正方向行车，列车按自动闭塞运行；反方向行车，列车按自动站间闭塞运行。

使用自动闭塞法行车，动车组列车在完全监控、引导或部分监控模式下运行时，行车凭证为列控车载设备显示的允许运行的速度值。动车组列车按LKJ方式运行及动车组以外的列车，在信号机常态点灯的区段，进入闭塞分区的行车凭证为出站或通过信号机显示的允许运行的信号；在信号机常态灭灯的区段，进入区间的行车凭证为出站信号机或线路所通过信号机显示的允许运行的信号，信号机应点灯。

调度集中区段，一个调度区段内可不办理发车预告手续。两相邻调度集中的调度区段间或调度集中区段车站（线路所）向非调度集中区段车站（线路所）发车时，由系统自动办理发车预告，遇设备故障无法自动办理时，人工办理发车预告（相邻调度区段列车运行调整计划一致时可不办理发车预告）。非调度集中区段车站（线路所）向调度集中区段车站（线路所）发车时，车站值班员应向列车调度员（车站控制时为车站值班员）办理发车预告。

2）自动站间闭塞

使用自动站间闭塞法行车，动车组列车在完全监控、引导或部分监控模式下运行时，行车凭证为列控车载设备显示的允许运行的速度值。动车组列车按 LKJ 方式运行及动车组以外的列车，进入区间的行车凭证为出站信号机或线路所通过信号机显示的允许运行的信号（在信号机常态灭灯的区段，信号机应点灯）。

自动站间闭塞须与集中联锁设备结合使用，自动检查区间空闲，发车站（线路所）办理发车进路后即自动构成站间闭塞。列车到达接车站（线路所）或返回发车站（线路所）并出清区间后，自动解除闭塞。

人工办理发车进路前，须确认区间空闲、接车站（线路所）未办理同一区间的发车进路。

一个调度区段内可不办理发车预告手续。两相邻调度集中的调度区段间或调度集中区段车站（线路所）向非调度集中区段车站（线路所）发车时，应由系统自动办理发车预告，遇设备故障无法自动办理时，人工办理发车预告（相邻调度区段列车运行调整计划一致时可不办理发车预告）。非调度集中区段车站（线路所）向调度集中区段车站（线路所）发车时，车站值班员应向列车调度员（车站控制时为车站值班员）办理发车预告。

3）电话闭塞

遇下列情况，应停止使用基本闭塞法，改用电话闭塞法行车：

（1）基本闭塞设备发生故障导致基本闭塞法不能使用时。

（2）自动站间闭塞区间，出站信号机故障且引导信号不能开放时发车。

使用电话闭塞法行车时，列车占用区间的行车凭证为调度命令。

列车调度员办理发车时，应查明区间空闲，接车站（线路所）为车站控制或邻台列车调度员控制时，还应取得其承认的电话记录号码（双线正方向首列后发车为取得前次列车到达的电话记录号码）；在发车进路准备妥当后，方可发布作为行车凭证的调度命令。

车站值班员办理发车时，应查明区间空闲，并取得接车站（线路所）承认的电话记录号码，但双线正方向首列后发车为取得前次列车到达的电话记录号码（办理发车及接车的车站、线路所为同一车站值班员指挥时不办理电话记录号码），在发车进路准备妥当后，方可向列车调度员报告，请求发布作为行车凭证的调度命令。

2. 高速铁路接发列车规定

高速铁路根据车站基本操作方式、行车指挥人员的不同，将车站分为集控站和非集控站。按调度集中基本操作方式，由列车调度员直接办理接发列车作业的车站（线路所）为集控站；其他车站（线路所）为非集控站。集控站设车务应急值守人员，非集控站设车站值班员，负责指挥和办理车站接发列车。

在正常情况下，集控站由列车调度员负责指挥和办理行车，车务应急值守人员不参与行车工作。在设备故障、施工维修、非正常行车等情况下，有些作业列车调度员无法直接办理，由车务应急值守人员按列车调度员指示办理。

（1）向司机等相关人员递交书面调度命令。当调度命令无线传送系统故障且不能使用列车无线调度通信设备发布转达调度命令，以及列车调度员无法直接向相关人员发布调度命令时，车务应急值守人员根据列车调度员指示向司机等相关人员递交书面调度命令。

（2）遇道岔失去表示、停电等非正常情况，需现场准备进路办理行车时，车务应急值守人员负责与列车调度员联系有关行车事宜，组织工务、电务等人员采取现场手摇道岔等方式准备进路。

（3）遇设备故障及轨道电路分路不良需人工确认线路空闲等情况，组织工务、电务等人员进行检查、确认。

（4）遇有到发线停留车辆等特殊情况，车务应急值守人员应根据《技规》和有关规定对站内到发线停留车辆的防溜措施进行检查、确认。

（5）遇有车辆故障或发生事故等特殊情况，车辆在车站停放及挂运时，车务应急值守人员与司机办理故障车、事故车有关随车运输票据和回送单据的交接、保管工作。

（6）组织应急救援，完成信息传递和其他需现场了解、检查确认的工作。

集控站不设行车人员，车务应急值守人员在设备故障、施工维修、非正常行车等情况下须与列车调度员保持不间断的联系；同时，在现场准备进路等非正常情况下，需要作业人员完成现场检查、确认或有关进路准备等工作。因此，电务、工务人员应根据车务应急值守人员指示，协助办理有关作业。

采用车站调车操作方式的车站，调车进路只能车站办理，车务应急值守人员还应担当调车领导人，下达调车作业计划并负责办理调车进路。

3. 高速铁路接发列车作业

车站应不间断地接发列车，严格按列车运行图行车。车站值班员办理接发列车（列车调度员人工办理接发列车）时，应亲自办理闭塞、布置进路（包括听取进路准备妥当的报告）、开闭信号、交接凭证。由于设备或业务量关系，车站值班员除布置进路（包括听取进路准备妥当的报告）外，其他各项工作可指派信号员或其他人员办理；列车调度员在人工办理接发列车时，除办理闭塞、布置进路（包括听取进路准备妥当的报告）外，其他各项工作可指派车务应急值守人员或其他人员办理。

1）人工办理进路的要求

（1）车站值班员或列车调度员人工办理进路接车前，为了防止向占用线路接车，在接车前必须亲自认真检查、确认接车线路空闲，同时，还要确认影响进路的调车工作已经停止。这是因为不及时停止影响接发列车进路的调车工作，就有可能造成到达列车站外停车或出发列车晚点，甚至可能使列车与正在调车的机车车辆发生冲突事故。

下达准备接发车进路命令时，必须简明清楚，正确及时，讲清车次和占用线路（一端有两个及以上列车运行方向或双线反方向行车时，应讲清方向、线别），并要求受令人复诵，核对无误。

（2）人工准备进路时，应严格按照接发列车命令、调车作业计划执行。

在扳动道岔、操纵信号时，认真执行“一看、二扳（按）、三确认、四显示（呼唤）”制度；对进路上不该扳动的道岔，也应认真进行确认。

其他人员接发列车进路准备完了后，应及时报告车站值班员或列车调度员（能从设备上确认的除外）。

【案例 1】列车错办方向发车事故

1. 案例概况

20××年×月×日，DJ7788 次图定甲站 8 道折返 C7023 次，DJ7788 次较图定早 20 min 到甲站。由于 C7001 次占用 8 道，车站值班员将 DJ7788 次、C7023 次变更为 10 道终到、始发。

6:30，车站值班员擅自代替信号员人工排列 10 道 C7023 次发车进路时，错误点击了进路终端按钮 SSZ（应按 SZ），开往乙方向Ⅲ线的进路。

6:32，C7023 次开车后，车站值班员发现进路错误立即呼叫司机停车。

6:58，组织司机换端后返回 10 道重新发车。

7:16，重新组织向乙方向Ⅰ线开车（晚开 47 min）。

事故案例运行图如图 6–3 所示。

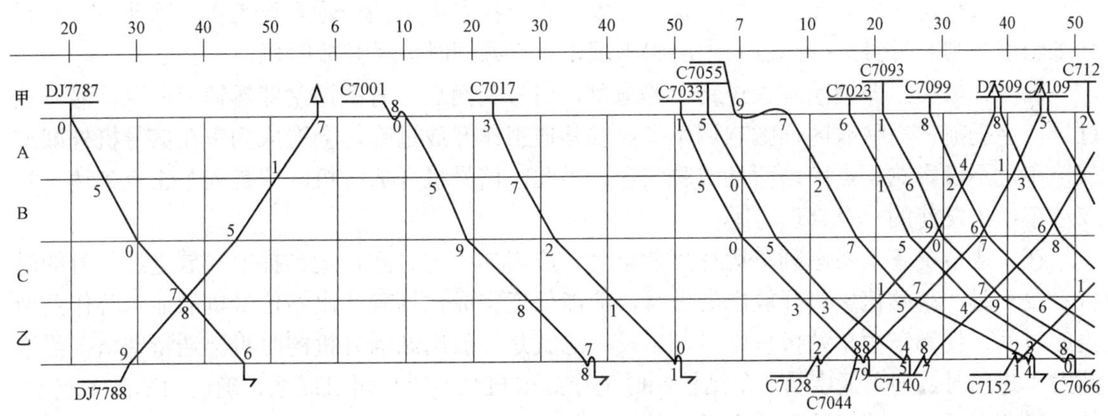

图 6–3　事故案例运行图

2. 点评

1）原因分析

（1）列车早点影响站车秩序。

DJ7788 次甲站早到 20 min，因和 C7001 次均使用 8 道，导致车站值班员临时将 DJ7788 次由 8 道变更进 10 道折返开 C7023 次。

（2）离台、替岗无人联防互控。

车站值班员代替信号员准备进路，人工操作无人防控，对错只在一念之间。

（3）设备不熟，操作错误。

车站值班员对信号员的设备操作不熟练。本应该使用自动触发或人工触发，却选择了人工排路；排路时错误点击了进路终端按钮，便造成了进路错误；操作完毕未进行确认，最终造成开错方向。

（4）由于甲站去乙方向有 4 条线：Ⅰ、Ⅱ线运行动车，Ⅲ、Ⅳ线运行普速客车和货车。10 道出站信号去乙方向Ⅰ线和Ⅲ线的信号显示相同（地面信号均为绿灯），没有发车进路表示器，且向乙方向Ⅰ、Ⅱ线发出列车不执行车机联控。

2）控制措施

（1）实现按图行车。

车站的股道运用、列车折返、接发车咽喉占用都对列车进路的形成存在影响。列车调度员应严格组织行车有关部门实现按图行车。

（2）优先选择自动触发，减少人工触发。

列车调度员应以确保进路预列（阶段计划）的正确作为首选项，只有在 CTC 系统无法实现自动操作或必须由人工办理的按钮操作时才采取人工干预。

（3）人工操作后须进行确认。

“确认”是人工操作过程的最后一项，忽略“确认”是对自己操作不负责的行为。在这起事故中，如果车站值班员能够进行“确认”，则会发现错排，完全能够来得及取消错误进路，重新开放信号，就不会产生这么严重的后果。

2）开放信号的时机

严格按规定时机开闭信号机，是保证安全正点接发列车的一项重要工作。因此在《铁路行车组织规则》（简称《行规》）内应明确规定人工办理时信号开放时机。

信号开放后，即锁闭有关进路上的道岔，信号关闭后，有关道岔即解锁。所以信号开放过早，会提前占用咽喉区，影响调车作业及其他工作开放过晚，会造成列车在信号机外减速或停车，不仅影响正点率，而且威胁安全。因此，信号机开放时机，应是列车正点到达车站或从车站出发前的一个合理时间。

在一般情况下，考虑列车运行可能早到，应附加一定时间，适当提前开放进站信号的时机。发车时，车站值班员开放出站信号，应能保证完成包括确认出站信号机的显示等作业所需的时间，使列车由车站按规定时刻出发，这就是开放出站信号机的时机。遇特殊情况需取消发车进路时，列车调度员（车站控制时为车站值班员）应与司机联系，确认列车尚未起动，待司机明了后，对司机持有行车凭证的应在收回行车凭证后，方可取消发车进路；当出发列车已经起动时，禁止取消发车进路。

【案例 2】列车车次号录入错误造成进路不触发

1. 案例概况

20××年×月×日 12:08，××高速铁路（CTCS-3 级，300～350 km/h 区段）G229 次列车由普速线甲站始发开往高速铁路，在甲站正点开车，甲站车站值班员错误将车次号输入为“G2229”次。

12:22，G229 次行至××联络线乙线路所前，司机发现信号降级显示且未收到进路预告信息，立即询问高铁台列车调度员。这时，列车调度员才发现乙线路所通过进路尚未自动触发，立即修改车次并人工触发进路。由于时机太晚，造成 G229 次列车在乙线路所通过信号机前停车 6 min（12:16 停，12:22 开）。

2. 点评

（1）CTC 自律机在执行列车运行调整计划时，要检查列车车次号与运行调整计划下达的车次一致后，方才能够自动触发其进路。在本案例中，由于甲站车站值班员错误输入车次号，造成车次号与乙线路所计划进路序列中的车次不一致，故乙线路所通过进路不能自动触发；

而列车调度员又没有及时发现这个问题，造成 G229 次列车在乙线路所通过信号机前停车。

（2）列车调度、助理调度在监控列车运行情况时，要掌握本调度区段的重点，在全面监控辖区各次列车运行情况的基础上，对于在本调度区段内始发、由相邻调度区段接入的列车，要重点监控其运行情况；特别对于相邻调度区段为非调度集中区段时，必须重点检查接入列车的运行调整计划是否与列车实际运行情况一致、列车车次号是否与运行调整计划一致，发现异状立即处置。另外，要防止列车调度员对设备语音报警功能的依赖。

（3）遇本案例发生的问题，系统会有语音提示“请注意，车次不一致”，但是，目前高铁 CTC 调度台上的“语音报警”有 30 余项，且报警功能本身失效是没有报警提示的，加之调度台主机“主音量”如果故障或被人为关闭，就会造成调度员不能在第一时间得到系统报警信息，延误处理时机，严重时甚至会造成事故，对调度安全产生较大隐患。

所以，调度所要加强对调度台“语音报警”功能的检查。一是要坚持“机控优先”的原则，加强日常检查，发现系统或报警设备故障，须及时通知相关设备管理部门处理、恢复；二是要求调度人员必须加强监控，及时发现问题，防止故障影响扩大；三是要严肃对随意关闭“语音报警”功能的考核，杜绝人为原因造成报警功能无法实现。

3）列车预告

一个调度区段内可不办理发车预告手续。两相邻调度集中控制的区段间或调度集中区段车站向非调度集中区段车站发车时，应由系统自动办理发车预告，遇设备故障无法自动办理时，人工办理（相邻调度区段列车运行调整计划一致时可不办理发车预告）。非调度集中区段车站向调度集中区段车站发车时，车站值班员应向列车调度员（转为车站控制时为车站值班员）办理发车预告。

4）车机联控

高速铁路接发列车作业通常不进行车机联控。因动车组列车装备有机车综合无线通信设备（CIR），CTC 系统与无线通信系统结合，能够实现接车进路预告，CIR 会对通信过程和内容进行记录。所以动车组列车运行中不进行车机联控。但车站由分散自律控制模式转为非常站控，且按电话闭塞法行车时，应执行车机联控，车站值班员应主动呼叫司机。

5）办理客运业务的动车组列车车门开启和关闭的规定

动车组列车由列车长确认旅客上下完毕后，通知司机关闭车门；列车到站停稳后，司机必须确认对准停车位置后开启车门。按钮不在司机操作台上的，由列车长通知随车机械师关闭车门；列车到站停稳后，由随车机械师开启车门。如自动开关门装置故障时，由司机通知列车工作人员手动开关车门。动车组列车司机在确认行车凭证和开车时间，车门关闭后，即可起动列车。

任务 6.3 高速铁路列车运行组织

任务引入

“G832 次列车，可以上 2 号股道。”在武汉火车站运转车间高速场，值班员全神贯注地盯着面前的计算机屏幕，系统上正实时显示各趟列车的运行情况，值班员要及时对每趟列车进行调度，“眼看手指口呼心想”，一刻也不放松。春运期间，位于京广高铁、沪汉蓉铁路、武九客专交会处的武汉火车站，每天12:00—16:00是最忙碌的时候，每小时就有45趟列车的作业量，平均近2 min就要办理一趟列车接发。在如此短的时间内，既要保证列车停靠站台精准无误，又要保证列车正点到达开出、旅客上下列车以及给水吸污作业的安全和时间，全靠火车站行车室的车站值班员调度指挥。

列车运行图一日一图，值班员要对每时每刻的列车运行情况了然于胸，确保动车组列车运行安全。

思考：

（1）动车组列车运行组织的条件有哪些？

（2）动车组列车在区间被迫停车后如何处理？

知识准备

1. 动车组运行

（1）动车组按隔离模式运行时，完全依靠司机人工控制列车运行，所以列车运行安全风险增大，为了确保动车组按隔离模式运行时的安全，必须确认区间空闲后，按站间组织行车，列车运行速度不超过40 km/h，列车按地面信号显示运行，常态灭灯的区段应点灯，待该列车到达前方站（线路所）后方可放行后续列车。

（2）在较大上坡道地段，动车组以不超过40 km/h的速度运行，存在动车组无法越过分相无电区的情况，所以规定在越过接触网分相有困难的特殊情况下，列车调度员可根据司机请求发布调度命令，列车以不超过80 km/h的速度越过接触网分相。

（3）动车组单节车辆长度在25～27 m左右，由于受车辆长度和轴距的限制，通过半径小于250 m的曲线时存在安全隐患，因此规定一般情况下不得通过半径小于250 m的曲线。困难条件下，通过半径为250 m曲线时，应采取限速通过的方式，限速15 km/h；同时，小于9号的单开道岔和小于6号的对称双开道岔，其导曲线半径小，动车组通过时安全风险大，因此规定不得侧向通过小于9号的单开道岔和小于6号的对称双开道岔。

（4）特殊情况开行路用、救援列车（利用动车组、单机担当救援时除外）时，由列车调度员口头通知邻线会车范围内运行的动车组列车司机限速160 km/h运行。

2. 动车组回送

（1）动车组回送应固定运行径路，铁路局管内由铁路局公布，跨局由国铁集团公布。遇特殊情况需经非固定运行径路或运行条件有特定要求时（有关规章文电已明确时除外），铁路局管内由铁路局、跨局由国铁集团以文电形式明确。

（2）动车组回送申请单位应根据有关文电、检修计划、运用交路调整、试验方案等，于回送前一日的14:00前（因故障等临时产生的回送不受该时间限制）向始发站所在铁路局动车调度员申请。

（3）铁路局管内回送时，经调度所动车调度员与机车调度员（动车司机调度员）审核、值班副主任批准后，计划调度员纳入高铁调度日计划；因故障产生的临时回送来不及纳入高铁调度日计划时，由计划调度员发布调度命令，列车调度员按规定发布相关调度命令。

（4）跨局回送时，经调度所动车调度员与机车调度员（动车司机调度员）审核、值班副主任批准后，调度所计划调度员向国铁集团高铁计划调度员提出申请。国铁集团高铁计划调度员与国铁集团机车调度员会商后发布调度命令，调度所计划调度员纳入高铁调度日计划；来不及纳入高铁调度日计划时，由计划调度员发布调度命令，列车调度员按规定发布相关调度命令。

3. 试运行列车的开行

（1）动车（车辆）段根据有关文电、试运行方案等，于试运行前一日的 12:00 前向调度所动车调度员提出申请（影响列车运行标尺及铁路局规定需发布文电的其他情形，还应有铁路局有关文电）。

（2）铁路局管内开行时，经调度所动车调度员与机车调度员（动车司机调度员）审核、值班副主任批准后，计划调度员纳入高铁调度日计划。

（3）跨局开行时，经调度所动车调度员与机车调度员（动车司机调度员）审核、值班副主任批准后，由调度所计划调度员向国铁集团高铁计划调度员提出申请。国铁集团高铁计划调度员发布调度命令，调度所计划调度员纳入高铁调度日计划。

4. 列车被迫停车后的处理

当动车组发生轴温报警、走行部异常、受电弓异常等故障时，需采取临时停车措施，报告列车调度员发布“本线封锁、邻线限速”命令后，随车机械师下车检查故障部位，如正常或处理后能够运行时，报告列车调度员恢复正常运行或限速运行，运行中加强监控。

列车在区间被迫停车不能继续运行时，司机应立即使用列车无线调度通信设备通知列车调度员（两端站）及随车机械师（车辆乘务员），报告停车原因和停车位置，根据需要迅速请求救援。

（1）随车机械师（车辆乘务员）、客运乘务组均应听从司机指挥，处理有关行车、列车防护和事故救援等事宜。

（2）列车调度员（车站值班员）接到司机通知后，应将区间内列车运行情况通知司机，并立即使用列车无线调度通信设备通知区间内后续列车停车，在停车原因消除前不得再向区间内放行列车。

（3）对已请求救援的列车，不得再行移动，并按规定对列车进行防护。

（4）列车在区间被迫停车后，应保证就地制动，防止列车溜逸。如遇自动制动机故障，动车组以外的旅客列车司机应通知车辆乘务员立即组织列车乘务人员拧紧全列人力制动机；其他列车司机应立即采取安全措施，并向列车调度员报告。

（5）需要防护时，列车前方由司机负责，列车后方由随车机械师（车辆乘务员）负责，配备列车防护报警装置的列车应首先使用列车防护报警装置进行防护。单班单司机值乘的列车防护作业办法由铁路局规定。

【案例 1】动车组列车在区间被迫停车需下车检查

1. 案例概况

20××年×月×日 13:11，××高速铁路（CTCS－3 级，300～350 km/h 区段）G7146 次司机汇报：G7146 次运行至 A 站—B 站间上行线 K176+031 处，因 6 号车厢轮对左 3 出现不旋转（故障信息代码：68C8）临时停车，随车机械师要求下车检查处理。列车调度员立即布置下行 G7147、G7149 次 B 站停车，上行 G7148 次 A 站停车。通知值班副主任、客服台和动车台，布置助理调度发布 B 站—A 站间下行线封锁的调度命令，待下行 G7107 次到达 A 站后进行封锁。

13:18，列车调度员通知G7146次司机准许随车机械师下车作业。

13:30，G7146次司机报告列车调度员，随车机械师下车检查完毕，确认无异常。列车调度布置司机按规定开车，之后发布开通下行区间的命令。在处理故障期间，值班副主任及时上台把关，客服台通知相关客运站列车晚点情况。

2. 点评

列车调度员处置方法不当，列车在区间停车，随车机械师下车处理故障时，列车调度员下达了邻线区间封锁的调度命令，影响了下行列车运行秩序。

动车组列车在区间被迫停车时，随车机械师、客运乘务组均应听从动车组列车司机指挥，处理有关行车、列车防护和事故救援等事宜。需下车处理时，列车调度员发布邻线列车限速160 km/h及以下的调度命令,限速位置按停车列车位置前后各1 km确定;需组织旅客疏散时，必须扣停邻线列车。

司机在接到列车调度员已发布相关调度命令的口头指示后，通知有关作业人员办理。因行车设备故障、灾害或施工，需要使列车限速运行时，列车调度员应按规定向相关人员发布限速调度命令，同时应设置列控限速调度命令。

【案例2】动车组列车在区间被迫停车需登顶检查

1. 案例概况

20××年×月×日17:15，××高速铁路（CTCS-3级，300～350 km/h区段）G7181次司机汇报列车运行至甲站—乙站间下行线K298+500处，受电弓自动降弓并停车，随车机械师请求下车检查。列车调度员立即报告值班副主任及供电、客服、动车调度，并立即扣停本线后续列车和发布邻线限速160 km/h的调度命令。

17:25，G7181次司机汇报经随车机械师下车检查受电弓故障，需登顶处理。

17:27，根据值班副主任指示，列车调度与供电调度台办理××高速铁路321供电单元停电事宜。

17:39，列车调度员在与供电调度员办理好停电签认，得到××高速铁路321单元已停电的通知后，助理调度向G7181次司机发布了9251号××线321单元停电的调度命令。

17:59，司机汇报随车机械师已处理完毕后，列车调度与供电调度办理了321供电单元恢复供电相关手续，G7181次于18:05恢复正常运行。

2. 点评

在电气化区段，需要进行登顶作业时，应先停电后处理。临时停送电时，列车调度员要确认供电臂范围内列车运行情况，重点掌握扣停列车、列车降弓和处理完毕后的现场人员撤离等关键环节。在停送电时，相关工种调度台和现场之间要联系彻底，坚决杜绝联系不彻底而导致不安全问题的发生。

【案例3】利用动车组列车运送人员处理区间故障

1. 案例概况

20××年×月×日13:52，××高速铁路（CTCS-3级，300～350 km/h区段）甲站—乙站间下行线9889号通过信号机红灯，轨道电路红光带，列车调度立即呼叫下行D365次立即停车并报告值班副主任。13:55，列车停于甲站下行二离去。

14:29，工务、电务部门分别在《行车设备检查登记簿》内登记请求封锁甲站至乙站下行线进行人工检查，同时邻线限速 160 km/h，并申请添乘上行列车 D386 次进入故障相对地点停车下抢修人员。列车调度根据工务、电务部门申请，立即发布相关调度命令。

16:29，工务、电务人员分别下道，并同步开通甲站至乙站间下行线，恢复上行线正常速度。电务登记因故障暂时无法修复，登记停用甲站至乙站间下行线电务自动闭塞追踪功能，D365 次在 YZ 线路所至 NJN 站间下行线按站间闭塞运行。

16:48，经电务部门抢修恢复 YZ 线路所至 NJN 站间下行线自动闭塞。此次设备故障共造成下行列车晚点 37 列，启用热备车底 4 组，停运列车 4 列。

2. 点评

高速铁路站间区间较长，个别区间甚至长达 80 km 以上。在发生设备故障需要设备管理单位人员现场确认、处理时，由于工区距故障地点较远，加之区间桥隧比例较大，采取乘汽车或步行赶赴现场的方法速度较慢，且容易因汽车司机对沿线路径不熟悉或汽车到达地点后还需要找桥梁疏散梯登桥，不能及时到达预定地点，势必延缓故障确认和处置的时间。因此，遇此类情况可采取组织人员临时登乘动车组列车赶赴区间故障地点。

在利用动车组列车运送人员处理故障时，一是要初步判断该故障可能造成的后果，对可能造成长时间封锁区间抢修的故障，尽可能不采取该方法，避免动车组列车进入区间后长时间滞留或被迫返回原发站，造成不良影响和不安全的因素；二是要严格控制动车组列车停车地点，在向该列车发布调度命令前，要认真确认、核对故障点里程，在调度命令中明确指示停车地点，需要在区间限速运行时还须一并明确限速条件，防止动车组列车在区间因超速运行或进入故障地段造成不良后果；三是在组织动车组列车运送人员的同时，仍需同步安排设备管理单位派其他人员乘汽车或步行赶赴现场，确保故障处置和配合能够及时、迅速。

5. 临时限速管理

1）临时限速处理

需临时限速时，应由有关单位（人员）提出限速申请或由自然灾害及异物侵限监测系统报警提示。列车调度员应按规定发布临时限速调度命令，并设置列控限速（针对某一列车的限速除外）；来不及时，应立即通知司机限速运行，司机按列车调度员通知的限速要求控制列车运行。

2）临时限速值

在同一处所（地段），当多个单位、自然灾害及异物侵限监测系统提出的限速要求不一致时，列车调度员按最低限速值发布临时限速调度命令。

3）纳入运行揭示调度命令管理的限速

（1）对于 24 h 内不能取消的临时限速，限速登记单位或设备管理单位应提出限速申请，报告主管业务处，由主管业务处审核后提交调度所发布运行揭示调度命令。列车调度员确认在途列车司机已收到该运行揭示调度命令后，方可不再向该列车司机发布临时限速调度命令。

（2）需变更已纳入运行揭示调度命令管理的限速时，设备管理单位应及时登记，同时向铁路局主管业务处提出新的限速条件或恢复常速申请，调度所根据主管业务处提出的申请，重新发布运行揭示调度命令。

6. 列控限速管理

因行车设备故障、灾害或施工，需要使列车限速运行时，列车调度员应按规定向相关人员发布限速调度命令，同时应设置列控限速调度命令。

1）列控限速调度命令

用于列车运行控制系统限速设置的调度命令称为列控限速调度命令（数据格式）。列控限速调度命令由列车调度员设置，由列控系统执行。

限速数据包括线路号、相关受令车站、限速位置、限速值、限速执行方式、限速开始和结束时间等，侧线列控限速命令应增加车站号信息。限速命令输入窗口如图 6-4 所示。

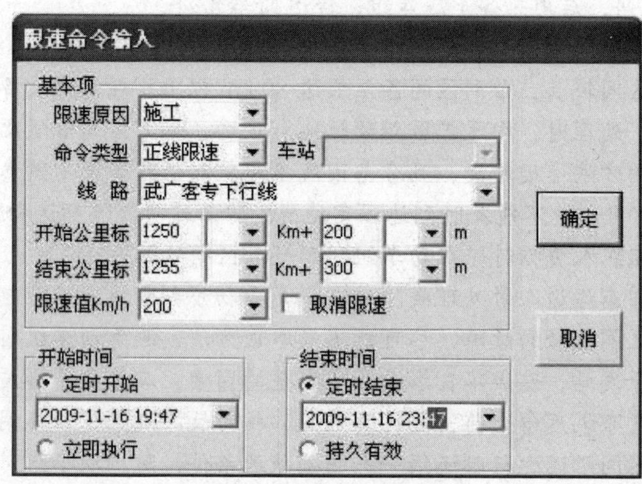

图 6-4 限速命令输入窗口

2）限速区

列控中心控制的每个有源应答器只管辖一定范围内的限速设置，在一个有源应答器的管辖范围内最多可以分别设置 3 处限速。限速区可以设置在区间、站内正线、站内侧线或区间跨站内正线。

3）限速值

（1）限速等级。

CTCS-2 级列控系统分 45 km/h、80 km/h、120 km/h、160 km/h、200 km/h 五个限速等级，应按照不高于限速值的原则选择相应限速等级进行设置。

CTCS-3 级列控系统列控限速值自 45 km/h 至 350 km/h 按每 5 km/h 一档设置，侧线列控限速值使用 45 km/h、80 km/h 两档，应按照不高于限速值的原则选择相应限速等级进行设置。

（2）限速值低于 45 km/h 的临时限速。

在 CTCS-2 级区段，对低于 45 km/h 的临时限速，应根据调度命令在限速区段前一站停车转换为 LKJ 方式行车，在动车组司机出勤时应将该限速命令写入 IC 卡，在该限速命令未写入 IC 卡的情况下，应根据调度命令限速运行。

在 CTCS-3 级区段，低于 45 km/h 的限速按 45 km/h 设置，由司机根据调度命令的限速值控车。

（3）限速值低于列控车载设备显示的目标速度。

如限速调度命令的限速值低于列控车载设备显示的目标速度时，司机应按调度命令控制动车组列车运行。遇施工实际限速与运行揭示调度命令限速相符，而列控限速归档造成列控限速调度命令与运行揭示调度命令限速不符时，列车调度员不再向动车组司机发布限速调度命令。

【案例 4】列控设置时机不当

1. 案例概况

20××年×月×日，××高速铁路甲站 6 道因工务原因限速 45 km/h，14:09，列车调度员下达列控限速调度命令。

14:10，列车调度员在临时限速服务器（TSRS）下达执行该条限速命令（即成功发送至无线闭塞中心 RBC 及列控中心 TCC）。

14:09，G1040 次由甲站 4 道发车越过 S4 出站信号机。14:10，G1040 次司机报告列车越过甲站 4 道出站信号机后，列车自动防护系统 ATP 收到一条甲站侧线 4 区的列控限速命令，因当时列车运行速度已提速至 70 km/h，造成 ATP 紧急制动，停于上行线 K1533+100 处。

2. 点评

甲站上行 4 道出站侧向过岔允许速度为 80 km/h，列车调度员设置列控限速时，因列车运行速度已经超过列控限速值 45 km/h 多达 35 km/h，造成 ATP 触发紧急制动停车。

调度人员要掌握列控限速命令设置原理，侧线限速时，无论具体侧线限速地点位置，均为按所属分区设置侧线限速，相应侧线分区内的所有接发车进路为全进路限速。

同时还要掌握列控限速的发布时机，在 TSRS 服务器执行列控限速命令时，应将需限速的列车停在限速起始站，待限速起始站至限速区范围内空闲后，再设置列控限速；若是非计划限速又必须下达限速令时，须先通知限速起始站至限速区范围内的所有列车按限速值运行后，再设置列控限速。列车调度与助理调度设置和取消列控限速时，要全面了解列车运行情况，并须严格执行二人确认制度。

任务 6.4　高速铁路调度命令

任务引入

2008 年 4 月 28 日 4:41，北京开往青岛的 T195 次旅客列车运行至山东境内胶济铁路周村至王村间脱线，第 9 至 17 节车厢在铁路曲线处脱轨，冲向上行线路基外侧。此时，正常运行的烟台至徐州的 5034 次旅客列车刹车不及，最终以 70 km/h 速度与脱轨车辆发生撞击，机车和第 1 至第 5 节车厢脱轨。胶济铁路列车相撞事故造成 72 人死亡、416 人受伤，被认定为一起特别重大交通事故。

这起事故暴露出了“济南铁路局对施工文件、调度命令管理混乱，以文件代替临时限速命令极不严肃”等一系列问题。

思考：

（1）哪些情况应发布调度命令？

（2）调度命令发布时受令者是如何规定的？

知识准备

为确保列车运行安全、正点，按计划完成施工任务，积极妥善地处理各类突发事件，各级调度在发布与运输有关的调度命令前，必须详细了解并掌握现场情况，保证调度命令发布及时正确，下级调度以及行车有关单位、人员必须贯彻落实“调度集中、统一指挥”的原则，坚决执行调度命令。

1. 调度命令的发布

1）需要发布调度命令的情况

指挥列车运行的命令（运行揭示调度命令除外）和口头指示，只能由列车调度员发布。遇表 6–5 所列情况，须发布调度命令。

表 6–5　行车调度命令项目表

序号	命令项目	受令者	
		司机	车站值班员
1	封锁、开通区间		○
2	向封锁区间开行救援列车、路用列车	○	○
3	临时变更或恢复原行车闭塞法		○
4	停止使用基本闭塞法发出列车	○	○
5	双线反方向行车、由双线改为单线或恢复双线行车	○	○
6	变更列车径路	○	○
7	动车组列车在区间被迫停车后返回（退回）后方站	○	○
8	向区间发出停车作业的列车	○	○
9	在车站、区间临时停车上、下人员	○	○
10	列车需临时降弓运行	○	○
11	因行车设备故障、灾害或施工，以及列车中挂有限速的机车车辆等，需要使列车临时限速运行（纳入运行揭示调度命令或本务机车、动车组自身设备原因限速时除外）	○	○
12	动车组列车空调失效需打开部分车门限速运行	○	○
13	车站使用总辅助按钮		○
14	准许列车越过故障的进站、出站、进路信号机或线路所通过信号机（能开放引导信号时除外）	○	○
15	调度日计划以外，临时加开或停运列车（单机除外）	○	○
16	按地面信号显示运行的列车改按天气恶劣难以辨认信号的办法行车或恢复正常行车	○	○
17	动车组列车转入或退出隔离模式（被救援时除外）	○	○
18	动车组列车在列控车载设备控车和 LKJ 控车之间人工转换	○	○
19	越出站界调车	○	○
20	利用天窗施工、维修作业		○

续表

序号	命令项目	受令者	
		司机	车站值班员
21	施工、维修作业较指定时间延迟结束		○
22	运行揭示调度命令与实际限速、行车方式或设备不符时	○	○
23	正线、到发线接触网停电或送电（接触网倒闸、跳闸后试送电、向中性区送电或弓网故障排查除外）		○
24	正线、到发线接触网停电后准许登顶作业	○	○
25	动车组列车按隔离模式运行需以不超过 80 km/h 的速度越过接触网分相	○	
26	双管供风旅客列车运行途中改为单管供风	○	○
27	列车调度员认为有必要记录的上述以外的命令	有关人员	

注：（1）画○者为受令人员。

（2）受令者为车站值班员的调度命令，不发给集控站车务应急值守人员；集控站转为车站控制由车站值班员指挥行车时应发给车站值班员，并须将前发有关调度命令一并发给车站值班员。

（3）动车组列车改按 LKJ 方式运行需将列控车载设备隔离时，列车调度员仅发布改按 LKJ 方式行车的调度命令。

（4）仅发给车站值班员的命令只涉及集控站时不发布（转为车站控制时除外）。因调车作业动车组控车模式转换，不发布调度命令。

上述调度命令如涉及其他单位和人员时，应同时发出。

2）发布施工调度命令的规定

发布施工调度命令时，除严格执行《技规》（高速铁路部分）有关要求外，还应遵守以下规定：

（1）施工调度命令是指施工作业当日由列车调度员发布的准许施工作业开始、确认施工作业结束等与实际施工作业有关的调度命令。

（2）施工调度员负责拟写次日施工调度命令，经一人拟写、另一人核对后，传（交）列车调度员。

（3）施工开通后启用新版本 LKJ 数据涉及径路、线路允许速度变化的第一列列车，列车调度员应发布调度命令。

2. 须经值班主任（值班副主任）准许后发布的调度命令

（1）旅客列车反方向运行。

（2）处理设备故障需临时开行路用列车、轨道车。

（3）抢修作业。

（4）在车站、区间临时停车上、下人员。

3. 调度命令号码的编制

调度命令号码的编制应按不同工种分别规定。铁路局调度所行车调度命令按日循环，运行揭示调度命令及其他工种调度命令按月循环，国铁集团各工种的调度命令按月循环。

调度命令日期的划分，以 0:00 为界。调度命令循环号码的起止时间，以 0:00 区分。各级调度命令应保管 1 年。

国铁集团高铁调度命令号码分为：

（1）计划调度命令号码6001～6999。

（2）行车调度命令号码7001～7999。

（3）动车调度命令号码8001～8999。

（4）备用命令号码9001～9999。

铁路局与国铁集团调度命令号码不得重复，具体由铁路局规定。

4. 常用行车调度命令模板

（1）封锁及开通区间。

调度命令示例见表6-6。

表6-6　调度命令示例

____年____月____日____时____分　第____号

受令处所		调度员姓名	
内　容	1. 封锁区间 ____站至____站间__行线因____，自接令时（____次列车到____站）起（至___时__分止），区间封锁。 2. 开通封锁区间 根据___站报告，___站至___站间___行线___完毕，（区间已空闲，）自接令时起区间开通。		

（规格110 mm×160 mm）　　受令车站________车站值班员 ______

注：使用项内不用字句划掉，不用项圈掉该项号码。

（2）向封锁区间开行救援列车、路用列车。

调度命令示例见表6-7。

表6-7　调度命令示例

____年____月____日____时____分　第____号

受令处所		调度员姓名	
内　容	3. 向封锁区间开行救援列车 （自接令时起，___站至___站间___行线区间封锁。） 准许___站（利用___机车）开____次列车，进入___站至___站间__行线封锁区间___km__m处进行救援，将_____次列车推进（拉回）至___站（，返回开___次列车）（，按救援负责人的指挥办理）。 4. 向封锁区间开行路用列车（施工维修除外） （自接令时起，___站至___站间___行线区间封锁。） 准许____站开____次列车，进入______站至______站间___行线封锁区间_____km____m处停车，按作业负责人的指示进行作业（返回开____次列车），限___时____分前到达____站。 5. 列车分部运行 根据__站报告，__次列车因___，自接令时起___站至__站间__行线区间封锁。 准许___站利用___机车开___次列车进入封锁区间___km___m处挂取遗留车辆，将____次列车推进（拉回）至___站（，返回开__次列车）。 6. 利用动车组从前部对区间故障动车组进行救援 准许____站开_____次列车，将列控车载设备转入隔离模式，进入_____站至____站间____行线封锁区间，将停于_____km_____m处的____次拉回____站，返回开____次时将隔离模式退出，转换为列控车载设备方式行车。 7. 利用动车组从尾部对区间故障动车组进行救援 准许____站开______次列车，进入______站至_____站间____行线（封锁区间），将尾部停于_____km _____m处的____次拉回____站，返回开____次时将列控车载设备转入隔离模式（，到_____站后将隔离模式退出，转换为列控车载设备方式行车）。		

（规格110 mm×160 mm）　　受令车站________车站值班员 ______

注：使用项内不用字句划掉，不用项圈掉该项号码。

(3) 临时变更或恢复原行车闭塞法。

调度命令示例见表 6-8。

表 6-8 调度命令示例

_____年_____月_____日_____时_____分 第_____号

受令处所		调度员姓名	
内 容	8. 停用基本闭塞法，改用电话闭塞法 自接令时（_____次列车到___站）起，___站至___站间___行线停用基本闭塞法，改用电话闭塞法行车。 9. 恢复原行车闭塞法 自接令时（___次列车到______站）起，___站至___站间___行线，恢复基本闭塞法行车。		

（规格 110 mm×160 mm） 受令车站_________车站值班员 ______

注：使用项内不用字句划掉，不用项圈掉该项号码。

(4) 停止使用基本闭塞法发出列车。

调度命令示例见表 6-9。

表 6-9 调度命令示例

_____年_____月_____日_____时_____分 第_____号

受令处所		调度员姓名	
内 容	10. 停止基本闭塞法发出列车 因____站至____站间____行线停用基本闭塞法改电话闭塞法，现查明____站至____站间____行线区间空闲，准许____次列车由____站发往____站。		

（规格 110 mm×160 mm） 受令车站_________车站值班员 ______

注：使用项内不用字句划掉，不用项圈掉该项号码。

(5) 双线反方向行车、由双线改为单线或恢复双线行车。

调度命令示例见表 6-10。

表 6-10 调度命令示例

_____年_____月_____日_____时_____分 第_____号

受令处所		调度员姓名	
内 容	11. 双线反方向行车 自接令时（____次到____站）起，准许____次（、____次……）列车在____站至____站间利用__行线反方向运行。 12. 双线改为单线行车 自接令时（____次列车到___站）起，___站至___站间____行线改按单线行车。 13. 恢复双线行车 自接令时（____次列车到_____站后）起，恢复____站至____站间双线行车。		

（规格 110 mm×160 mm） 受令车站_________车站值班员 ______

注：使用项内不用字句划掉，不用项圈掉该项号码。

【案例 1】封锁区间调度命令发布不规范事故

1. 案例概况

20××年×月×日 20:42，××线 D610 次 DJY 站 1/3 号道岔出站后，列车调度员未将该道岔恢复定位。

20:30，CD 供电段驻调度所联络员申请封锁 AD 站至 QCS 下行线，开行 57002 次进行巡检作业。

22:14，列车调度在助理调度擅自提前离岗间休情况下，未准备和检查 57002 次相关接发车进路，就发布了作为 57002 次进入封锁区间行车凭证的调度命令。

22:20，57002 次由 QCS 站开出后，列车调度离岗。

22:28，57002 次运行至 DJY 站 1 号道岔（可动心轨）处挤岔脱轨，造成车上 5 人轻伤，中断××线下行线行车，构成铁路交通一般 B4 类事故。

2. 点评

一是列车调度员安全知识、意识差，不清楚“进路、凭证（信号）”先后顺序的重要关系，在未准备好进路的情况下，违章向司机发布作为进入封锁区段行车凭证的调度命令，是造成这起事故的主要原因。

二是助理调度在维修封锁前 5 min 离台间休，列车调度一人办理路用列车有关行车工作，没有执行“需要人工排列的进路，列车调度与助理调度执行二人确认制度”的规定，是造成这起事故的重要原因。

三是列车调度、助理调度擅自离岗，造成调度台无人值守，严重违反劳动纪律。

四是调度所日常管理不严格、职工培训不到位、规章制度不健全，是造成这起事故的管理原因。

综合上述分析，列车调度发布用作允许列车运行行车凭证的调度命令时，须与助理调度共同确认发给行车凭证的依据和附带条件，必须在确认进路准备妥当后方可交付调度命令，尤其是列车以该调度命令运行多个车站时，必须确认所有车站进路准备妥当后方可交付调度命令。在准备进路时，列车调度与助理调度需严格执行二人确认制度，不能以进路锁闭需单操道岔准备进路时，需逐个确认进路上的道岔开通所需位置并单锁。

【案例 2】调度命令编辑不认真事故

1. 案例概况

20××年×月×日，DJ5721 次列车行至 SJ 站至 JL 城际场间下行线 100 km 900 m 处因撞野鸡停车，随车机械师下车检查（5:43 停、5:50 开，停车 7 min），影响本列到达 JL 城际场时间。

2. 点评

（1）编辑调度命令不认真，下达前也未认真核对命令内容。列车调度员在处置过程中于 5:47 发布 60008 号命令。附调度命令如下：

命令号码：第 60008 号		20××年×月×日 05:47:13	发令人：陈××
受令处所	GSM－R 系统 转[DJ5721]次（30500541 机车）		受令情况
命令内容	DJ5721 次司机转下车作业人员邻线已封锁，自接令时起，准许作业人员下车在进入两线间进行检查作业。		

在处置非正常情况时，列车调度员不能慌慌张张、丢三落四，应按照非正常处置程序，有条不紊地处理临时发生的问题，努力实现“调度命令零差错”。

（2）助理调度员与列车调度员互控不到位。调度命令无小事，在非正常处置过程中，助理调度员应高度重视列车调度员编辑发布的调度命令内容及受令处所，及时发现、防止列车调度员在编辑发布调度命令过程中存在的问题，真正起到卡控作用。

任务 6.5　高速铁路列车运行调整

任务引入

铁路点多、线长、单位多、分工细，各单位和各工种必须协同动作、相互配合，列车调度员担负着组织、协调、指挥工作，是整个铁路运输组织的核心。铁路网延伸到哪里，他们的舞台就延展到哪里，调度指挥的列车就开向哪里，确保运输安全高效。

作为运输生产指挥的“最强大脑”，每名调度员都经历了无数个日夜的苦练提升，《技规》《行规》《调规》，个个倒背如流。他们熟练地掌握着不同线路的特点、作业方式、通过时间，在他们的调度指挥下，各单位有节奏地协同动作、相互配合。

运筹帷幄方能决胜于千里之外，列车调度员用耐心、细致的工作，高度认真负责的精神，保证了列车运行安全正点，运输组织有序进行。

思考：

（1）高速铁路列车运行调整有哪些特点？

（2）列车调度员进行调度指挥时应遵循哪些原则？

知识准备

由于列车运行受天、地、人、车等各种因素的影响，运行时间偏离，停站时间延长，以致打乱正常运行秩序的情况时有发生，这就要求要实时地调整列车运行计划。因此，编制列车运行调整计划、进行列车运行实时调整是列车调度子系统最主要的功能，也是体现列车调度工作质量的关键。

1. 高速铁路列车运行调整的特点

多种速度共线运行的运输组织模式将使得我国高速铁路列车运行组织与非高速铁路及其他国家高速铁路列车运行组织有较大的差异，也使得我国高速铁路列车运行调整问题有其自身的特点。

从列车运行干扰分析看，上线晚点列车将是高速铁路列车运行的主要干扰，导致高速铁路与普通铁路衔接地区的行车组织工作成为整个高速铁路行车组织工作的一个重点，对于列车运行调整来说，就是上线晚点列车如何调整的问题。从国外高速铁路实际运营经验看，高速铁路只要与其他线路衔接，其衔接点的运输组织工作就需要高度重视。如法国高速铁路，由于采用高速列车下高速线运行的运营方式，其行车组织工作的困难不在高速线本身，而在于延伸线路与高速线路的协调；德国高速铁路各大枢纽站引入方向多，各方向列车的良好接续就成为德国高速铁路行车组织工作的重点。

另外，由于受到经济条件和技术水平的限制，我国的高速动车组一定时期内不可能有较多的备用动车组，高速列车运行紊乱必然导致动车组折返交路的紊乱，特别是在列车密度较大、高速动车组采用不固定区段使用方式时，问题会更突出。

再者，由于不同速度混行，列车速差大，运行图上高速列车的均衡到发性差，一定程度上也会影响动车组的良好接续。因此，当列车运行秩序紊乱时，高速动车组的合理高效运用将成为高速铁路列车运行调整的另一个重点，而这也是日本高速铁路列车运行调整的重点。

1）约束众多

进行列车运行调整时需要满足区间运行时分、车站作业时分、到发线约束、天窗时间约束、列车运行图图定时分等众多约束，以及遵循一些约束原则的限制。

2）优化指标众多

动车组运行调整总的优化目标是使列车实际运行状况尽可能地接近计划运行图，从不同的角度出发，优化的指标有很多。常用的有：总晚点时分最小、总晚点车数最少、提高列车运行正点率、提高列车旅行速度、列车运行时分总量最少、列车运行费用最小等。

3）实时性高

高速铁路列车运行速度快，各运行线间衔接紧密，对运行调整的效果提出了更高的要求。调整的目标是不应该给其他列车带来新的干扰，同时，尽量减少自身列车的偏离状况。运行调整的方案制订后，要给传达调度指令留下足够的时间，因此调度方案要具有一定时间上的超前预测性。正是高速列车运行调整的实时性要求，使很多调整方法的实现遇到了挫折。

4）动态性

列车运行晚点的因素是不可预测的，随时有可能发生变化，列车运行特征也在随时间而动态变化。

5）需考虑动车组运行交路的调整

高速列车运行的紊乱，必然导致动车组所在交路的运行受到很大干扰。特别是在动车组采用不固定区段使用方式时，晚点动车组影响的范围更广，加之高速铁路行车密度大，使列车调整问题更加复杂化。另外，我国现行高速铁路开行多种旅速的列车，不同等级列车速差很大，列车的到发时刻比较集中，运行图上动车组的到发时刻体现为不均衡性，一定程度上也会影响动车组的良好接续。因此，当列车运行受到干扰发生紊乱时，高速动车组运行交路也需要进行合理有效的调整，这是动车组运行调整的重点。

6）与既有线衔接紧密，影响范围广

高速铁路在车站设置时，充分考虑了与既有线间的衔接换乘，高速铁路跨线客流比例高，在与既有线衔接的换乘站客流量大。如果高速列车晚点，造成大量的换乘既有线的旅客在换乘站不能及时疏散。

与既有线相比，高速铁路动车组运行速度高、行车密度大。动车组运用计划规定了动车组检修的时间、地点、各交路间的接续，同一交路段中各运行线衔接紧密。高速铁路动车组采取不固定运行区段运行方式，动车组完成一个车次的运输任务，经过整备或维修会继续担当下一个车次的运输任务，如果动车组在某个列车次晚点，一方面会对相邻时间区域内在同一或临近区间运行的列车产生影响，如在已开通的京津高速铁路上，列车发车间隔最短只有5 min，如果一列列车晚点，势必会迅速影响其他列车的运行；另一方面，某列车晚点后，如果不能及时恢复正点运行，造成列车终到站晚点，动车组运用计划制订的交路计划和维修计划就无法实现，如果不及时调整运用计划，改变动车组交路，影响面积会大肆蔓延。

2. 列车运行等级顺序

根据我国高速铁路列车分类，为适应技术设备条件、满足客运服务水平，在编制列车运行图、制订日常列车运行计划及调度调整运行秩序时，需要考虑的列车顺序如下。

（1）动车组列车。动车组已成为一种重要的旅客运输工具，运行速度和行车条件比其他列车更高。

（2）特快旅客列车。运行于大城市之间，停站少且旅行速度快，最高运行时速达到 160 km 及以上的旅客列车，两站间直达时，称为直达特快旅客列车。

（3）快速旅客列车。运行于大中城市之间，停站较少且旅行速度较快，最高运行时速为 120～160 km 的旅客列车。

（4）普通旅客列车。运行于城乡之间，停站较多，方便各地群众乘降，最高运行时速不超过 120 km 的旅客列车。

（5）路用列车。由于自然灾害、设备故障或行车事故等原因，须开往现场救援、抢修、抢救的列车，应优先办理，不受列车等级的限制。

由于特殊目的开行的列车，如专列或其他列车等，因其性质及任务不同，缓急程度不同，应根据具体情况在指定开行时确定其等级。

3. 列车运行调整计划的编制与下达

1）列车运行调整计划的编制

列车调度员须及时编制和下达三、四小时列车运行调整计划，并及时与相邻调度台交换。其主要内容为：

（1）车站列车到、发时分和列车会让计划（采用计算机下达的为实时调整计划）。

（2）列车在中间站作业计划。

（3）施工、维修计划及天窗时间安排。

（4）重点注意事项。

列车调度子系统通过不断编制滚动的列车运行调整计划来实现其调整措施。调整计划有两重意义：一是使计划更接近实际；二是使偏离计划运行线的列车（晚点列车）逐步靠近以符合计划运行线。

调整计划的编制无异于编制局部的列车运行图，一般采取人机对话的形式，由计算机编制初步方案，人工进行局部调整；或由计算机提出多个可行方案，人工进行挑选。如遇灾害和事故，长时间中断行车后，将重新铺画紧密列车运行图（即按最小的追踪列车间隔时间铺画），直到把受阻的列车全部送到目的地为止。

2）列车运行调整计划的下达

系统能实时自动地将调整计划传输给相关站段与调度。与前一计划有重大变化的部分（如变更径路与越行站等）要以调度命令的形式下达给有关车站及乘务组，并通知动车组调度、供电调度以及其他有关调度工种；如涉及列车交接时间的变化，还应及时通知相邻区段的列车调度（包括既有线列车调度）。

4. 列车运行调整的原则

列车调度员要按列车运行图指挥列车运行，当列车不能按列车运行图运行时，除特殊情况外，要按《技规》（高速铁路部分）规定的列车运行等级顺序（单机应根据用途按指定条件运行）和先跨局、后管内的原则进行调整。

1）由列车调度员单一指挥

当列车运行紊乱，尤其是在灾害及事故情况下，列车运行需要大面积调整。由于影响面大，此时应以尽快恢复列车正常运行为核心，相应调整动车组运用计划、乘务计划及供电计划等，必要时由调度所主管统一协调，但列车运行调整计划必须由列车调度员制订及下达。

2）以安全为前提，以正点为核心

列车运行计划的调整必须尊重客观条件与规律，不得违规编制调整计划，更不得违反有关行车安全的规定。在此前提下，应尽可能缩小影响面，减少列车晚点时间，直至恢复正点。

3）服从全局（全线）整体优化目标

列车运行调整计划的实时调整应以全局（全线）整体优化为目标，发挥全局（全线）的整体效益。

4）尽可能减少对正点列车的影响

尽量减少晚点列车的数量，在编制列车运行调整计划、进行运行调整时，晚点列车应尽可能不影响正点列车。

5. 列车运行调整的方法

列车调度员进行列车运行调整时，一般可采取以下方法：

（1）组织列车按允许速度运行。

（2）选择合理的会让站。

（3）组织列车在车站进行平行作业。

（4）组织列车反方向行车。

【案例 1】双线区间反方向行车

1. 案例概况

20××年×月×日 20:42，××城际铁路（CTCS－3 级，300～350 km/h 区段），C55602 次终到 A 站后折返开 C55601 次，因 A 站至 B 站下行线登记故障，C55601 次在 A 站至 B 站间利用上行线反方向运行。

16:44，调度所值班主任准许动车组经由 A 站至 B 站间上行线反方向运行。

16:45，列车调度员确认 A 站至 B 站间上行线空闲，并点击 A 站 S 行允许改方按钮后，上行反向发车进路自动触发。

16:48，列车调度员发布 C55601 次反方向行车的第 9296 号调度命令，此时司机正在进行换端作业。

17:05，司机换端作业完毕并汇报收到第 9296 号调度命令。C55601 次 A 站 17:09 开车。

2. 点评

（1）列车调度员对列车在反方向运行时凭证及发给行车凭证的依据掌握不清。列车在区间反方向运行时的行车凭证为列控车载设备显示的允许运行信号，发给行车凭证的依据是一要通过区间占用表示灯确认区间空闲，二要发布反方向行车的调度命令。

（2）列车调度员对组织反方向运行作业流程不熟练。在分散自律中心操作方式下组织列车反方向运行时，要求列车调度在运行图上对相应列车运行线设置反方向标志，调整好运行计划后下达阶段计划。

（3）确认区间空闲及发布反方向行车调度命令后，再布置助理调度办理允许改方操作。本案例中，列车调度员在未确认 C55601 次司机已收到反方向行车调度命令的情况下，就办理了反方向发车进路。案例运行图见图 6–5。

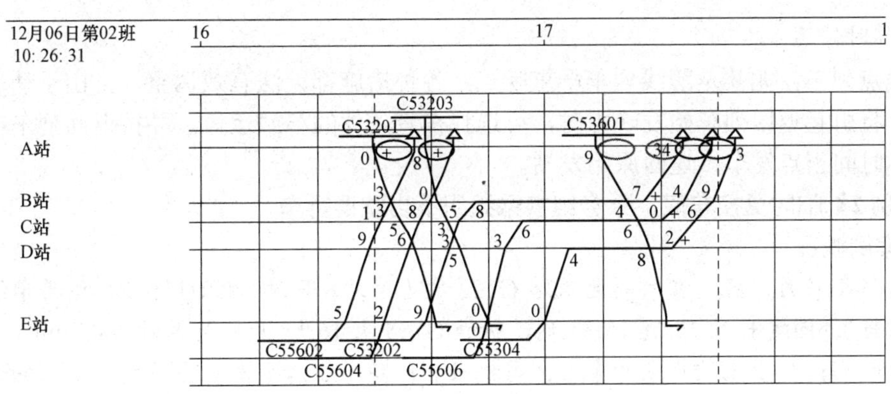

图 6－5　案例运行图

列车调度员进行日常列车运行调整时，常用方法如下：

1）利用冗余时间和储备能力

由于速差及区间的不均衡，高等级列车越行低等级列车时，在一些区间将会留下大小不等的冗余时间，尤其是非早晚时间段，空闲时间更多。这些时间有的可以被晚点列车利用。同时，由于区间能力不饱和或事先预留的储备能力，也供列车运行调整使用。在不影响正点列车的情况下，晚点列车插空运行。

2）压缩停站时间

停站比较多的列车，晚点后可以通过逐站压缩停站时间来恢复其正点。但压缩停站时间必须以保证旅客乘降为前提。旅客列车规定停车的车站，不得变停车为通过。但是动车组停站时间短（2～3 min），一旦出现晚点，难以恢复正点。动车组折返时间也短（25～40 min），一旦动车组晚点到达，必然影响折返列车正点始发，影响其他列车运行正点。

3）运行速度的控制与调整

为满足列车运行调整的需要，在保证行车安全的情况下，有时要求列车赶点运行，压缩区间运行时间，有时要求列车放点运行，适当延长区间运行时间。

高铁列车运行速度普遍低于线路允许速度和动车组构造速度，高铁站间距较长，在保证安全的前提下，可以充分利用线路允许速度和动车组构造速度：一个区间赶点 1 min，一个区段赶 5 min 是有可能的。

4）变更越行点

无论是越行列车，还是被越行列车的晚点，都将引起越行点的变化。根据列车晚点情况及其运行速度的变化，正确选择越行点和安排越行方案，是列车运行调整的关键之一。

5）利用备用运行线

我国高铁多按暑运、春运等高峰流确定的行车量来编制基本列车运行图，并保留备用运行线，供列车运行调整使用。日常、周末使用的分号运行图，从基本运行图中抽出的列车运行线，也可视为备用运行线，同样可供调整列车运行使用。

备用运行线在编制计划列车运行图时，是根据一定的原则，与正式列车运行线一起铺画的；如果计划列车运行图是按最大波动量铺画的，节假日、春运和暑运才启用的运行线，平日也可作为备用线使用。当晚点列车采用上述措施仍不能进行有效调整时，可让其利用备用线运行。晚点列车的原运行线可作为前方晚点列车的备用线。

6）临时停运

当晚点列车，尤其是跨线列车严重晚点，各种措施都无法有效调整，且由于动车组交路的变更，将引起返回列车始发晚点时，可选择在有条件的车站运休，并按返回列车在该站的图定发车时间正点发车，返回原始发站。

【案例 2】临时更换车底，乘务组换乘组织不当耽误行车

1. 案例概况

20××年×月×日，××高速铁路 G122 次（A 站—E 站，CRH380BL 型动车组，甲局客运段担当），图定 E 站 17 道 15:33 到，折返 G155 次 16:15 开，折返时间 42 min。

12:55，G122 次 B 站正点开车后，司机报告：动车组两个牵引力丢失，不影响运行，计划 E 站终到后做复位处理。

14:55，根据领导指示，要求 E 站更换备用车底，客运乘务仍由原乘务组担当。当班列车调度员立即做出调整，将 G122 次调整至 E 站 16 道接车，组织动车段出库一组 CRH380BL 型动车组，接入 E 站 17 道（与 16 道同一站台），G122 次到达后乘务组换乘 17 道动车组后正点开行 G155 次。由于车底配属与客运乘务不匹配，发布调度命令：7 月 18 日，G122 次由乙局车底（17 日 G155 车底）担当，折返交路 G155 次由甲局车底（17 日 G122 车底）担当，客运乘务不变。

次日，乙局列车调度员未安排两列车接入同一站台。15:33，G122 次正点到达 E 站 11 道，G155 次车底由动车段出库后，于 15:27 到达 E 站 17 道。

16:10，G155 次发车进路触发（图定 16:15 开）。16:15，列车调度员发现列车未开出，立即询问司机，司机汇报：列车长反映还需要 2～3 min。实际列车 16:25 开，晚开 10 min，造成上行 G126、G128 次因进路交叉在 E 站进站信号机外等信号停车，后续下行 G39、G157、D215 次均晚开。此次事故定性为一般 D 类耽误列车责任事故，乙局调度所负主要责任，甲局客运段负次要责任。

2. 点评

列车调度员在组织列车乘务组换乘时，应多为现场考虑，在换乘作业过程中有可能涉及餐料转运（见图 6-6），尽可能安排在同一站台面组织换乘，为换乘作业创造条件。换乘作业开始前，客服调度应提前与相关列车乘务人员和车站做好对接工作，布置换乘要求和时间限制，安排车站配合列车乘务组做好换乘工作。

图 6-6　餐料转运

换乘过程中，列车调度员应及时了解现场作业进度，对可以预知的不能按照规定时间节点完成换乘作业，影响列车正点开车的情况，应及时对列车信号进行人工干预，避免信号开放后交叉进路造成列车运行秩序混乱。

换乘作业过程中，列车长、车站等相关工作人员应严格按照列车调度员的布置在规定的时间内完成换乘作业，遇特殊情况无法在规定的时间内完成换乘时，应提前与列车调度员联系，取得支持，以保证列车正点运行为原则进行下一步处置，避免应急处置不当造成列车晚点。

任务 6.6　高速铁路应急处置方法

任务引入

20××年×月×日 11:53，由 QD 开往 HZD 的 G281 次列车运行至 DY 站停车，电气设备发生故障，最先发生故障的电气设备是安装于 2 号车底部的牵引变压器，导致 2 号车厢冒烟，铁路部门立即启动应急预案，组织旅客疏散，没有人员伤亡。

事故造成京沪高铁 G139 次、G3 次、G143 次、G17 次、G43 次、G59 次列车停运。此次事故导致 G281 次 5522 车 2 号车车体烧穿报废，而该型号动车一节车厢的造价约为 2 000 万元。

动车组在运行过程中，可能发生晃车、碰撞异物、火灾爆炸、接触网上挂有异物等种种突发状况，要严格按照相关规章及应急处置办法进行及时、有效的处理，以免发生行车事故。

思考：

（1）动车组列车发生火灾后应如何处理？

（2）动车组列车运行过程中还可能发生哪些突发状况？

知识准备

1. 列车运行晃车

运行途中列车司机发现晃车时，应立即减速运行并向列车调度员（车站值班员）报告晃车地点及晃车时列车运行速度，待本列无异常状况后恢复常速运行。车站值班员报告列车调度员。

（1）晃车时列车运行速度为 160 km/h 以下时，列车调度员（车站值班员）立即通知已进入区间的后续列车停车，不再向该区间放行列车，通知工务部门。列车调度员根据工务部门上道检查的申请，及时发布本线封锁、邻线限速 160 km/h 及以下的调度命令后，准许上道检查。工务检查设备后，根据现场具体情况，确定列车放行条件。

（2）晃车时列车运行速度为 160 km/h 及以上时，列车调度员应向后续首列发布限速 120 km/h 的调度命令，限速位置按司机汇报的晃车地点前后各 1 km 确定。列车通过晃车地点后，司机应立即向列车调度员报告运行情况。若仍晃车，列车调度员立即通知已进入区间的后续列车停车，不再向该区间放行列车，通知工务部门，根据工务部门上道检查的申请，及时发布本线封锁、邻线限速 160 km/h 及以下的调度命令后，准许上道检查。工务检查设备后，根据现场具体情况，确定列车放行条件。若不再晃车，则按 160 km/h、250 km/h、常速逐级逐列提速。

（3）在逐级逐列提速的过程中，再次发生晃车时，列车调度员应立即通知已进入区间的后续列车停车，不再向该区间放行列车，通知工务部门，根据工务部门上道检查的申请，及时发布本线封锁、邻线限速 160 km/h 及以下的调度命令后，准许上道检查。工务检查设备后，根据现场具体情况，确定列车放行条件。

【案例 1】动车组晃车

1. 案例概况

20××年×月×日 17:23，K677 次司机汇报“B—C 间下行线 70 km 100 m 处晃车”后，调度员按规定对后续列车进行处置。此后，在整个应急处置过程中，因通过该限速地点的列车司机多次报告同一地段线路晃车，相邻区间 A 至 B 站间 D6191 次又报告下行线 65 km 800 m 处线路晃车。因此，在现场限速情况变化较大、多次反复、情况不明的情况下，列车调度员为保证列车运行安全，决定采用在邻站扣停动车组列车，通过无线传输方式交付书面调度命令、动车组隔离 ATP 改按 LKJ 方式控车的行车组织方式。此后，在限速稳定的情况下，接班的两个班的调度员均未采用更稳妥的改按设置列控限速、恢复 ATP 控车方式。

次日 16:16，D5119 次运行至 B 站时，调度员发布命令将列控车载设备人工转入隔离模式，按 LKJ 方式行车，同时司机在执行隔离 ATP 时未按程序进行操作，导致列车运行至 D 站进站时机车信号不上码，于 18:33 停于 D—E 区间 K347+875 处，随后司机按监控引导模式限速 20 km/h 运行至 E 站出发场。停车后在电务段车载设备车间技术人员远程应急指挥下，进行载频切换后，机车信号恢复正常，于 19:09 由 E 站出发场开车，19:15 运行终到乙站，晚点 55 min。构成一般 D10 类事故。调度所负主要责任，机务段负同等主要责任。

2. 点评

1）原因分析

（1）调度三班调度员杜×，在作业过程中，没有认真核对限速情况及设置列控限速，盲目下达动车组列车转 LKJ 控车的调度命令，是此次事故的主要原因，调度三班负事故主要责任。

（2）调度二班调度员景×，在作业过程中，没有按规定核对限速并设置列控限速，为事故的发生留下了极大的安全隐患，且没有按领导要求认真对规对标，并严重误导接班调度员，是此次事故发生的又一主要原因，调度二班负事故重要责任。

（3）调度一班调度员张×，业务不熟，对区间新增限速是否在同一有源应答器管辖范围内不清楚，没有认真将区间内新增限速情况向接班调度员交接清楚，是事故发生的又一原因，调度一班负事故次要责任。

（4）安全室、高铁室在盯控过程中未能及时发现问题，负管理责任，技教室负教育责任。

2）整改措施

（1）重认识，提理念。正确认识“严是爱、松是害”的指导思想，只有平时严管理、严考核，才能有效提高调度员业务素质，进而提高调度所整体素质；才能有效制止违章作业，防止事故发生；才能有效提高安全意识，提高安全作业标准；才能有效提高管理水平，提高管理层次。

（2）梳流程，定标准。一是梳理规章。对相同或相似的内容进行梳理，如对规章中明确规定哪些情况必须改按LKJ行车方式、列车在各种情况下的限制速度等，梳理后组织高铁调度员进行学习、考试。二是梳理流程。重点梳理高铁在应急处置情况下的作业流程，明确在此情况下主调与助调的作业流程、任务分工，并再次明确“二人确认”制度。三是确定标准。梳理规章规定的作业标准，确定非正常情况下的作业标准，明确禁止事件，杜绝因对规章理解差错造成事故。

（3）抓管理，严考核。一是高铁调度员的变动由高铁室负责，并进行人员资质审核。二是提高管理等级，各级管理人员要加强高铁检查，严格管理。三是对发现的问题严格考核，对发生严重差错的调度员坚决调离高铁台。

（4）抓培训，严出入。一是将高铁台和CTC台列车调度员的日常培训与普速区别开，加强职工业务技能特别是规章制度的适应性学习。二是每周固定时间对管理人员进行高铁培训，提高管理人员的高铁知识、业务能力和指导能力。三是加强值班主任、值班副主任的高铁知识的培训，提高班组管理人员的高铁业务素质。四是严格高铁人员的出入，在要求高铁人员进入从严的同时，对不适应高铁指挥的调度人员坚决进行替换。

（5）抓质量，严考核。一是严格检查调度员执行规章制度情况，规定设置列控限速时必须设置列控限速。二是由高铁室组织对高铁人员进行强化培训，对列控限速的设置进行考试。三是正确背画有源应答器范围。四是班组、科室巡检人员加强检查质量，发现问题立即处理。五是在设置列控限速时，班组须通知电务调度，电务调度上台协助盯控。

2. 列车碰撞异物

1）列车碰撞异物时的处理

如在运行中列车碰撞异物影响行车安全时，司机应立即采取停车措施，并向列车调度员（车站值班员）报告碰撞异物地点、碰撞异物情况及停车地点，动车组列车司机还应通知随车机械师。车站值班员报告列车调度员。列车调度员（车站值班员）立即通知本线已进入区间的后续列车停车，不再向该区间放行列车。需下车检查时，列车调度员根据司机请求及时发布邻线限速160 km/h及以下的调度命令，司机在接到列车调度员已发布相关调度命令的口头指示后，下车检查（动车组列车为通知随车机械师下车检查）。

（1）经检查列车可以继续运行时，恢复运行（动车组列车按随车机械师的要求运行），司机向列车调度员报告检查情况。如检查未发现异常情况，列车调度员向本线后续首列发布口头指示限速160 km/h运行，限速位置按碰撞异物地点前后各2 km确定，列车司机应加强瞭望，确认线路和接触网有无异常状态，在通过限速地点后立即向列车调度员报告，列车调度员在得到司机无异常的报告后，组织本线后续列车恢复正常运行；有影响行车异常情况时，列车调度员根据司机报告，扣停后续列车或组织后续列车限速运行，及时通知有关部门按规定上道检查处理。

（2）经下车检查确认不能继续运行时应及时请求救援，并按规定进行防护。

2）影响邻线行车时的处理

（1）碰撞异物侵入邻线影响邻线行车安全时，列车调度员（车站值班员）接到报告后，应立即通知邻线尚未经过该地点的列车停车，不再向邻线该区间放行列车，并通知有关部门按规定上道检查处理。

（2）碰撞异物情况不明，不能确定是否影响邻线时，列车调度员接到报告后，应立即向邻线尚未经过该地点的首列发布口头指示限速160 km/h运行，限速位置按碰撞异物地点前后各 2 km 确定。

邻线首列列车司机应加强瞭望，确认线路和接触网有无异常状态，在通过限速地点后立即向列车调度员报告，列车调度员在得到司机无异常的报告后，组织邻线后续列车正常运行。有影响行车异常情况时，列车调度员根据司机报告，扣停后续列车或组织后续列车限速运行，及时通知有关部门按规定上道检查处理。

（3）工务、电务、供电部门应利用天窗时间对碰撞异物地点前后 2 km 范围内的设备进行重点检查。

【案例 2】动车组列车碰撞异物的处置

1. 案例概况

20××年×月×日 20:08，××高速铁路 D5727 次（CRH5A 单组动车组）列车司机报告，在甲线路所至乙线路所间下行线 834 km 00 m 处发生异响，停于 834 km 865 m 处。

20:10，列车调度员对邻线（上行线）K835+865 至 K833+865 设置限速 160 km/h 列控限速后，同意随车机械师下车检查。经随车机械师下车检查，发现扫石器胶皮变形，但固定牢固，不影响正常运行。20:23，列车调度员确认 D5727 次随车机械师已返回车上后，取消了原列控限速设置。

随后，对上行线 836 km 00 m 至 832 km 00 m 设置限速 160 km/h 列控限速；20:27 对 Z4 次司机发布第 80704 号调度命令：因邻线 D5727 次撞异物，Z4 次列车在乙线路所至甲线路所间上行线 836 km 00 m 至 832 km 00 m 处限速 160 km/h 运行，并注意线路状态。

20:37，D5727 次列车在区间开车，根据随车机械师的要求限速 80 km/h 运行，21:05 到达丙站 5 道，随车机械师再次下车检查确认可以正常运行，21:59 丙站开车。

20:39，列车调度员对后续 T251 次列车司机发布第 80707 号调度命令：因前行 D5727 次撞异物，T251 次列车在甲线路所至乙线路所间下行线 832 km 00 m 至 836 km 00 m 处限速 20 km/h 运行，并注意线路状态。T251 次列车通过限速地段后司机报告未发现异常。

20:44，列车调度员对上行后续 D5826 次列车司机发布第 80708 号调度命令：因邻线 D5727 次撞异物，D5826 次列车在乙线路所至甲线路所间上行线 836 km 00 m 至 832 km 00 m 处限速 160 km/h 运行，并注意线路状态。

上行 Z4 次、D5826 次通过限速地点后司机均报告未见异常。

22:20，调度所高铁值班副主任发布调度命令，组织工务、电务、供电、公安部门利用天窗点对甲站至甲线路所至乙线路所至丙站间进行设备排查。动车调度通知某动车段对到达庚站的 D5727 次及其前行 D3007 次入库后进行仔细检查。本次处置动车组碰撞异物影响本列和 T251 次、D5826 次晚点，D5727 次、D3007 次入库后未检出其他异状和原因。

2. 点评

动车组碰撞异物后应立即停车，检查未发现异常情况时，后续和邻线首列，撞异物位置前后各加 2 km 限速 160 km/h，得到司机无异常的报告后，后续列车恢复正常运行。工务、供电、电务部门应利用天窗时间对该区域设备进行重点检查。

本实例中，列车调度员先对邻线（上行线）K835+865 至 K833+865 设置限速 160 km/h 列控限速，是组织 D5727 次随车机械师下车检查的需要；其后，对上行线 836 km 00 m 至 832 km 00 m 设置 160 km/h 列控限速，是组织邻线列车对其运行线路和附近情况进行确认的需要。对 Z4 次列车发布 160 km/h 的命令，是因为 LKJ 最高运行速度为 165 km/h。

【案例 3】动车组列车碰撞异物的处置

1. 案例概况

20××年×月×日 14:59，××高速铁路（CTCS–2 级，200～250 km/h 区段）D2009 次（重联动车组）司机报告运行至 A 站至 B 站间下行线撞铁板停于 K87+100 处（该处为单线隧道）。此时后续 D2011 次 A 站已通过，且 A 站 3 道待避 D2011 的 K893 次进路尚未触发，调度员未对 K893 次列车进路采取措施，而是将 K893 次的后续列车 K373 次进路改为非自触，同时通知 D2011 次注意运行，告知其前方 D2009 次停于 K87+100 处。

15:03，D2009 次司机请求随车机械师下车检查，列车调度员口头准许后机械师下车检查（单线隧道，无需设置邻线限速），经检查发现所撞物体并非铁板，而是铝合金条（长 100 cm、宽 3 cm、厚 7 cm），机械师确认动车组无损伤，可正常运行，列车于 15:11 开。列车调度员随即指示后续 D2011 次注意运行，并观察线路附近有无异物。

15:18，D2011 次司机报告 K89+950 处道心内仍有不明物体，但不影响运行。列车调度员指示其后续 K893 次停于 K89+950 前，司机下车清理。

15:26，K893 次停于该处，又捡到数根铝合金条，清理完毕后于 15:32 开。

后经查实，当日天窗内工程局在该处进行作业，完毕后将作业用的机具（一个折叠梯）放于隧道内的通道中，以备次日天窗内使用。由于运营期间动车组高速通过产生的风动气流，将折叠梯逐渐带到钢轨附近，直至被动车组撞散。

2. 点评

接到动车组撞异物的报告后，列车调度员应立即扣停后续列车，并不再向区间放行列车，同时根据现场实际情况，考虑将前行、邻线会车的列车安排在合适车站停车进行检查。在本案例中，列车调度员对后续列车采取措施不果断，在得到动车组撞铁板的报告后，未将已进入区间的 D2011 次立即扣停，还将其后续 K893 次放入区间，一旦 D2009 次故障不能运行，将会对救援组织增加难度，从而扩大事故影响。处置得当之处：

（1）在 D2009 次恢复运行后，仍要求后续 D2011 次再次确认线路状况，反映出列车调度员安全意识强，考虑问题全面。

（2）在 D2011 次发现道心仍有异物但不影响行车后，采取使后续 K893 次停车，由司机下车进行清理的措施是很有必要的。在高速铁路运营中，任何时候都应该尽早清除对行车安全可能会构成威胁的隐患。

高铁调度员应该详细了解管辖区段内的线路、设备状况及周边环境特点，在应急处置过程中，起码对现场有一个感性上的认识，这对正确、合理、灵活地运用规章很有利。在本案例中，由于碰撞发生在单线隧道内，所以可以无须对邻线列车采取措施，机械师下车也可不设置列控限速。

3. 列车发生火灾、爆炸

（1）司机发现列车发生火灾、爆炸或接到列车发生火灾、爆炸的通知及报警时，须立即停车（停车地点应尽量避开长大隧道等，选择便于旅客疏散的地点），报告列车调度员（车站值班员），车站值班员报告列车调度员。

（2）列车调度员（车站值班员）接到报告后，立即通知邻线相关列车及本线后续列车停车，不再向区间放行列车。现场需停电时，列车调度员通知供电调度员停电。需组织旅客疏散时，司机得到邻线列车已扣停的通知后，转告列车长组织列车乘务人员将旅客疏散到安全地带。

（3）重联动车组列车需解编时，由随车机械师负责引导，司机确认并拉开安全距离。解编后，动车组应分别按规定采取防溜措施。

（4）动车组以外的列车需要分隔甩车时，应根据风向等情况而定。一般为先甩下列车后部的未着火车辆，再甩下着火车辆，然后将机后未着火车辆拉至安全地段。对甩下的车辆，在车站由车站人员负责采取防溜措施；在区间由司机、车辆乘务员负责采取防溜措施。

4. 大风天气行车

1）接到自然灾害及异物侵限监测系统风速监测子系统大风报警信息时的处置

（1）遇风速监测子系统提示大风报警信息时，列车调度员根据报警提示向相关列车发布限速运行的调度命令。对来不及发布调度命令的列车，立即通知司机限速运行。司机接到调度命令或通知后，应立即采取措施。

（2）遇大风天气，当风速监测子系统发出禁止运行的报警信息时，列车调度员应及时关闭有关信号（车站控制时为通知车站值班员关闭有关信号）并通知司机停车。司机接到通知后，应立即采取停车措施。

（3）列车运行途中遇大风，司机根据情况控制列车运行速度，并报告列车调度员。列车调度员通知后续首列列车司机在该地段注意运行；列车通过该地段后，司机应及时向列车调度员报告。

（4）遇大风天气，列车调度员按风速监测子系统报警提示发布限速调度命令，遇风速不稳或同一地段多处风速报警时，列车调度员可合并设置，按最低限速值发布限速调度命令。

（5）风速监测子系统限速报警解除后，列车调度员应及时取消前发限速调度命令，恢复正常行车。

2）动车组列车遇大风行车限速的规定

（1）在环境风速不大于 15 m/s 时，可以正常速度运行；环境风速不大于 20 m/s 时，运行速度不大于 300 km/h；环境风速不大于 25 m/s 时，运行速度不大于 200 km/h；环境风速不大于 30 m/s 时，运行速度不大于 120 km/h；环境风速大于 30 m/s 时，严禁动车组列车进入风区。具体见表 6-11。

表 6-11　风速及限速关系

报警级别	风速范围	限速建议	指示颜色
0	$v \leqslant 15$ m/s	正常行驶	绿色
1	15 m/s $< v \leqslant 20$ m/s	运行速度不大于 300 km/h	蓝色
2	20 m/s $< v \leqslant 25$ m/s	运行速度不大于 200 km/h	黄色
3	25 m/s $< v \leqslant 30$ m/s	运行速度不大于 120 km/h	橙色
4	$v > 30$ m/s	严禁动车组列车进入风区	红色

（2）在线路中心线距站台边缘为 1 750 mm 的正线、到发线办理动车组列车通过时，在

环境风速不大于 15 m/s 情况下，运行速度不得超过 80 km/h；当环境风速超过 15 m/s 时，运行速度不得超过 45 km/h，并注意运行状态。

【案例 4】风速超标报警设置列控不及时

1. 案例概况

20××年×月×日 11:19，××城际铁路（线路允许速度 350 km/h 区段）乙站至丁站间自然灾害和异物侵限监测系统 K57+078 风速监测点报警，依据规定和系统预置，该系统提示 K45+153 至 K62+387 处限速 300 km/h；列车调度员立即在调度终端提示界面上确认报警地点，呼叫已进入该限速地段的 G7271、G7146、G7139、G7016 次列车司机将速度降至 300 km/h。

11:25，向相关司机发布第 9258 号限速调度命令；11:26，列车调度和助理调度两人确认，分别设置该地段上、下行列控限速。

12:31，甲站至丙站间自然灾害和异物侵限监测系统 K45+153 风速监测点报警，系统提示 K36+006 至 K57+078 处限速 300 km/h；列车调度员立即确认报警地点，呼叫已进入该限速地段的 G7139、G7148、G7202 次列车司机将速度降至 300 km/h；于 12:33 向相关司机发布第 9261 号限速调度命令。

12:35，在设置该地段上、下行列控限速时，因系统提示的限速范围里程与前次系统报警后设置的列控限速里程有重叠部分（K45+153 至 K57+078 处），列控限速无法设置。

直至 12:38，乙站至丁站间 K57+078 风速监测点报警解除后，列车调度员分别取消 K45+153 至 K62+387 处上、下行列控限速；并于 12:41、12:42 经列车调度和助理调度两人确认，分别设置甲站至丙站间 K36+006 至 K57+078 处上、下行列控限速。

2. 点评

自然灾害和异物侵限监测系统中，风速监测子系统和雨量监测子系统报警后需要限速的里程，为报警监测点的相邻两端监测点之间的区段；如果终端监测点报警，限速里程则为相邻端监测点至终端监测点前移 10 km 的区段；报警终端应自动给出限速值、限速范围供调度员参考。遇到某一时段风速不稳或某一地段多处风速报警，需要频繁发布限速调度命令和设置、取消列控限速时，经高铁值班（副）主任批准，列车调度员在某时段或地段按最低限速值发布限速调度命令，并及时设置列控限速。

列车调度员发现报警信息后，要沉着、冷静，按规定程序操作，并根据报警信息立即向列车发布限速调度命令。对来不及发布调度命令的列车，立即通知列车司机限速运行，列车司机按相应的限速要求运行，当系统发出禁止运行报警信息时，列车调度员应立即通知报警区段内或接近报警区段的列车停车。这时，通知相关列车停车或限速时，应首先运用设备手段（对未进入关系区间的列车取消发车进路自动触发），同时充分发挥列调台上配备的两台 FAS 机的作用，列车调度应明确布置助理调度负责呼叫的列车车次，按照“先通知报警区段内列车，后通知接近报警区段列车”的原则，采取两人分别呼叫的办法，以达到及时使相关列车停车或降速的目的。

需要设置两处列控限速时，如果限速里程有重叠部分，则第二次下达的列控限速无法设置。在本案例中，K45+153 至 K57+078 属重叠部分的里程，且系统两次报警提示的限速值均为限速 300 km/h，则应在 K36+006 至 K45+153 及时设置限速 300 km/h 的列控限速，以实现对动车组列车的速度控制。由于乙站至丁站间风速报警恰在此时解除，列车调度员方才设置第二次报警的列控限速，实际造成K36+006至K45+153处应实施限速300 km/h的地段，在长达10 min的时间（12:31—12:41）内仅凭列车调度员的口头通知，以司机人工控速，未设置列控限速实现对动车组列车速度的“机控”。

5. 接触网上挂有异物

（1）司机在运行中发现本线或邻线接触网上挂有异物时，应立即采取措施并向列车调度员（车站值班员）汇报异物情况和故障地点，列车调度员（车站值班员）及时通知供电部门检查处理，在《行车设备检查登记簿》内登记，车站值班员报告列车调度员。列车调度员转报供电调度员。

（2）本线挂有异物时，如异物情况不影响行车，司机按正常行车方式通过。本线降弓可以通过时，司机按降弓方式通过该地点，列车调度员向该线后续列车发布限速160 km/h降弓通过故障地点的调度命令（不设置列控限速），限速降弓位置原则上按司机汇报故障地点前后各2 km确定。不能降弓通过时司机应立即停车并报告，列车调度员（车站值班员）应立即通知本线后续列车停车，不得再向该区间放行列车。

（3）邻线挂有异物时，如司机汇报邻线异物不能降弓通过，列车调度员（车站值班员）应立即通知邻线尚未经过该地点的列车停车，不得再向邻线该区间放行列车。如司机汇报邻线异物可降弓通过或异物情况不影响行车，邻线按《技规》第388条规定执行。

如司机汇报不能确定异物是否影响邻线行车，列车调度员应立即向邻线尚未经过该地点的首列列车司机发布口头指示限速80 km/h注意运行，限速位置原则上按司机汇报故障地点前后各2 km确定。司机应注意观察接触网设备状态。根据该司机确认情况，后续处理按《技规》第388条规定执行。

（4）供电调度员接到报告后，应立即组织供电人员登乘本线或邻线列车巡视检查设备并处理。供电人员根据需要及时向列车调度员提出利用动车组列车运送人员处理故障的申请，列车调度员应及时安排。

供电部门检查处理后，列车调度员按供电部门登记的行车限制条件组织行车。故障处理完毕后，列车调度员根据供电部门在《行车设备检查登记簿》内的销记，恢复正常行车组织。

【案例5】接触网异物处理

1. 案例概况

20××年×月×日 9:05，PJB—JZN区间上行线531 km 244 m处接触网有异物，影响G1272次区间停车。10:08处理完毕。具体经过如下：

9:05，秦沈电调通知PJB—JZN区间上行线531 km 244 m处接触网有异物，当即通知PJB牵引供电车间组织人员前往处理。

9:08，PJB驻站联络员熊×到达PJB站运转室，并向行调、电调报告情况。

9:12，车间技术员张×带领PJB网一工区8名接触网工携带工具由车间出发。

9:44，人员到达PJB—JZN区间上行线531 km 046 m封闭网外，发现PJB—JZN区间上行1798#支柱（531 km 224 m）加强线上挂有3 m长塑料布并缠在水平腕臂及斜支撑上（见图6–7）。

图 6–7　现场照片

9:58，路局行调下达异物处理封锁命令，作业组共计 9 人自 1790#柱封闭网门进网处理异物，用处理异物的绝缘杆将塑料薄膜挑下（见图 6–8），并确认现场附近再无其他轻飘垃圾。

10:05，处理完毕。

10:08，PJB 站驻站联络员向调度销令。现场人员检查列车安全通过后，于 11:20 返回车间。

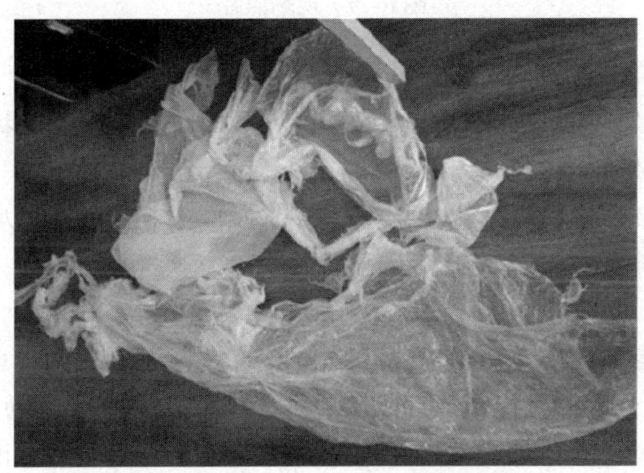

图 6–8　挑下的塑料薄膜

2. 点评

此处上下行两侧为水网稻田，距上行侧 800～1 000 m 处有 10 处农用大棚，因 PJB 当日白天风力达 4～5 级，大风将远处的塑料薄膜吹落至接触网设备上。

在实际工作中，特别是春秋季大风季节，经常发生农用塑料薄膜等异物挂在接触网上，甚至会遇到某处或某站接触网有多处挂异物情况。对高速运行的列车多提示一句，可能就会防止意想不到的事故发生，这也体现出列车调度员在安全上的引领作用。还有就是应加强添乘检查，发现轻飘垃圾及时清理。

【案例 6】接触网异物处理

1. 案例概况

20××年×月×日 13:32，段调度通知车间值班员王×，A 站高速场至 B 站区间下行 36 km 180 m 接触网上挂有条幅，要求立即组织人员进行处理。

13:33，××高铁网二工区当班工长刘××立即通知应急抢修小组郑×（驻站联络员）及王××、梁×（应急处理人员）出动处理。

13:36，车间书记华×带领网二工区7人乘坐抢修汽车赶往异物悬挂地点。

13:36，驻站联络员郑×到达A站高速场运转室登记申请处理异物。

14:00，抢修汽车到达A站高速场至B站区间下行255号支柱网外，发现平腕臂槽钢上有较长宣传条幅悬挂（见图6–9）。

图6–9 现场照片

14:06，路局行调下达区间异物处理命令，调度命令号为31416。

14:22，抢修组2人乘坐D41次列车到达异物悬挂地点A站高速场至B站区间下行255号支柱对异物进行处理。

14:36，2人抢修组将异物处理完毕，人员携带工具登车并向局调度销令。

14:39，D41次列车区间开车，线路恢复正常。

2. 点评

该条幅是位于线路上行侧100 m处大众4S店的宣传标语，由于当时风力较大，现场瞬时风力达到5～6级，大风将条幅吹落到铁路设备上。在铁路公安协助下与4S店人员进行沟通，将店面剩余条幅摘除，并对店面人员进行高铁安全宣讲。同时对附近另外两处脱落条幅进行了捡拾并处理。案例警示铁路部门要加强大风天气对管内设备的巡检及应急处理准备。

6. 高速铁路救援

铁路局管内发生铁路交通事故等，需出动救援列车或救援队时，由机车调度员发布救援列车出动、列车调度员发布救援列车开行及救援队出动的调度命令，需出动外局救援力量时，应及时通知相关铁路局调度所，并向国铁集团调度申请，由国铁集团机车调度员发布跨局救援列车出动的调度命令，由国铁集团行车调度员发布跨局救援队出动的调度命令。

1）使用机车、救援列车救援

（1）列车调度员接到救援申请，按规定发布调度命令封锁区间，并报告值班主任（值班副主任）。

（2）列车调度员根据情况确定使用内燃（电力）机车或救援列车担当救援，并将救援方案通知车站值班员和请求救援列车司机。担当救援的列车需要跨区段担当救援任务时，列车调度员须通知机车调度员（动车司机调度员）指派带道人员。

（3）列车调度员及时发布有关调度命令。担当救援的司机接到救援命令后，必须认真确认。命令不清、停车位置不明确时，不准动车。

（4）向封锁区间发出救援列车时，不办理行车闭塞手续，以列车调度员的命令，作为进入封锁区间的许可。

（5）救援列车的出发或返回，均应通知列车调度员及对方站（与本站为同一人办理时除外）。如事故现场设有临时线路所时，列车调度员（车站控制时为车站值班员）应于发车前，商得线路所车站值班员的同意。

（6）发生事故时，在事故调查组人员到达前，站长（副站长）应随乘发往事故地点的第一列救援列车（分部运行时挂取遗留车辆的机车除外）到事故现场，负责指挥列车有关工作。

（7）救援列车进入封锁区间后，在接近被救援列车或车列 2 km 时，要严格控制速度，同时，使用列车无线调度通信设备与请求救援的列车司机进行联系，或以在瞭望距离内能够随时停车的速度运行（最高不得超过 20 km/h），在防护人员处或压上响墩后停车，联系确认，并按要求进行作业。

（8）使用机车救援动车组时，应进行制动试验，制动主管压力采用 600 kPa。具备升弓供电条件时，允许动车组升弓供电。当使用电力机车担当救援机车时，如动车组升弓，由动车组司机通知救援机车司机，救援机车司机在通过分相区前通知动车组司机断电并降弓。

连挂前，司机须与列车调度员联系，在得到列车调度员已发布邻线限速 160 km/h 及以下的调度命令（妨碍邻线及组织旅客疏散时为已扣停邻线列车）的口头指示后，方可开始作业。

救援机车司机在救援作业过程中，要严格遵守有关限速规定，与动车组司机保持联系。救援运行中尽可能避免实施紧急制动。

（9）动车组由机车牵引继续运行时，列车调度员根据随车机械师提出的限速要求，向救援机车司机发布限速运行的调度命令。

（10）当故障列车处理后可继续运行时，列车调度员应根据司机请求，取消前发救援调度命令。

2）*动车组救援动车组*

（1）列车调度员接到救援申请，按规定发布调度命令封锁区间，并报告值班主任（值班副主任）。

（2）列车调度员将救援方案通知车站值班员和请求救援的动车组司机。担当救援的动车组列车需要跨区段担当救援任务时，列车调度员须通知机车调度员（动车司机调度员）指派带道人员。

（3）列车调度员及时发布有关调度命令。担当救援的动车组司机接到救援命令后，必须认真确认。命令不清、停车位置不明确时，不准动车。

（4）向封锁区间发出救援动车组时，不办理行车闭塞手续，以列车调度员的命令，作为进入封锁区间的许可。

（5）救援列车的出发或返回，均应通知列车调度员及对方站（与本站为同一人办理时除外）。如事故现场设有临时线路所时，列车调度员（车站控制时为车站值班员）应于发车前，商得线路所车站值班员的同意。

（6）发生事故时，在事故调查组人员到达前，站长（副站长）应随乘发往事故地点的第一列救援列车到事故现场，负责指挥列车有关工作。

（7）在故障动车组前部救援时，担当救援的动车组按隔离模式进入区间，在接近被救援列车 2 km 时，以在瞭望距离内能够随时停车的速度运行，最高不超过 20 km/h，在距被救援列车不小于 300 m 处一度停车，与被救援列车联系确认后进行作业；在故障动车组尾部救援时，开放出站信号，担当救援的动车组按完全监控模式进入区间，在行车许可终点停车，与被救援列车联系确认后，按目视行车模式进入前方闭塞分区，以在瞭望距离内能够随时停车的速度运行，最高不超过 20 km/h，在距被救援列车不小于 300 m 处一度停车（行车许可终点距被救援列车不足 300 m 时除外），与被救援列车联系确认后进行作业。

连挂前，司机须与列车调度员联系，在接到列车调度员已发布邻线限速 160 km/h 及以下的调度命令（妨碍邻线及组织旅客疏散时为已扣停邻线列车）的口头指示后，方可开始作业。

（8）当故障动车组处理后可继续运行时，列车调度员应根据司机请求，取消前发救援调度命令。

动车组运行途中故障需要救援时，优先采用动车组救援动车组，其次采用机车救援动车组。CRH3C、CRH380B、CRH380BL、CRH380CL、CRH5A 型动车组同型之间及相互之间可以实施救援。CRH2A、CRH2C、CRH2B、CRH2E、CRH380A、CRH380AL 型动车组同型之间及相互之间可以实施救援。

3）启用热备动车组

（1）动车组故障无法及时修复时，应及时启用热备动车组。热备动车组定员少于故障动车组实际人数时，有条件的，使用定员能满足需要的其他动车组组织旅客换乘。

（2）跨局出动热备动车组时，由国铁集团调度向铁路局发布调度命令。

（3）有关单位在接到调度命令后，应迅速完成热备动车组出动前的各项准备工作，具备条件后及时发车。

（4）对担当换乘任务的动车组列车应优先放行，确保及时到位及返回归位。

（5）在站内组织旅客换乘时，应尽量安排在同一站台的两个站台面进行。

（6）在区间组织旅客换乘时，列车调度员组织担当换乘任务的动车组列车进入邻线指定位置停车。担当换乘任务的列车到达邻线指定位置停妥后，司机向列车调度员报告。列车调度员通过申请换乘的列车司机通知列车长组织旅客换乘。担当换乘任务的列车长确认旅客换乘完毕后通知司机，司机得到列车长通知，确认车门关闭，具备开车条件后起动列车，并向列车调度员报告。

【案例 7】组织动车组旅客转乘

1. 案例概况

20××年×月×日 13:53，××高铁 G511 次（CRH380AL 长编组动车组）司机向列车调度员汇报：因 ATP 故障（ATP 显示制动旁路故障、安全软件故障）在甲站至乙站间下行线 945 km 00 m 处停车。列车调度员立即向高铁值班副主任汇报，并通报动车调度员、客服调度员。客服调度员向 G511 次列车长了解，该列载有 973 名旅客，一旦救援，必须启用热备动车组转乘旅客；由于 G511 次尚未提出救援请求，调度所先口头通知丙站热备动车组做好出动准备；14:27，G511 次经过对 ATP 重启 3 次、大复位 1 次后，故障解除并恢复开车。

14:36，G511 次因同样的原因在甲站至乙站间下行线 961 km 00 m 处再次停车；14:42，司机汇报不能继续运行，请求救援。14:43，调度所发布调度命令启用丙站热备动车组（CRH 380AL 长编组动车组）开行 022 次，于 14:45 开车。

因乙站下行进站受北端渡线道岔限制，下行列车仅能接入 3 道办理客运业务，后续已进入区间的 G831 次列车在乙站图定办理客运业务；即便将 G511 次接入该站 3 道停车转乘旅客，热备动车组在该站靠站台进入 4 道后，同样受南端渡线道岔限制，不能开入下行线；只能采取 G511 次Ⅰ道停车的方案。14:47，列车调度员发布调度命令，准许 G511 次转入隔离模式运行至乙站；14:52，G511 次转入隔离模式后在区间开车；15:15，G511 次到达乙站Ⅰ道。同时，通过布置 G511 次司机换端确认，该列后端设备正常，调度所确定将 G511 次换端开回甲站进行转乘。这样，既能组织旅客通过站台转乘，确保转乘安全、迅速，又能够将故障动车组驶离甲站Ⅰ道，恢复甲站下行方向畅通，确保后续列车安全、正点。15:51，55206 次到达甲站 6 道；16:12，热备动车组 022 次到达甲站 4 道。组织 G511 次旅客同站台面转乘，16:16，转乘完毕；16:21，热备动车组担当 G511 次在驻马店西站开车。

本次动车组故障影响 G511 次晚点 2 h 43 min 和 G513、G821、G65、G831、G545、G621、G75 次 7 列客车晚点。

2. 点评

在处置动车组在区间内故障的情况时，要以疏通区间为首要目的，减少对其他列车和整体运行秩序的影响。在确保旅客人身安全的前提下，减小故障影响。

本案例中，在确定旅客转乘方案时，如果组织热备动车组在甲站进行旅客转乘，因Ⅰ、3 道间无站台，只能采取搭设应急渡板和利用应急梯两种方式。利用应急梯的方式，973 名旅客直接下到股道间，组织难度大，且按规定上行线需要扣停，对运输影响大且旅客人身安全无法保证，所以不考虑；搭设应急渡板的方式，两列动车组一共仅有 8 副（每列配有 4 副），且受工作人员人数的限制，搭设时间较长、旅客通过渡板较慢，势必造成甲站下行长时间不能接发列车，严重影响后续下行列车的运行秩序。

知识拓展

1. 固定闭塞、准移动闭塞及非移动闭塞

高速铁路线上列车装备的列车运行控制设备，不同于既有线的列车。

列车运行自动控制系统（简称列控系统）保证列车按照空间间隔制运行的技术方法是靠控制列车运行速度的方式来实现的。

运行列车间必须保持的空间间隔首先是满足制动距离的需要，当然还要考虑适当的安全余量和确认信号时间内的运行距离。所以根据列控系统采取的不同控制模式会产生不同的闭塞制式。列车间的追踪运行间隔越小，运输能力就越大。

从闭塞制式的角度来看，装备列车运行控制系统的自动闭塞可分为三类：固定闭塞、准移动闭塞（含虚拟闭塞）和移动闭塞。之所以称为准移动闭塞，说明它还不是移动闭塞，所以有人仍把它归入固定闭塞，准移动闭塞的名称在铁路上较少提。

1）固定闭塞

列控系统采取分级速度控制模式时，采用固定闭塞方式。运行列车间的空间间隔是若干个闭塞分区，闭塞分区数依划分的速度级别而定。一般情况下，闭塞分区是用轨道电路或计轴装置来划分的，它具有列车定位和占用轨道的检查功能。固定闭塞的追踪目标点为前行列车所占用闭塞分区的始端，后行列车从最高速开始制动的计算点为要求开始减速的闭塞分区的始端，这两个点都是固定的，空间间隔的长度也是固定的，所以称为固定闭塞。

固定闭塞时列控系统采取分级速度控制模式，是要把速度分级的，每两个速度等级间存在一个速差，其对应的信号显示就表达了这个速差意义，所以可以称为速差式信号显示。

当采用滞后型阶梯式控制模式时，需要增加一个闭塞分区作保护区段，所以运行列车间的空间间隔就大一点；采用其他分级速度控制模式时就不必增加一个闭塞分区作保护区段。固定闭塞示意图如图 6-10 所示。

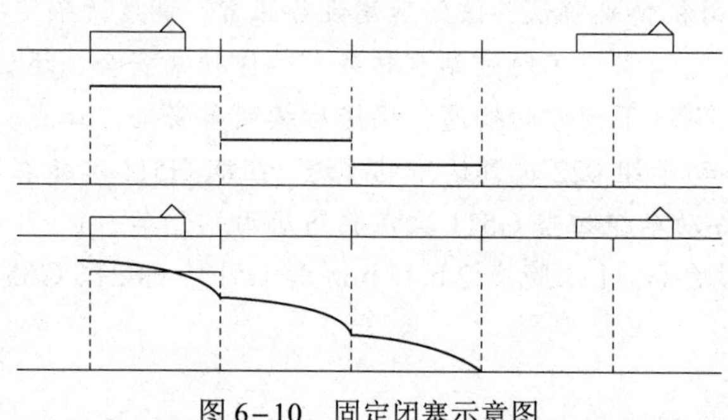

图 6-10　固定闭塞示意图

2）准移动闭塞

准移动闭塞方式的列控系统采取目标距离控制模式（又称连续式一次速度控制）。目标距离控制模式根据目标距离、目标速度及列车本身的性能确定列车制动曲线，不必设定每个闭塞分区速度等级，采用一次制动方式。准移动闭塞的追踪目标点是前行列车所占用闭塞分区的始端，当然会留有一定的安全距离，而后行列车从最高速度开始制动的计算点是根据目标距离、目标速度及列车本身的性能计算决定的。目标点相对固定，在同一闭塞分区内不依前行列车的走行而变化，而制动的起始点是随线路参数和列车本身性能不同而变化的。空间间隔的长度是不固定的，由于要与移动闭塞相区别，所以称为准移动闭塞。显然其追踪运行间隔要比固定闭塞小一些。一般情况下，闭塞分区是用轨道电路或计轴装置来划分的，它具有列车定位和占用轨道的检查功能。由于目标点是相对固定的，所以，当前行列车在同一闭塞分区内走行时，连续式一次速度控制曲线是相对稳定的；当前行列车出清闭塞分区时，目标点突然前移，目标距离突然改变，连续式一次速度控制曲线会发生跳变。

如图 6-11 所示，准移动闭塞时，列控系统采取目标距离控制模式，速度是不分级的，给出的是连续式一次速度控制曲线式的信号显示，所以其对应的信号显示制式可以称为速度式信号显示。

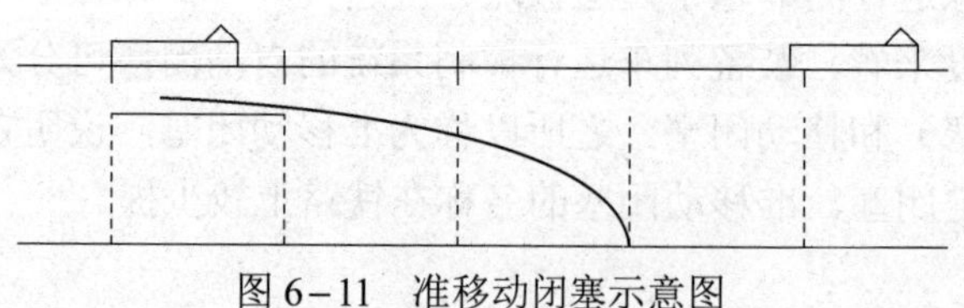

图 6-11　准移动闭塞示意图

3）虚拟闭塞

虚拟闭塞是准移动闭塞的一种特殊方式，它不设轨道占用检查设备和轨旁信号机，采取无线定位方式来实现列车定位和占用轨道的检查功能，闭塞分区和轨旁信号机是以计算机技术虚拟设定的，仅在系统逻辑上存在有闭塞分区和信号机的概念。虚拟闭塞除闭塞分区和轨旁信号机是虚拟的以外，从操作到运输管理等，都等效于准移动闭塞方式。虚拟闭塞示意图如图 6-12 所示。

虚拟闭塞方式非常有条件将闭塞分区划分得很短，当短到一定程度时，其效率就很接近于移动闭塞。

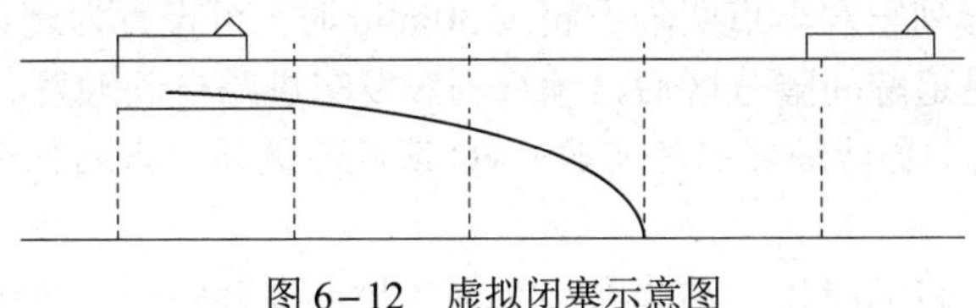

图 6－12　虚拟闭塞示意图

4）移动闭塞

移动闭塞方式的列控系统也采取目标距离控制模式。目标距离控制模式根据目标距离、目标速度及列车本身的性能确定列车制动曲线，采用一次制动方式。移动闭塞的追踪目标点是前行列车的尾部，当然会留有一定的安全距离，后行列车从最高速开始制动的计算点是根据目标距离、目标速度及列车本身的性能计算决定的。目标点是前行列车的尾部，与前行列车的走行和速度有关，是随时变化的，而制动的起始点是随线路参数和列车本身性能不同而变化的。空间间隔的长度是不固定的，所以称为移动闭塞。其追踪运行间隔要比准移动闭塞更小一些。移动闭塞一般采用无线通信和无线定位技术来实现。高一级的移动闭塞还要考虑前行列车的速度。移动闭塞示意图如图 6－13 所示。

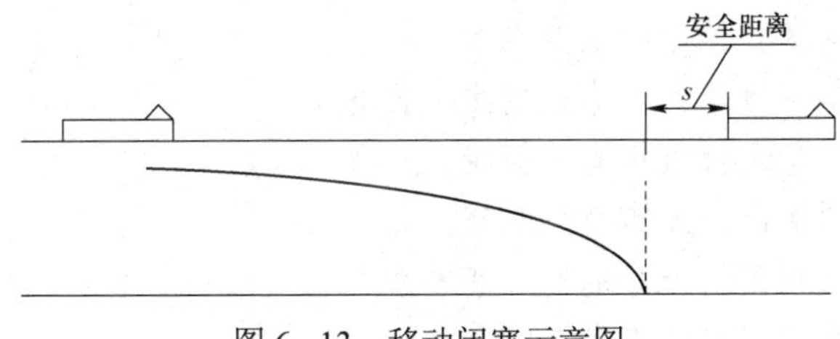

图 6－13　移动闭塞示意图

2. 沈阳局《行规》开放信号的时机规定实例

1）CTC 控制模式下，信号自动触发时机和条件说明

（1）自动闭塞接车进路自动触发的时机和条件。

根据列车种类、运行速度和位置，提前若干闭塞分区办理，动车组列车提前 9 个闭塞分区；通过的特快旅客列车（Z、T 列车）、时速 160 km 等级特需列车提前 6 个闭塞分区；通过的其他旅客列车、时速 120 km 等级特需列车（快速货物班列、货运快运列车）提前 5 个闭塞分区；停车的旅客列车、停车的时速 160 km 和 120 km 等级特需列车（快速货物班列、货运快运列车）提前 4 个闭塞分区；通过的货物列车提前 4 个闭塞分区；停车的货物列车提前 3 个闭塞分区。

相邻车站间闭塞分区数不足时，车站作为一个分区处理。

（2）计轴自动站间闭塞接车进路触发时机为邻站列车越过出站信号机。

轨道电路自动站间闭塞接车进路触发时机，邻站通过时为邻站列车压上进站外方接近区段，邻站发车时为邻站列车占用股道并开放出站信号机。

（3）发车进路自动触发的时机和条件。

按阶段计划同方向列车发车的时间顺序，形成进路序列；满足前方区间空闲间隔条件、闭塞条件；列车进入股道停稳；避让列车进路出清；根据预计出发时间，旅客列车提前 3 min 办理，货物列车提前 1 min 办理。

列车发车点与前行列车发车点间隔不超过 30 min 时，可设置为避让前行列车，在前行列车发车进路出清且满足追踪间隔分区后，续行列车发车进路自动触发。

2）CTC 控制模式下自动触发以外及非 CTC 区段的进站、出站、进路信号机开放时机的原则规定

（1）开放进站信号机的时机，最晚在列车到达最外方预告标、预告信号机或接近信号机（自动闭塞区间为列车接近第二接近区段）前。自动闭塞区段遇列车紧追踪等特殊情况，不能满足上述开放信号时机要求时，具备条件即可开放进站信号。

区间运行时分比较小，应于接受预告或同意闭塞后，具备条件时即可开放进站信号。

（2）开放出站（进路）信号时机：不迟于开车前 2 min 开放出站（进路）信号；在站停车不足 2 min 的列车，确认列车停妥后，即可开放出站（进路）信号。

（3）开放信号机的具体时机在《站细》中规定。

思考题

1. 简述高速铁路调度日计划的主要内容。
2. 简述高速铁路车站接发列车作业的主要内容。
3. 简述高速铁路列车运行组织有关规定。
4. 简述高速铁路调度命令发布有关规定。
5. 高速铁路需要发布调度命令的情况有哪些？
6. 高速铁路列车运行调整的特点有哪些？
7. 高速铁路列车运行调整方法有哪些？
8. 说明列车碰撞异物、接触网上挂有异物等应急处理过程。

项目 7　行车指挥自动化

学习目标

1. 知识目标

（1）掌握 TDCS 系统的组成。

（2）掌握 TDCS 系统的功能。

（3）掌握 CTC 系统的组成。

（4）掌握 CTC 系统的功能。

（5）掌握 CTC 系统的控制模式。

2. 能力目标

（1）能够使用 TDCS 系统办理接发列车作业。

（2）能够使用 CTC 系统办理接发列车作业。

随着我国铁路现代化水平的不断提升，国铁集团管辖的所有新建铁路和既有线路已经不同程度地实现了行车指挥自动化。行车指挥自动化技术的引进彻底改变了原有的列车调度员“一张图纸一支笔，对着电话吼到底”的工作形式，极大地改善了行车调度指挥人员的劳动条件，同时也使得列车调度指挥更加科学合理，进一步增加了区段通过能力，提高了列车运行指挥的质量。行车指挥自动化主要包括以下内容：

（1）自动编制列车运行调整计划，调整列车运行。

（2）自动控制车站的接发车进路。

（3）自动记录实际列车运行图。

目前，我国铁路主要采用两种行车指挥自动化系统，一是列车调度指挥系统（train operation dispatching command system，TDCS），二是分散自律调度集中系统（centralized traffic control system，CTC）。以下分别对这两套系统作以简单介绍。

任务 7.1　列车调度指挥系统

任务引入

列车调度指挥系统 TDCS 3.0 简介

TDCS3.0 充分继承原 TDCS 系统功能，吸纳高速铁路 CTC 的相关经验，结合当今前沿信息技术，对原 TDCS 系统硬件平台、软件功能进行了全面提升，增强了系统结构的冗余度和可靠性，并增加了查询、仿真测试、维护支持和应急保障系统，完善了信息安全机制。

此外，在既有 TDCS 的功能基础上，TDCS3.0 增加了运行图操作卡控、调度命令格式化输入、进路错办报警、行车作业流程监督、非正常行车作业辅助、车站行车信息综合查询、施工登销记管理等功能，完善了行车数据维护和设备维护功能，从而更好地保障了行车作业安全。

思考：

（1）列车调度指挥系统的意义是什么？

（2）列车调度指挥系统要解决什么问题？

TDCS 是实现铁路各级运输调度对列车运行实行透明指挥、实时调整、集中控制的现代化信息系统，是铁路运输调度指挥的基础设施，是铁路运输生产重要技术装备。TDCS 由国铁集团、铁路局 TDCS 中心局域网及车站基层网组成，是一个覆盖全路的现代化铁路运输调度指挥和控制系统。TDCS 利用信息技术、网络技术、控制技术等现代科学技术手段取代了传统落后的行车指挥手段，采用并结合了先进的通信、信号、计算机网络、数据传输、多媒体技术等现代信息技术，在保证网络安全的前提下，与相关系统紧密结合、互联互通、信息共享，实现了铁路运输组织的科学化、现代化，增加了运能，提高了效率，减轻了调度人员的劳动强度，改善了调度指挥的工作环境。

TDCS 配置独立的处理平台，关键设备采用冗余配置。采用独立的业务专网，国铁集团调度指挥中心和铁路局调度所采用双局域网，车站可采用单局域网，各级局域网通过专用数字通道互连。TDCS 能满足高安全、高可靠、高实时性的要求，建立维护管理体制，保证设备不间断使用，实现各级运输调度的集中管理、统一指挥和实时监督。

1. TDCS 的组成

我国铁路调度指挥管理是以行车调度为核心，以站、段为基础，实行国铁集团和铁路局两级调度指挥管理的体制。TDCS 分为 3 层网络体系结构（如图 7-1 所示）。

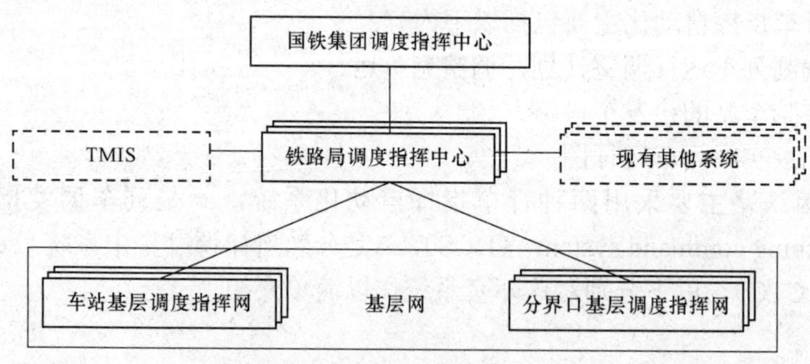

图 7-1 TDCS 系统结构图

国铁集团调度指挥中心 TDCS 处于最高层，是核心部分，是现代化铁路运输调度指挥系统的心脏，能获得各铁路局分界口、重要铁路枢纽、主要干线等的运输状况和 TDCS 基层网等实时信息。国铁集团调度指挥中心 TDCS 是为了适应铁路运输发展需要而建立的。它是全路运输生产的总枢纽，是综合通信、信号、计算机、网络、多媒体、运输组织等多门学科技术的系统工程。它极大地改善了调度人员的工作条件，提高了行车指挥的技术水平，并且为国铁集团领导的决策提供真实可靠的信息，实现调度指挥工作的现代化管理模式。

铁路局调度指挥中心 TDCS 处于第二层，在铁路局所在地建有局调度指挥中心局域网。局调度指挥中心通过专用通道、数据网链路、路由器与国铁集团、相邻铁路局调度指挥中心远程连接，进行信息交换。TDCS 不仅是一个管理层，同时也是直接调度指挥行车的指挥层，不仅要完成基层网信息的汇总、处理和标准化，给铁路局各级调度提供监视，还要按要求将基层信息通过专用通道、数据网链路传送到上层调度指挥中心。铁路局调度指挥中心 TDCS 具有列车调度指挥功能，其功能不仅是指挥和管理中心，同时也是行车控制中心，对于部分区段和车站，铁路局控制中心还可在 TDCS 的基础上发展调度集中，实现对列车进路的自动控制。

最下层是 TDCS 的基层网，主要包括车站行车调度指挥系统。主要由车站计算机网络设备、车站分机采集及控制设备、车站值班员终端 3 部分组成。

2. TDCS 的功能

1）铁路局 TDCS 功能

铁路局调度指挥中心直接指挥行车，实时掌握铁路局各调度区段的车站、分界口、编组站、枢纽的列车运行情况，信息设备显示状态，并进行宏观显示，完成阶段计划的调整及调度命令的生成和下达等功能，进行信息汇总、处理，向国铁集团及相邻铁路局 TDCS 提供行车信息。铁路局 TDCS 可以利用显示器或大屏幕所显示的干线宏观图、区段宏观图对现场进行监视，对重点列车进行跟踪，进行列车运行正点率统计和列车运行密度统计分析。同时，在铁路局调度指挥中心，提供 TDCS 与 TMIS 的接口，实现两系统间信息的共享。

铁路局 TDCS 可实现以下功能：

（1）列车车次自动跟踪及无线车次号自动校核。

（2）调度区段各自动闭塞分区、各车站技术设备运用情况和技术作业过程的实时监控。

（3）调度命令、日（班）计划自动下达。

（4）列车运行自动采点。

（5）列车实际运行图自动生成。

（6）列车运行方案实时调整、下达。

（7）分界口透明显示和统计分析。

（8）列车正晚点自动计算。

（9）站场实际状况、列车运行实际状况再现。

（10）仿真培训功能及完善的帮助系统。

2）站段基层网 TDCS 功能

信息的采集是站段基层网 TDCS 的最基本功能，通过安装在每个站的车站分机，系统采集得到现场的动态信息，同时通过传输设备将信息及时发送到铁路局 TDCS 中心。

基层网 TDCS 的主要功能包括：

（1）列车运行及信号设备状态信息的自动采集与传输。

（2）无线车次号自动校核。

（3）相邻车站信号设备运用状态及列车运行信息显示。

（4）行车日志自动生成。

（5）调度日（班）计划、列车运行调整计划、调度命令自动接收。

TDCS 可以明确判断列车的行踪，获得列车几秒钟内的位置，并连续跟踪显示，大大提高调度工作效率，十分有利于保证行车安全。

【案例】客车 K7511 晚点责任事故

1. 案例概况

×年×月×日 4:12，甲站值班员孙某在 TDCS 系统提示接收调度命令时，只是使用鼠标点击签收，没有打印，漏传调度命令，调度员临时将列车扣停在乙站。

×年×月×日 4:54，××线 K7511 次运行至乙站临时停车，车站人员交付司机 61031 号调度命令，4:57 乙站开车，影响本列晚点。构成一般 D14 类事故。

2. 点评

（1）甲站值班员使用 TDCS 系统接收调度命令时，不认真确认命令内容，对命令中“甲站转 K7511 次”未引起重视，只签收不打印，没有第一时间准备递交命令意识，之后忙于其他作业，导致漏传调度命令是造成事故的直接原因。

（2）甲站不吸取前五日传达的丙站不打印准备转交的调度命令教训，对车务段制定的控制措施以传达代替落实，不研究车站具体落实措施，造成安全控制措施落不到作业岗位是事故发生的管理原因。

任务 7.2　分散自律调度集中系统

任务引入

我国调度集中的发展

我国调度集中的发展经历了漫长曲折的过程。自 20 世纪 70 年代以来我国先后自主研制了 DD-1、DD-2、DY-1、DM4、D5 型调度集中系统。1991 年 12 月 23 日，卡斯柯信号有限公司引进美国技术，结合中国铁路运营特点成功开发 CTC-4000 调度集中系统并在柳园—哈密调度区段开通运行。虽然取得了一定的成功，但应用效果却不明显。其中大部分调度集中并未很好使用，基本上只起调度监督作用，所以虽然经过了近 20 年的发展历程，但从未形成大发展的趋势，也没有发挥出应有的作用。对于上述现状的原因分析，在路内基本已达成共识，主要是我国铁路小站列车摘挂作业多，智能化控制水平低，车次号系统不完善不可靠，无线列调设备不能保证大三角通话，阶段计划调整手段不完善（依然停留在纸、笔、电话的模式下），运输组织管理制度没有跟进配套等原因造成的。

传统调度集中系统由于不具备调车进路智能化控制和远程控制的功能，仍需车站值班员办理调车进路，仍无法实现车站行车指挥无人化。同时在应用中还存在车站和行车指挥调度中心频繁交换控制权的问题，难以适应我国铁路客货运混跑、调车作业量大的运输特点。由于受技术水平、装备水平限制，包括车次号的传输、生成，运行图的自动生成、调整，以及无线传输技术的应用等关键技术没有突破，智能化程度不高等原因，调度集中技术发展缓慢。

此外，由于行车指挥一直停留在一张纸、一支笔和一部电话的传统人工指挥阶段，使得调度集中的使用只停留在人工控制阶段，一个调度员需要控制几个甚至十几个车站，工作负担和责任都较以往更大，这更加影响了调度集中的使用。

DMIS（铁路运输调度指挥管理信息系统）完全解决了行车指挥自动化的问题，使行车指挥脱离了传统的人工模式，实现了运行阶段计划的自动生成和辅助自动调整，为调度集中实现自动控制扫清了最大的障碍，是全面实现调度集中系统的重要基础。

虽然如此，如何有效解决行调干扰，避免控制权频繁下放，实现部分车站无人化仍是传统调度集中系统需要解决的关键问题。2003 年，铁道部提出了铁路跨越式发展的战略思想，将调度集中作为铁路信息化建设的重要组成部分，创造性地制定了《分散自律调度集中系统技术条件（暂行）》，提出了国内自主研发新一代调度集中系统的构想；并同时在原西宁分局西宁—哈尔盖（单线自动站间闭塞）进行了第一条线试点，根据试点过程的经验，于 2004 年正式发布了《分散自律调度集中系统技术条件（暂行修订稿）》，开始在双线自闭区段的基建工程中正式建设，自此我国铁路调度指挥进入全新时代。

思考：

（1）早期我国铁路调度集中系统面临哪些难题？

（2）哪一个系统的出现解决了行车指挥自动化的问题？

CTC 是铁路现代化的重要技术装备，是现代铁路综合信息化建设的重要内容，也是现代铁路的新型运输组织形式。CTC 与我国铁路路情紧密结合，做到以 TDCS 为平台，以调度集中为核心，以行车指挥自动化为目标，实现铁路运输指挥的现代化。由此可见，CTC 是综合了计算机技术、网络通信技术和现代控制技术，采用智能化分散自律设计原则，以列车运行调整计划控制为中心，兼顾列车与调车作业的高度自动化的调度指挥系统。分散自律调度集中系统采用计算机分布式网络控制技术、信息化处理技术，将列车运行调整计划下传到各个车站自律机中自主自动执行；在列车运行调整计划的基础上，解决列车作业与调车作业在时间与空间上的冲突，实现列车和调车作业的统一控制。

CTC 除实现 TDCS 的全部功能外，还可实现列车编组信息管理、调车作业管理、综合维修管理、列/调车进路人工和计划自动选排、分散自律控制等功能。将同一调度区段内、同一联锁控制范围内所有车站（车场、线路所）的信号、联锁、闭塞设备纳入控制范围。调度集中区段的两端站、编组站、区段站，以及调车作业较多、有去往区间岔线列车或中途返回补机的中间站，可不列入调度集中操纵，但出站信号机均应受调度集中控制。

1. CTC 的组成

分散自律调度集中系统包括铁路局调度中心系统及车站调度集中分机系统两个层次。系统主要由硬件系统和软件系统两部分组成，硬件部分由调度中心子系统、车站子系统及网络通信子系统构成，见图 7-2。

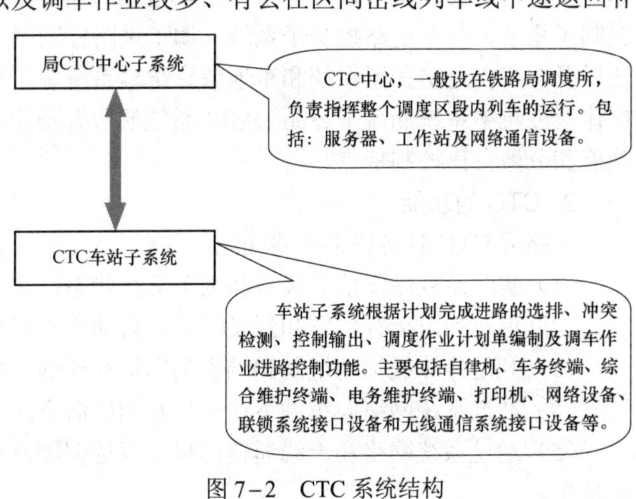

图 7-2　CTC 系统结构

1）CTC 硬件组成

铁路局 CTC 硬件组成包括工作站、打印设备、远程维护接入、服务器、大屏显示器、TMIS 接口计算机，以及局域网等设备。

CTC 服务器是整个分散自律调度集中系统的核心，负责整个系统的数据收发、数据处理及数据储存等工作。行调工作站一般是由 2 台安装了多屏卡的工作站构成，主要完成显示监控管辖区段范围内列车运行位置、指挥列车运行的功能（人工编制和调整列车运行计划、调度命令的下达、与相邻区段行调台交换信息），为 CTC 系统提供具体的列车会让方案，是分散自律调度集中系统完成自动控制功能的主要依据。助理调度员工作站一般由高性能 PC 工作站构成，主要实现调度中心人工进路操作控制、闭塞办理、区段解锁、非常处理等功能。同时还可实现无人车站调车作业计划的编制、调整、指挥以及在自律约束条件下的调车进路人工办理等调车相关功能。

CTC 维护台一般由高性能 PC 工作站构成，主要用于系统设置、调试和技术支持。在授权的情况下，具有远程维护与技术支持功能。同时具有监视系统运行状况的功能，对系统、现场设备运用情况、操作命令、报警信息进行记录、分析、回放、输出和打印。综合维修工作站由高性能 PC 工作站构成。

大屏显示系统由高性能工业计算机、多串口卡、驱动卡、驱动分机构成，用于显示车站站场作业情况和区间列车运行情况等信息。通过观察大屏，行车调度指挥人员可以清楚地把握各自负责的调度区段内列车运行情况。

车站硬件系统主要设备包括车站自律机、车务终端、打印机、综合维修终端、电务维护终端、网络设备、电源设备、防雷设备、联锁系统接口设备和无线系统接口设备等。

车务终端采用 2 台双机热备的低功耗工业控制计算机，主要完成运统报表的生成、站间透明的显示、车站调车作业计划的编制、调车进路的办理及其他控制操作。综合维修终端和电务维护终端（微机监测）采用低功耗工业控制机。

车站自律机一般由具有高可靠性能的专用计算机和采控设备组成，并通过串口和无线车次号解码器、无线调度命令转接器进行连接。车站自律机主要完成列车自动进路控制以及按照列车控制执行计划、《站细》、《行规》及《技规》对列车进路和调车进路进行可靠分离控制。车站电源系统一般由电源防雷、UPS 不间断电源、各电源模块及汇流排组成。

2）CTC 软件组成

分散自律调度集中系统的软件主要包括：通信服务子系统、自律控制子系统、控制计划编制子系统、列车进路控制子系统、调车进路控制子系统、综合维修子系统、车务终端子系统以及网络安全防护子系统和车地信息传输系统等。分散自律调度集中系统功能与操作分散自律调度集中系统涵盖了分局 DMIS 系统的所有功能，在此基础上，还具备调度集中的控制功能和分散自律控制特点。

2. CTC 的功能

铁路局 CTC 具备以下主要功能。

（1）实时监视站场信号设备和列车运行状态，实现站间和区段透明显示。

（2）追踪列车运行位置和到发时刻，自动描绘列车实际运行图。

（3）利用计算机辅助编制和调整列车运行计划，实现调度指挥计算机化。

（4）通过系统网络向车站下达计划和调度命令。

（5）通过系统网络和无线通信向机车下达调度命令、调车作业单、行车凭证和进路预告等信息。

（6）追踪列车编组状态。

（7）遥控所有联锁设备按钮，具备列车、调车和非正常作业人工遥控功能。

（8）按照列车运行计划和车站站细，由自律机自动自主控制列车进路。

（9）按照调车作业计划，由自律机根据机车请求和列车运行状况，自动自主控制调车进路并对调车状况进行监控和报警。

（10）具有完备的网络安全防护功能。

（11）实现 TMIS 和 DMIS 的结合和信息交换。

车站 CTC 具备以下主要功能。

（1）接收存储调度中心的列车运行计划、调车作业计划等，并自动按计划进行进路排列，驱动联锁系统执行。

（2）接收调度中心和本地值班员（信号员）的直接控制操作指令，经检查确认无冲突后驱动联锁系统执行。

（3）确认进路的完整性和信号的正确性，并能对不正常情况进行处理。

（4）列车及调车作业的跟踪。

（5）接收邻站的实际和计划运行图。

（6）列车车次跟踪显示处理。

（7）自动编制车站行车日志。

（8）形成本站的自动报点信息等。

3. CTC 控制模式

分散自律控制模式以列车运行调整计划自动控制为基本模式，同时具备调度中心、车站人工直接控制的能力；非常站控模式是指当调度集中设备故障，发生危及行车安全的情况或设备天窗维修、施工时，脱离系统控制转为车站传统人工控制的模式。调度集中的控制模式状态应有明确的表示。系统应保证在分散自律控制模式下，原车站联锁控制台不起作用；在非常站控模式下，分散自律控制模式控制不起作用。

1）分散自律控制模式

分散自律控制的基本模式是用列车运行调整计划自动控制列车运行进路。同时在分散自律条件下，调度中心具备人工办理列车、调车进路，车站具备人工办理调车进路的功能。

（1）计划控制方式。计划控制状态可由人工激活或禁止。它是指自律机是否将收到的列车运行计划作为检查进路合理性的依据，并根据计划产生控制进路。计划控制状态是本系统正常的进路控制状态。

（2）人工按钮控制方式。由操作员在操作员台或助理调度员台进行控制，或者由车站值班员在车务终端操作按钮进行控制。人工办理进路时，自律机根据这个计划进行进路的办理和列车计划的冲突检测，假如有冲突，则系统会弹出对话框告警，询问是否强行办理。

2）非常站控模式

当分散自律调度集中系统故障或出现其他紧急情况时，车站值班员可以按下 6502 控制台上的紧急站控按钮，切断分散自律调度集中系统控制输出继电器的电源，直接通过控制台按钮的方式进行控制。在计算机联锁车站，则是在计算机联锁系统的操作界面上，进入非常站控，此时计算机联锁系统不再执行任何 CTC 的控制指令，由操作员操作按钮进行控制。

【案例 1】CTC 模式转换不规范

1. 案例概况

20××年×月×日 1:16，××铁路局工务部门在××城际铁路乙线路所登记申请 2:55—5:25 进行天窗修作业。

2:10，列车调度员通知乙线路所、丙站（城际场）应急值守人员转非常站控模式。

2:14，K524 次甲站通过后，乙线路所应急值守人员在未预告丙站（城际场）的情况下直接开放了 K524 次通过进路。

2:28，K524 次通过乙线路所。丙站（城际场）应急值守人员发现 K524 次开过来后，在未与丁站预告的情况下直接开放了Ⅱ道通过去丁站的列车进路。

2:32，丙站（城际场）应急值守人员在与丁站车站值班员联系时，才发现 K524 次列车本应由乙线路所开往戊站，进入丙站（城际场）是严重的错误，立即呼叫 K524 次司机停车。

2:36，K524 次停于丙站（城际场）Ⅱ道。构成铁路交通一般 C9 类未办闭塞发出列车事故。

2. 点评

车务作业人员在办理接发列车时，必须严格执行接发列车标准，按规定办理列车预告、核对计划，确认列车开行方向。

在本案例中，车务作业人员主观臆测行车，盲目开放信号；在非常站控模式下，未认真阅读调度日计划、三、四小时运行调整计划，未与列车调度员联系加强车次和开行方向的确认。

列车调度员违反有关规定，在还没到天窗施工时间、还有大量旅客列车运行（K524、K122、K754、K1138 次等），并且在乙线路所把关人员未到岗的情况下，就布置车务应急值守人员转非常站控。

天窗修管理混乱，设备管理单位违反规定，在申报周计划时未注明需要转换为非常站控，但在日计划中擅自增加需转换为非常站控；车务段违反天窗修计划管理的规定，当日维修天窗日计划未传达给乙线路所。

当日车站转非常站控时，车站值班员未通知把关人员，把关人员未及时到岗把关。调度所值班主任虽到岗把关，但对车站盯控人员未到岗就布置车站转非常站控等违章作业未及时纠正，且防错办卡控措施落实不到位。车务段没有在行车监控室揭示次要方向旅客列车车次。

【案例 2】CTC 设备错误自触 D7809 次甲站进路的问题

1. 案例概况

2011 年 7 月 16 日，因重点任务需要，××高铁上行 G1072、G1006、G1078、D2104、下行 G1101 次列车甲站变更进 1 道基本站台轨道消除分路不良。根据规定，在办理经由分路不良区段接发动车组列车时，必须人工确认进路准备情况后，人工触发相关进路。

18:20，武广二台调度员在人工触发甲站 D2104 的列车 1 道接车进路时，CTC 系统未执行 D2104 次甲站 1 道接车进路，且报警日志记录 D7809 次列车发车进路被人工触发。

调度员立即将此现象向电务部门反映，电务部门连夜组织专门人员确认情况，并将相关日志发往卡斯柯公司专业软件人员进行故障鉴定和分析。

8 月 1 日，在通过实验室的验证后，卡斯柯公司将程序更新。

2. 点评

在现有 CTC 系统内，当人工触发进路序列时，CTC 系统会弹出强制确认对话框，需要人工确认后再进一步将指令发送至车站自律机，再由其发送到联锁设备。由于现有 CTC 系统的缺陷，在弹出对话框和人工确认的两步过程中，若该车站进路序列发生了顺序上的变化，会将修改后的新进路序列发送给自律机，结果导致和弹出对话框前人工勾选的进路序列内容不一致。当日武广二台调度员在人工触发甲站 D2104 的列车进路时，弹出强制确认对话框，调度员强制确认时，正好两条进路移入了历史进路，引起进路顺序变化，从而系统将 D7809 次列车进路触发，由于甲站 14–32DG 区段锁闭，该进路未能触发成功，弹出手工触发 D7809 次出站进路失败的报警提示。

此缺陷为 CTC 系统程序实现上的一个缺陷，原程序逻辑采用了界面序号作为强制的依据，则导致了强制时由于进路序列的更新而非原来的车次了。更新后的新程序逻辑采用了进路序列唯一索引作为强制的依据，达到调度员需要强制的列车与实际相符的目的。

思 考 题

1. 列车调度指挥系统（TDCS）由哪些部分组成？
2. 列车调度指挥系统（TDCS）的功能有哪些？
3. 分散自律调度集中系统（CTC）由哪些部分组成？
4. 分散自律调度集中系统（CTC）的功能有哪些？
5. 分散自律调度集中系统（CTC）有哪几种控制模式？

项目 8　铁路运输调度工作分析

学习目标

1. 知识目标

（1）掌握铁路货物列车正晚点统计的内容。

（2）掌握铁路货物列车正晚点分析的方法。

（3）掌握利用车辆相关法分析货车周转时间的方法。

（4）掌握利用时间相关法分析货车周转时间的方法。

（5）熟悉铁路运用车保有量的分析方法。

（6）掌握铁路运输调度工作分析基本原理和方法。

2. 能力目标

（1）能根据资料分析货车周转时间完成情况。

（2）能通过已知资料分析列车运行情况。

（3）能根据《技规》《调规》等相关技术规章，掌握铁路运输调度工作分析方法。

调度日常工作完成后，需要对日常工作的完成情况进行分析，其目的是通过分析总结经验、发现问题，制定改进措施，不断提高调度工作质量，进而更好地完成运输调度工作。各级调度均须配备调度分析人员，由具有较强业务水平和实践经验的人员负责本单位的调度分析工作。

任务 8.1　列车运行情况分析

任务引入

某年 11 月 14 日，沈阳动车车间，司机担当沈阳—沈阳南动车所区间 G1291 次，使用 CRH380B 型 5814 号车底。

20:43 司机终到后反馈：G1291 次正点到达沈阳站（1 车操纵，升 7 车弓），换端作业后等待入库过程中主断跳开，HMI 报“25A1：接触网电压太高”。司机降弓，报告调度员，通知机械师，启动应急指挥，经机械师下车检查确认 7 车瓷瓶炸裂，经机械师处理后换升 2 车受电弓，闭合主断正常，具备开车条件后开车，始发晚点 60 min（图定 18:57 开，实际 19:57 开）。

该故障造成浑南变电所—沈阳供电臂停电，重合失败，经处理后闭合成功（18:46 跳闸，

18:55 闭合成功）。

影响 D8076 次列车沈阳站因接触网无网压始发晚点 9 min（图定 18:55 开，实际 19:04 开）。

G8022 次司机接调度员通知沈阳北 398 km—沈阳高速场间限速 80 km/h 并注意接触网及线路状态，司机通过限速地段后反馈无异常。

G8081 次司机辽阳站接调度员通知等信开车，超站停 14 min（18:47 停，19:03 开，图停 2 min），调度员口头通知：378 km—沈阳南下行出站信号机处限速 80 km/h 并注意接触网状态。通过限速地段后反馈无异常。

D7630 次列车运行至沙河堡线路所—沈阳间，调度员通知停车，司机使用最大常用制动停于区间 5 km 47 m 处，调度员通知开车后至沈阳南站间注意接触网，区间临时停车 14 min（18:50 停，19:04 开）。

G397 次列车在沈阳站停车状态下因网压低，司机断电、降弓，报告调度员，通知机械师，待得到调度员通知供电正常后升弓，闭合主断正常，超站停 14 min（18:44 停，19:01 开，图停 3 min）。

D7744 次司机，调度员通知停于本溪新城站内，站内临时停车 12 min（18:56 停，19:08 开）。

D7732 次司机，列车以 39 km/h 左右速度运行至沈阳南—沈阳间因接触网无网压停于区间 382 km 505 m 处，供电恢复后开车，区间临时停车 21 min（18:46 停，19:07 开）。调度员通知沈阳南—沈阳间限速 80 km/h 并注意接触网状态，通过限速地段后司机反馈无异常。

G237 次列车，在沈阳站停车状态下等待入动车所时因接触网网压低，司机断主断、降弓，并报告调度员，通知机械师，启动应急指挥，待调度员通知网压恢复正常后升原车弓，闭合主断正常，始发晚点 51 min（图定 18:52 开，实际 19:43 开）。

思考：

（1）列车出发及运行正晚点如何统计？

（2）如何分析列车正晚点？

知识准备

列车运行情况分析又称为列车运行正晚点分析，主要是对旅客列车和货物列车按图行车情况和日（班）列车工作计划编制质量及执行情况的综合考核，是分析改善运行秩序和运输指挥工作的主要依据。通过分析，查明各次列车的晚点原因，提出改进意见。

1. 货物列车正点统计

货物列车正点统计主要就是计算货物列车正点率，货物列车正点率是考核运输组织工作质量的主要指标之一。

1）统计范围

凡以货物列车车次（小运转列车车次除外）开行的列车，均按货物列车统计。行包专列单独统计。

2）统计依据

（1）开行列车的车次以列车运行图为准，加开的列车以日（班）计划确定的车次为准。

（2）列车开行时分的确定：

① 按列车运行图运行线开行的列车，根据图定时分统计。

② 临时定点运行的列车，根据日（班）计划规定的时分统计。

③ 因影响行车的技术设备施工、维修，由铁路局以书面文件、电报或在运输方案中公布调整列车运行图中的列车运行时分，根据调整的时分统计。

（3）对有下列情况的列车，以列车发、到前下达的调度命令为准：

① 中转列车临时早点提前利用空闲运行线运行时。

② 停运列车临时恢复运行时。

③ 使用原车次在枢纽内变更始发或到达的编组站时。

④ 在铁路局管内整列重车或空车变更到站时。

⑤ 编组站（区段站）编组的始发列车利用日（班）计划内中转列车空闲运行线提前开行时。

3）列车出发及运行的划分

（1）各站编组始发的列车，中间站恢复运行的停运列车，图定或日（班）计划规定原车次接续在编组站、区段站进行技术作业中转出发的列车，均按出发统计。

（2）列车由出发至运行区段的终到站（包括中间站），按运行统计。

（3）铁路局分界站为中间站时，除本站编组始发列车和停运列车恢复运行外，均不统计出发。对经过分界站的列车按两个运行统计（即由列车出发至分界站为一个运行，由分界站至列车运行区段终到站为另一个运行），分界站所属局由分界站接入时分为运行开始，分界站交出时分为运行终止。

（4）在国境、地方铁路分界站，向国外、地方铁路发出的列车，不统计出发；国外、地方铁路分界站向国铁营业线发出的列车，统计编组始发。

（5）在编组站、区段站图定不进行技术作业的列车，中间站临时更换机车继续运行的列车（因自然灾害、事故而机车不能摘走的停运列车除外），不统计出发和运行。

（6）列车在干支线衔接的中间站，由于变更运行方向而变更车次，根据机车交路图如不更换机车时，按一个运行区段统计；如更换机车则按两个运行区段统计（临时更换机车除外）。

（7）重载（长大）列车在中间站组合或拆组，统计出发和运行。

4）列车出发及运行正点统计

（1）编组始发列车，下列情况按出发正点统计：

① 根据日（班）计划规定的车次，按图定的时分正点或早点不超过 15 min 出发时。

② 日（班）计划规定以图定运行线到达的中转列车，因临时停运或晚点在执行的日（班）计划内不能到达时，编组站、区段站根据发车前调度命令，利用该运行线提前开行日（班）计划规定的编组始发车次的列车，正点或早点不超过 15 min 出发时。

除上述情况外，利用该运行线开行的编组始发列车，出发按晚点统计。

（2）中转列车，下列情况按出发正点统计：

① 根据日（班）计划规定按图定接续运行线正点、早点出发或晚点不超过到达运行线图定接续中转时间出发时。预计中转列车不能按图定接续运行线运行时，按日（班）计划规定的接续运行线正点、早点出发或晚点不超过到达运行线图定接续的中转时间出发时。

② 直达列车原利用的运行线已终止，按日（班）计划规定以原车次另行接续的运行正点、早点出发或晚点不超过日（班）计划规定接续的中转时间出发时。

③ 中转列车临时早点，根据发车前调度命令提前利用空闲运行线正点、早点出发或晚点不超过到达运行线固定接续中转时间出发时。

中转列车临时晚点利用空闲运行线出发时，仍按到达运行线固定接续的中转时间统计正晚点。

（3）列车运行，下列情况按运行正点统计：

① 按列车出发所走运行线的时分正点、早点到达或晚点不超过规定旅行时间到达时。

② 分界站为中间站，列车早点超过 15 min 接入，正点、早点到达时。

（4）临时定点列车正晚点统计方法：

① 按基本列车运行图图定列车开满时，对加开的临时定点列车，根据日（班）计划规定的时分统计正晚点。图定列车实际未开满时加开的临时定点列车，出发按晚点统计，运行按班计划规定的时分统计正晚点。

② 限速列车、有时间限制的军用列车、在区间整列装卸的列车、停运列车恢复运行以及开行运行图以外的阶梯直达列车在作业站间的临时定点，均按日（班）计划规定的时分统计正晚点。

（5）停运列车正晚点统计方法：

① 日（班）计划规定开往中间站的停运列车（摘走机车），按日（班）计划规定统计运行正晚点。

② 列车临时在中间站停运，运行按晚点统计。

③ 中间站停运列车临时恢复运行，根据发车前调度命令指定的空闲运行线或临时定点（到局管内前方第一编组站或区段站的时分）统计正晚点。

（6）除由邻局接入的日（班）计划以外开行的列车，根据所走运行线或开车前调度命令指定的时分统计正晚点外，日（班）计划以外开行的列车或日（班）计划中一条运行线规定两个车次时，出发按晚点统计。运行按第（3）项规定统计。

（7）变更发到站的列车正晚点统计方法：

在局管内整列重车临时变更卸车站或整列空车临时变更配空站（变更后如有剩余车辆不超过该区段单机挂车辆数时可视同整列），以及枢纽内临时变更始发或到达编组站的列车，均根据发、到前的调度命令，有图定时分的按图定时分统计正晚点，变更后的发、到站无图定时分的，出发按有图定时分的第一个车站统计出发正晚点，运行按有图定时分的最终站统计运行正晚点。列车旅行时间按实际发、到站的时分统计。

除上述情况外，临时变更发、到站的列车，出发或运行均按晚点统计。

（8）合并运行列车，根据日（班）计划规定的列车车次分别进行统计。

（9）列车车次应保持到列车编组计划或日（班）计划规定的终到站。中途变更车次（包括变更为小运转车次）时：在编组站（区段站）变更，出发按晚点统计，运行按所走运行线统计；在中间站变更，运行按晚点统计。

（10）根据日（班）计划规定在中间站始发或终到的列车，如使用的运行线列车运行图规定为通过时分，按附加的起停车时分统计正晚点。

5）行包专列、货物“五定”班列正晚点统计

凡以行包专列、货物“五定”班列车次开行的列车，一律按基本运行图图定时分统计列车出发、运行正晚点。

6）货物列车正晚点报表

具体见表 8-1。

表 8-1　货物列车正晚点报表

局或区段别	出发									运行								
	货物列车总列数	其中正点列数	正点率/%	其中			行包专列总数	其中正点列数	正点率/%	货物列车总列数	其中正点列数	正点率/%	其中			行包专列总数	其中正点列数	正点率/%
				五定班列总数	其中正点列数	正点率/%							五定班列总数	其中正点列数	正点率/%			
	1	2	3	4	5	6	7	8	9	10	11	12	13	14	15	16	17	18

7）货物列车正点率的计算

$$货物列车出发正点率=\frac{出发正点列数}{出发总列数}\times100\%$$

$$货物列车运行正点率=\frac{运行正点列数}{运行总列数}\times100\%$$

2. 货物列车正晚点分析

列车正点率高，说明列车按图行车的情况好，列车运行秩序正常。对于晚点列车，必须逐列分析晚点原因，查明责任。如表 8-2 所示，为某铁路局某月上旬货物列车出发晚点的分析资料。由表中不难看出，在所有晚点列车中，由于车务部门责任造成的晚点占 50%，由于机务部门的责任造成的晚点占 40%。由此可见，列车晚点的责任主要在车务部门和机务部门。再进一步分析，由于车流接续不好，造成列车等轴晚点占 28%，由于机车交路问题造成列车晚点占 24%，两者合计占列车晚点总数的 52%。为找出问题的根源，对等轴晚点还应分析其是日（班）计划编制质量问题，还是邻局或邻区段来车计划不准。对于机车交路问题，也应分析是计划时间不足，还是到达列车晚点。若多半是由于日（班）计划编制质量问题，就要在提高计划人员的业务水平上采取措施。

表 8-2　货物列车出发晚点分析

部门	车务责任							机务责任					其他责任								合计
原因	编组	等轴	机交	不当	会让	其他	计	机交	机故	出库	其他	计	车辆	工务	电务	客运	货运	外局	其他	计	
晚点列数	1	14		3	5	2	25	12	3		5	20	2	1			2			5	50
%	2	28		6	10	4	50	24	6		10	40	4	2			4			10	100

列车运行图是铁路行车组织工作的基础。列车正常运行是整个运输组织工作的关键。因此，列车运行图完成情况是反映运输工作质量的重要内容。

列车运行图完成情况分析的主要内容有：列车出发和运行正晚点情况，旅行速度完成情况，行车安全情况。

列车出发和运行正晚点情况的考核指标为列车出发正点率和列车运行正点率，并按旅客列车和货物列车分别统计。

旅行速度是列车运行图的主要质量指标。对旅行速度完成情况的分析，应对旅行速度、技术速度、速度系数几项指标同时进行，以查明影响旅行速度的两部分因素（技术速度和中间站停站时间）的完成情况。

行车安全情况的日常分析，主要可根据调度员填写的“行车事故概况”登记表进行。应查明事故原因和责任者，并及时做出处理。对于重大、大事故一般应在进行深入调查后，做出专门的事故分析。

任务 8.2　货车周转时间分析

任务引入

10 月 17 日，调度员对 HX_D3/391 号机车在宝天线调车作业协调组织不到位，造成机车乘务员超劳，构成一般行车 D10 类事故，定调度所重要责任。

1. 事情经过

10 月 17 日，第二班调度员根据日（班）计划，安排 XFZ 机务段 HX_D3/391 号单机在 XTS 站挂工务机械段机械车组转场作业，从 XTS 站开 57032 次列车经下行线反方向运行到 DK 站，再恢复正方向运行，列车调度员向 XTS 站提前布置了作业事项。XFZ 机务段 HX_D3/391 号单机开 51351 次，17:06 到达 XTS 站Ⅱ道，17:30 转入 1 道与机械车组连挂，17:35 XTS 站汇报司机提出没有平调设备不干活，列车调度员将该情况通知机车调度员，要求联系确定是否作业。机车调度员与 XFZ 机务段指挥中心联系后，指挥中心先表示可以干，后又表示干不了。18:25，XTS 站汇报司机还是不作业。机车调度员、计划调度员、机调主任、值班副主任继续与 XFZ 机务段、BJ 机务段联系作业情况。列车调度员与 XTS 站联系临时从其他车站调平面调车灯显设备，XTS 站反映没有培训，不会用。因在 XTS 站无法作业，且宝中线施工急需施工机械车辆，调度员于 19:45 决定先将机械车组拉到 ST 站，由 ST 站调机倒顺位。57031 次 XTS 站 20:42 开，21:38 到 ST 站。ST 站调机 22:53 开始作业，0:30 作业完毕。0:43 司机提出超劳要求换班，因宝鸡、天水没有机班，征得司机同意后，10 月 18 日 7:44 ST 站开 57032 次，11:31 到达 BJD 站。

XFZ 机务段 HX_D3/391 号机车在 XTS 站进行大型养路机械调车作业时，因车站未准备调车灯显设备，无法进行调车作业，造成原计划 XTS 站始发 57032 次计划变更，导致司机超劳 11 h 31 min，构成铁路交通一般 D10 类事故，铁路局定 BJ 车务段主要责任、调度所重要责任、XFZ 机务段次要责任。

2. 存在问题

（1）规章制度掌握不清。一是调度员、值班主任都不了解 HX_D3 型没有灯显设备不能作业的规定，反复与机务段联系，要求司机在没有灯显设备的情况进行作业。二是调度员、值班主任对路局 2012 年 12 月 26 日发布的 10362 号命令，存在错误理解，没有领会该命令的正确含义，一致错误认为是司机不作业。

（2）没有正确处置突发问题。在 XTS 站 17:35 汇报没有灯显设备不干活后，调度员、值班主任没有积极联系车务段协调灯显设备情况，协调组织作用没有正确发挥，造成机车在 XTS 站停留长达 3 h 7 min。

（3）防止超劳措施不力。一是列车调度员在得知 $HX_D3/391$ 号机车即将超劳后，没有向 ST 站重点布置倒顺位作业，优先保证 57032 次开车。二是列车调度员同意 ST 站利用调机倒顺位后，没有紧盯轨道车在车站的作业情况，轨道车在专用线作业时间过长，造成机械车组等待作业长达 1 h 7 min。三是机车调度员在联系换班时，与兰州联系无法安排从天水来人换班后，以宝鸡机班紧张为由，没有认真联系从宝鸡来人换班，仅仅是做 10 月 18 日白班从宝鸡来人换班计划。四是计划调度员在得知 $HX_D3/391$ 号机车即将超劳后，没有积极采取措施变更计划，防止机车乘务员超劳。

（4）管理制度没有落实。在 XTS 站问题发生后，当班列车调度员、计划调度员、机车调度员都能够主动联系，但是在问题不能解决的情况下，却没有向值班主任汇报，直到值班副主任到台上巡视后，才发现问题。在该问题无法协调解决时，值班主任也没有向当班两班倒副主任马×反映。暴露出班组的日常管理缺失，最基本的信息上报制度没有得到贯彻执行。

（5）值班干部履责不力。一是调度四班值班主任、值班副主任没有发挥好组织协调作用，没有指导调度员正确处理问题，在 $HX_D3/391$ 号机车停留在 XTS 站的 3 个多小时中没有发挥好作用。二是调度一班值班主任、值班副主任对 $HX_D3/391$ 号机车在 ST 站长时间停留的情况不清楚，对班组安全生产管理不到位。三是调度所值班领导对此作业扯皮、司机超劳、浪费机车的严重问题，不掌握信息，对运输组织工作失察。

3. 整改措施

（1）加强运输调度组织协调。一是调度员在工作中应积极发挥组织协调作用，提高日（班）计划的兑现率。二是值班干部要主动履责，发挥协调作用，牵头解决运输生产中的各种突发情况，确保运输生产安全稳定。

（2）详细了解现场设备情况。列车调度员应熟悉并掌握管辖区段内的运输设备情况，通过下现场调研等方式，深入生产一线，详细了解现场的运输生产组织和运输设备情况。

（3）提高调度应急处置能力。一是调度员对各种突发情况应详细了解现场情况，正确及时进行处置，确保运输生产安全和列车运行秩序。二是值班干部应指导调度员做好对各种突发情况的应急处置，减少各种突发情况对运输生产的影响。

（4）完善作业安全卡控措施。在正常情况下，使用 HX_D3 型机车调车作业时，一是机车已经安装平调设备接口的，必须使用调车灯显设备。二是调车作业时，应提前通知车站做好准备工作，遇作业站需要从临近车站调派人员及灯显设备时，调度员应给予安排。三是在机车已经安装平调设备接口，但车站没有灯显设备时，不得进行调车作业。

思考：

（1）货车周转时间如何计算？

（2）如何通过分析周转时间来提高工作效率？

知识准备

货车周转时间是衡量货车运用质量的主要指标之一，在较大程度上体现运输工作组织水平，因而它必定成为各级运输调度指挥人员关注的目标。在运输分析工作中，不管是日常分析，还是定期分析、专题分析，对货车周转时间的分析都是必不可少的主要内容。

货车周转时间是指货车每完成一次周转（完成一个工作量）平均消耗的时间，其计算方法有车辆相关法和时间相关法两种，货车周转时间完成情况的分析则分别通过这两种不同的计算方法进行。以车辆相关法分析货车周转时间适用于日常分析，而用时间相关法分析货车周转时间适用于定期分析和专题分析。

1. 以车辆相关法分析货车周转时间

货车周转时间是从时间利用上衡量货车运用效率的综合指标，它既能综合反映运输生产的工作质量，又能直接衡量铁路运输产品——货物的送达速度。因此，国铁集团及铁路局运输调度部门要经常分析货车周转时间的完成情况，并及时提出改进措施。

在对货车周转时间进行日常分析时，由于受时间和资料的限制，也是为简便迅速地进行分析，经常采用车辆相关法。在分析时，除对总的货车周转时间进行分析外，还应对管内工作车、移交重车和空车周转时间按同样的方法进行分析，以便发现货车周转时间变化的原因。分析的方法是以实际完成的货车周转时间（$\theta_{实际}$）与技术计划规定的货车周转时间标准（$\theta_{计划}$）相比较。

如表 8-3 示例中，某局货车周转时间实际较计划标准压缩了 0.02 d，总的来说当日运输工作完成情况是好的。但若进一步分析可以看出，这一成绩的取得主要是由于注意了空车的运用，空车周转时间显著降低所达到的。而管内工作车周转时间没有完成，管内工作车保有量超过了标准，说明管内工作车的输送和卸车组织工作没有做好，以致卸车任务都没有完成。虽然移交重车保有量也超出标准数 240 车，但移交重车工作量超额完成 300 车，说明移交重车方面完成得比较好。今后应该加强管内工作车的输送和卸车组织工作。

表 8-3　某局某日货车周转时间分析资料表

运用车分类	N（运用车保有量）/车			u（工作量）/车			θ（货车周转时间）/d		
	标准	实际	差	标准	实际	差	标准	实际	差
运用车	6 710	6 696	−14	6 100	6 200	+100	1.10	1.08	−0.02
空车	1 080	740	−340	3 600	3 700	+100	0.30	0.20	−0.10
管内工作车	3 070	3 156	+86	2 900	2 700	−200	1.06	1.17	+0.11
移交重车	2 560	2 800	+240	3 200	3 500	+300	0.80	0.80	—

2. 以时间相关法分析货车周转时间

在对货车周转时间进行定期分析或专题分析时，一般都采用时间相关法按货车周转时间的各项因素进行详细分析。使用这种方法，除查明货车周转时间完成情况外，还可以分析各项因素完成情况对货车周转时间的影响，以查明货车周转时间延长或压缩的详细原因，有针对性地提出改进运输工作的措施。

表 8-4 为某局某月货车周转时间完成情况资料。该局货车周转时间实际较计划缩短了 0.02 d，使用车、卸空车、接运重车及工作量均完成或超额完成任务，该局这个月的运输工作应该是完成得不错吧。但可以看到该局的旅行速度、中转时间、一次货物作业停留时间该月均未完成计划（这三项指标都是影响货车周转时间的主观因素），其货车周转时间的缩短是由

于货车全周距由268 km缩短为230 km所至，而全周距是影响货车周转时间的客观因素。三项主观因素指标都未完成能说本月运输工作完成情况是好的吗？那么应该以什么为标准来衡量货车周转时间的完成情况？在此引进换算货车周转时间的概念。

表8-4　某局某月货车周转时间完成情况资料

指标	全周距/km	旅行速度/（km/h）	中转距离/km	中转时间/h	一次货物作业时间/h	管内装卸率	使用车数/车	卸空车数/车	接运重车数/车	工作量/车	运用车保有量/（车·d）	货车周转实际/d
计划	268	40.5	102	5.0	9.9	0.72	747	550	1 058	1 805	2 026	1.12
实际	230	35.0	102	5.1	11.0	0.75	755	609	1 058	1 813	1 994	1.10

所谓换算货车周转时间，就是在用时间相关法计算货车周转时间公式所涉及的六项因素中，客观因素用实际完成数值，主观因素用计划数值，以此求出的货车周转时间。用一句话来形容换算货车周转时间就是在客观因素发生变化的情况下应该完成的货车周转时间，即：

$$\theta_{换算}=\frac{1}{24}\left(\frac{l^{实际}}{v_{旅}^{计划}}+\frac{l^{实际}}{L_{中}^{实际}}t_{中}^{计划}+k_{管}^{实际}t_{货}^{计划}\right)$$

式中：$l^{实际}$——实际完成的全周距；

$L_{中}^{实际}$——实际完成的中距；

$k_{管}^{实际}$——实际完成的管内装卸率；

$v_{旅}^{计划}$——计划旅速；

$t_{中}^{计划}$——计划中时；

$t_{货}^{计划}$——计划停时。

在该公式中，货车全周距、货车中转距离、管内装卸率三项客观因素用实际完成数值，中时、停时、旅行速度三项主观因素用计划数值。换算货车周转时间求出后，再用实际完成的货车周转时间和换算货车周转时间进行比较，以此衡量货车周转时间的完成情况，分析运输生产工作质量，剔除由于客观条件变化对指标的影响。

经过计算，本例题中的换算货车周转时间为 1.02 d，而实际完成的货车周转时间为1.10 d，实际完成的货车周转时间较换算（应该完成的）货车周转时间延长了 0.08 d。

在引进换算货车周转时间的基础上，进一步分析六项因素分别对货车周转时间的影响，即采用“单因素法”，就是假定除要分析的一项因素外，其他因素都按计划完成，由此看出该项因素对货车周转时间影响的数值。

例如分析旅行速度对货车周转时间的影响时，将时间相关法计算公式中含有旅速这一因素$\left(\frac{1}{24}\times\frac{l}{v_{旅}}\right)$项拿出来，分别以$l$带入计划数值、$v_{旅}$代入实际数值求出旅速变化影响值，再以两项因素都用计划数值求出未影响值，这两个数值的差额就是旅速对货车周转时间的影响。

列表分析某局某月份各单项因素完成情况对货车周转时间的影响见表8-5。

表 8–5　单项因素分析某局某月货车周转时间完成情况计算表

项目 分析	实际	计划	差
由于全周距影响	$\frac{1}{24}\times\left(\frac{230}{40.5}+\frac{230}{102}\times5\right)=0.706$	$\frac{1}{24}\times\left(\frac{268}{40.5}+\frac{268}{102}\times5\right)=0.823$	−0.117
由于中时影响	$\frac{1}{24}\times\left(\frac{268}{102}\times5.1\right)=0.558$	$\frac{1}{24}\times\left(\frac{268}{102}\times5.0\right)=0.547$	+0.011
由于停时影响	$\frac{1}{24}\times(0.72\times11.0)=0.330$	$\frac{1}{24}\times(0.72\times9.9)=0.297$	+0.033
由于旅速影响	$\frac{1}{24}\times\frac{268}{35}=0.319$	$\frac{1}{24}\times\frac{268}{40.5}=0.276$	+0.043
由于管内装卸率影响	$\frac{1}{24}\times0.75\times9.9=0.309$	$\frac{1}{24}\times0.72\times9.9=0.297$	+0.012
由于中距影响	中距计划与实际相等		0
合计			−0.018

从上述资料可以看出，某局该月份货车周转时间从表面上看缩短了 0.02 d，运输工作似乎完成得不错，但这主要是由于全周距缩短 38 km，使货车周转时间缩短了 0.117 d 所致。虽然该月份由于管内装卸率的增大造成周转时间延长了 0.012 d，该局在客观因素全周距和管内装卸率发生变化的情况下应该完成的货车周转时间为 1.02 d，由于主观努力不够使得中、停时和旅速均未按计划完成，使实际货车周转时间比应完成的换算货车周转时间延长了 0.08 d。其中，因中时影响延长 0.011 d，停时影响延长 0.033 d，旅速影响延长 0.043 d。今后应加强调度组织指挥，抓好车站工作组织，提高货车运用效率。

任务 8.3　运用车保有量分析

任务引入

×月×日 20:54，31705 次运行至 E 站至 F 站间，红外线预报机次第 42 辆右侧 4 轴强热（车号：1593189），F 站甩车后于 22:27 开。

20:54，红调二台向××台列车调度员通报强热报警，LSS 下行探测站 20:53 通过一趟货车 61 辆，车次为 31705 次，预报机后 42 位右 4 轴（车号：1593189）强热，前方站停车检查，列车调度员布置 F 站 31705 次不开（计划待避 2125 次、T83 次、T297 次后于 21:20 开），车站派人检查处理。

21:01，列车调度员布置 F 站将热轴车辆甩下。

21:09，F 站报告现场检查热轴车辆未发现异常。

F 站 21:15 开始甩车作业，22:15 作业完毕，将热轴车辆甩至 8 道后于 22:27 开。

列车调度员通过行调复视终端发现并同时接到强热预报后，立即布置 F 站 31705 次不开，车站人员检查处理。在与辆调确认为无列检人员现场检查后，及时作出甩车处理决定，处置及时、合理、正确。

思考：

（1）为什么调度要了解运用车保有量？

（2）调度分析运用车保有量的方法是什么？

知识准备

各铁路局保有一定数量的运用车，是完成装卸车任务和分界站移交车任务的保证。运用车的合理分布，是保证完成全路运输生产任务和保持运输状态正常的重要因素。运用车保有量分析，除对运用车总数进行分析外，尚需按去向、车种别进行详细分析。

1. 铁路局运用车保有量的分析

运用车的合理分布应按层次进行控制，国铁集团对各铁路局运用车数进行控制，铁路局应对管内各调度区的运用车数进行管理，使其能经常保持在正常范围。如某铁路局管辖范围分为三个调度区，即 A 区、B 区和 C 区，表 8-6 所示例题中，该铁路局运用车差值超过 250 车，进一步分析主要是由于 B 区运用车保有量增加所致。

表 8-6　某局运用车保有量分析表

比较	铁路局	其　中		
		A 区	B 区	C 区
计划	5 000	1 898	2 336	766
实际	5 250	1 890	2 590	770
差	+250	−8	+254	+4

2. 各种运用车保有量的分析

对运用车保有量还须按管内工作车保有量、移交重车保有量和空车运用车保有量分别进行掌握，空车保有量有条件时还应按车种别掌握。如表 8-7 所示，某局运用车保有量总数实际比计划少了 12 车，空车与计划持平，管内工作车实际比计划少了 50 车，说明管内工作车的输送和卸车组织工作做得比较好，移交重车实际比计划多了 38 车，说明移交车组织得不好，进一步分析发现是丁分界站的移交重车增加了 60 车，积压严重。

通过以上分析可以得出以下调整措施：一是管内工作车保有量不足，将影响卸车任务的完成，所以下一步应组织多装管内工作车。二是应限制经丁分界站移交车的装车，以减少该分界站的交车压力，并注意做好该分界站的交车工作。

表 8-7　各种运用车保有量分析表

项　目		计划	实际	差
运用车		2 026	2 014	−12
管内工作车		583	533	−50
空车		430	430	0
移交重车		1 013	1 051	+38
其中	乙分界站	540	518	−22
	丁分界站	473	533	+60

3. 运用车保有量与工作量、货车周转时间的关系分析

运用车保有量（N）与工作量（u）和货车周转时间（θ）有密切的关系。因此，当运用

车保有量有变化时，应按公式$N = u\theta$，用固定因素法加以分析，即首先按实际完成的工作量和计划的货车周转时间，计算出换算运用车数$N^1_{换算}$：

$$N^1_{换算} = u_{实际}\theta_{计划}$$

式中：$u_{实际}$——实际完成的工作量；

$\theta_{计划}$——计划周转时间。

然后用下式计算另一种换算运用车数$N^2_{换算}$：

$$N^2_{换算} = u_{实际}\theta_{换算}$$

式中：$\theta_{换算}$——换算货车周转时间。

换算运用车数可以解释为在工作量变化的情况下所应保有的运用车数，然后将此数与实际运用车标准数进行比较，得出运用车分析结论。在这里需要说明的是，用两种方法求得的换算运用车数是不一定相等的，从理论上讲后者更能说明问题。

以表 8–4 中所列数据为例：

某局某月计划运用车保有量$N_{计划}$为 2 026 车，实际运用车保有量$N_{实际}$为 1 994 车，两种换算运用车数分别为：

$$N^1_{换算} = 1\,813 \times 1.12 = 2\,031$$
$$N^2_{换算} = 1\,813 \times 1.02 = 1\,849$$

实际与计划的差额：$\Delta N = N_{实际} - N_{计划} = 1\,994 - 2\,026 = -32$

实际与$N^1_{换算}$的差额：$\Delta N^1 = N_{实际} - N^1_{换算} = 1\,994 - 2\,031 = -37$

实际与$N^2_{换算}$的差额：$\Delta N^2 = N_{实际} - N^2_{换算} = 1\,994 - 1\,849 = +145$

以上三种计算结果是一种简单的数字比较，从表面上看某局该月实际少占用运用车 32 车；若从完成工作量的多少分析，按月计划规定的货车周转时间与实际完成的工作量计算，节省运用车 37 车；若按换算货车周转时间与实际完成的工作量计算，浪费了 145 车。三种计算结果不同，尤其是后一种计算结果与前两种完全相反，如何下最终结论？从运输工作的整体考虑，从分析运输组织过程中存在问题的出发点考虑，应该排除客观因素的影响，该局该月由于主观指标完成得不好而多占用运用车 145 车。

任务 8.4　铁路调度分析制度

任务引入

1. 事件经过

1 月 14 日 D16 次有专运任务，为保证 D16 次正点，决定将 T12 次变更 PJB 站 3 道待避 D16、D176 次。列车调度员下达调整计划并通知 PJB 站客运变更到发线及应急值守人员在 D176 通过后确认 1/3 号道岔分路不良区段空闲，助理调度员核对进路序列。在 D176 通过后，应急值守人员报告 1/3 号道岔分路不良区段已空闲，助理调度员将 1/3 号道岔单解并设置稳定后排列 T12 次进路发车。

2. 问题分析

当班列车、助理调度员不执行作业标准，简化作业手续，办理列车进路时，未将进路上分路不良区段及与其有联锁关系的其他道岔单独锁闭。

3. 整改措施

（1）组织客专人员共同研究这次事件，吸取教训。

（2）规范调度员标准化作业。

（3）加强学习非正常处理。

（4）按规定进行考核。

思考：

（1）调度工作为什么需要分析？

（2）调度工作分析制度有哪些？

知识准备

调度工作分析，是通过对常运输工作进行综合分析，发现问题，制定改进措施，各调度部门必须配备调度分析人员，有较强业务水平和实践经验的人员负责调度工作质量，促进运输生产的有效方法。

1. 调度分析制度的分类

调度分析工作分为日常分析、定期分析、专题分析。以下重点介绍日常分析、专题分析。

1）日常分析

日常分析是指日（班）工作终了，对日（班）运输生产和营销计划执行情况所做的分析。它能及时正确地表明计划完成情况及未完成计划的原因，迅速采取相应措施，解决运输生产中已经产生的问题。但由于受时间和资料的限制，日常分析内容一般较为简洁，不可能涉及某些较为深入、细致的研究。其主要内容包括：

（1）列车工作计划兑现情况分析。

（2）分界站列车交接、排空计划兑现情况分析。

（3）运用车分布及车流状况分析

（4）停运列车分析。

（5）列车等线分析。

（6）运输收支完成情况分析。

（7）货车使用费情况分析。

（8）货车周转（中转、停留、旅行）时间分析。

（9）大点车分析。

（10）换算周转量（货物周转量、旅客周转量）分析。

（11）运量（货物发送吨、旅客发送人、静载重）分析。

（12）旅客列车、货物列车正晚点（惯性晚点）分析。

（13）机车运用情况分析。

（14）机车日车公里分析。

（15）机车平均牵引总重（列车平均总重）分析。

（16）机车日产量（单位功率日产量）分析。

（17）机车乘务员超劳情况分析。

（18）列车违编、欠重、超重情况分析。

（19）列车机外停车分析。

（20）请求车、承认车及承认车自动审批情况分析。

（21）装卸车（夜装夜卸比重、战略装卸点、路企直通、直达、成组、军运、集装箱、超限超重、港口、国境站、停限装）及重点物资装车分析。

（22）行邮、行包列车、“五定”班列、专运列车开行情况分析。

（23）铁路局间分界口能力利用率情况分析（每月按运调-18 格式逐项填写，于次月 5 日前电报传国铁集团）。

（24）“天窗”（时间、次数）兑现率的分析。

（25）检修车分布及检修车扣修、回送、检修、修竣计划兑现情况分析。

（26）铁路车辆运行安全监控系统运行情况分析。

（27）篷布使用分析。

（28）临时旅客列车开行、旅客列车甩挂车辆、折返、停运分析。

（29）牵引供电运行情况统计分析。

（30）行车设备故障统计及对运输影响情况分析。

（31）调度工作安全情况分析。

（32）调度工作质量分析。

2）专题分析

专题分析是针对一时一事的专门课题的分析，即在一个时期为研究改进运输经营活动，对某一指标、某一重大问题（或是倾向性问题）或某一项先进技术进行深入调查研究所作的综合分析。专题分析在日常分析和定期分析基础上进行，重点分析在当前铁路运输经营中带有普遍性和关键性的问题。

铁路运输经营结果通常也是以一系列的指标（数）来反映的。因此，分析工作的基本点是从数据分析入手。例如，在分析铁路货物运输生产计划完成情况时，就首先需要从分析货物发送吨数、装车数等指标着手。从数的分析中可以判明分析期内铁路运输生产经营活动的一般情况，据以揭示铁路运输生产过程及其经营活动的一般规律和存在的问题，以期进一步研究改进运输经营活动，不断提高铁路运输经营效益。

2. 调度安全分析要求

（1）安全问题分析要坚持做到“六个必须”。

① 过程分析必须对标。通过对问题发生过程中的每一个环节分析，查找都违背了哪些规章制度和作业标准，并全面分析规章制度是否健全，作业标准是否完善。

② 原因分析必须引申。对问题的分析不能就事论事，要分析直接原因和间接原因、主观原因和客观原因，要从专业管理、规章制度、设备质量、人员素质、行车组织等方面深挖隐患。

③ 责任分析必须明确。要从发生问题涉及的工种间、台间结合部和管理原因入手，找准各相关人员存在的问题和管理漏洞，确定相关人员责任；对所有参加作业人员、涉及的管理人员、包保人员都要分析并明确责任。

④ 教训分析必须深刻。要从问题可能发生的后果上去查找教训，要注重从同类问题发生的周期中去吸取管理方面的教训，要分析工作作风方面的教训。

⑤ 专业分析必须翔实。各专业调度室要通过分析收集的资料、语音回放、监控回放、有关人员叙述的情况等，还原问题发生的过程，从专业管理入手，全面分析问题存在的原因和应吸取的教训。

⑥ 问题整改必须到位。有关人员和相关室要针对分析出的倾向性问题制定有针对性的整改措施；要指定整改负责人，制订整改推进计划，明确整改期限，及时消除安全隐患。

（2）安全室、专业调度室对日常考核发现的问题，要及时进行跟踪分析（通报信息）；对典型安全问题要形成专题考核通报（挂图）；对非典型安全问题及时在调度所共享信息平台“考核”栏发布考核信息，确保问题剖析、整改的实效性。

（3）安全室建立安全分析台账，不断积累资料，形成调度安全分析资料库。

（4）安全室负责，技术教育室配合，选取典型安全问题，每年编辑一册《调度指挥案例》。

思 考 题

1. 调度工作分析的目的是什么？
2. 调度工作分析的主要内容是什么？
3. 货物列车正晚点统计中列车出发和运行是如何划分的？
4. 简述货物列车出发正点和运行正点的规定。
5. 货车周转时间分析有几种，都是如何分析的？
6. 何谓换算货车周转时间？如何计算？
7. 运用车保有量是如何分析的？
8. 调度分析制度分类有哪些？
9. 调度日常分析的内容有哪些？
10. 调度安全分析包括哪“六个必须”？

技能训练题

1. 甲—乙、乙—丙区段运行图中，由甲站始发至丙站终到的 22103 次列车运行线摘录如下图所示。

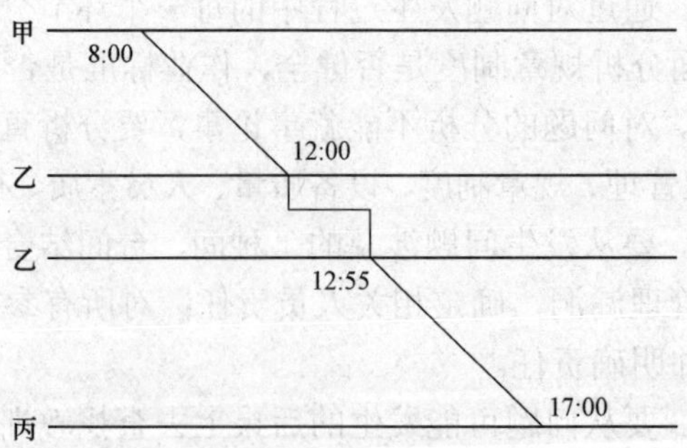

根据下列条件统计 22103 次列车出发及运行正晚点情况。

（1）甲站 7:55 出发，则甲站统计（　　　　　　）；

乙站 11:58 到达，则甲—乙间统计（　　　　　　）；

乙站 12:55 出发，则乙站统计（　　　　　　）；

丙站 16:55 到达，则乙—丙间统计（　　　　　　）。

（2）甲站 7:44 出发，则甲站统计（　　　　　　）；

乙站 11:50 到达，则甲—乙间统计（　　　　　　）；

乙站 12:50 出发，则乙站统计（　　　　　　）；

丙站 17:00 到达，则乙—丙间统计（　　　　　　）。

（3）甲站 8:03 出发，则甲站统计（　　　　　　）；

乙站 12:03 到达，则甲—乙间统计（　　　　　　）；

乙站 12:58 出发，则乙站统计（　　　　　　）；

丙站 17:05 到达，则乙—丙间统计（　　　　　　）。

2. 已知甲局某日运输指标完成情况如下，试用车辆相关法分析货车周转时间完成情况。

		运用车 N/车			工作量 u/车			货车周转时间 θ/d		
		标准	实际	差	标准	实际	差	标准	实际	差
运用车总数		5 000	5 000	0	3 900	4 000	+100	1.28	1.25	−0.03
其中	空车	800	600	−200	2 300	2 500	+200	0.35	0.24	−0.11
	管内工作车	1 200	1 300	+100	900	850	−50	1.33	1.53	+0.20
	移交重车	3 000	3 100	+100	3 750	3 800	+50	0.80	0.82	+0.02

3. 某局某月货车运用指标计划与完成情况如下，试用时间相关法分析某局该月运输工作完成情况。

指标	全周距/km	旅行速度/（km/h）	中转距离/km	中转时间/h	一次货物作业时间/h	管内装卸率	装车数/车	卸车数/车	接运重车数/车	工作量/车	运用车保有量/（车·d）	货车周转实际/d
计划	313	25	100	3.0	9.0	0.23	300	350	2 500	2 800	2 800	1.0
实际	267	24	100	3.1	10.0	0.22	330	360	2 900	3 230	2 907	0.9

项目 9　铁路运输调度安全管理

学习目标

1. 知识目标

（1）掌握风险管理的概念、作用和内容。

（2）掌握调度安全风险管理的内容。

（3）掌握调度安全风险管理的制度。

（4）掌握铁路局安全管理卡控内容和要点。

（5）熟悉普速铁路列调应急处置要点。

（6）掌握铁路事故的定义及等级的内容。

（7）掌握调度事故案例分析的方法。

2. 能力目标

（1）能根据非正常情况分析列调的安全风险卡控要点。

（2）能分析调度案例的等级。

（3）能编制调度案例的事故调查报告。

风险管理是涉及社会政治、经济领域的重要课题，是复杂、普遍的系统工程，是对各种风险事故的预警、规避，是对已经发生损失的处理。从风险管理主体的角度来看，国家、企业、家庭和个人都需要管理各种风险。风险管理的内容很丰富，涉及社会政治、经济生活的方方面面，运筹学、概率统计、系统论、控制论、计算机技术等为风险管理提供了先进的技术手段。风险管理作为一门新兴的、跨专业的管理学科，涉及金融学、财务管理学、数学、投资管理学、社会学、心理学等多门科学。

任务 9.1　调度安全风险管理

任务引入

5 月 28 日 7:20 左右，LPS 台列车调度员接 LPS 站申请开行 GY 供电段到 CJW 站进行维修作业的轨道车，同时申请当日 7:55—8:45 在 CJW—LPS 间进行设备维修作业。列调当时考虑到夜班多趟客车及“百列”重点列车 X244 次晚点，决定将维修作业调整至 9:10 左右进行。

8:50，白班列车调度员接班后，于 8:55 左右重新铺画三、四小时阶段计划，将 5648 次列车开车点调至 9:50，但因忙于调整列车运行和发布内六线施工开通命令，未及时将调整的运行计划下达给车站。9:09，列调根据施工日计划及 GY 供电段调度员的电话请求，口头同意 LMC 供电臂（停电影响范围为：LPS 站（不含）至 CJW 站至 LPSN 站（不含）区段、LPS 站（不含）至 MG 站（含）区间）自即时起至 9:50 停电。

9:12，列调通过 TDCS 复示系统发现 LPS 站开放了 5648 次列车出站信号，立即通知车站不开车，车站答复列车已起动即将压出股道，列调考虑到列车停于道岔区会影响其他方向接发列车和调车作业，于是布置车站通知 5648 次司机停于 LPS 站下行总出发信号机内方等待。9:15，5648 次停于 K2249+888 处（未出站，距出站信号机 2 262 m）。列调随后报告值班主任和施工调度员，按程序取消停电作业并组织供电。9:21，接 GY 供电段调度汇报区间接触网已恢复供电，5648 次于 9:27 动车，9:36 到达 MG 站。

1. 原因分析

（1）夜班调度员经验不足、未给白班调度员打好交班基础是造成此次事件的主要原因。一是在因夜间客车及百千列车晚点影响停电天窗时，未及时报告值班主任，只是口头同意停电施工延后至 9:10 以后，把运行调整计划交给了接班调度员。二是未提前拟写施工、调整列车运行出现差错。三是对维修计划时间发生变化这一情况在交接班工作中未认真交接，只说维修作业未进行，未说明具体的安排情况。四是相关信息汇报不及时。调度员在发现施工维修计划因重点列车晚点未及时兑现、推后施工又与客车开车有冲突时，只是告诉车站和施工负责人推迟作业，没有向值班主任和施工调度员报告。

（2）白班调度员经验不足、未按标准化作业是造成此次事件的重要原因。一是班前了解情况不透彻，只了解了站存车、天气、班计划、分界口交接情况，未了解施工方面的信息，也未了解列车运行计划，造成接班后忙中出错、指挥失误。二是于 8:50 接班后，重新调整了三、四小时阶段计划，将 5648 次调整至 9:50 开，但未及时下达阶段计划造成车站未收到调整后的运行计划。三是在临时变更旅客列车晚点开车时未按调度所制定的卡控办法执行，即先口头布置，再调整运行计划并立即下达计划的规定，只把运行计划进行修改未向车站下达，造成车站不知道开车计划已进行了修改。

（3）班组管理不到位。一是值班主任对新职调度员未进行重点盯控、帮促。二是值班主任在巡台时未发现调度未按施工维修计划点给运行计划的情况，也未主动询问列车调度员作业、施工兑现情况，未及时发现安全隐患并及时处置。

2. 整改措施

（1）立即开展分析检查工作。在此次事件发生后，调度所立即安排备班人员顶岗，将交班调度员胡××、接班调度员刘×停职，所主要领导立即组织相关科室人员进行原因分析，并连夜对全体当班列车调度员铺画列车运行计划的操作规范进行检查。

（2）立即制定事故隐患防范措施。针对分析出来的此次事件发生的原因，调度所技教室连夜制定《关于明确 TDMS4.0 铺画运行线及停送电命令发布规定的通知》和《关于公布行调台对口交接班规定的通知》，再次对列车调度员的相关操作程序进行强调和规范。再则要求调度员在交接班时必须按照“十清”“九不交”的规定进行对口交接，防止出现因情况了解不细、工作交接不清而出现安全隐患。

（3）立即对全体列车调度员的标准化作业进行包保检查。调度所在发布相关规定后，连续三天在各班的交接班会上进行传达，并按照调度命令检查包保范围，要求安全室、技教室、行车室人员对列车调度员执行情况立即进行督促、检查。

（4）立即开展案例教育活动。一是要求当事人对此次事故隐患经过自我进行认真分析及问题剖析，并在各班交班会上进行巡回检查，以案例事实教育全体调度员必须严格执行标准化作业规定，杜绝类似事件的再次发生。二是由安全室负责，将此次事故隐患经过制作为案例教育课件，纳入列车调度员日常学习的重点内容。

思考：

（1）什么是安全风险管理？

（2）列车调度安全风险管理的内容有哪些？

知识准备

1. 安全风险管理的知识

1）风险管理的概念

风险管理是研究风险发生规律和风险控制技术的一门新兴管理科学，是指风险管理单位通过风险识别、风险衡量、风险评估、风险决策管理等方式，对风险实施有效控制和妥善处理损失的过程。

风险管理的核心是降低损失，即在风险事故发生前防患于未然，预见将来可能发生的损失或者在风险事故发生后，采取一些消除事故隐患和减少损失的办法。从风险管理流程看、风险管理的每个环节都是为了减少损失。识别风险是为了减少风险事故的发生；评价风险是为了预测风险事故可能造成的损失，预先做好减少损失的安排；控制风险是为了降低已经发生的风险事故所造成的损失。

风险识别、风险衡量和风险评价是为了认识、评价风险管理单位的风险状况，解决风险管理中的各种问题，制定管理风险的决策方案。风险管理目标的确定、风险识别、风险衡量、风险评价和风险控制等，都是为了确定最终的风险管理方案。

2）风险管理的作用

有效的风险管理对保障风险管理单位的财产和人身安全具有积极的作用，风险管理的作用主要体现在以下几个方面。

（1）预防风险事故的发生。风险管理可以将许多风险隐患、危害消灭在萌芽状态，预防风险事故的发生，保护风险管理单位的财产安全和人身安全。

（2）减少风险事故造成的损失。风险管理使风险管理单位充分认识到自身所面临风险的性质和严重程度，并采取相关的风险管理技术，以减少风险事故造成的损失。

（3）转嫁风险事故造成的损失。风险管理通过缴纳一定的费用，有计划地将重大风险事故造成的损失转移给保险公司或者其他单位，从而转移风险事故造成的损失。一旦风险管理单位发生重大风险事故，转嫁风险的机制可以使风险管理单位获得及时、有效的经济补偿。现代风险管理克服了传统的以保险为单一转嫁风险机制的局限性，综合利用各种控制转嫁风险的措施，使风险管理单位处理风险的方式日趋完善。

（4）保证风险管理单位的财务稳定。风险管理有助于防止风险管理单位由于资金紧张而陷入困境，保证风险管理单位的财务稳定，有利于风险管理单位长期、稳定地发展，降低风险管理单位的管理成本，增加风险管理的经济效益。

（5）营造安全的社会环境。风险管理通过自身的运作机制防止了许多重大风险事故的发生，有利于营造安全稳定的生产生活、工作环境；有利于企业提高经济效益，激发员工工作的积极性；有利于家庭成员解除后顾之忧，安心工作；有利于社会的稳定，优化社会资源的配置。

3）铁路实行安全风险管理的意义

铁路作为服务性行业，一旦发生故障或事故，影响较大，所以我国铁路安全一直被铁路部门高度重视。铁路安全及规章制度、固定设备列车、调度指挥、人员素质、治安环境、灾害防范等诸多要素，每一个要素都决定着铁路安全管理的成败。传统的安全管理一般都缺乏通盘规划，也没有整合铁路网的长远发展战略，当问题出现时，往往只能做事后补救工作，反应较为被动，经常是当意外发生和汲取教训后再寻求改善及控制方法，而类似事件都会成为社会大众的关注点。

铁路系统作为复杂巨系统，特别是高速铁路的出现，从技术上来说，融合了一系列高新技术，涵盖多学科、多专业，包括众多子系统；从管理上来说，具有投资大、周期长、风险大、参与方多等特点，包括质量、成本、进度、组织、安全、信息、环境、风险、沟通等诸多管理内容，涉及政治、经济、社会等多个层面。铁路系统内部之间，系统与外部之间相互联系、相互制约，关系错综复杂，如果不从整体上系统把握，将难以达到预期目标。随着社会进步，社会各界对铁路安全的要求亦越来越高，铁路运营部门如何妥善控制运营安全风险备受关注，政府监管部门亦要求运营部门强化安全风险管理及做好安全生产工作，再加上运营成本的不断上升，要保持铁路系统的可靠性，提高生产效率，同时改善安全风险控制，是现在铁路运营部门必须面对的挑战。

2. 铁路调度安全风险管理知识

1）调度安全风险概念

调度安全风险是由若干风险事件构成的，风险事件是指酿成事故和损失的直接原因和条件，识别调度安全风险的首要任务是识别安全风险事件。为规避调度责任事故，一般以《铁路交通事故调查处理规则》中界定的事故项目为一个分析项点，以冲突、脱轨、火灾爆炸、相撞、从业人员伤亡、旅客伤亡为固定风险，以阶段性行车安全、设备质量、作业环节等暴露出的安全风险为动态风险，识别每一个风险所包含的风险事件。

2）调度安全风险识别

风险识别以调度作业过程和管理过程为对象，以防范冲突、脱轨、火灾相撞、从业人员伤亡、旅客伤亡等事故为控制目标，从排查导致一般 D 类、C 类及以上铁路交通事故的风险事件入手，按照职工作业（人）、设备质量（物）、安全环境（环境）、安全管理（管理）4 个类别结合日常安全检查情况，分层次、分工种识别调度安全风险，并将其分解到责任作业岗位和管理岗位上，确定安全风险控制的牵头部门和配合部门，制定正常情况下的控制措施和非正常情况下的阻断措施。

3）调度安全风险衡量与评估

对识别出的调度安全风险，应根据其发生的频率及危害，衡量与评估风险的严重程度。

（1）极高度风险。

风险程度极高，具有突发性、源头性和系统性的特征，指可能直接导致旅客列车冲突脱轨、火灾爆炸、相撞，或旅客、作业人员、路外人员群死群伤事故等后果极其严重的风险，须立即采取果断措施加以解决。例如，CTC 区段未确认分路不良轨道区段空闲接车、未及时正确下达限速调度命令、运行揭示调度命令发布或管理不规范、错误向停电区段接触网送电等。

（2）高度风险。

风险程度较高，具有易发性、阶段性和子系统性的特征，指可能导致货物列车冲突、脱轨、火灾、爆炸、相撞，或作业人员、路外人员伤亡事故，或引发极高度风险等后果比较严重的风险，须及时采取措施加以解决。例如，限速机车车辆挂运开行组织不规范、超限列车运行控制不到位、违章准许应安装列尾装置列车无列尾开车等。

（3）中度风险。

风险程度中等，具有局部性特征，指可能导致事故，或引发极高度、高度风险的安全风险，须适时采取措施加以解决。例如，接触网停送电命令漏发受令处所、施工维修调度命令发布不规范、应急处置不规范、错误进行 CTC 操作等。

（4）低度风险。

风险程度一般，具有个别性特征，指可能耽误列车，或引发极高度、高度、中度风险的安全风险，主要是典型的职工违章违纪、设备质量不良或故障。例如，日（班）计划编制下达不规范、列车运行调整计划下达不及时、未执行列车编组计划、相关情况掌握不清等。

4）调度安全风险过程控制

调度安全风险过程控制应从作业岗位、班组（调度室）和调度所 3 个层面，分层级开展安全风险管控。

（1）调度作业岗位层。

作业岗位既是控制安全风险的第一责任主体，也是安全风险控制的主阵地，要严格按标作业。一是全面、熟练地掌握本岗位作业过程中存在的安全风险（事件）、等级和对应的控制措施，确保能做会干；二是严格执行安全风险控制措施，坚持做到“三个到位”，即班前预想到位、确认作业条件到位和确保安全风险控制措施落实到位；三是切实增强风险联防意识，加强作业岗位互控、他控；四是强化应急处置，严格落实本岗位的非正常情况阻断措施，及时提醒同班作业人员采取措施，防止低等级风险向高等级风险演变。

（2）调度班组（调度室）层面。

① 调度班组既是安全风险过程控制最重要的防线，也是安全风险控制的主战场，要提高班组安全风险自控能力。一是完善班组内部互控、他控机制，促使工种之间、岗位之间互相监督，相互纠正违章行为，控制与消除安全风险；二是强化班组学习教育，以安全风险和控制措施为重点，积极采取班前提问、集中学习讨论等形式；三是发挥班组联防互控作用，班前组织班组成员充分预想本班作业存在的安全风险，将风险控制和互控责任明确到具体岗位或人员，班中严格落实风险控制措施，并加强对重点风险控制措施落实情况的盯控和督导；四是强化非正常情况下的应急处置，生产过程中相关岗位要严格落实非正常情况下的应急处置流程及要点；五是不断改进安全风险管理，在每班班后总结会上，认真分析作业全过程的风险控制情况，对风险控制薄弱环节、薄弱岗位提出改进要求。

② 专业调度室要按照分工负责的要求，突出专业管理规范化。一是加强学习组织，结合调度安全风险控制情况，有针对性地制订学习计划，定期开展集中学习和培训活动，严格做到月度有计划、学习有内容、质量有保证；二是加强调度作业过程控制，采取跟班写实、干部包保、巡视检查等手段，严格落实关键作业干部上岗监控制度和日常监督检查职责，督促

作业人员严格落实作业标准和设备质量标准，加大对高风险岗位、高风险作业环节的检查力度；三是强化非正常情况下的应急处置，按照快速报告、快速响应、快速阻断的要求，一旦出现非正常情况要快速响应，立即按规定到岗到位，严格落实盯控责任；四是加强专业管理与指导，加强对风险控制情况的日常分析及动态风险的研判，追踪控制措施落实方面存在的问题，加强对班组的指导和考核。

（3）调度所层面。

调度所要突出“管理规范化、作业标准化”，不断提高调度安全风险管理水平。一是完善安全风险管理制度，明晰安全风险管理职责、检查量化指标和考核标准；二是抓好重大安全风险的控制，突出安全风险重点控制；三是强化教育培训，不断提高干部职工的安全风险意识和安全风险防控能力；四是大力加强风险过程控制，采取平推检查、随机抽查、交叉检查跟班作业与责任包保相结合的方式，对下一层级安全风险管控情况加强检查，不断促进现场作业标准、安全管理规范化；五是加强应急管理，严格执行安全问题快速报告、快速响应、快速阻断制度，保证信息畅通、及时响应、快速处置；六是形成持续改进的管理闭环，坚持“日收集、周分析、月小结、季评估”等制度，强化风险分析，从行车安全、设备质量、人员素质、管理制度、作业标准、现场控制等方面，强化对调度安全风险管控情况的检查、考核，提高安全风险控制措施的有效性，不断改进和优化安全风险管理。

3. 调度安全风险管理制度

1）调度安全管理基本制度

（1）调度所安全生产委员会（以下简称安委会）工作制度。其主要内容是充分发挥安委会的决策、检查、监督和协调作用，全面强化安全基础建设，制定相应的工作制度。一是加强组织领导，成立以调度所党政正职为主任委员、各副职为副主任委员（常务工作由安全副主任负责）、各工种主任、值班主任、党支部书记和安全员（班组、工种为兼职安全员）为委员的安委会。二是明确安委会的主要职责，提出研究决策调度安全生产重大问题、部署安排安全生产工作、确定安全生产目标、制定落实措施等工作要求。三是明确安委会工作机构及职责，安委会下设办公室，办公室一般设在安全室，由安全室主任兼任安委会办公室主任；安委会办公室的主要职责应突出检查、监督、指导各班组、各工种落实安委会决议，以及负责安委会会议的会前准备和会议组织等工作要求。四是明确安委会会议议程和相关会议要求，对听取职工代表关于安全工作建议和意见应特别要求。

（2）安全预警制度。其主要内容是加强对安全工作情况的统计分析，准确掌握自然条件、生产组织、技术装备和全路典型调度责任事故等情况，对符合预警条件的部门、单位或事项及时实施安全预警，安全预警一般分为逐级预警、专项预警和设备预警 3 种。对被预警的部门和单位采取重点帮教、挂牌督办、检查帮促、领导约谈等方式，督促整改安全突出问题，强化对突出安全风险的管控。同时，加强问题库管理，逐步建立和完善调度安全统计、分析及预警机制。

（3）应急处置制度。其主要内容是依据应急处置预案和办法，将调度相关内容纳入工作标准和流程，制订各种非正常情况的调度应急处置措施，定期进行培训和实战演练，纳入常态管理，做到信息畅通、响应迅速、快速处置和有效掌控。

（4）安全风险专项整治制度。其主要内容是落实专项整治必须“有目标、有方案、有检查、有通报、有验收、有成效”的“六有”要求，对重大安全隐患和安全突出问题进行挂牌督办和专项整治，安委会、安全例会重点分析挂牌督办事项和安全专项整治工作开展情况，保证按计划推进，确保取得预期整治效果。

（5）安全责任落实评价考核制度。其主要内容是通过对责对标写实、现场检查记录和履职总结分析等方法，引导各级管理人员按照安全职责、工作标准实施管理行为，养成干部自觉履行安全管理职责和工作标准的习惯；健全完善干部履责督查、安全检查评估、安全重点工作督办等制度，动态跟踪和掌握每名干部安全工作实绩，实施客观评价考核，促使各级管理人员依职依责主动抓管理。对发生的事故和因管理不到位导致现场失控等问题，逐级倒查有关管理部门和人员安全管理职责是否落实到位、工作标准和工作流程是否严格执行以及安全管控措施是否有效等，并严格追究相关部门和人员的管理责任。

2）调度安全风险管理基本制度

（1）安全风险信息管理制度。

① 信息来源。防灾、TDCS/CTC、调监、货监、视频监控、车辆轴温智能探测等安全监督管理信息系统。

② 信息处置。安全监督管理信息系统产生的各类风险报警信息由相关调度人员按规定进行填记、传递、处理，并反馈至调度所值班主任，危及调度安全的重大问题还应立即上报调度所安全风险管理领导小组。

③ 信息分析。风险信息及处置情况作为分析调度安全风险管控的重要来源之一，应纳入日、旬、月、季会议议题，信息系统监测到的新风险事件应及时纳入调度安全风险控制，加强日常管理，持续改进安全风险管理。

（2）安全风险专项整治制度。

针对调度安全风险管控中发现的普遍性、阶段性和惯性问题，落实预警机制，及时组织开展专项整治行动。

① 设备质量、安全环境类安全风险应明确整治项目、整治方法、整治责任，扎实有序推进，解决季节性、阶段性风险和一定时期内的普遍性、惯性风险。

② 职工作业、安全管理类安全风险应明确检查主题、检查手段、检查责任，重点解决特定时期内的风险。

（3）安全风险预警制度。

① 按照每日、每旬、每月、每季、每半年、年度等时间节点，分析查找固定风险管理中存在的苗头性、关键性和倾向性问题，及时实施安全风险预警，相关层级根据预警的风险，完善和补强安全风险控制措施。

② 相关作业岗位严格落实风险控制措施，管理岗位强化日常监督检查，确保风险控制措施在相关层级上得到有效落实。

③ 加强对被预警风险存在处所、环节、工序、岗位的检查和帮促，确保各项措施的落实。

（4）安全风险管理检查写实制度。

① 以岗位安全风险管理职责为依据，以月度为周期，各级干部采取随机抽查、跟班作业、责任包保等方式，对下层级安全风险管控情况加强检查指导，并按规定进行干部月度安全风险管理工作写实。

② 按照下管一级的原则，加强对下层级干部下现场安全风险管理写实数量、质量的检查，给予评价，并将有关结果纳入月度安全生产责任制考核。

③ 每月对写实情况进行汇总、分析，查找干部履职、安全风险管控等方面存在的问题，采取措施，进行整改。

（5）安全风险考核和责任追究制度。

① 安全风险考核实施逐级考核，在月度经济考核中落实，调度所领导正职由局铁路局考核，副职及中层干部由调度所主任考核，其他安全、技教、分析人员及工种分析人员由本室主任考核。

② 风险考核标准根据相关调度人员安全风险管控责任落实不到位造成后果，按照铁路局安全奖惩办法、调度所安全考核制度等规定执行。

③ 对险情不断的调度班组或工种，安全、分析、技教等职能科室应加大职能管理力度。

（6）动态风险日常管理制度。

为加强动态风险的研判和防控，以“风险事件准确研判、措施科学制定、风险严密防控、应急处置有力”为重点，针对季节更替、新线新设备开通使用、生产力布局调整和新规章制度执行等内外部条件变化时出现的新情况，制定调度所动态风险日常管理制度。

① 及时获取并识别法律法规、标准规范发生变更或有新的发布，以及季节更替、新线新设备开通使用、生产力布局调整等内外部条件变化时出现的新情况，从可能影响相关的场所、环境、人员及设备设施等环节全面识别、准确研判安全风险和风险事件，评定风险等级。

② 针对风险事件，科学制定正常情况下的控制措施和非正常情况下的阻断措施，并落实到相关管理岗位和作业岗位。

③ 实施前，将管控措施纳入作业岗位的应知应会、必知必会学习内容，组织相关层次的有关人员开展适应性培训，做到人人会干。

④ 严格落实作业岗位、班组和调度所等 3 个层级的安全风险管控责任，确保风险控制措施在相关层次上得到落实。

⑤ 切实抓好相关应急处置预案落实，做好应急处置的人、财、物等各种准备，加强应急演练，并按照“快速报告、快速响应、快速阻断”的要求，及时启动应急响应。

⑥ 按照“日盯日控”要求，加强动态安全风险的管理和分析，查找动态风险控制中的薄弱环节，采取补强措施，不断改进动态安全风险管控水平。

根据检查评估、定期对话、交班分析、预警帮促等管理手段的适用范围和采用时机，及时分析研判关键性、倾向性问题，采取有针对性的措施进行整改和补强。

4. 铁路局调度安全卡控

1）剧毒品跟踪管理

（1）全程跟踪运输的剧毒品货物范围。

《铁路危险货物品名表》第 11 栏内注有特殊规定 67 号者，均实行铁路剧毒品跟踪管理。

（2）剧毒品运输跟踪及掌握办法。

① 管内装运剧毒品物资时，货运调度员要通知生产副主任、值班主任、计划调度员、特运调度员，并在《剧毒品装车登记簿》上登记，内容包括剧毒品车的车号、发到站、品名及编号、件数、装车日期等。（车站值班员于列车出发后将剧毒品车辆的挂运车次、编挂位置及时报告铁路局调度，并将信息录入剧毒品运输信息跟踪系统。）

② 装载剧毒品货物车辆的挂运，计划调度员必须纳入日（班）计划，对有关行车台重点布置，并向特运调度员通报。

③ 对编挂剧毒品货物车辆的列车，列车调度员要尽快组织挂运。无特殊情况不得保留，必须保留时，经请示值班主任，征得同意后，要通知公安机关等有关方面采取监护措施。安排解除保留计划时，应优先安排编挂有剧毒品货物车辆的列车。

④ 如遇事故、自然灾害中断行车等特殊情况必须保留或如遇运输过程中发现装有剧毒品货物的车辆或集装箱无封、封印无效以及有异状必须立即甩车时，须经值班主任准许，列车调度员应发布命令，该命令中应注明剧毒品车数及编挂位置，指明由车站值班站长或值班员通知车站公安派人共同清点、看守，严禁擅自补封继续运行。

⑤ 军特调台安装剧毒品货物运输信息跟踪管理系统并联网运行，并专人负责对装有剧毒品物资的车辆进行跟踪和掌握，随时登录铁路货车动态追踪管理系统，查询掌握挂运剧毒品车辆的列车车次和位置，局间交接必须提前一天进行通报，通报内容包括发站、到站、品名、车次、交接时刻等内容，在剧毒品交接登记簿上进行登记，并通报计划调度员，计划调度员也要与邻局交换信息。

⑥ 有关调度人员要把剧毒品日常运输纳入每日交班内容，严格掌握剧毒品发运、途中和交付的情况。交接班时，对编挂有剧毒品货物车辆的列车的运行状态，要在交接班本内进行签认交接。

⑦ 计划调度室负责检查计划员日常剧毒品运输跟踪管理执行情况。货运调度室和特运调度室负责完善剧毒品运输管理台账。

2）列尾装置管理

（1）列尾装置的掌握。

① 列尾装置主机的保有量由管辖该区段的列车调度员负责掌握，每日 6:00—18:00，各使用区段列尾值班员向列车调度员报告本区段各站列尾主机的现存数量，列车调度员将列尾主机数量填记在“站存车登记”栏内。

② 列车调度员应将列车运行日（班）计划和三、四小时列车运行调整计划下发至有关编组站、区段站，由编组站、区段站值班员转至列尾值班室。

（2）列尾装置的故障处理。

① 列车在编组站、区段站发车前，如发现司机控制盒故障且短时间内不能修复时，必须更换机车。如列车主机故障时，须更换列尾主机。

② 列车遇尾部车辆制动软管故障等情况，不能安装尾部主机时，列车调度员可发布调度命令，将尾部主机挂于前位车辆末端，并以吊软管代替尾部标志。列车调度员应将情况通告前方有关车站。

③ 列尾主机与列车制动软管接口泄漏超限时，有列检作业的列车由列检处理，无列检作业的由车站处理。

（3）其他注意事项。

① 凡担当牵引货物列车的机车因司机确认查询不到列尾装置信息时，应及时报告车站，车站应及时报告列车调度员。在区间运行的列车应及时报告前方站，在保证安全的前提下就近停车。列车调度员发布更换列尾装置或机车的调度命令，但不得发布无守列车继续运行的命令。

② 列车在未设列尾人员的车站始发和解除保留时，列车调度员应布置车站通知人员将销号的尾部主机交本务机车司机带往发车站或解除保留站。

3）列车运行监控记录装置（LKJ）换装管理

LKJ 是中国列车运行控制系统体系的组成部分，是用于列车冒进信号、运行超速事故和辅助机车司机提高操纵的重要行车设备。

（1）LKJ 数据换装的要求。

施工调度室收到局运输处 LKJ 数据换装电报后，根据换装电报明确 LKJ 数据变更事由和生效时刻，以及 LKJ 数据文件中过渡数据径路的启用和取消时间，在 LKJ 数据变更生效时刻 24 h 之前，向有关机务段、动车基地、车辆段、车务段（直属段）发布运行揭示调度命令，并转交相关列车调度员。

（2）取消 IC 卡数据控制的命令。

列车运行途中，遇施工取消、施工提前结束、改变行车办法等必须取消 IC 卡数据控制时，列车调度员应向机车司机、车站值班员发布取消运行揭示的调度命令，机车司机以列车调度员的命令作为解除相应 IC 卡数据控制的依据。

（3）列车运行途中特殊情况的处理。

列车运行途中，遇跨越运行揭示调度命令有效时段或其他原因，造成列车运行没有可依据的运行揭示调度命令时，机车司机须提前向列车调度员报告（或向前方车站值班员报告转告列车调度员），列车调度员应向机车司机发布调度命令。遇列车无线调度通信设备故障等原因无法报告时，应在前方站停车报告。

4）防止列车机外停车

（1）列车调度员应避免列车机外停车。

列车调度员应熟悉主要行车人员和机车、车辆、线路、通信信号、桥隧、牵引供电等设备情况，掌握天气变化对行车工作影响的规律，避免列车机外停车。

① 列车调度员必须严格按运行图规定时刻组织列车运行，按列车等级组织会让，认真执行“先客后货、先快后慢”的调整原则。

② 列车调度员必须及时铺画和下达三、四小时列车运行调整计划，加强对列车运行盯控，掌握车站到发线的运用和接发列车的情况，严禁以机外停车作为列车运行调整手段。

③ 因临时故障、事故、自然灾害等特殊情况不能避免的机外停车，列车调度员要指示车站加强对机车司机的预报，掌握后续列车运行间隔。

④ 旅客列车、挂有超限货物车辆的列车，应接入固定线路。预计线路不能腾空时，不得指示车站接入办理客运业务的旅客列车或超限货物列车，应使列车在相邻车站停车等开。

⑤ 列车调度员要认真掌握好车站设备情况及摘挂列车作业情况。严禁因调车作业造成列车机外停车，严禁指示车站抢钩作业造成机外停车。

（2）避免办理相对方向同时接车和同方向同时发接列车所造成的列车机外停车。

① 进站信号机外制动距离内，进站方向为超过 6‰的下坡道，接车线末端无隔开设备时，不准办理相对方向同时接车和同方向同时发接列车。

② 在接发旅客列车的同时，接入列车运行监控记录装置发生故障的列车而接车线末端无隔开设备（单机、动车及重型轨道车除外），不准办理相对方向同时接车和同方向同时发接列车。

③ 相对方向不能同时接车时，应先接后面有续行列车的列车、停车后起动困难的列车或不适于在站外停车的列车。

④ 遇列车不能同时接发时，原则上应先接后发。

5）防止机车乘务员超劳

（1）机车乘务员劳动时间的规定。

单次连续工作时间标准（包括出退勤工作时间），客运列车不得超过 8 h，货运列车不得超过 10 h；实行双班单司机执乘的，客运列车按旅行时间不超过 15 h 加出退勤工作时间，货运列车按旅行时间不超过 16 h 加出退勤工作时间（一次旅行时间超过上述规定的可采用三名司机执乘）。

单司机执乘是指机车操纵作业过程由一名司机单独完成（不配备学习司机或技师等）的机车乘务制度。单司机执乘分为单班单司机和双班单司机等。单班单司机是指一个机车乘务交路由一名司机担当机车操纵作业。双班单司机是指一个机车乘务交路由两名司机在机车上换班轮流操纵作业。

（2）运输组织措施。

计划、列车、机车调度员应加强运输组织，密切配合，准确掌握列车实际运行情况，合理安排机车叫班时间，减少机车乘务员超劳对运输生产的影响。

① 计划调度员运输组织措施。

（a）督促列车调度员做好管内站存车的收集工作，积极组流上线，确保车流与机车的衔接，确保每日 10:00（22:00）前交班机车叫班计划的兑现。

（b）每日 2:00（14:00）前详细了解各编组（区段站）编解作业进度、各装卸车站装卸作业进度，准确收集编制日（班）计划资料，保证计划编制科学、合理，禁止编制无车流保证的空头计划。

（c）施工日计划是铁路局日计划中的重要组成部分，计划调度员不得在施工日计划封锁时间内安排始发加开列车，确保列车工作计划的可操作性。

（d）因车流积压确需加开列车时，必须根据运行图能力定加开列数；查定加开列车运行时刻不准超过机车乘务员规定最长运行劳动时间标准。

（e）加强与机车调度员联系，按规定时间准确核对计划，当列车晚点或停运时，要及时通知机车调度员调整机车交路及机车乘务员叫乘时间。

（f）要实时掌握机车运用动态和分布情况，合理安排编组站解体列车到达顺序、解编顺序，避免浪费到发线能力和解编能力。

② 列车调度员运输组织措施。

（a）加强列车运行调整，科学、合理地编制列车运行调整计划，及时、准确向编组（区段）站下达列车到达计划，到达位置变化时要及时通知有关编组站和机车调度员；随时了解编组（区段）站到发线运用和解编进度情况，保持良好运行秩序。

（b）严格掌握机车乘务员劳动时间，根据《机车超劳通知单》逐列掌握机车乘务员劳动时间。对接近超劳的列车应提前与机车乘务员联系，对挂有限制运行条件机车车辆的列车、有时间限制的军用列车和在区间整列装卸的列车，列车调度员在进行运行调整时，要重点考虑，优先放行。

（c）对编组站等线时间较长的列车，要及时通知计划调度员采取保留、合并、拔头、放单机等措施；对跨台管理的编组（区段）站，两行车台间要随时通报列车到开情况，合理安排列车到开计划，确保畅通。

(d) 对中间站有甩挂作业的直通（区段）列车要重点掌握，作业后重点放行；对摘挂和小运转列车要统筹计划，合理安排车站甩挂作业计划，避免忙闲不均、能力浪费和机车乘务员超劳。

(e) 对长交路机车、单班单司机机车、越区段运用机车、途中折返机车要重点掌握，调整时等级要高于其他货物列车。

③ 机车调度员运输组织措施。

(a) 按规定时间及时、准确向机务段下达机车运用日（班）计划及阶段计划；根据分界站列车接入和编组站开车情况，动态跟踪机车在途运行情况，及时、准确向机务段下达叫班计划，遇列车临时晚点时，及时通知机务段调度员修正叫班计划，杜绝无计划叫班或盲目叫班现象。

(b) 根据列车工作计划，合理安排机车交路；准确掌握机车运用动态、分布情况，灵活调整、合理运用；对越区运用的机车要重点掌握，防止机车区域性积压或不足。

(c) 及时、准确提供《机车超劳通知单》。对《机车超劳通知单》中的车次、机车、叫班点、超劳点要逐一填写，分阶段向行车台提供《机车乘务员超劳通知单》。对预计 3 h 后将超劳的机车，要向计划调度员、列车调度员重点布置。

(d) 加强联系配合。要与机务段调度员配合安排好机车乘务员待乘时间，避免因待班时间不足造成机车乘务员超劳；机车乘务员出勤前，要与计划调度员、列车调度员逐列核对列车开车计划，避免出勤后无车体或机车未到达而增加机车乘务员非生产时间；机车出库后，积极组织车站按机车乘务员出勤先后顺序挂头开车，因故延误开车 2 h 以上并预计全程超劳时，要安排机车乘务员入库调休；对预计机车乘务员超劳的列车要提前做出换班安排，避免临时安排换班增加机车等待换班的停留时间，更不得违反规定，指示机车乘务员就地调休或发布机车乘务员维持运行的命令。

6）防止列车错进方向

(1) 防止旅客列车错进方向。

列车运行图是铁路行车组织工作的基础，所有与列车运行有关的铁路各部门，必须按列车运行图的要求，组织本部门的工作，以保证列车按运行图运行。当实行分号列车运行图时，部分临客与图定旅客列车车次相同，只是在车次前所贯字母不同，容易造成混淆，不同车次有不同的发到站和运行区段，特别是各枢纽地区进路方向多，车次下达不准确、不完整，如：临客未带字母或列车运行径路不清楚，极易发生错办进路，造成列车错进方向，酿成行车事故。为防止列车错进方向，有关人员应做到：

① 计划调度员：对列车运行图以外的临时旅客列车，必须根据客运调度员送交的《临客定点通知书》纳入调度日（班）计划，重点进行标注，及时向有关站段下达班计划。

② 客运调度员：对列车运行图以外的临时旅客列车，必须在交接班会议上进行通报，接班后应向计划调度员、列车调度员送交《临客定点通知书》。内容包括：接入口别、接入时分、交出口别、交出时分、办理客运业务的中间站到开时分。如接入和交出时间涉及两个班时，还应重点进行标注。

③ 列车调度员：列车调度员应根据《临客定点通知书》及时铺画三、四小时列车运行调整计划并及时下达。涉及多方向进路的行车台，列车调度员在下达三、四小时列车运行调整计划时必须连同方向一并下达。对临客折角、转向的车站，列车调度员要进行重点盯控。

（2）防止货物列车错进方向。

货物列车编组计划是全路的车流组织计划，统一安排全路的车流组织方案，具体规定了货运站、编组站、区段站等编组货物列车的要求、方法和内容，为防止货物列车错进方向，除货运站、编组站、区段站严格按照列车编组计划编组列车外，计划调度员、列车调度员还应做到：

① 计划调度员要认真编制调度日（班）计划，严格按照列车编组计划规定的车流组号、车次编组列车，做到“能直达不直通、能直通不区段、能区段不摘挂”。对始发列车使用非图定车次时，要在日（班）计划大表中重点标注列车编组、运行进路等内容，及时向编组站、区段站和主要厂矿站下达始发、停运计划，对下达的日（班）计划，要确保真实、准确。

② 列车调度员要及时收取或查阅列车编组，及时铺画三、四小时列车运行调整计划，向连接多个方向的枢组站下达列车运行调整计划时，要连同列车方向别一并下达。

7）接触网停送电安全卡控

（1）正常情况下接触网停送电的安全卡控。

① 每天 22:00 前，由各段供电调度员按照规定将各自管辖区段次日《牵引供电检修计划及停、送电登记簿》汇总后，以电子邮件或传真形式报调度所供电调度员，经调度所供电调度员审核汇总后交值班主任（副主任），值班主任（副主任）确认后签字，由调度所供电调度员将次日《牵引供电检修计划及停、送电登记簿》送达相关计划台、行车台并通知段供电调度员。

② 实施停电作业当天，列车调度员接到车站值班员关于接触网施工检修的请求或报告后，应与《牵引供电检修计划及停、送电登记簿》核对无误后，方可发布调度命令。

③ 停电前 1 h 由段供电调度员使用直通录音电话与列车调度员联系停电区段及计划停电的起止时间。列车调度员须提前 30 min 发布停电限制行车命令，段供电段调度员必须加强与列车调度员联系，按照列车调度员发布的准许停电命令时间，及时提示列车调度员。列车调度员确认具备停电条件后，用直通录音电话通知段供电调度员，段供电调度员接令后及时组织实施。

④ 列车调度员接到车站值班员接触网检修完毕的报告（路用列车已返回）及段供电调度员接触网恢复供电录音电话通知后，方可发布开通区间接触网恢复供电、恢复正常行车的调度命令。调度所供电调度员在作业当天，应加强各行车台供电施工作业监控，及时处理、协调相关事宜。

⑤ 枢纽地区、两个及以上供电臂接触网同时停电作业时，调度所供电调度员必须亲自上台监控，并检查核对停电命令中影响范围是否正确、完整。

⑥ 调度所内相邻两个行车台结合部接触网停电作业时，调度命令应由接到车站值班员请求的列车调度员发布，相邻行车台列车调度员必须审核调度命令，确认正确并签名，调度所供电调度员必须上台监控。

⑦ 接触网停电作业跨及两个班组时，列车调度员、供电调度员应分别向接班者交代清楚，接班者应在跨班命令上签名。接班后，列车调度员、供电调度员应将接班内容进行核对。

（2）非正常情况下接触网抢修时的安全卡控。

① 接触网跳闸时的安全卡控。

（a）列车调度员必须熟悉区段、机务段的供电臂延伸范围及变电所、分区亭设置的位置，掌握接触网工区、段、配属、装备和技术力量。

（b）接触网发生跳闸，未能自动重合时，段供电调度员要根据控制台报警显示迅速判断故障地点，首先检查是电力机车故障引起接触网跳闸还是接触网本身故障引起跳闸。

（c）段供电调度员要立即向有关列车调度员报告跳闸供电臂名称及停电范围，并要求列车调度员立即通知跳闸供电臂内电力机车停车、降弓；同时派人立即赶赴现场进行巡视检查；通知接触网抢修车做好出动准备，转到站内到发线待命。

（d）列车调度员接到供电调度员接触网跳闸报告后，立即报告值班主任（副主任），同时通过车站值班员通知跳闸供电臂内所有电力机车停车、降弓，并询问列车司机有无发现接触网及机车异常情况；将开往跳闸供电臂方向的列车拦停在站内；确认跳闸供电臂内所有电力机车停车并已降弓后通知供电调度员，进行手动合闸一次。

（e）手动合闸一次不成功时，列车调度员、供电调度员不得强行合闸，应按接触网故障进行处理。

② 接触网倒闸时的安全卡控。

（a）列车调度员接到供电调度员接触网倒闸请求后，根据列车运行情况，先向供电调度员通报预计倒闸时间、向有关车站下达准备倒闸作业的调度命令，在得到车站值班员向机车司机转达的倒闸作业命令全部转达完毕并得到司机同意的报告后，再向供电调度员通知确切倒闸时间（要求向供电调度员通知的预计倒闸时间要与停送电倒闸调度命令中的时间相一致）。

（b）停送电倒闸作业完毕，列车调度员须在得到供电调度员直通录音电话的通知后，方可向车站值班员下达接触网停送电、行车限制或恢复正常行车的调度命令。

（c）遇接触网停送电倒闸作业失败时，段供电调度员应立即通知列车调度员；列车调度员立即通知车站值班员转告相关列车司机，对正在运行中的列车要优先、重点布置，防止运行中的列车进入无电区。

③ 接触网故障抢修时的安全卡控。

（a）当区间没有列车时，段供电调度员应立即将故障处所通知列车调度员，并通知供电段和接触网工区迅速出动。列车调度员应立即封锁区间，放行抢修车。

（b）当区间停有列车时，列车调度员得到机车司机已被迫停车的报告和段供电调度员的抢修报告后，应立即发布调度命令，向封锁区间开行抢修车并通知机车司机在抢修车开来方面设置防护。

（c）区间停有列车，未得到机车司机的报告时，列车调度员（会同供电调度员）应采取措施查明区间情况后，向抢修车发布进入封锁区间的调度命令，并通知机车司机在抢修车开来方面设置防护。

（d）接触网故障抢修停、送电命令。

● 接触网故障停电。

根据供电调度____号通知，自接令时，___站（含）至__站（含）间行____线（___ km___ m到____站至____站间___ km ____m）接触网已停电，准许进行____作业。

● 接触网送电。

根据供电调度____号通知，___站（含）至____站（含）间 ___行线（___ km____m 到____站至____站间___ km____m）接触网已恢复供电。

（e）需要降弓运行时，列车调度员必须按照段供电调度员提供的升、降弓地点标，正确发布调度命令。

● 接触网故障及电力机车降弓运行命令。

根据供电调度____号通知，因接触网故障，自接令时起，___站至____站间____行线（站内____道）___km ___m至___km ___m处，电力机车降弓运行。

● 接触网故障修复后命令。

根据供电调度____号通知，____站至____站间____行线（站内____道）__ km____m至__km__m处，接触网故障修复，恢复正常行车。接触网故障抢修时，值班主任（副主任）必须全程监控。

5. 列车调度安全风险卡控要点

1）阶段计划

（1）阶段计划（无TDCS区段或TDCS系统故障时口头方式）下达是否及时、准确、完整，重点是到开计划兑现情况，调度集中区段车站到发线使用是否正确。

（2）中间站甩挂作业计划安排是否合理、下达是否及时、内容是否完整。

（3）重点工作布置是否及时、到位。

（4）分歧方向列车是否与班计划、车站核对。

（5）临时变更列车运行调整计划且已接近执行时，是否及时采用口头方式布置（包括调度集中区段布置助理调度员核对进路序列）。

2）调度命令

（1）调度命令发布前是否详细了解现场情况，并听取有关人员的意见。

（2）调度命令的受令处所是否齐全、准确。

（3）调度命令的内容是否正确、完整、清晰。

（4）采用计算机（含使用无线调度命令传送系统）发布调度命令时，是否严格遵守“一拟、二审核（按规定必须监控人审核的）、三签（按规定必须领导、值班主任签发的）、四发布、五确认签收”的发布程序，是否跟踪确认受令单位的签收情况。

（5）采用电话发布调度命令时，是否严格遵守“一拟、二审核（按规定必须监控人审核的）、三签（按规定必须领导、值班主任签发的）、四发布、五复诵核对、六下达命令号码和时间”的发布程序办理。发布、接收调度命令时，是否认真填记《调度命令登记簿》，并记明发收人员姓名及时刻。

（6）采用常用行车调度命令用语拟写的命令，计算机编辑时“用语”中未用到的字句是否删除，书面拟写时“用语”中未用到的字句是否圈掉。调度命令书写不正确时，是否重新书写。

（7）已发布的调度命令，遇有错、漏或变化时，是否取消前发命令，重新发布全部内容的调度命令。

（8）发布有关线路、道岔限速的调度命令，是否注明具体地点（包括站内线别、道岔号码）、起止里程及时间。发布事故救援命令有关线路、道岔是否注明里程。

（9）使用无线列车调度通信设备向列车发布临时限速运行的调度命令时，是否发给转达调度命令车站和进入限速地点前的第二个车站及关系站。

（10）挂运超限超重货物车辆列车、挂有限速机车（车辆）的列车及有运行要求（限速、禁入）的路用列车、自轮运转特种设备，是否按照限制条件发布调度命令。

（11）除《技规》明确规定以外要求发布调度命令的情况，是否按规定发布调度命令；是否以口头指示代替调度命令。

（12）发布救援调度命令是否符合规定。

（13）列车运行途中因故无运行揭示调度命令时，是否按规定向司机及时、准确发布。

（14）发布调度命令是否符合一事一令要求。

（15）在动车组运行的 CTCS-2 区段，有运行揭示调度命令的站内或区间遇有限速时，列车调度员是否提前发布数据格式的列控限速调度命令（进行列控限速设置）。临时产生的限速或提前发布的限速命令有变化时，是否通过调度命令无线传送系统向动车组司机发布限速调度命令并发布数据格式的列控限速调度命令（进行列控限速设置）。

（16）需交接调度命令是否利用《交接班记录簿》认真交接。

3）施工组织

（1）本班（包括跨班）施工日计划（维修计划）项目、停用设备及影响范围、限速及行车方式变化、设备变化等内容是否清楚。

（2）施工前列车运行调整计划编制是否合理、下达是否及时。

（3）是否按规定时间将车站报请的施工（维修）单位登记内容与施工日计划（维修计划）进行认真核对，施工调度命令是否提前 20 min 下达。

（4）需行调指导人员（值班副主任）审核的施工调度命令是否执行审核后再下发的规定。

（5）封锁区间施工，由一端进入两列及以上或由两端站相对进入作业车时，调度命令中相互间的停车距离是否符合《行规》规定。

（6）电气化区段，列车在区间作业时，调度命令中是否注明作业时接触网是否停电。

（7）施工用的路料是否及时安排动力挂运并及时安排时间装卸。

（8）接触网停送电倒闸作业是否按规定程序办理，是否严格掌握倒闸作业时机，是否得到相关列车均已预告的报告后再通知供电调度员进行倒闸操作。

（9）施工前后有运行速度限制时，是否严格掌握列车编组、线路坡道、限制速度值及列车运行间隔、跟踪监视列车运行情况。

（10）施工结束（开通）前，是否将车站报告的施工（维修）单位销记内容与施工日计划进行认真核对无误且确认区间空闲后再下达施工结束（开通）调度命令。

（11）施工开始（结束）时，停用（恢复）基本闭塞法的时机是否准确。

（12）封锁施工开通后有第 1，2，3……列限速要求的列车，列车调度员是否提前确定列车车次，并向相关列车转交调度命令（既有线调度集中区段必须交付书面调度命令）。

（13）是否严格执行月度施工计划中注明的“首次列车不准为旅客列车”的要求。

（14）临时取消施工日计划（项目）时，列车调度员是否向有关处所下达调度命令，有运行揭示调度命令的是否一并取消或取消后重新发布运行揭示调度命令。

（15）因施工提前、延迟或其他原因造成与运行揭示调度命令不符时，列车调度员是否在取消前发运行揭示调度命令的同时，向有关车站值班员、司机、施工负责人重新发布全部内容的调度命令。

（16）临时停止施工涉及运行揭示调度命令变化跨班时，有关列车调度员是否重点进行交接。

（17）有效的运行揭示调度命令是否按当日有效和跨日有效分簿保管，对跨日（跨班）有效运行揭示调度命令是否在《交接班记录簿》上按命令号码登记交接。

（18）接班后，对有效的运行揭示调度命令，是否与相关车站逐条进行核对。

（19）对滚动施工产生的限速，是否在每次施工结束前与现场施工负责人核对实际限速里程、限速值和限速值变更的起止时间，并与运行揭示调度命令核对。如核对不一致时，是否立即与施工调度室、有关机务段、施工单位进行核对；在未核准之前，是否按其最长的限速里程和最低的限速值向有关车站、有关列车发布调度命令。

（20）调度集中区段列车调度员是否按规定时间布置助理调度员设置（取消）封锁、停电；助理调度员是否正确及时设置（取消）封锁、停电，是否将施工开通后通过施工地点的第一趟列车取消自触。

4）行车指挥

（1）机车乘务员超劳。

（2）旅客列车变更固定走行径路、动车组变更接车线。

（3）机外停车。

（4）调整失误导致途停、等信号。

（5）同意跟踪出站调车、侵正作业是否符合规定，用语是否标准。

（6）特警运输是否严格执行调度所《特运组织办法》规定。

（7）剧毒品运输是否严格执行调度所《剧毒品货物运输管理办法》规定。

（8）超限超重、限速机车（车辆）、D型车运输是否严格执行调度所《超限超重货物、限速机车（车辆）运输管理办法》《工程（路用）列车及自轮运转特种设备运行管理办法》规定，龙门架工程车、有运行限制的长轨列车是否按规定下达调度命令。

（9）路用列车上线前，行车台是否认真核对运行计划（包括核对轨道车车号）、及时组织放行。

（10）遇特殊情况路用列车临时上线运行无“运行揭示”时，列车调度员是否根据运行揭示调度命令向路用列车下达调度命令。

（11）列车运行途中遇跨越运行揭示调度命令有效时段或其他原因，造成列车运行没有可依据的运行揭示调度命令时，列车调度员接到司机报告后，是否在列车进入有“运行揭示”的区间（站）前的车站安排列车停车交付运行揭示调度命令，跨区段（局）运行时，是否通知相邻区段（局）列车调度员。

（12）调度集中区段进行操作方式（控制模式）转换是否符合规定。

任务 9.2　调度应急处置

任务引入

×月×日 6:38，1471 次运行至 C 站至 D 站间 108 km 382 m 处，机车跳主断停车，请求救援。D 站利用 HX_D3-0390 号机车担当前部救援，于 8:22 将 1471 次救援至 D 站（见图 9-1）。

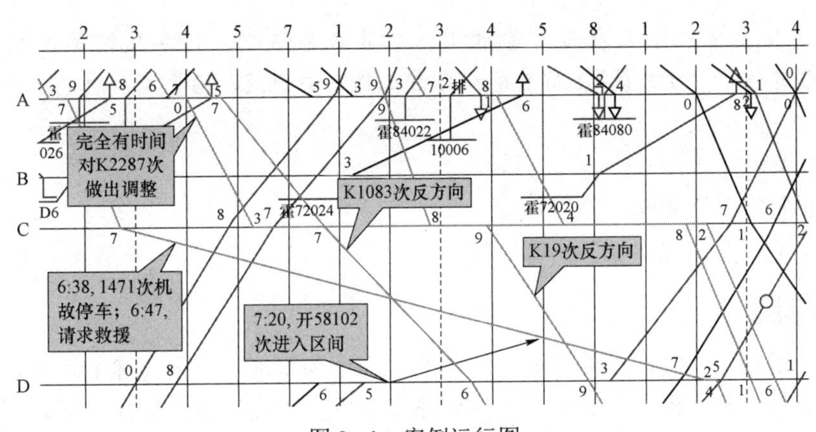

图 9-1　案例运行图

6:38，D 站报告 1471 次机车故障停车，不影响邻线，马上处理。列车调度员向信息值班副主任、区域值班副主任报告，并通知客机调、客调。

6:47，D 站报告 1471 次请求救援，列车调度员布置 A 站扣停下行后续列车。6:50，列车调度员询问 C 站 K2287 次能否机外停车，K2287 答复已经停不下，进入站内 I 道停车。7:20，D 站利用 41118 次（HX_D3B-0390 号）机车开 58102 次进入区间。8:11，1471 次区间动车，8:22 到达 D 站。

原因分析：

1. 应急处置不果断

6:38 D 站报告 1471 次机车故障，列车调度员没有及时对后续客车进行调整，造成 K2287 次 6:53 进入 C 站Ⅰ道，失去反方向运行的条件，造成 K2287 次直至区间救援完毕后才开车，错过减少事故影响的时机。

列车调度员应在得到 1471 次机故的报告后充分预想，合理调整阶段计划，从时间上看，完全有条件安排 K2287 次接 C 站 3 道，进行反方向行车。且 6:43 C 站与助理调度员核对阶段计划时助理调度员仍没有意识到Ⅰ道不能反方向运行，而指示先接Ⅰ道。

台上行调指导人员提示调度员呼叫 K2287 次机外停车时，列车调度员犹豫不决，纠结于“停不下了吧？”，在布置 C 站时要求“喊喊 K2287 次还能机外停车不？”，车站值班员也同样纠结于“停不下了吧？”，时间都浪费在这些联系环节上。列车调度员应果断布置 C 站“喊 K2287 次机外停车”（先不取消进站信号）。

2. 信息报告主观臆测

列车调度员在接到 D 站关于“1471 次机车故障，马上处理一下”的信息后，主观理解为有可能修好，在向信息值班副主任报告时汇报为“说是一会儿能好”，造成信息值班副主任没有引起足够重视，到调度台时 K2287 次已经接近 C 站，错过防止 K2287 次接入“死道”的时机。

作为行车调度员，对现场报告的信息要如实反馈，不能主观臆测、盲目偏信、“想当然”、“差不多”，正确的做法是充分预想，随时做好应对非正常的准备。

3. 班组长管理不到位

从 6:38 车站报告 1471 次机车故障到 6:47 1471 次司机请求救援，大概经过 9 min 的时间，班组长（信息值班副主任、区域值班副主任）才上台参与组织指挥，没有尽到班组长的卡控作用。反映出班组长在日常管理上，对非正常组织、信息反馈等方面疏于管理、指导，将自己定位于“救火员”，而不是在日常工作中去规范、指导调度员的工作方法和作业标准。

思考：

（1）非正常情况有哪些，如何预想？

（2）出现非正常情况调度如何应急处置？

知识准备

铁路运输组织是一个动态的过程，人们为了保证列车能够安全高速的运行，采取了很多行之有效的措施，例如提高人员素质、完善规章制度、提高设备防护能力等，不断提高安全控制能力，这些努力，有效地防止了事故的发生。但是在日常生产组织过程中，仍然会遇到种种问题和突发事件，正确的处置和应对，可以很好地降低安全风险，化险为夷；错误的判断和处理，往往会错过事故处理时机，甚至扩大事故造成更加严重的后果。因此，调度人员必须熟练掌握铁路应急处置预案和非正常行车组织办法，储备足够的经验和能力，正确应对铁路突发事件，防止列车运行事故。

应急管理是指政府及其他公共机构在突发公共事件的事前预防、事发应对、事中处置和善后管理过程中，通过建立必要的应急机制，采取一系列必要措施，保障公众生命财产安全，促进社会和谐健康发展的有关活动。应急管理是对突发公共事件的全过程管理，根据突发公共事件的预警、发生、缓解和善后四个发展阶段，应急管理可分为预测预警、识别控制、紧急处置和善后管理四个过程。应急管理又是一个动态管理，包括预防、准备、响应和恢复四个阶段，均体现在管理突发公共事件的各个阶段。应急管理还是个完整的系统工程，可以概括为“一案三制”，即突发公共事件应急预案，以及应急机制、体制和法制。

突发事件的定义有很多，至今有100多种，但根本上都表述为危机、灾难、灾害、紧急状态等。国家突发事件应对法对突发事件概念的定义是“本法所称突发事件，是指突然发生，造成或者可能造成严重社会危害，需要采取应急处置措施予以应对的自然灾害、事故灾难、公共卫生事件和社会安全事件”。

相对于铁路，突发事件是指行车作业过程中，人员、设备、环境等因素突然出现直接危及行车安全或可能危及行车安全的故障等非正常情况，包括地质灾害、天气变化、群体事件、重大疫情、电力中断，铁路行车人员伤亡、设备设施故障、列车运行状态不良、机车车辆溜逸等现象，有些很容易发展成行车事故，有些则属于突发事件的范畴。

行车调度对各类行车组织过程中的突发事件，甚至于行车事故，具有掌握事件信息快速准确、事件动态发展全面及时的优势，能够第一时间介入应急救援指挥工作，并采取有效对策果断进行处置和通报，必要时启动应急预案，事故处置完毕后应积极恢复正常的运输秩序，最大限度减少损失和不良影响。因此，突发事件的应急处置是行车调度的工作职责，也是行车调度安全指挥的重要组成部分。

各类突发事件和行车事故，情况复杂、种类繁多，特别是各类突发事件一般是在列车或车辆运动过程中发生的，处置不当，极易向更加严重的方向发展，时效性很强。因此，在处理处置突发事件和行车事故时，必须坚持“安全第一、快速报告、快速响应、快速阻断”的工作原则。遇紧急情况，必须果断处理，防止事态恶化，再组织救援和起复工作，以免贻误时机。在应急指挥过程中，麻痹大意、侥幸冒险、优柔寡断、鲁莽轻率，都是处置突发事件和行车事故的大忌，很可能扩大后果，造成更大的损失。由于突发事件和行车事故的处置基本程序和方法一致，因此以下主要以铁路交通事故的处置为主介绍相关内容。

为提高突发事件和行车事故的处置能力，行车调度员必须具有广泛的业务知识、丰富的实践经验、良好的心理素质和熟练的指挥技能，才能在遇到突发事件和行车事故时，处乱不惊，指挥有度。因此，行车调度人员要努力学习铁路行车工作的有关业务知识，熟悉现场人员和技术设备，预想可能发生的各种行车意外情况，熟练掌握各种应急处置预案和办法。在值班中，要坚守作业岗位，随时听取或询问列车运行状况，掌握行车工作各个环节的动态，发现问题后及时正确地进行处理，防止列车运行事故。

铁路机车车辆在运行过程中发生冲突、脱轨、火灾、爆炸等影响铁路正常行车的事故，包括影响铁路正常行车的相关作业过程中发生的事故，或者铁路机车车辆在运行过程中与行人、机动车、非机动车、牲畜及其他障碍物相撞的事故，均为铁路交通事故（以下简称事故）。

突发事件造成的后果达到铁路交通事故的构成条件即为铁路交通事故。有些突发事件完全与事故无关，例如列车上发生疫情或者群体事件等，但是信息的通报和事件的处置应比照事故进行。

1. 天气不良时调度应急处置

天气不良是指暴风雨、雪、雾等恶劣天气。大风、暴雨天气根据天气预报或高铁防护安全监控系统报警信息确定；大雾天气根据司机能见度是否小于 200 m 判定并报告列车调度员；中雪、大雪、暴雪界定标准根据气象部门公布或以工务部门观测为准。

1）大风天气应急处置

遇风速监测子系统提示大风报警信息时，列车调度员根据报警提示向相关列车发布限速运行的调度命令。对来不及发布调度命令的列车，立即通知司机限速运行。司机接到调度命令或通知后，应立即采取措施。

遇大风天气，当风速监测子系统发出禁止运行的报警信息时，列车调度员应及时关闭有关信号（车站控制时为通知车站值班员关闭有关信号）并通知司机停车。司机接到通知后，应立即采取停车措施。

列车运行途中遇大风，司机根据情况控制列车运行速度，并报告列车调度员。列车调度员通知后续首列列车司机在该地段注意运行；列车通过该地段后，司机应及时向列车调度员报告。

遇大风天气，列车调度员按风速监测子系统报警提示发布限速调度命令，遇风速不稳或同一地段多处风速报警时，列车调度员可合并设置，按最低限速值发布限速调度命令。

风速监测子系统限速报警解除后，列车调度员应及时取消前发限速调度命令，恢复正常行车。

列车调度员发现风速监测子系统故障时，应立即通知设备管理单位，并在《行车设备检查登记簿》内登记；设备管理单位发现风速监测子系统故障时，应立即报告列车调度员，并在调度所《行车设备检查登记簿》内登记。

风速监测子系统故障期间，故障区段如遇天气预报 7 级及以上大风天气时，工务部门应及时向列车调度员提交天气预报信息，列车调度员按照天气预报的最大风级向相关列车发布限速调度命令。相关限速规定如下：当最大风速达 7 级时，运行速度不大于 300 km/h；8 级、

9 级时，运行速度不大于 200 km/h；10 级时，运行速度不大于 120 km/h；11 级及以上时，禁止列车进入风区。限速里程由工务部门根据故障情况以及天气预报信息确定后，通知列车调度员。

2）大雾天气应急处置

遇天气恶劣列车调度员接到司机或车站值班员“信号显示距离不足 200 m”的报告后，应立即发布调度命令，改按天气恶劣难以辨认信号办法行车。

动车组运行中遇大雾天气，列控车载设备正常时，列车按列控车载设备的显示运行。进出车站、桥梁、隧道时应加强鸣笛。遇地面信号、联锁等设备发生故障，采用目视行车时，司机应加强与列车调度员（应急值守人员）联系，控制速度，以遇到阻碍能随时停车的速度运行。当列控车载设备故障隔离运行时，列车必须按站间区间掌握，进出车站、桥梁、隧道时应加强鸣笛，结合行车资料提前确认分相地点，通过分相地段时，应加强瞭望确认，根据运行速度及时采取断电措施。

3）大雨天气应急处置

（1）降雨量达到出巡警戒值时。

区间可能发生水害，列车调度员要密切关注列车运行情况，随时听取工务工区雨情变化情况的报告，及时采取相应的措施掌握列车运行。

（2）降雨量达到限速警戒值时。

区间可能发生影响列车正常运行的水害，列车调度员必须根据工务人员汇报的情况，立即发布列车限速运行的调度命令。限速命令必须传达到位，命令传达不到位，不得放行列车。同时安排有关人员登乘轨道车或机车赶赴区间检查线路，并根据现场反映情况正确指挥行车。

（3）降雨量达到封锁警戒值时。

区间可能发生断道水害，列车调度员必须根据工务人员汇报的情况，立即发布封锁区间的调度命令。列车调度员发布封锁区间的调度命令时必须整区间封锁，不准封锁半个区间，开通时也必须整区间开通。

（4）因大雨、暴雨不能确认信号时。

在站待发的列车可待暴雨过后发车。情况不明或水情相当严重有断道可能时，要及时拦停列车，宁可错停，决不盲行。

（5）因天气不良，影响正常运行时。

列车调度员根据“先客后货”的原则调整列车运行，重点掌握动车组、重点列车的运行情况。调整列车运行时，应保证中间站至少正线畅通；安排会让时，应提前通知车站准备进路，不得临时变更列车会让计划，造成车站接发列车进路干扰。天气不良等情况应执行以下规定：

① 禁止跟踪出站调车。

② 自动闭塞区段禁止单机挂车。

③ 列车在区间被迫停车后禁止退行。

④ 禁止办理或使用轻型车辆。为消除线路故障或执行特殊任务必须使用时，列车调度员应按《技规》规定，发布调度命令停用基本闭塞法，改按电话闭塞法行车。

⑤ 禁止停用信号、联锁、闭塞设备的施工。

⑥ 认真编制三、四小时列车运行调整计划，要求车站提早准备接发列车进路。会让计划

确定后，除特殊情况外不得临时变更。

⑦ 列车调度员应随时掌握天气变化情况，天气转好时，应及时发布调度命令，恢复正常行车。

4）冰雪天气应急处置

（1）工务部门应掌握天气预报，当预报有降雪及实际开始降雪时，工务调度应及时通知高铁调度台列车调度员和电务调度。电务调度通知相关电务部门和电务段调度。工务部门应加强对积雪深度的观测，及时将雪量变化情况（包括积雪区段及积雪深度等情况，小雪 8 h 汇报一次，中雪 4 h 汇报一次，大雪及以上 2 h 汇报一次）报告工务调度，工务调度及时通知列车调度员和电务调度。

根据降雪和积雪情况，工务部门在高铁调度台《行车设备检查登记簿》（运统–46）内登记限速申请。电务部门需要限速时，向工务部门提出书面申请，工务部门须负责在《行车设备检查登记簿》（运统–46）内登记限速申请。工务、电务部门根据降雪和积雪量变化情况、车辆吸附冰雪情况、电务轨旁设备状况，可提出提速或进一步限速的申请，列车调度员应及时发布限速调度命令，并根据规定设置列控限速。

（2）供电部门应掌握接触网导线结冰情况，需要列车限速时，应及时向列车调度员提出限速申请，并在高铁调度台《行车设备检查登记簿》（运统–46）内登记，写明结冰情况，提出限速要求，列车调度员应及时发布限速调度命令，并根据规定设置列控限速。当供电部门作业人员在天窗点内发现作业区段接触网导线结冰，需要列车限速时，应立即报告高铁供电调度，并于天窗结束点前在《行车设备检查登记簿》（运统–46）内登记限速申请，列车调度员应及时发布限速调度命令，并根据规定设置列控限速。供电部门应对隧道口、上承桥梁、拱形明洞等处结冰情况加强观测，需要列车限速时，应及时向列车调度员提出限速申请，并在高铁调度台《行车设备检查登记簿》（运统–46）内登记，写明结冰情况，提出限速要求，列车调度员应及时发布限速调度命令，并根据规定设置列控限速。

遇接触网导线覆冰时，供电部门可根据接触网导线结冰情况，在《行车设备检查登记簿》（运统–46）内登记动车、单机热滑融冰申请，可停止天窗停电作业，在天窗时间内开行动车、单机，进行热滑融冰。如需开行内燃机车牵引电力机车上线除冰时，由供电部门在《行车设备检登记簿》（运统–46）内登记申请，写明除冰区段（包括站内股道）、邻线限速等。列车调度员根据供电部门的登记申请安排热滑融冰、除冰列车上线除冰。

遇有冰雪、冻雨天气时，供电部门应根据情况向调度所提出机车上线除冰请求，调度所通知机务段安排一台内燃机车和一台装有铜基粉末冶金滑板受电弓的电力机车连挂好待命，做好内燃机车牵引电力机车上线除冰的准备。供电部门同时做好接触网作业车随时上线除冰的准备。除冰列车进行除冰作业后，供电部门确认具备列车运行条件后，在高铁调度台《行车设备检查登记簿》内销记，列车调度员根据请求发布调度命令，恢复列车运行。

（3）随车机械师发现动车组车底结冰及动车组被击打需要列车限速时，应立即通知司机，司机根据随车机械师的限速要求运行，并向列车调度员报告，列车调度员不再发布限速调度命令，列车调度员须提示后续列车随车机械师注意运行状态。

列车调度员接到动车组被击打的报告后，应及时通知电务调度，电务调度通知相关电务段确认轨旁设备运行状态。轨旁设备有异常需上道检查时，电务段应在《行车设备检查登记簿》内登记申请，列车调度员应根据电务部门的申请安排电务人员上道检查、处理，电务人员根据检查处理情况及时销记，如需限速时应写明限速条件。列车运行中，随车机械师应对动车组走行部运行安全状态进行重点巡视监控（听）。在正常运行或已限速条件下，遇走行部出现异音、异响等异常情况时，应立即向动车组司机提出进一步限速要求。

（4）司机应加强瞭望、注意运行。遇雪崩、积雪崩塌等情况危及行车安全时，司机应立即采取停车措施。有可能影响邻线时，应立即通知邻线动车组列车及列车调度员。停车后，动车组司机（单班司机除外）、随车机械师应对现场进行检查，会同列车长提出具体处置方案并报告列车调度员。

在同一处所（地段），当多个部门、防灾安全监控系统提出的限速要求不一致时，列车调度员按最低限速值发布限速调度命令，并按规定设置列控限速。

提出限速的设备管理单位（人员）在限速情况消除时，应分别向列车调度员提出恢复常速的申请，并按规定办理登销记手续，列车调度员根据申请或防灾安全监控系统提示及时发布取消限速调度命令，并取消列控限速设置，恢复列车正常运行。

铁路局调度接到有关冰雪天气限速申请后，及时向分管副局长汇报，并通知运输、机务、工务、电务、车辆处，分管副局长、有关业务处室应立即到达调度台，加强业务指导。

2. 列车调度台非正常情况下应急处置卡

列车调度台非正常情况下应急处置卡有以下几种情况，并且要求处置时要报告值班主任并及时、正确、规范填写安监报-1。

1）列车在区间被迫停车的处理

（1）处置方法。

列车调度员接到列车在区间被迫停车的报告后应做到：

① 立即指示车站值班员对后续列车采取拦停措施。

② 如有可能侵入邻线时，对驶入邻线的列车一并拦停。

③ 指示车站迅速查明列车被迫停车的原因、地点和现场状态。

（2）注意事项。

① 列车退行。

列车退行进站后，应根据停车原因，可甩车减轴、加挂补机或重新再开。

下列情况不准退行：

（a）按自动闭塞法运行时（列车调度员或后方站车站值班员确知区间内无列车，并准许时除外）。

（b）无值乘的列车（已指派胜任人员并携带列车无线调度通信设备、简易紧急制动阀时除外）。

（c）在降雾、暴风雨雪及其他不良条件下，难以辨认信号时。

（d）电话中断后发出的列车（持有《技规》附件 3 通知书的列车除外）。

② 列车分部运行。

列车分部运行时，本务机车司机做好后部车列的防护和防溜措施后，牵引列车前部车列运行至前方站，列车调度员发布调度命令封锁区间，指派本务机车以调度命令为凭证进入区间挂取遗留车辆，待遗留车辆全部到达车站，确认区间空闲后，发布调度命令开通区间。

下列情况列车不准分部运行：

（a）采取措施后可整列运行时。

（b）对遗留车辆未采取防护、防溜措施时。

（c）遗留车辆无人看守时。

（d）列车无线调度通信设备故障时。

③ 派救援列车进入区间救援。

在不适宜列车退行或分部运行时，如列车在区间由于机车故障而被迫停车，或者列车因断钩而被迫停车，后部车列的前部车钩损坏而又无法更换时，可采用派机车进区间救援的方法。

列车调度员应发布调度命令封锁区间，向封锁区间发出救援列车时，不办理行车闭塞手续，以列车调度员的命令，作为进入封锁区间的许可。

未得到机车司机救援请求前，列车调度员不得发布封锁救援的调度命令。

2）列车冒进信号的处置

（1）处置方法。

调度应指示列车不得擅自动车。

（2）注意事项。

① 列车冒进进站、进路信号机时：

不再开放信号机接车，按车站值班员指示办理。

② 列车头部冒进出站信号机或越出接车线末端警冲标时：

（a）在自动闭塞区段，接停车列车时，可立即联系退回；接通过列车时，列车调度员发布调度命令。具备良好通信记录装置条件时，机车司机可根据车站值班员转达的调度命令继续运行；不具备良好通信记录装置条件时，可立即联系退回或发给机车司机规定的行车凭证。

（b）在半自动闭塞区段，通过列车须退回站内开车。

（c）挤道岔时，在集中联锁车站由机车乘务员负责对来车方向进行防护，在非集中联锁车站由扳道员负责防护，车站值班员接到报告应及时关闭有关信号，并迅速向上级报告和通知有关部门处理。

3）列车标志不完整的处置

（1）处置方法。

① 夜间机车头灯、标志灯之一不能使用时，指示列车继续运行。

② 机车头灯、标志灯均不能使用时，指示列车维持运行到前方站停车处理。

③ 旅客列车尾部标志灯熄灭时，通知车站值班员，通知车辆乘务员在前方停车站停车处理。

④ 列尾装置故障时，视情况及时发布调度命令，通知列车运行前方各站注意确认。

（2）注意事项。

列尾装置故障时，车站值班员必须确认列车整列到站后，方可办理区间开通手续。

4）列车发生火灾、爆炸时的处置

（1）处置方法。

① 在区间发生火灾、爆炸时：指示机车司机立即停车（停车地点尽量避开桥梁、长大隧道等）。位于电气化区段时，应立即通知供电部门停电。

② 在区间发生火灾、爆炸时：由车站站长负责统一指挥。

③ 旅客列车发生火灾、爆炸时：按《关于处置旅客列车爆炸、火灾事故的应急方案》妥

善处置。要点是：立即停车、疏散旅客、迅速扑救、切断火源、设置防护、报告救援、抢救伤员、保护现场、协助查访、认真取证。

④ 货物列车发生火灾、爆炸时：需要分隔甩车时，应根据风向及货物性质等情况而定。一般为先甩下列车后部的未着火车辆，再甩下着火车辆，未着火车辆拉至安全地段。

（2）注意事项。

① 负责统一指挥者，首先了解情况，及时疏散旅客和人员，有权组织和调动一切铁路职工和灭火器材进行抢救，根据现场情况组织救援。

② 对甩下的车辆，由车站值班员（在区间由司机、车辆乘务员）负责采取防溜措施。

5）列车乘务人员漏乘及扒乘人员的处置

（1）处置方法。

① 机车乘务组人员不齐全时：禁止开车。

② 客运乘务人员漏乘时：列车可先行开车，不再等候。

③ 列车上有人员漏乘和有可能发生人身伤亡危险时：应立即安排列车在前方站停车处理。

（2）注意事项。

① 机车乘务组的完整是保证安全行车的重要条件，机车乘务组人员不全时，任何人员不得违反规定，指示列车先行开车。

② 乘务工作应由列车乘务组自行调整解决。

③ 位于电气化区段，处理旅客列车车顶闲杂人员时，应先停电，后处理。

④ 列车调度员认为有必要时，可通知公安部门协助处理。

6）列车发生火灾、爆炸时的处置

（1）处置方法。

① 未携带行车凭证的列车冒进关闭的出站信号机时：通知车站设法使列车停车，在其停车后进行处置。

② 使用路票办理通过列车时，机车司机发现路票错误时：应立即停车处理。

③ 机车司机发现已接到并经确认的路票丢失时：列车可不停车，准许继续运行到前方站停车。

（2）注意事项。

当机车司机发现已接到并经确认的路票丢失时：

① 列车司机向车站值班员报告。

② 车站值班员及时报告列车调度员。

7）危险地段行车的处置

（1）处置方法。

遇暴风雨雪天气，列车通过有塌方、落石、断道等自然灾害可能的危险地段时：列车调度员应向进入该危险地段的列车司机发布注意运行命令。

（2）注意事项。

① 列车调度员应通知巡道工、桥隧看守工、巡山工、塌方落石看守工及重点病害看守人员，执行“冒雨”“雨后”的检查，加强对危险地段的巡视，发生险情时：

（a）检查人员应立即开放遮断信号机或设置响墩。

（b）向列车显示停车手信号进行防护，并设法及时向就近的车站值班员报告。

② 车站值班员接到险情的报告后：

(a) 立即报告列车调度员，并停止向危险区间发出列车。

(b) 如系机车乘务员或其他非工务人员报告时，车站值班员并应通知工务领工员或工长到站，查明线路情况，商定向区间放行列车的条件和办法。

③ 列车调度员可指派工务领工员或工长登乘机车，按其显示的手信号限速运行，查明情况，组织列车运行。

8）区间接触网故障的处置

(1) 处置方法。

① 区间接触网故障且没有列车时：应立即发布调度命令封锁区间，放行抢修车。

② 列车调度员得到机车司机已被迫停车的报告和供电调度员的抢修报告后：应立即发布调度命令向封锁区间开行抢修车。

③ 区间接触网故障且停有列车，未得到机车司机的报告时：列车调度员会同供电调度员，采取措施查明区间情况后，向抢修车发布进入封锁区间的调度命令。

④ 电力机车被迫停在接触网分相无电区时：根据机车司机的报告和救援机车实际情况，确定救援方案进行救援。

⑤ 电力机车运行区段列车在区间遇接触网停电时：列车调度员应指示机车司机立即降弓，选择有利地形停车。

⑥ 接触网故障或其他原因，需电力机车降弓时：列车调度员向各次列车发布降弓运行的调度命令。

(2) 注意事项。

① 区间接触网故障且没有列车时：供电调度员应立即将故障处所通知列车调度员，并通知供电段和接触网工区迅速出动。

② 区间接触网故障且停有列车时：通知机车司机在抢修车开来方面设置防护。

③ 区间接触网故障且停有列车，未得到机车司机的报告时：通知机车司机在抢修车开来方面设置防护。

④ 电力机车被迫停在接触网分相无电区时：机车司机要立即降弓，查明列车前方接触网无电区长度，判断电力机车能否从前部救援，并及时报告车站值班员和列车调度员。

⑤ 电力机车运行区段列车在区间遇接触网停电时：指示机车司机按规定进行防护。

⑥ 接触网故障或其他原因，需电力机车降弓时：供电调度员向列车调度员提供升、降弓地点，供电段应按《技规》规定，在故障地点列车运行方向的左侧，设置准备降弓标志和降、升弓标志。

9）信号故障的处置

(1) 进站（接车进路）信号机故障时。

处置方法：采用引导信号（手信号）接车。

注意事项：列车调度员发布调度命令，列车凭引导信号（手信号）运行。

(2) 出站信号机故障时。

处置方法：

① 自动闭塞区段车站的出站信号机不能开放时，使用绿色许可证办理发车。

② 半自动闭塞区段车站的出站信号机和线路所通过信号机不能开放时，使用路票办理发车。

注意事项：列车调度员发布调度命令，停用半自动闭塞法，改用电话闭塞法行车。

（3）发车进路信号机故障或在越过发车进路信号机的线路上发出列车时。

处置方法：

① 自动闭塞区段，按《技规》第 250 条的规定，使用绿色许可证办理发车。

② 半自动闭塞区段，列车调度员发布调度命令。

注意事项：车站值班员确认进路准备妥当后，以调度命令通知机车司机。

（4）区间信号机故障。

处理方法：指示车站拦停后续列车，通知电务、工务、水电等部门赶赴现场进行处理。

注意事项：

① 区间一架信号机故障（区间仅设一架信号机除外）在得到工务部门线路正常的报告后，按《技规》第 251 条办理。

② 区间两架（含区间仅设一架信号机）及以上信号机故障，得到工务部门线路正常的报告后，可发布调度命令，停用基本闭塞法，改用电话闭塞法行车。

（5）车站控制台显示离去红光带。

处理方法：立即指示车站值班员对进入该区间列车采取拦停措施，并通知电务、工务、水电等部门进行处理。

注意事项：在未得到工务部门报告线路正常的情况下，不得向区间放行列车。

（6）半自动闭塞区段出站信号机良好，出站信号机的复示信号机故障。

处理方法：无需列调处理。

注意事项：

① 出站信号机作用良好，而出站复示信号机故障不能开放时，车站发车人员确认出站信号机开放正确后，口头通知机车司机即可发车。

② 办理列车通过时，接发车人员确认出站信号机开放正确后，应在复示信号机前显示通过手信号向机车司机预告。

③ 机车已越过复示信号机时，可不通知机车司机或显示通过手信号，机车司机应按出站信号机的显示运行。

10）机车信号、列车运行监控记录装置、无线调度通信设备临时故障的处置

（1）机车信号、列车运行监控记录装置、无线调度通信设备在连挂车列前故障时。

处置方法：不准牵引列车。

（2）自动闭塞区段，运行途中机车信号、列车运行监控记录装置临时发生故障时。

处置方法：指示列车运行至前方站更换（或加挂）机车。

注意事项：机车司机应立即报告车站值班员，车站值班员接到报告后应立即转报列车调度员，列车以不超过 20 km/h 速度运行至前方站。

（3）自动闭塞区段，运行途中机车无线调度通信设备发生故障时。

处置方法：列车调度员应向该列车司机和运行前方沿途各站发布调度命令。

注意事项：调度命令需向司机转交时，应在具备停车条件的车站停车交付。

11）线路严重晃车的处置

处置方法：立即发布调度命令封锁区间（或车站），通知车站值班员拦停后续列车，通知工务人员迅速赶赴现场检查处理。

注意事项：

① 列车调度员根据现场工务负责人提供的运行条件掌握运行。

② 如需要限速运行时，列车调度员应先将前发封锁区间的命令取消，根据工务负责人提供的限速值重新发布限速运行的调度命令。

③ 限速的调度命令除发给限速地点关系站（限速地点在区间内，关系站为区间的两端站；限速地点在车站站内或站内跨区间，关系站为限速地点车站和相邻车站）外，还应发给转达调度命令车站和进入限速地点前的第二个车站。

12）车辆热轴、燃轴的处置

（1）车辆微热时。

处置方法：可以继续放行列车，对微热的车辆进行跟踪。

注意事项：如由微热跟踪，跃升为微 3 时；对连续 5 个轴温探测站预报微热的应按强热预报处理（即将列车停在最近的前方站进行检查）。有列检所（包括货车列检所）的由列检所检查处理；没有列检所的由车辆乘务员检确认；没有车辆乘务员的由机车司机检查确认能否继续安全运行。

（2）车辆强热时。

处置方法：将列车停在最近的前方站进行检查。

注意事项：对取消中间站后造成停车距离延长的红外线预报的强热（包括跟踪微 3）按激热预报。有列检所（包括货车列检所）的由列检所检查处理；没有列检所的由车辆乘务员检查确认；没有车辆乘务员的由机车司机检查确认能否继续安全运行。

（3）车辆激热时。

处置方法：立即指示车站值班员呼叫列车司机停车。

注意事项：

① 有列检所（包括货车列检所）的由列检所检查处理；没有列检所的由车辆乘务员检查确认；没有车辆乘务员的由机车司机检查确认能否继续安全运行。

② 列车在区间激热停车后，经司机检查确认可以继续运行时，机车司机要及时报告车站值班员并转报列车调度员，根据调度命令限速 25 km/h，就近运行到前方站或退回本站进行停车检查。

（4）车辆热轴需要甩车时。

处置方法：红外线调度员使用直通录音电话将列车编组、热轴车顺位、轴位、探测站和通过探测站时间通知列车调度员，由列车调度员确定车次，及时安排停车、甩车。

注意事项：红外线调度员须填写《红外线热轴甩车通知卡》，并将热轴甩车通知卡送交列车调度员（不得超过 10 min），双方签字确认。

（5）车辆燃轴时。

处置方法：指示车站呼叫司机停车。如来不及时，应通知在最近前方站站内停车。严禁指示在前方站通过时检查。旅客列车必须通知乘务检车员会同检查。

注意事项：燃轴的车辆需要甩车时，为防止牵出甩车时切轴，应将燃轴的车辆留在接车线内，列车从两端进行转线开车。对甩下的车辆，通知车辆调度员派人进行处理。

13）制动梁、下拉杆脱落的处置

处置方法：指示车站值班员呼叫司机停车处理。如果来不及时，应通知最近前方站关闭进站信号机，使列车在进站信号机外停车处理。

注意事项：停车后，由车站派人会同司机进行检查。发现确系制动梁或下拉杆脱落时，应将脱落的制动梁或下拉杆卸下或采取不至于脱落于地面或轨面的措施后，关闭该车辆截断塞门，放尽副风缸余风后，方可开放进站信号将该列车接入站内，以防止列车直接进站时脱落的制动梁或下拉杆刮坏道岔等设备，造成脱轨，扩大事故的后果。

14）车钩破损的处置

（1）钩舌销断裂时。

处置方法：如车钩在闭合状态下，不影响使用时，列车调度员可以继续放行该列车。

注意事项：该列车必须在有列检所的车站停车，由列检人员对该车辆进行修理。

（2）钩舌断裂时。

处置方法：指示机车司机将列车尾部或机车前部同类型车钩的钩舌卸下后更换。

（3）钩头、钩身和钩尾框等部件破损或钩托螺丝丢失造成钩头下沉时。

处置方法：在中间站无列检人员和设备时无法更换或修理，指示车站甩车。

注意事项：对甩下的车辆，通知车辆调度员派人进行处理。

（4）列车在区间发生前部车列的后部车钩破损，造成列车分离并且无法更换和修理时。

处置方法：发布调度命令，封锁区间，指派机车采取分布运行的办法进行救援。

注意事项：

① 由本务机车将前部车列牵引至前方站后，再指派机车进入封锁区间牵引后部车列至前方站，将故障车在车站甩下。对甩下的车辆，通知车辆调度员派人进行处理。

② 下列情况不准分部运行：

（a）采取措施后可整列运行时。

（b）对遗留车辆未采取防护、防溜措施时。

（c）遗留车辆无人看守时。

（d）列车无线调度通信设备故障时。

（5）列车在区间发生后部车列的前部车钩破损，造成列车分离并且无法更换和修理时。

处置方法：发布调度命令，封锁区间，指派机车采取分部运行的办法进行救援。

注意事项：

① 指示本务机车将前部车列牵引至前方站，指派后方车站派机车进入封锁区间，将后部车列牵引至后方站，将故障车甩下，再将后部车列牵引至前方站合并后继续运行。对甩下的车辆，通知车辆调度员派人进行处理。

② 下列情况不准分部运行：

（a）采取措施后可整列运行时。

（b）对遗留车辆未采取防护、防溜措施时。

（c）遗留车辆无人看守时。

（d）列车无线调度通信设备故障时。

（6）列车中有多处断钩时。

处置方法：按照上述方法依次处理。

15）车辆自动制动机故障的处置

（1）软管爆裂时。

处置方法：指示司机卸下列车后部或机车前部的软管进行更换。

（2）主管部分其他部件断裂时。

处置方法：在车站将故障车甩下。发生在区间时，能维持运行的，到前方站处理；不能维持运行的，应根据司机请求进行救援。

注意事项：

① 在区间发生且故障车辆在列车尾部时，应先确认列车连接状态良好，关闭故障车前部折角塞门，使前部车辆缓解，并打开该故障车及后部所有车辆的副风缸排风阀，排尽副风缸余风，使车辆充分缓解，将后部车辆按《技规》第 201 条规定计算闸瓦压力。闸瓦压力符合运行区段规定的最低列车闸瓦压力时，根据司机请求，可发布调度命令，限速运行至前方站。

② 故障车辆在列车前部、中部或列车运行在上坡道时，应采取分部运行办法进行救援。故障车辆应采取不致脱钩的措施，随前部车列挂走。

③ 长大坡道区间禁止分部运行时，应发布调度命令封锁区间，派机车由列车后部进行救援。

（3）车辆支管部分发生断裂、漏风时。

处置方法：可关闭车辆截断塞门，排尽副风缸余风，作为关门车继续运行至前方有列检的车站进行修理。

注意事项：车辆编挂位置及车数要符合关门车编挂规定。不符合规定的，在车站应甩车或将关门车倒至规定的位置。

16）车辆遛逸的处置

（1）遛逸车辆前方有列车运行时。

处置方法：

① 指示各车站放置防溜枕木或其他障碍物。

② 可将线路开通安全线、避难线、空闲的牵出线或尽头线，使遛逸的车辆脱轨。

注意事项：

① 指示车站使前方运行的各列车在车站停车。

② 命令在站待发的列车立即取消发车。

③ 将遛逸车辆进站方向道岔开通，不能进入有列车特别是有旅客列车停留的线路的位置。

（2）遛逸车辆前方各区间均无列车运行，且线路坡道不大时。

处置方法：指示各车站放置防溜枕木或其他障碍物。

（3）遛逸车辆前方是变坡线路或区间时。

注意事项：

① 指示车站在变坡线路或区间做好准备，待车辆停留后，采取措施堵截车辆，防止车辆反向回溜。

② 发布调度命令封锁区间，指派机车将遛逸车辆拉回车站。

17）接触网跳闸、倒闸的处置

（1）接触网跳闸时。

处置方法：

指示车站值班员要求在跳闸供电臂范围内的所有电力机车，降下受电弓，拦停所有开往故障供电臂的列车，通知供电调度员手动合闸一次。

注意事项：

列车调度员必须熟悉所辖区段、机务段的供电臂延伸范围及变电所、分区亭设置的位置；掌握接触网工区、段、配属、装备和技术力量。

（2）接触网跳闸后，手动合闸一次不成功时。

处置方法：

不得指示再次强行合闸，应按接触网故障进行处置，指示接触网抢修车做好出动准备。

注意事项：

供电调度员要根据控制台报警显示迅速判断故障地点，首先检查是电力机车故障引起接触网跳闸还是接触网本身故障引起跳闸。向有关列车调度员报告跳闸供电臂名称及停电范围，同时派人立即赶赴现场进行巡视检查。

（3）接到供电调度员停送电倒闸申请时。

处置方法：

先向供电调度员通报预计倒闸时间、向有关车站下达准备倒闸作业的调度命令，在得到车站值班员向机车司机转达的倒闸作业命令全部转达完毕并得到司机同意的报告后，再向供电调度员通知确切倒闸时间。

注意事项：

要求向供电调度员通知的预计倒闸时间要与停送电倒闸调度命令中的时间相一致。停送电倒闸作业完毕，列车调度员须在得到供电调度员直通录音电话的通知后，方可向车站值班员下达接触网停送电、行车限制或恢复正常行车的调度命令。

（4）接触网停送电倒闸作业失败时。

注意事项：

立即通知车站值班员转告相关列车司机，对正在运行中的列车要优先、重点布置，防止运行中的列车进入无电区。

18）机车故障时的处置

（1）非直供电机车牵引列车在区间故障时。

处置方法：

发布调度命令，封锁区间，指派机车救援。

注意事项：

列车调度员应清楚救援机车机型、牵引定数等是否与故障机车相一致。救援机车牵引定数小于故障机车的牵引定数时，可指派双机救援或分部运行的办法。

（2）直供电机车牵引旅客列车发生机故，走行部、制动系统良好且能维持向列车供电时。

处置方法：

发布调度命令，封锁区间，指派机车救援。

注意事项：

由故障机车向列车供电，救援机车按机车交路接续，担当至具备更换直供电机车的车站。

（3）直供电机车牵引旅客列车发生机故，走行部、制动系统良好且不能维持向列车供电时。

处置方法：

发布调度命令，封锁区间，指派机车救援。

注意事项：救援机车牵引旅客列车运行至就近具备停靠站台的车站。组织直供电机车或安排在途直供电机车牵引非直供电旅客列车的机车担当救援，按机车交路担当至具备更换直供电机车的车站。

3. 非正常情况下列调应急处置要点

（1）热轴处理是否严格执行调度所《车辆燃轴、故障处理办法》规定。

（2）接触网跳闸是否按规定进行故障判断、处理。

（3）接到危及行车安全的异常情况报告时，是否按调度所《危及行车安全信息处置办法》规定处理。

（4）接到列尾故障的报告时，是否在前方站停车处理。

（5）接到天气恶劣、信号机显示距离不足 200 m 的报告时，是否及时向有关车站和列车发布“改按天气恶劣难以辨认信号办法行车”的调度命令。

（6）接到信联闭故障时，是否严格按调度所《信联闭设备非正常处理办法》规定处理。

（7）接到断轨报告时，是否按规定处理。

（8）接到机车“三大件”故障报告时，是否按规定处理。

（9）接到现场人员报告线路上有临时限速标志而没有运行揭示调度命令（也没有工务人员在车站登记临时限速）时，是否立即核准限速起止地点和限速标志上的限速值，并向有关车站和后续列车发布限速运行的调度命令，同时报告值班副主任；值班副主任是否立即与有关工务段（施工单位）联系，查明情况，及时处理。

（10）危及行车安全的临时设备抢修，是否按规定程序办理。

（11）对现场未经报告转为非常站控模式的情况，是否及时发现并处理。

（12）是否严格执行调度所《列车调度员联防互控要求》。

（13）其他非正常情况处理是否执行有关规定。

任务 9.3 调度安全事故实例

任务引入

某日 12:20，A 站值班员提报：A 站至 B 站间上行线 1 930 km 119 m 至 1 937 km 172 m 处因处理病害，工务申请限速 60 km/h。12:28，列车调度员按照车站值班员提报的申请和拟写的调度命令核对一致，转值班主任签认后，下发 1625 号限速调度命令，命令内容：自接令时起至另有命令时止，A 站至 B 站间上行线 1 930 km 119 m 至 1 937 km 172 m 处限速 60 km/h。13:22，列车调度员接工务段调度报告“调度命令发布的上述里程为新里程，新里程是否已经启用了？”列车调度员安全意识极为淡漠，未能引起高度警觉，既未采取措施，也未指示车站值班员重新核对里程，重新提出申请，对错误命令进行纠正。15:10，A 站值班员报告，T296 次该机务段添乘干部通报，1625 号限速命令限速里程和机车运器显示不符，仍未引起列车调度员高度重视，再一次失去了纠正错误命令的机会。17:07，列车调度员根据现场的申请，下发 1630 号调度命令取消限速，命令内容：自接令时起，A 站至 B 站间上行线 1 930 km 119 m 至 1 937 km 172 m 处，恢复正常速度，同时取消前发 1625 号调度命令。在此期间该地段共通过 14 趟客货列车。

该事故依据《铁路交通事故调查处理规则》第十四条 C25 款和铁路部门在安全大检查期间对错发调度命令事故的严格要求（升级处理），构成铁路交通一般 C25 类事故。

该起事故与 2008 年胶济线“4·28”事故有着惊人的相似，所幸未造成严重后果。从 11:31—17:06，该列车调度员共发布 11 条涉及线路里程的调度命令，除第 1625 号限速命令、第 1630 号恢复常速命令是错误使用新里程的命令以外，其余 9 条调度命令内容均使用的是原里程，反映出该列车调度员在错误发布调度命令时并未意识到该处里程是新里程，显露出该调度员对所辖区段的线路数据、行车设备掌握不熟，未能及时发现里程错误。另据了解，该列车调度员是从事调度工作不足 3 年的新职调度员，在受理现场登记时，既没有向相关车站核实进站信号机里程以确认限速里程是否含站内线路，又因为自身业务不熟，对现场提报的 K1 930+119～K1 937+172 处限速没有意识到是采用了新里程，造成错发调度命令；前后几个小时的命令中同时存在新老里程，仍未引起警觉，这些说明该调度员的业务素质亟待提高。在工务段调度两次提出调度命令存在问题的情况下，仍无动于衷，没有采取修正、补救措施消除安全隐患，且不向值班主任汇报。调度安全风险意识严重不足，对工作极端不负责任，给行车组织带来了极大的安全隐患。知错不改、将错就错是本次事故中调度存在的最大教训。

思考：

（1）铁路安全事故如何分类和定性？

（2）调度安全事故如何分析原因？

每个铁路职工除在工作中严格遵守劳动纪律、认真执行规章制度外，还应学习和了解有关行车事故的分类、等级、通报和救援等知识，做到不仅能防止行车事故，而且能在事故万一发生后及时通报、救援，尽快恢复行车，以减少事故造成的损失。

铁路机车车辆在运行过程中发生冲突、脱轨、火灾和爆炸等影响铁路正常行车的事故，如影响铁路正常行车的相关作业过程中发生的事故，或者铁路机车车辆在运行过程中与行人、机动车、非机动车、牲畜及其他障碍物相撞的事故，均为铁路交通事故。

为了区分事故的性质和等级，及时排除故障，抢救事故及恢复行车，铁路职工必须认真学习《铁路交通事故调查处理规则》，在发生事故后，及时通报、处理，尽快开通区间，把事故损失控制在最低程度。根据事故造成的人员伤亡、直接经济损失、列车脱轨辆数、中断铁路行车时间等情形，事故等级分为特别重大事故、重大事故、较大事故和一般事故。

1. 事故的分类

1）特别重大事故

有下列情形之一的为特别重大事故：

（1）造成 30 人以上死亡。

（2）造成 100 人以上重伤（包括急性工业中毒，下同）。

（3）造成 1 亿元以上直接经济损失。

（4）繁忙干线客运列车脱轨 18 辆以上并中断铁路行车 48 h 以上。

（5）繁忙干线货运列车脱轨 60 辆以上并中断铁路行车 48 h 以上。

2）重大事故

有下列情形之一的，为重大事故：

（1）造成 10 人以上 30 人以下死亡。

（2）造成 50 人以上 100 人以下重伤。

（3）造成 5 000 万元以上 1 亿元以下直接经济损失。

（4）客运列车脱轨 18 辆以上。

（5）货运列车脱轨 60 辆以上。

（6）客运列车脱轨 2 辆以上 18 辆以下，并中断繁忙干线铁路行车 24 h 以上或者中断其他线路铁路行车 48 h 以上。

（7）货运列车脱轨 6 辆以上 60 辆以下，并中断繁忙干线铁路行车 24 h 以上或者中断其他线路铁路行车 48 h 以上。

3）较大事故

有下列情形之一的，为较大事故：

（1）造成 3 人以上 10 人以下死亡。

（2）造成 10 人以上 50 人以下重伤。

（3）造成 1 000 万元以上 5 000 万元以下直接经济损失。

（4）客运列车脱轨 2 辆以上 18 辆以下。

（5）货运列车脱轨 6 辆以上 60 辆以下。

（6）中断繁忙干线铁路行车 6 h 以上。

（7）中断其他线路铁路行车 10 h 以上。

4）一般事故

一般事故分为：一般 A 类事故、一般 B 类事故、一般 C 类事故、一般 D 类事故。

（1）有下列情形之一，未构成较大以上事故的，为一般 A 类事故：

① A1，造成 2 人死亡。

② A2，造成 5 人以上 10 人以下重伤。

③ A3，造成 500 万元以上 1 000 万元以下直接经济损失。

④ A4，列车及调车作业中发生冲突、脱轨、火灾、爆炸、相撞，造成下列后果之一的：

A4.1，繁忙干线双线之一线或单线行车中断 3 h 以上 6 h 以下，双线行车中断 2 h 以上 6 h 以下。

A4.2，其他线路双线之一线或单线行车中断 6 h 以上 10 h 以下。双线行车中断 3 h 以上 10 h 以下。

A4.3，客运列车耽误本列 4 h 以上。

A4.4，客运列车脱轨 1 辆。

A4.5，客运列车中途摘车 2 辆以上。

A4.6，客车报废 1 辆或大破 2 辆以上。

A4.7，机车大破 1 台以上。

A4.8，动车组中破 1 辆以上。

A4.9，货运列车脱轨 4 辆以上 6 辆以下。

（2）有下列情形之一，未构成一般 A 类以上事故的，为一般 B 类事故：

① B1，造成 1 人死亡。

② B2，造成 5 人以下重伤。

③ B3，造成 100 万元以上 500 万元以下直接经济损失。

④ B4，列车及调车作业中发生冲突、脱轨、火灾、爆炸、相撞，造成下列后果之一的：

B4.1，繁忙干线行车中断 1 h 以上。

B4.2，其他线路行车中断 2 h 以上。

B4.3，客运列车耽误本列 1 h 以上。

B4.4，客运列车中途摘车 1 辆。

B4.5，客车大破 1 辆。

B4.6，机车中破 1 台。

B4.7，货运列车脱轨 2 辆以上 4 辆以下。

（3）有下列情形之一，未构成一般 B 类以上事故的，为一般 C 类事故：

① C1，列车冲突。

② C2，货运列车脱轨。

③ C3，列车火灾。

④ C4，列车爆炸。

⑤ C5，列车相撞。

⑥ C6，向占用区间发出列车。

⑦ C7，向占用线接入列车。

⑧ C8，未准备进路接发列车。

⑨ C9，未办或错办闭塞发出列车。

⑩ C10，列车冒进信号或越过警冲标。

⑪ C11，机车车辆溜入区间或站内。

⑫ C12，列车中机车车辆断轴，车轮崩裂，制动梁、下拉杆、交叉杆等部件脱落。

⑬ C13，列车运行中碰撞轻型车辆、小车、施工机械、机具、防护栅栏等设备设施或路料、塌体、落石。

⑭ C14，接触网接触线断线、倒杆或塌网。

⑮ C15，关闭折角塞门发出列车或运行中关闭折角塞门。

⑯ C16，列车运行中刮坏行车设备设施。

⑰ C17，列车运行中设备设施、装载货物（包括行包、邮件）、装载加固材料（或装置）超限（含按超限货物办理超过电报批准尺寸的）或坠落。

⑱ C18，装载超限货物的车辆按装载普通货物的车辆编入列车。

⑲ C19，电力机车、动车组带电进入停电区。

⑳ C20，错误向停电区段接触网供电。

㉑ C21，电气化区段攀爬车顶耽误列车。

㉒ C22，客运列车分离。

㉓ C23，发生冲突脱轨的机车车辆未按规定检查鉴定编入列车。

㉔ C24，无调度命令施工，超范围施工，超范围维修作业。

㉕ C25，漏发、错发、漏传、错传调度命令导致列车超速运行。

（4）有下列情形之一，未构成一般 C 类以上事故的，为一般 D 类事故：

① D1，调车冲突。

② D2，调车脱轨。

③ D3，挤道岔。

④ D4，调车相撞。

⑤ D5，错办或未及时办理信号致使列车停车。

⑥ D6，错办行车凭证发车或耽误列车。

⑦ D7，调车作业碰轧脱轨器、防护信号，或未撤防护信号动车。

⑧ D8，货运列车分离。

⑨ D9，施工、检修、清扫设备耽误列车。

⑩ D10，作业人员违反劳动纪律、作业纪律耽误列车。

⑪ D11，滥用紧急制动阀耽误列车。

⑫ D12，擅自发车、开车、停车、错办通过或在区间乘降所错误通过。

⑬ D13，列车拉铁鞋开车。

⑭ D14，漏发、错发、漏传、错传调度命令耽误列车。

⑮ D15，错误操纵、使用行车设备耽误列车。

⑯ D16，使用轻型车辆、小车及施工机械耽误列车。

⑰ D17，应安装列尾装置而未安装就发出列车。

⑱ D18，行包、邮件装卸作业耽误列车。

⑲ D19，电力机车、动车组错误进入无接触网线路。

⑳ D20，列车上工作人员往外抛掷物体造成人员伤害或设备损失。

㉑ D21，行车设备故障耽误本列客运列车 1 h 以上或耽误本列货运列车 2 h 以上；固定设备故障延时影响正常行车 2 h 以上（仅指正线）。

铁路部门可对影响行车安全的其他情形，列入一般事故。因事故死亡、重伤人数 7 日内发生变化，导致事故等级变化的，相应改变事故等级。

2. 调度安全实例解析

为了进一步了解调度工作中存在的安全风险和隐患，理解调度管理的必要性，列举以下一些与调度相关的实例进行分析，以便能提高调度工作人员的安全意识。

1)【案例 1】漏发限速调度命令，引发列车冲突——特别重大事故

事故概况及事故性质：

2008 年 4 月 28 日凌晨 4:41，T195 次和 5034 次两列客车在××铁路 A 站至 B 站间（K289+610）相撞发生重大事故，该地段限速 80 km/h，T195 次列车实际运行速度达 131 km/h，因超速导致颠覆侵入上行线，与对向行驶来的 5034 次列车发生冲突。经初步调查认定，××铁路列车相撞事故，是一起典型的人为责任事故。事故造成 72 人死亡、416 人受伤，构成铁路交通特别重大事故。

原因分析：

（1）××铁路局 4 月 23 日印发了《关于实行××线施工调整列车运行图的通知》，其中

含对该路段限速 80 km/h 的内容。该重要文件仅在局网上发布。在没有确认有关单位是否收到的情况下，4 月 26 日该局又发布了一个调度命令，取消了多处限速命令，其中包括事故发生段。各相关单位根据 4 月 26 日的调度命令，修改了运行监控器数据，取消了限速条件。

（2）调度员在接到有关列车司机反映现场临时限速与运行监控器数据不符时，4 月 28 日 4:02 该局补发了该段限速 80 km/h 的调度命令，但该命令没有发给 T195 次机车乘务员，漏发了调度命令。这是非常致命的环节！

（3）调度与司机进行车机联控时用语又不规范，没有明确限速的值。值班员对最新临时限速命令未与 T195 次司机进行确认，也未认真执行车机联控。

（4）机车乘务员没有认真瞭望，没有按照移动减速牌的指示行车，失去了防止事故发生的最后时机。

2）【案例 2】违章发布调度命令，引发列车追尾——重大事故

事故概况及事故性质：

2005 年 7 月 31 日 19:45，K127 次旅客列车运行至××线×站至×站间下行线区间，越过关闭的第 4333 号通过信号机，于 19:49 与前行的 33129 次货物列车追尾冲突脱轨，127 次机车和机次 1～3 位颠覆，4、5 位脱轨，其中 1、2 位脱轨车辆侵入上行线，中断上行线行车 9 h 57 min，中断下行线行车 16 h 59 min。造成旅客死亡 5 人，重伤 3 人，轻伤 42 人，机车大破 1 台，客车报废 2 辆、大破 1 辆、中破 2 辆，货车报废 1 辆、中破 6 辆，构成铁路交通重大事故。

原因分析：

（1）对于区间运行时遇到通过信号机显示红灯，部分司机按照规定停车等候，部分列车司机违章解锁监控装置，部分司机向列车调度员请求发令解除监控功能通过故障信号机。

（2）在行车信号出现故障的非正常情况下，K127 次机车乘务员严重违反《技规》有关规定，违章解锁，臆测行车。

（3）列车调度员没有发现和制止列车运行中的违章行为，对请求发令的列车违章发布允许关闭监控的调度命令，对不请求的列车又不发令，导致当时列车运行一片混乱。

（4）在调度指挥和司机控制列车运行如此混乱的情况下，33219 次因没有得到调度命令而停车等候，后续 K127 次又请令后违章解锁，越过故障的通过信号机盲目运行，与 33219 次进入同一闭塞分区，以致造成追尾事故的发生。

3）【案例 3】司机超劳睡觉，上坡道停车向后溜逸，与后续列车相撞——较大事故

事故概况及事故性质：

××××年×月×日，××局××机务段 SS_4 型 166 号机车担当牵引的 2258 次货物列车（编组 54 辆，总重 4 522 t，计长 59.6），行至××线 A 站至 B 站间 K8+668 下坡道，司机退级，列车惰力运行。此时，因该机车组三人全部进入睡眠状态，列车失去控制，在 K15+408 处列车自然停车。因全列停于 4‰的上坡道上，2 min 后全列向后溜逸，溜走 1 665 m，在××线御河大桥上与后续准备退行的 3865 次货物列车相撞，造成 3865 次列车司机、副司机死亡，中断下行线 24 h 20 min、上行线 25 h 13 min，直接经济损失 645.854 万元，构成铁路交通较大事故。

原因分析：

（1）司机、副司机在公寓不注意休息，值乘超劳 13 h 54 min 后又未及时提出换班，致使全班人员昏睡，导致机车无人操纵，列车失控。

（2）调度所不按基本运行图组织行车，当班调度员不掌握乘务员工作时间，对超劳机班未采取措施是造成这起事故的重要原因。

4)【案例 4】漏发超限货物限速命令造成车辆脱轨——一般事故 A 类

事故概况及事故性质：

××××年×月×日，×局×单线区段 41086 次挂有装载一级超限货物的平板车一辆，限速条件为区间运行 50 km/h，正线通过限速 40 km/h，通过侧向道岔限速 25 km/h，行经半径 300 m 以下的曲线限速 30 km/h。由于列车调度员工作严重不负责任，漏发曲线地段限速命令，致使列车运行至曲线地段时，由于列车超速运行造成车辆脱线，中断行车 6 h 50 min，构成铁路交通一般 A4 类事故。

原因分析：

列车调度员安全意识淡薄，工作责任心不强，对装载超限货物车辆的运行条件没有认真审核，发布调度命令不严肃，命令内容不完整，导致漏发了该曲线地段的限速命令。

5)【案例 5】供电调度盲目操作设备造成列车在区间停车——一般事故 B 类

事故概况及事故性质：

2004 年 3 月 13 日 3:38，T238 次旅客列车××站 4 道停车处理扒乘人员过程中，扒乘人员触电引燃 T238 次机后第 11 位车辆。经车站灭火并甩车后，T238 次列车于 6:24 开车。造成客车大破 1 辆，影响本列 2 h 46 min。根据《事规》第十三条规定，构成列车火灾一般 B4 类事故。

原因分析：

（1）列车在××站已发生扒乘现象，但因列车晚点，车站组织开车时扒乘人员又跳回车顶，未能及时发现和制止。列车在车站停车处理时，列车调度员仍未布置接触网停电处理，通知不及时、信息不畅通、指挥秩序乱。

（2）采取措施不果断。列车调度员接到报告后，简单布置车站处理，未充分考虑问题复杂性和处理办法，更没有具体布置。

（3）采取办法不正确。列车调度员布置车站进行处理，未安排及时停电，车站工作人员只是在车下劝说，效果不佳，直至因接触网放电导致车辆火灾。

6)【案例 6】向占用区间发出列车——一般事故 C 类

事故概况及事故性质：

××××年×月×日，××工务段根据路局元月份施工方案第 68 项，在××线甲至乙站间 K346+300—K346+500 处抬道施工，11:45 列车调度员发布调度命令：自×××次到达乙站起至 14:00 区间封锁，并开行 57001/57002 次进入封锁区间配合施工；12:59，57001 次自区间返回乙站。由于把关站长先行离站，车站值班员又离岗，助理值班员一人在行车室内，在未经工务申请销记时，擅自越权盲目向调度员汇报区间开通。学习调度员在师傅不在场的情况下，未经过认真核实，盲目命令开通仍在施工的区间，并同意乙站接入甲站下行列车。该次列车于 13:06 通过甲站，进入区间，被工务施工防护员拦停在 K342+364 处。构成一般 C6 类事故。

原因分析：

（1）列车调度员工作不认真，未仔细听取施工销记内容，仅凭车站值班员路用列车已返回、区间开通的报告，就发布调度命令。

（2）学习调度员未认真执行《技规》第 181 条、《调规》第 60 条的有关规定，发令前未详细了解现场实际情况，盲目图快。

（3）学习调度员在无人盯控的情况下擅自发布调度命令，违反调度所关于学习人员不允许发布调度命令、调度员因事离开要计划台顶岗等规定。

7）【案例 7】未准备好进路接发列车——一般事故 C 类

事故概况及事故性质：

××××年×月×日，××站开行 41022 次列车挂有装载超限货物的车辆。列车调度员仅向始发站和该列车司机发布了调度命令，而未向其他有关站段转达。致使 41022 次列车运行至××站时，接入有高站台的线路，站台与超限货物发生碰撞，造成站台和货物破损，构成铁路交通一般 C8 类事故。

原因分析：

（1）开行超限列车，调度员漏发受令处所。

（2）调度员下达日（班）计划和三、四小时阶段计划时，未将挂有超限货物列车作为重点列车掌握。

（3）调度员没有盯控各站接发超限列车进路准备情况。

8）【案例 8】未办或错办闭塞发出列车——一般事故 C 类

事故概况及事故性质：

某站下行衔接 A、B 两个方向，基本列车运行图 81101 次为开 A 方向、81011 次为开 B 方向，××××年×月×日，列车调度员在编制列车运行调整计划时，将 A 方向的 81101 次错误编制为开 B 方向，81101 次司机进入 B 方向线路后发现开行方向不正确，紧急停车。构成一般 C9 类事故。

原因分析：

（1）列车调度员对列车运行图五定班列不熟悉，在不能使用图定方式画线的情况下，凭主观臆断列车运行径路，手工铺画线条导致列车运行计划铺画错误。

（2）列车调度员工作不仔细，在列车运行方向不确定的情况下，没有通过查阅基本列车运行图、查看列车编组或与计划调度员联系等方式进行确认。

9）【案例 9】错办或未及时办理信号致使列车停车——一般事故 D 类

事故概况及事故性质：

××××年×月×日，×局×站控制台发生故障，时断时续地出现红光带，车站值班员向列调汇报后，列调指示车站通知工务、电务部门检查，未及时发布改按电话闭塞法行车的调度命令，结果 14550 次列车在该站通过时，出站信号机突然关闭，致使列车站内停车，构成铁路交通一般 D5 类事故。

原因分析：

基本闭塞设备发生故障时，应停止基本闭塞法，改按电话闭塞法行车。然而列车调度员安全意识淡薄，只考虑电话闭塞法行车手续烦琐，不利于列车运行调整，没有考虑到行车设备故障后存在的安全隐患，未及时发布调度命令，处理问题不及时、不果断。

10）【案例 10】供电调度盲目操作设备造成列车在区间停车——一般事故 D 类

事故概况及事故性质：

2015 年 7 月 5 日 7:20，某局客专 DJ8842 次动检车运行至 CJ 站至 RJ 站间上行线，因动车组网压表无网压显示停于 K239+171 处。经处理，8:15 开车恢复正常运行，影响本列区间停车 55 min，构成铁路交通一般 D10 类事故。

原因分析：

（1）当班供电调度员违反作业标准，盲目操作区间 38 号隔离开关分闸，造成 RJ 至 BLP 间供电设备无电，是造成事故的主要原因。

（2）当班供电调度员违反《高铁供电调度管理办法》规定，送电过程中没有确认开关位置，在 38 号隔离开关仍处于分闸状态下，盲目通知行调已恢复供电，造成供电分区无电，是造成事故的重要原因。

（3）当班供电调度员对设备运行状态不掌握，从 38 号隔离开关分闸至施工结束准备倒闸，长达 3 h 时间里，未认真查看各开关位置，没有发现隔离开关已经分闸，是造成事故的重要原因。

11）【案例 11】漏发调度命令造成列车区间停车——一般事故 D 类

事故概况及事故性质：

××××年×月×日，×局进行移设×站上行进站信号机施工。列车调度员向有关站段和在途列车发布了上行进站信号机停用、接车引导的调度命令。信号机移设完毕后，列车调度员盲目认为有新信号机，司机便可以凭信号行车，因此未再向在途列车发布新信号机启用的调度命令，致使 16022 次运行至该站外原信号机处停车寻找引导信号。由于新信号机比原信号机向车站方向移设了 30 m，造成列车区间停车，构成铁路交通一般 D14 类事故。

原因分析：

（1）列车调度员业务素质不高，对新设备启用应向有关站段和在途列车发布调度命令不清楚，致使造成耽误列车的一般事故。

（2）列车调度员存在侥幸心理，对调度命令的重要性认识不够，认为只有 10 min，不会影响安全，因此没有按规定发布施工推迟开始命令。

（3）列车调度员基本功不扎实，对规章掌握不透彻、不深刻，没有严格执行《铁路营业线施工及管理办法》有关要求。

（4）调度员对现场情况了解不细，对列车运行监控不到位，凭经验臆测行车，没有根据实际情况提前做好预想。

思 考 题

1. 风险管理的概念是什么？
2. 风险管理的作用是什么？
3. 简述调度风险管理基本制度。
4. 调度安全风险卡控要点有什么？
5. 大风天气的列车运行应急处置办法有什么？

6. 大雾天气的列车运行应急处置办法有什么?
7. 大雨天气的列车运行应急处置办法有什么?
8. 冰雪天气的列车运行应急处置办法有什么?
9. 列调非正常情况下应急处置卡内容有什么?
10. 非正常情况下列调应急处置要点有哪些?
11. 铁路行车事故等级包括哪些?
12. 如何根据调度事故案例分析事故的等级和原因?

参考文献

[1] 中国铁路总公司. 铁路运输调度规则：普速铁路部分[M]. 北京：中国铁道出版社，2017.
[2] 中国铁路总公司. 铁路运输调度规则：高速铁路部分[M]. 北京：中国铁道出版社，2017.
[3] 李一龙. 列车调度指挥[M]. 北京：中国铁道出版社，2015.
[4] 中国铁路总公司. 铁路技术管理规程：普速铁路部分[M]. 北京：中国铁道出版社，2014.
[5] 中国铁路总公司. 铁路技术管理规程：高速铁路部分[M]. 北京：中国铁道出版社，2014.
[6] 中国铁路总公司. 高速铁路运输调度指挥知识读本[M]. 北京：中国铁道出版社，2014.
[7] 王兴涛. 铁路局调度应急处置速查手册[M]. 北京：中国铁道出版社，2012.
[8] 杨敏炯. 铁路运输调度知识读本[M]. 北京：中国铁道出版社，2014.